茶葉與鴉片

十九世纪经济全球化中的中国

仲伟民——著

中华书局

图书在版编目(CIP)数据

茶叶与鸦片:十九世纪经济全球化中的中国/仲伟民著. —北京:中华书局,2021.11
ISBN 978-7-101-15244-9

Ⅰ.茶… Ⅱ.仲… Ⅲ.中国-近代史-史料-19世纪
Ⅳ.K250.6

中国版本图书馆CIP数据核字(2021)第110716号

书　　名　茶叶与鸦片:十九世纪经济全球化中的中国
著　　者　仲伟民
书名题签　刘　涛
责任编辑　董洪波　贾雪飞
封面设计　刘　丽
出版发行　中华书局
(北京市丰台区太平桥西里38号　100073)
http://www.zhbc.com.cn
E-mail:zhbc@zhbc.com.cn
印　　刷　北京瑞古冠中印刷厂
版　　次　2021年11月北京第1版
2021年11月北京第1次印刷
规　　格　开本/920×1250毫米　1/32
印张12½　插页2　字数275千字
印　　数　1-6000册
国际书号　ISBN 978-7-101-15244-9
定　　价　58.00元

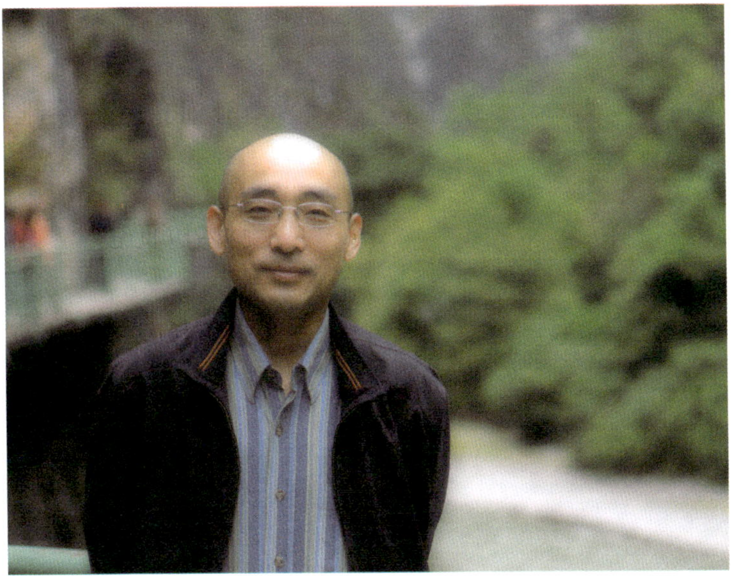

仲伟民 1963年出生于山东宁阳。1981年就读于华东师范大学历史系，获本科和硕士学位；2007年毕业于清华大学历史系，获博士学位。1988年至2005年，在中国社会科学院工作，历任《中国社会科学》与《历史研究》编辑、副编审、编审、总编室副主任，《中国社会科学文摘》常务副主编。2005年，转任清华大学历史系教授、《清华大学学报》编辑部常务副主编、《国际儒学》主编，兼任全国高等学校文科学报研究会副理事长，中国经济史学会常务理事。出版专著《宋神宗》（1997）、《近代前夜的王朝》（合著，2021）等。2010年获新闻出版总署“全国新闻出版行业领军人才”称号。

序

全球史研究的兴起，是近年来国际学坛上的一件大事，昭示着历史学发展过程中一个新时代的开始。仲伟民教授的这本新著，就是我国学坛对这个大事件作出的最新回应之一。

依照当今国际学坛中全球史研究的领军人物奥布雷恩(Patrick K. O'Brien)教授的总结，全球史这个学科可以远溯到希罗多德。希氏开创的探究全球物质文明进步的传统，一直延续了下来。到了启蒙时代，商品和知识越来越多地从亚洲、非洲以及大航海时代以后的美洲传入欧洲，使得学者们能够对欧洲和世界其他地区之间的经济进行系统的比较分析。孟德斯鸠、伏尔泰、休谟、杜尔哥(Anne-Robert-Jacques Turgot)、罗伯特森(William Robertson)等学者都从不同方面对此进行了思考；而亚当·斯密更是如此，其《国富论》既是古典经济学开始的标志，也开辟了经济史这个现代学科的发展之路。但是可惜的是，以往西方主流学界对长期经济变化展开的探究，一直局限于欧洲，对西方之外地区的长期经济变化，很少有人去研究。直到近年来，方有一批学者在此方面进行了大量努力，使得全球史成为当今国际史学的一大亮点。兰德斯(David S. Landes)的 *The Wealth and Poverty of Nations: Why Some Are So Rich And Some So Poor* (《国富国穷》)和彭慕兰(Kenneth Pomeranz)的

The Great Divergence: China, Europe, and the Making of the Modern World Economy(《大分流》)两书引起的争议，使得各国学界对全球史的兴趣更为浓厚。

目前进行全球史研究的主力在经济史方面。2003 年 9 月，49 位来自不同国家、不同学科的著名经济史学家倡议，建立了以伦敦经济学院(London School of Economics)、加利福尼亚大学尔湾分校(University of California-Irvine)和洛杉矶分校(University of California-Los Angeles)、莱顿大学(Leiden University)和大阪大学为骨干的"全球经济史网络"(Global Economic History Network，简称 GEHN)。华威大学(University of Warwick)也建立了以伯格(Maxine Berg)教授为带头人的全球史研究中心。稍后，设立在伦敦经济学院的 *Journal of Global History* 于 2006 年创刊，成为国际全球史学科研究成果发表的重要园地。近年来，关于全球史研究的专著不断推出。仅 2009 年一年，就有 Robert Allen 的 *The British Industrial Revolution in Global Perspective*、Jan Luiten van Zanden 的 *The Long Road to the Industrial Revolution: the European Economy in a Global Perspective, 1000 - 1800*、Giorgio Riello 与 Prasannan Parthasarathi 主编的 *The Spinning Word—A Global History of Cotton Textiles, 1200 - 1850* 等重要著作面世。这些，都显示出全球史日益兴盛，成为国际史学界(特别是经济史学界)的一股重要潮流。这种"全球史"与我国的"世界史"有明显的差别，因为全球史的基本立场是：第一，必须摒弃以往世界史研究中那种以国家为单位的传统思维模式，基本叙事单位应该是相互具有依存关系的若干社会所形成的网络；第二，在世界历史发展的任何一个阶段，都不能以某个国家的发展代表全球发展的整体趋势，全球发展的整体趋势只体现在真正普适于所有社会的三大过程（即人口增长、技术的进步与传播、不同社会之间日益增长的交流）之中；第三，在上述三大过程中，最重要的是“不同社会之间日益增长的交流”；第四，从学术发生学的角度彻底颠覆“欧洲中心论”，所谓“欧洲兴起”只是人类历史长河中一个特定时期的特定产物，从中挖掘“普适性”的“文化特质”只能是制造神话；第五，在考察一个由若干社会参与其中的历史事件的原因时，要充分考虑其发生的偶然性和特定条件性。① 值得强调的是，全球史重视比较研究，但是这种比较必须建立在相互影响的基础上，并认为这些影响以一种对话的方式，把比较对象进行新的整合或者综合为一种单一的分析框架。② 这种主张，对于正确评价包括中国在内的非西方国家在世界历史发展中的位置，具有非常积极的作用。

在我国，学者们对全球史的兴趣也日益浓厚。但是平心而论，我国的全球史研究目前尚处于起步阶段，真正有分量的研究成果尚不多见。在少数摆脱了传统的“世界史”编纂方式的旧套、突破中国史与外国史的藩篱的成果中，本书就是重要的著作之一。

按照西方学界普遍的看法，中国自 16 世纪末或 17 世纪初，就已不可避免地卷入了全球化的潮流。③ 但是，中国是如何进

---

① 刘新城：《全球史观与近代早期世界史编纂》，《世界历史》2006 年第 1 期。

② Giorgio Riello and Prasannan Parthasarathi eds.，*The Spinning Word—A Global History of Cotton Textiles，1200－1850*，Oxford university，2009，p. 11.

③ 用史景迁（Jonathan D. Spence）的话来说，就是：“从 1600 年以后中国作为一个国家的命运，就和其他国家交织在一起了，不得不和其他国家一道去搜寻稀有资源，交换货物，扩大知识。”见 Jonathan D. Spence：*The Search for Modern China*，New York：Norton，1990，第 1 版序。

入经济全球化的？传统的说法是鸦片战争前的中国是一个“木乃伊式的国家”[①]，到了鸦片战争后，才被西方强制拖入全球化进程。然而，近年来的研究表明，在鸦片战争以前很久，中国经济就已深深地卷入了经济全球化，并在其中扮演着一个非常重要的角色。[②] 因此，从新的视野来研究早期全球化中的中国，不仅是当前国际经济史研究中最重要的内容之一，而且也是全球史的重点研究课题之一。本书选择了这个非常重要而且难度甚大的题目作为研究对象，是非常具有挑战性的，由此亦可见作者在学术上的胆略与功力。

在18世纪以来的全球化过程中，成瘾性消费品的作用十分突出。在某种程度上可以说是这些成瘾性消费品将全世界连接在一起，并由此导致了世界各地出现分化，成为西欧与其他地区的“大分流”的原因和后果之一。本书以成瘾性消费品中最重要的两种——鸦片和茶叶为切入点，将19世纪的中国纳入全球化

① 这种“木乃伊”论，源于黑格尔。尔后，赫尔德（Johann Gettfried Herder）从种族、地理环境、文化教育、政治制度、道德思想等方面分析了中国文明的全面停滞，得出形象化的结论：“这个帝国是一具木乃伊，它周身涂有防腐香料、描画有象形文字，并且以丝绸包裹起来；它体内血液循环已经停止，就如冬眠的动物一般。”（见［德］夏瑞春编：《德国思想家论中国》，陈爱政等译，南京：江苏人民出版社，1995年，第97页。）马克思继承了这种观点，说：“与外界完全隔绝曾是保存旧中国的首要条件，而当这种隔绝状态通过英国而为暴力所打破的时候，接踵而来的必然是解体的过程，正如小心保存在密封棺材里的木乃伊一接触新鲜空气，便必然要解体一样。”（引自马克思：《中国革命和欧洲革命》，《马克思恩格斯选集》第1卷，北京：人民出版社，1995年，第692页）黑格尔、赫尔德和马克思的这种看法，对后世有巨大的影响。艾蒂安·巴拉兹说：“要批驳黑格尔关于中国处于停滞不变状态的观点很容易……然而，黑格尔是对的。”（引自［法］阿兰·佩雷菲特：《停滞的帝国——两个世界的撞击》，王国卿等译，北京：生活·读书·新知三联书店，2007年，扉页）

② 弗兰克（Andre Gunder Frank）指出：在1800年以前，中国在世界市场上具有异乎寻常的、巨大的和不断增长的生产能力、技术、生产效率、竞争力和出口能力，这是世界其他地区都望尘莫及的。中国巨大的出口，把当时世界主要“硬通货”白银的一半吸引到中国。参见 Andre Gunder Frank：*ReOrient: Global Economy in the Asian Age*，New DEhli：Visataar Publications，1998。

视野进行讨论,指出正是茶叶和鸦片成为中国进入全球化的两种主要商品。

本书作者在翔实的史料基础上,研究了 19 世纪茶叶和鸦片贸易的盛衰变化,然后对茶叶经济和鸦片经济作了对比,指出二者对中国社会经济所产生的重要影响,揭示 19 世纪中国危机的内涵,对 19 世纪中国社会的特点进行独到的分析。在此基础上,作者指出:在此阶段的全球化过程中,中国贡献给西方的是被麦克法兰(Alan Macfarlane)教授称为"绿色黄金"的茶叶①,促成了西方的"勤勉革命",然而西方却回报以被称为"比奴隶贸易还要残酷"的鸦片贸易②。中国人民深受鸦片毒害,成为 19 世纪以西方为主导的经济全球化的牺牲品。因此,19 世纪的全球化绝非一些西方中心论者所讴歌的理想天地。对于大多数非西方国家来说,这是一柄双刃剑。作者的这个观点,对于我们正确认识经济全球化这个历史过程,具有重要的意义。

本书在研究方法方面颇有特色。作者在讨论中国在 19 世纪全球化过程中的地位和处境时,运用了全球化理论;在分析中西贸易在 19 世纪中国社会转型中的作用时,运用了市场理论;在探讨中西方发展道路的不同时,运用了成瘾性消费品理论,并对这种理论与近代社会成长的关系做进一步的分析。这种运用

① Alan Macfarlane and Iris Macfarlane: *Green Gold: The Empire of Tea*, London: Ebury Press, 2003.

② 马克思引用了英国人蒙哥马利·马丁的一段话:"同鸦片贸易比较起来,奴隶贸易是仁慈的;我们没有摧残非洲人的肉体,因为我们的直接利益要求保持他们的生命;我们没有败坏他们的品格,没有腐蚀他们的思想,没有扼杀他们的灵魂。可是鸦片贩子在腐蚀、败坏和毁灭了不幸的罪人的精神世界以后,还折磨他们的肉体;贪得无厌的摩洛赫时时刻刻都要求给自己贡献更多的牺牲品,而充当凶手的英国人和吸毒自杀的中国人彼此竞争着向摩洛赫的祭台上贡献牺牲品。"参见《马克思恩格斯全集》第 12 卷,北京:人民出版社,1962 年,第 584—585 页。

多种社会科学理论来研究经济史的做法，在我国大陆经济史学界尚不多见。

本书材料基础扎实，有丰富的统计数据。作者还充分利用了中外学界多年来的研究成果，取精用宏，在此基础上提出了自己的观点。

此外，本书在诸多具体问题的研究上均有创新，例如对茶叶贸易和鸦片贸易进行对比，对茶叶消费和鸦片消费进行对比，从贸易角度对中英进行对比，等等。读者可以在阅读中自己体会，这里就不一一胪列了。

伟民从事中国史研究和史学理论研究多年，用功甚勤，成果甚丰。他对国际史坛的动向有很好的了解，同时又具有颇为深厚的史学功底，因此能够在茶叶贸易与鸦片贸易这两个前人研究很多的领域中提出新见，取得值得瞩目的成果。我相信读者将能从这本书中得到启发，受到鼓舞，也希望有更多的学者加入全球史研究的阵营，大家一同努力，使这个新兴的学科在我国有大发展，促使我国史学更深地进入国际学术主流，成为国际主流学术的重要组成部分。

李伯重

2009 年 5 月于伦敦经济学院

目 录

第一章
引　言

一　茶叶与鸦片：认识19世纪经济全球化进程中中国的一个视角

我们正处于一个全球化的时代，全球化对世界历史进程的影响越来越大。从中国历史发展进程来看，自地理大发现以来，全球化就间接并进而直接影响到中国历史的发展，到19世纪，这种影响逐渐变得广泛、全面和深入，因此特别值得进行深入的研究。

1. 经济全球化是一种历史发展趋势

尽管“全球化”的概念多种多样，国际学术界争议很大，但我认为，经济全球化应是全球化的要义所在，因为“全球化首先是一个经济发展过程”①。从全球化早期形成的历史来看，经济全球化与资本主义的产生过程基本一致，它既是资本主义产生的原因，也是其结果，其策源地在欧洲。正如法国学者雅克·阿达

---

① 参见俞可平：《全球化主题书系总序》，[美] 乔万尼·阿里吉、[日] 滨下武志、[美] 马克·塞尔登主编：《东亚的复兴：以500年、150年和50年为视角》，马援译，北京：社会科学文献出版社，2006年，第1页。

所说："近几十年来以一体化体制的形象出现的世界经济，来源于一个欧洲的经济世界，或者说是一个以欧洲为中心的经济世界。倘若没有日本的有影响力的发展，没有中国令人瞠目结舌的苏醒，人们还会将今天的世界经济视为欧洲经济世界的延伸。"[①]实际上，直到21世纪初期，日本和中国经济的发展在很大程度上依然是西方世界影响的结果。正是由于这个原因，有人索性称之为"西方化"，因为"它复制了与欧洲中心主义相关的所有问题：从历史的和文化的角度说，都在世界上开一个狭窄的窗口"[②]。这个结论暗含的意义是，全球化是西方文化主导的结果，全球化的历史与西方近代的历史相一致。这种看法虽然不无道理，但"西方化"毕竟是一个带有殖民色彩和文化霸权意味的词，人们显然更乐意接受"全球化"这个中性词。

关于经济全球化及其与西方资本主义兴起之间的关系，早在一百多年前，马克思和恩格斯就作过深刻论述，他们指出："美洲的发现、绕过非洲的航行，给新兴的资产阶级开辟了新天地。东印度和中国的市场、美洲的殖民化、对殖民地的贸易、交换手段和一般商品的增加，使商业、航海业和工业空前高涨……""大工业建立了由美洲的发现所准备好的世界市场。世界市场使商业、航海业和陆路交通得到了巨大的发展。"[③]他们对封闭的市场被打破和世界市场的形成特别重视：

> 资产阶级，由于开拓了世界市场，使一切国家的生产和

① [法]雅克·阿达：《经济全球化》，何竟、周晓幸译，北京：中央编译出版社，2000年，第7页。

② [荷]让·内德文·皮特斯：《作为杂合的全球化》，梁展编选：《全球化话语》，上海：上海三联书店，2002年，第105页。

③ 《马克思恩格斯选集》第1卷，北京：人民出版社，1995年，第273页。

消费都成为世界性的了……古老的民族工业被消灭了，并且每天都还在被消灭。它们被新的工业排挤掉了，新的工业的建立已经成为一切文明民族的生命攸关的问题；这些工业所加工的，已经不是本地的原料，而是来自极其遥远的地区的原料；它们的产品不仅供本国消费，而且同时供世界各地消费。旧的、靠本国产品来满足的需要，被新的、要靠极其遥远的国家和地带的产品来满足的需要所代替了。过去那种地方的和民族的自给自足和闭关自守状态，被各民族的各方面的互相往来和各方面的互相依赖所代替了。[①]

马克思和恩格斯虽然没有使用“全球化”一词，但他们所揭示的内涵与我们讨论的全球化的内容是完全一致的。他们强调经济的重要性，强调世界市场的形成是与资本主义的产生密切联系在一起的。

现代意义上的经济全球化肇始于欧洲的殖民扩张，时间大致在 16 世纪初。[②]“地理大发现之后形成的国际经济空间是一个等级分明的空间。它的扩展是与西方民族国家间的竞争分不开的。”[③]美洲、非洲、拉丁美洲、亚洲等地区的许多国家相继成为欧洲列强的势力范围乃至殖民地，成为其生产和市场链条上不可缺少的一环。

就亚洲而言，欧洲对东亚地区的全面渗透要晚得多。中国作为东亚最大的国家，在 18 世纪依然维持繁荣的局面——当然

① 《马克思恩格斯选集》第 1 卷，第 276 页。
② 关于全球化开始的时间，沃勒斯坦认为在 1500 年，主题是“现代世界体系”的形成；吉登斯认为在 1800 年，主题是“现代性”的形成；汤林森认为在 1960 年，主题是“文化全球化”的形成。参见[荷] 让·内德文·皮特斯：《作为杂合的全球化》，梁展编选：《全球化话语》，第 105 页。
③ [法] 雅克·阿达：《经济全球化》，第 52 页。

这是依据前近代标准来衡量。也就是说，在早期欧洲主导的经济全球化过程中，中国受影响较晚，大致从18世纪后期开始，到19世纪受到全面和深刻的影响。因此，也可以说全球性经济是在19世纪才出现的，“这一经济的去疆界化和再疆界化机制将世界上非常偏远的地区也整合进它各种形式的活动之中”①。茶叶和鸦片就是19世纪中国被卷入经济全球化进程中的两种重要商品。② 这两种商品在世界经济的去疆界化和再疆界化过程中发挥了重要作用。有学者认为，欧洲的盛衰与亚洲的鸦片毒品贸易有很大关系，更与英国在亚洲建立贸易帝国关系密切。③ 我试图通过对这两种商品在19世纪全球性经济关系中的作用的解剖，研究中国在当时全球化中的角色和地位，以及全球化对中国历史的深远影响。

2. 中国被动地卷入经济全球化

18和19两个世纪是经济全球化的重要阶段。在这个阶段，英国在经济全球化的过程中扮演了最重要的角色。同时，中国茶叶成为英国最重要的进口商品之一。英国对中国的茶叶极度依赖，但前后两个世纪，中英贸易关系的性质截然不同。18世纪大体是正常的贸易往来，19世纪则是英国借助武力向亚洲扩张的过程。此间，中英贸易格局非常不均衡，英国对中国的茶叶需求快速增长，“可是中国酬答这种要求的愿望却没有跟着发

---

① ［美］何伟亚：《英国的课业：19世纪中国的帝国主义教程》，刘天路、邓红风译，刘海岩审校，北京：社会科学文献出版社，2007年，第172页。

② 最早卷入全球化的中国商品当然不只是茶叶和鸦片，丝绸、瓷器等也是中西商贸往来最为重要的商品，但是因为本书只涉及茶叶和鸦片，所以未提及其他商品。

③ Carl. A. Trocki, *Opium, Empire and the Global Political Economy: A Study of the Asian Opium Trade*, London and New York: Routledge, 1999, p. vii.

展起来”[①]。在18世纪甚至到19世纪初，中国人并没有同英国乃至整个西方接触的强烈愿望，因为那时的中国人尚没有“世界”的概念，也没有需求于西方的物品，但对于英国和西欧而言，中国却有吸引他们的特殊商品。中国的丝绸、瓷器、漆器等是满足他们追求“中国时尚”或“中国风格”的高级奢侈品；英国对中国茶叶的需求更是让人吃惊，因为茶叶在英国已经成为几乎每个英国人的日常生活必需品。对一种饮品的痴迷程度大概很少会达到这样的情况：不久之前还不知其为何物，却在几十年里风靡全国，但这种饮品恰恰又不产自国内，而是来自地球对面一个遥远而神秘的国度。历史确实有很多难解之谜：比如为什么英国人在18世纪突然痴迷于茶叶？中国人为何对当时正在发生巨大变化的世界无动于衷？鸦片在英国人的东方贸易中为何能起到如此巨大的作用？对于诸如此类的问题，我将在本书中试图作些解释。但无论中国采取何种态度，客观事实是那时世界上只有中国大量生产茶叶，而英国又大量需要这些茶叶，因此无论中国人情愿不情愿，英国同中国发生关联是必然的结果。英国是18、19世纪的全球霸主，主导了当时全球化的进程，中国作为英国利益链条上不可缺少的一环，当然不可能被排除在外。

17、18世纪的中国曾对欧洲产生过很大影响，在日常生活方面的突出表现就是在“中国趣味”(Chinoiserie)的影响下，欧洲在室内装饰、家具、陶瓷、纺织品、园林设计等方面实现了从巴洛克风格(Baroque)向洛可可风格(Rococo)的转变。中国趣味的形成，除了受到来华耶稣会士和旅行家们对中国文化的介绍

---

① [英]格林堡：《鸦片战争前中英通商史》，康成译，北京：商务印书馆，1961年，第4页。

所产生的影响外，还得益于欧洲从中国进口的大量商品，如丝绸、瓷器、漆器、壁纸等。“中国商品像是拨开了蒙在欧洲人艺术和审美之眼上的一层雾障，像是为欧洲人指引出生活的快乐之门，因此而大受欢迎。”[①]至 18 世纪后期，欧洲因为社会经济发展的迅速，对中国文化的兴趣逐渐减弱。在欧洲人的心目中，中国从他们向往和学习的对象逐渐变为批判的对象。不过总的来说，欧洲人对中国的了解比同时期中国人对欧洲的了解要多得多。在经过了明末清初短暂的西学东渐后，中国人对西方的了解陷入停滞阶段。中国人那时尚没有“开眼看世界”的愿望，仅有的关于西方的一些知识几乎全部来自传教士和外来商人。但他们带给中国人关于世界的知识非常有限，极少对普通中国人产生影响。

从 18 世纪末到 19 世纪初，是中西之间相互了解最少的时期（当然中国对西方所知更少），同时也是西方发生最剧烈变动的时期，因为从 18 世纪中期开始，欧洲资本主义国家开始全球性的扩张，欧洲经济快速起飞和扩展。这个时期中西之间交往的途径主要是贸易，但新兴的西方世界还没有找到同东方进行贸易的恰当方式。中西贸易在近代早期是不对等的，商品几乎只有一个流向：中国的商品流向西方。西方的商品很少能卖到中国，因为中国人对西方运至东方的诸多商品大多不感兴趣，它们在中国根本找不到销路，西方人只能把白银源源不断地输入中国。以英国为例，此时英国对中国茶叶的需求量增长迅猛，但英国同样没有适合中国人消费的商品输送过来，因此英国商人

① 张国刚、吴莉苇：《启蒙时代欧洲的中国观：一个历史的巡礼与反思》，上海：上海古籍出版社，2006 年，第 353 页。

只能主要用白银交换茶叶。但问题是英国并不生产白银。为了换回国内急需的茶叶，英国一方面想方设法从美洲获取白银，另一方面又庆幸在印度找到了激起中国人购买欲望的鸦片。于是，全世界因为茶叶、白银和鸦片等而连结在了一起（按现在的术语来说，即经济全球化），这几种商品大大地促进了经济全球化的进程。可以这么说，自大航海时代以来，经济全球化就开始了，但那时尚未波及中国；到了18世纪，经济全球化浪潮不仅波及中国，而且中国已经不自觉地成为了经济全球化链条中非常重要的甚至是关键的一环。

然而有意味的是，中国尽管在18世纪就已经被卷入经济全球化浪潮之中，中国人自己却浑然不觉。从某种程度上说，悲剧可能就源于中国人对世界的无知。直至鸦片战争时期，中国人对外部世界的认识没有发生根本性的变化，对西方世界的了解甚至还不如明朝时期的人。[①] 自古以来，中国人就不相信除了华夏文明之外，还有类似或更高的文明存在。就18世纪中国社会经济发展的水准来说，中国人完全可以这么自信，因为直到19世纪初期，中国仍是世界上最大的经济体。根据麦迪逊的估计，中国国民生产总值将近占当时全世界的近1/3，与整个欧洲的国民生产总值相当。[②] 赫德在1901年发表的《中国及其对外

---

① 中国人对世界知识的了解实在是少得可怜，这种情况是中国在19世纪同西方国家交往过程中屡屡不利的一个非常重要的原因。比如1839年林则徐奉命到广州禁烟时，就不知向中国提供鸦片的土耳其究竟在哪里，是不是一个独立的国家。他问一位在海难中被救起的英国人：土耳其是否隶属于美利坚？土耳其是美利坚的一部分吗？当这位英国人告诉他从土耳其到美利坚有一个月的路程时，林则徐非常惊奇。参见绍溪：《十九世纪美国对华鸦片侵略》，北京：生活·读书·新知三联书店，1952年，第18页。

② Angus Maddison, *Chinese Economic Performance in the Long Run 960 – 2030 AD*, Paris: OECD Development Centre, 2007, pp. 39 – 40.

贸易》一文中说，很多人认为中国人口众多，物品应该非常困乏，肯定要大量购买别国的商品，但事实正好相反，"中国既不需要进口，也不需要出口，他们可以没有对外交往而安然独处"，"中国有世界上最好的粮食——大米，最好的饮料——茶，最好的衣料——棉布、丝绸和皮革。中国拥有这些大宗物产，还有无数的土特产品，他们实在不需要从外面购买哪怕是一分钱的东西"①。他还讲到，中国幅员辽阔，人口众多，国内的贸易已经构成了庞大的、买卖两旺的市场，也没有必要向外国出口。赫德说的都是事实，是前工业化社会的典型特征，并没有任何的夸张。以茶叶贸易为例，英国商人大量购买茶叶是因为英国国内有需求，而不是因为中国人主动向英国出口，茶叶出口与否对当时的中国政府而言无关紧要，这是显而易见的事实。理解这一点，我们就不难明白马戛尔尼和阿美士德使华为什么会失败。此前很多人指责清政府目光短浅、妄自尊大、反对通商，这可能是不太公正的，他们并没有设身处地地从当时中国的实际处境来评价，没有基于历史主义的态度。中国人拒绝同西方建立新式外交和通商关系的根本原因在于，一是中国无论在生产（包括农业、手工业等）还是在贸易上，基本能够做到自给自足，无须外国的参与；二是中国对外部世界的无知，对现代民族国家理念的无知。

在19世纪，中国发生了重大的变化。一方面，传统的力量和思想仍在继续发挥主导作用；另一方面，又不得不应对愈加猛烈的外来冲击。新与旧错综复杂，相互纠缠在一起。尽管诸多的征兆预示着一个旧时代即将结束，可同时却不能孕育一个新

① ［英］赫德：《这些从秦国来——中国问题论集》，叶凤美译，天津：天津古籍出版社，2005年，第39—40页。

时代的诞生。在西方冲击了半个多世纪后，中国虽然也发生了一些变化，甚至还出现了学习西方的洋务运动，但这些都没能促使中国社会发生根本的改变，至19世纪末情况仍然如此：

与中国内地商品生产的方式和成本有关的一切条件都始终未变。中国的农业、制造业和运输业仍然普遍使用过去的方法，这不仅是二十年以前的，而且是一百年或几百年以前的方法，与西方各国不同，中国从未因引进机器、以蒸汽代替人力或改进运输工具而使生产成本有所降低。除了在沿海使用了轮船之外，运输工具还是象有史以来一直使用的那种工具……总的看来，生产口岸的商品成本却似乎并未从而受到影响。①

上述一段话出自1893年英国代理上海总领事哲美森的观察。上海况且如此，其他地方可想而知。因此，对包括洋务运动在内的重大历史事件影响的评价，都是需要重新认真思考的。

对中国人而言，19世纪是一个痛苦的世纪，一个艰难的世纪，一个危机重重的世纪。这主要是因为英国强行在中国推行鸦片贸易并最终付诸武力，变成了赤裸裸的侵略，随后其他列强接踵而至，竞相蚕食中国，从而改变了中国历史发展的进程。在这个世纪中，尽管中国社会尚没有发生根本性的转变，但中国传统社会却受到了真正的冲击，已经在酝酿着巨变。

3. 从茶叶和鸦片贸易看19世纪中国社会的变迁

在19世纪，中国的茶叶贸易和鸦片贸易密不可分。研究茶

① 《代理总领事哲美森关于中国对外国进出口贸易统计以及银价下跌对中国物价和出口量影响的报告》，《上海近代贸易经济发展概况：1854—1898年英国驻上海领事贸易报告汇编》，李必樟编译，张仲礼校订，上海：上海社会科学院出版社，1993年，第796页。

叶贸易问题，不可能避开鸦片贸易；反之亦然。英国—印度—中国之间的三角贸易是当时国际贸易的重要组成部分，其中最重要的两种商品就是茶叶和鸦片。这两种商品的国际贸易及其复杂关系影响了 19 世纪的中国，并使中国深深地卷入全球化的旋涡。

有人称 18 世纪是“茶叶世纪”。严格来说，这是不确切的。无论从茶叶在全世界普及和影响的程度，还是从中国茶叶出口的绝对数量来看，18 世纪都是无法与 19 世纪相比的，19 世纪才是真正的茶叶世纪。茶叶在 19 世纪影响了全世界，更直接影响了最早发生工业革命的英国。可是，中国不但没有得到回报，反而蒙受了耻辱。英国人接受了来自中国的最为健康的饮料，却“回赠”给中国罪恶的毒品——鸦片，使中国人遭受鸦片毒害达百余年。因此，对于中国人来说，19 世纪同样是鸦片的世纪，是耻辱的一个世纪！

最关键的是，英国在 19 世纪完成了工业革命，法国、德国、日本、美国等也相继崛起，这些国家顺利完成了从农业社会向工业社会和商业社会的转变。在世界历史的车轮滚滚向前之时，中国历史似乎停滞和倒退了，19 世纪的中国经历了罕见的众多灾难。19 世纪的中国人很困惑，他们迷茫，整整一个世纪都在迷茫。他们本来应该有机会认识周围的世界，意识到自己所处的危险境地，可他们没有能够做到。通过对 19 世纪茶叶贸易和鸦片贸易的解读，或许能让我们稍稍解开一些谜团。因为在 19 世纪中国的进出口贸易中，茶叶和鸦片的地位太独特了，它们对中国社会经济发展的影响也是其他商品所无法替代的。关于鸦片，史景迁曾有过精彩的论述，他说：“清代的鸦片烟毒是一个很大的课题。首先，它关乎国际贸易、战争与外交的诸多方面；另外，它也反映出某些中国人的精神需求或者说是精神的颓废堕落，以及地方上对种植和销售鸦片成品的经济管理。鸦片问题，也反映出西方列强与中国人之间至为复杂的相互影响。这些影响包括：贸易利益战胜道德价值，古老农业文明理想的破碎……迄今为止大多数对中国鸦片问题的研究都集中于国际商贸与外交上。吸食鸦片是一个从各个层面对中国产生重大影响的社会问题。”①关于茶叶研究，也存在同样的问题。

本书试图通过对19世纪的茶叶贸易和鸦片贸易的比较研究，探讨中国在19世纪全球化危机中的处境，以及中国从传统社会走向近代社会的艰难历程。

二　学术史回顾

关于中国历史上的茶叶问题和鸦片问题，相关的研究成果较多，尤其是鸦片问题与中国近代的命运密不可分，相关成果更多。本书鉴于涉及面较广，时间跨度较大，不可能涉及所有的学术成果，因此学术史回顾以专著为主，兼及比较重要的学术论文。

1. 19世纪中国社会经济变迁的相关研究

社会经济史研究是1949年后我国史学研究中最有成绩的领域之一，几部大型经济史通史的出版比较具有代表性。其中最有影响的是许涤新、吴承明主编的《中国资本主义发展史》

① ［美］史景迁：《中国纵横：一个汉学家的学术探索之旅》，夏俊霞等译，上海：上海远东出版社，2005年，第278页。

3卷本。[①] 第1卷《中国资本主义的萌芽》主要论述鸦片战争前的国内手工业和商品市场，有专节论述"制茶业中的资本主义萌芽"，对明以来至19世纪初期的国内茶叶市场作了研究。第2卷《旧民主主义革命时期的中国资本主义》，因出版较晚，研究更加深入。尤其是本卷特别关注中外贸易的研究，如其中"鸦片战争前的对外贸易""五口通商时期的对外贸易""第二次鸦片战争后的对外贸易""买办制度的形成"等章节，对中外贸易的系统论述都相当深入。另外，本卷还专门研究茶商在茶叶市场上的重要作用、鸦片对中国社会产生的危害，并有很多数据可以参考。严中平编的《中国近代经济史（1840—1894）》（上下册）[②]主要考察19世纪中后期中国的经济发展情况，其中关于鸦片战争后的鸦片走私以及鸦片贸易合法化后的贸易情况论述得很细，并运用了较多的外文材料。关于茶叶贸易，"印度、锡兰和日本茶叶对中国茶叶的竞争"部分，对中国茶叶出口锐减、茶业落后的原因有非常详细的论述，提出了独到的见解。在"世界银价长期跌落下的中国对外贸易平衡和金银进出口"部分，作者从与世界关联的角度考察了世界银价下跌对中国进出口贸易和中国经济的影响。近年出版的有影响的近代经济通史著作为《中国经济通史》中的"清代经济卷"，[③]其中第三编为"商品流通篇"，对清代国内商品进行了研究，但基本未涉及对外贸易，是该书一大缺

---

① 许涤新、吴承明主编的《中国资本主义发展史》由人民出版社出版，分别为：第1卷《中国资本主义的萌芽》，1985年；第2卷《旧民主主义革命时期的中国资本主义》，2003年；第3卷《新民主主义革命时期的中国资本主义》，2003年。

② 严中平主编：《中国近代经济史（1840—1894）》（上下册），北京：人民出版社，2001年。

③ 《中国经济通史》（北京：经济日报出版社，1999年）中的"清代经济卷"由方行、经君健、魏金玉主编。

憾。《中国手工业经济通史》(明清卷),[①]对清代的制茶业有专节论述,较为简明扼要。

关于19世纪的中国国内市场,吴承明有两篇重要论文,皆为经典之作。[②] 他通过对19世纪粮价、布价、丝价等重要商品的分析,得出了19世纪上半叶中国国内市场衰退的结论,同时认为国内市场荣衰与出口关系不大。对嘉道年间的银贵和市场不景气,学者往往夸大鸦片走私和白银外流的影响,吴承明在经过仔细计量后纠正了自晚清以来流行的这个观点。通过对国内市场商品量的估计,他指出在19世纪下半叶国内市场的发展是缓慢的,国内商品总量增长非常有限,唯一增长迅速的商品是鸦片,但其市场作用完全是消极的。他打破1840年的界限,对19世纪中国的市场进行了整体分析,见解深刻。

李伯重对早期工业化以及中西发展道路问题的研究非常引人关注。[③] 早期工业化是世界经济史研究中的一个重要课题,因为此前国内学术界一致认为工业化纯粹是舶来品,因而根本无人提及中国早期工业化问题,李伯重对江南早期工业化的研究就填补了这个空白。他认为,早期工业化和近代工业化是工业化的两个阶段,但两者之间并没有必然的因果联系,即一个国家或地区没有出现近代工业化,并不意味着这个国家没有出现过早期工业化。这实际上是从一个独特角度论证中西方不同的

---

① 李绍强、徐建青:《中国手工业经济通史》(明清卷),福州:福建人民出版社,2004年。

② 吴承明:《18与19世纪上叶的中国市场》《近代中国国内商品量的估计》,皆收人氏著:《中国的现代化:市场与社会》,北京:生活·读书·新知三联书店,2001年。

③ 李伯重:《江南的早期工业化(1550—1850)》,《中国经济史研究丛书》,北京:社会科学文献出版社,2000年;《多视角看江南经济史(1250—1850)》,《三联·哈佛燕京学术丛书》,北京:生活·读书·新知三联书店,2003年。

发展道路。他提出了英国模式与江南模式的根本不同，批评了资本主义萌芽问题研究中先验性的研究方法，对酿酒业、制茶业、烟草加工业等行业的分析也多发前人之所未发。王家范对中国传统社会特质的认识，是对史学界多年来形成的近乎僵固的思维模式的挑战，其关于中国特型化市场的论述、关于中国畸形病态社会消费结构和假性商品的结论，使人们重新思考中国传统社会的发展特点。[①] 另外，全汉昇、黄宗智、彭慕兰、王国斌、弗兰克、柯文、张国刚、王学典等人的研究，都从理论和方法上对我有很大启发。[②]

汪敬虞在中国近代经济史，尤其在中外经济关系史方面做出了杰出贡献。他的研究领域很广，既能充分利用国内史料，又能熟练掌握外文材料，撰写了一批有影响的著作，如《十九世纪西方资本主义对中国的经济侵略》《赫德与近代中西关系》等。[③] 其关于中国近代资本主义、近代金融、近代茶叶贸易等方面的专题论文如《关于鸦片战争后十年间银贵钱贱影响下中国对外贸易问题的商榷》《中国近代茶叶的对外贸易和制茶业中资本主义

---

① 王家范：《中国历史通论》，上海：华东师范大学出版社，2000 年。

② 全汉昇：《中国经济史论丛》，香港：香港中文大学新亚研究所出版社，1972 年；[美] 黄宗智：《长江三角洲小农家庭与乡村发展》，北京：中华书局，2000 年；[美] 彭慕兰：《大分流：欧洲、中国及现代世界经济的发展》，史建云译，南京：江苏人民出版社，2003 年；[美] 王国斌：《转变的中国——历史变迁与欧洲经验的局限》，李伯重、连玲玲译，南京：江苏人民出版社，1998 年；[德] 贡德·弗兰克：《白银资本：重视经济全球化中的东方》，刘北成译，北京：中央编译出版社，2001 年；[美] 柯文：《在中国发现历史：中国中心观在美国的兴起》，林同奇译，北京：中华书局，2002 年；张国刚、吴莉苇：《启蒙时代欧洲的中国观：一个历史的巡礼与反思》；王学典：《二十世纪中国史学评论》，济南：山东人民出版社，2002 年。

③ 汪敬虞：《十九世纪西方资本主义对中国的经济侵略》，北京：人民出版社，1983 年；《赫德与近代中西关系》，北京：人民出版社，1987 年；《中国资本主义的发展与不发展》，北京：中国财政经济出版社，2002 年。

企业的产生》等，[①]都是相关领域高水平的研究成果。他还参与编写了很多关于中国近代经济史研究的参考资料。郝延平的《中国近代商业革命》[②]，是专门研究19世纪中国商业发展的专著，可以说是本领域最出色的一部著作。作者认为，19世纪中国同西方的广泛接触促进了中国商业的发展，导致了不同于传统商业活动的近代商业革命的发生。作者从沿海自由贸易的发展、新形式货币的使用和信贷的扩大、鸦片贸易对国内市场的影响、内地丝茶收购活动对商业化的促进等方面，对中国近代商业革命的进程进行了深入剖析。尤其值得注意的是，作者不仅引用了大量的西方企业原始材料（大多是首次披露），而且从理论方面回应了学术界最为感兴趣的一些问题，如国内学者关注的资本主义萌芽问题以及西方学界争论十分激烈的"依附论"和"世界经济体系论"等问题。关于19世纪中国、亚洲与世界经济的关联方面，滨下武志的《近代中国的国际契机：朝贡贸易体系与近代亚洲经济圈》提出了许多新的观点，[③]对"西方冲击论"提出了批评。他认为"国际契机"并非仅限于欧洲对亚洲的关系，首先应从东南亚和中国的关系之中、从中国与亚洲的关系之中进行探讨，只有从亚洲的近代中去探讨中国的位置及其变化，才是考察中国近代道路的方法。他提出的在亚洲存在以中国为中心的朝贡贸易体系的观点在国际史学界影响深远，给人们以启

---

① 其相关论文收入《汪敬虞集》(北京：中国社会科学出版社，2001年）和《近代中外关系史论集》(北京：方志出版社，2006年)中。

② [美] 郝延平：《中国近代商业革命》，陈潮、陈任译，上海：上海人民出版社，1991年。

③ [日] 滨下武志：《近代中国的国际契机：朝贡贸易体系与近代亚洲经济圈》，朱荫贵、欧阳菲译，虞和平校审，北京：中国社会科学出版社，1999年；《中国近代经济史研究：清末海关财政与通商口岸市场圈》，高淑娟、孙彬译，南京：凤凰出版传媒集团、江苏人民出版社，2006年。

发，但这个理论并不周密，有许多可商讨之处，这一体系是否真正存在，也有待进一步研究。他还提出了以中国为中心的两个三角贸易圈的观点，即在人们通常所认为的英国—印度—中国传统的三角贸易之外，另有美国—中国—英国之间的三角贸易，中国处于维持这两个三角贸易的关键位置。此外，关于亚洲及中国近代史开始的契机、亚洲"地域经济圈"的作用、清末海关与通商等问题，也有精彩的论述。刘佛丁、王玉茹等的《近代中国的经济发展》[①]对中国近代经济增长的周期和成因、中国近代国民经济结构的变动、中国近代的收入分配和需求变动、中国传统市场向近代市场的转变等进行了研究，有利于我们了解中国近代经济发展和变化的总趋势。郭卫东的《转折——以早期中英关系和〈南京条约〉为考察中心》[②]，设专章讨论"中国与世界沟通历史上的几种重要商品"，其中就有茶叶和鸦片，意识到并明确肯定了这两种商品的重要性。该书在其他章节还比较深入地讨论了广州贸易制度、三角贸易、五口通商制度、鸦片关税与鸦片泛滥等问题，提出了很多独到见解，是近年来从中外关系角度研究 19 世纪中国的一部力作。费正清运用冲击—回应理论对条约口岸开放后中国沿海贸易政策及其经济变动的研究，[③]在中国学术界产生了很大影响，这些观点亦见于其有关晚清史的其他著作中。

在论述广州贸易制度、港脚贸易、东印度公司以及鸦片战争

---

① 刘佛丁、王玉茹、于建玮：《近代中国的经济发展》，济南：山东人民出版社，1997 年。

② 郭卫东：《转折——以早期中英关系和〈南京条约〉为考察中心》，石家庄：河北人民出版社，2003 年。

③ John King Fairbank, *Trade and Diplomacy on the China Coast: the Opening of the Treaty Ports 1842 - 1854*, Harvard University Press, 1964.

前中国对外贸易的特征等方面，最有影响的著作仍是英国学者格林堡的《鸦片战争前中英通商史》①。作者充分利用怡和档案，从东印度公司与英国散商、1834 年前广州贸易的发展、商业与商业组织等方面，对 1842 年以前的中英通商情况进行了梳理。而这个时期，中国的相关记载多语焉不详。其中，关于鸦片贸易的论述对我启发较大。作者还提出了许多独到的见解，比如他没有简单地把广州制度批评为中国政府的闭关政策，而是归结为中国对外政策的常态，对外贸易在中国经济命脉中从来就是非常不重要的；是否闭关，并非基于经济的考虑，而是基于政治的考虑，基于内部社会稳定的考虑。庄国土运用中英文材料对广州制度进行研究，得出了令人信服的结论，认为清政府通过这一制度达到了防止欧洲人渗入中国内地的目的，但同时亦将中国私商排除在对外贸易之外，其对中国人的限制作用远比对外国人的限制作用大，使行商成为牺牲品。② 陈国栋对清代前期海洋贸易的形成、鸦片战争前清政府对进出口商品的管理、广东行商经营不善的原因等有比较深入的论述。③

吴义雄的新著《条约口岸体制的酝酿——19 世纪 30 年代中英关系研究》是一部高水平的研究著作。作者在查阅大量原始材料的基础上，对鸦片战争前后的来华英商及其团体、英国在华治外法权的酝酿与尝试、粤海关税费问题与鸦片战争后海关税则谈判等问题，都作了深入研究，是继格林堡《鸦片战争前中英通商史》之后研究这一时期中英关系史演变最为全面而深入

---

① ［英］格林堡：《鸦片战争前中英通商史》，1961 年。

② 庄国土：《广州制度与行商》，中国中外关系史学会编：《中外关系史论丛》第 5 辑，北京：书目文献出版社，1996 年，第 61—87 页。

③ 陈国栋：《东亚海域一千年：历史上的海洋中国与对外贸易》，济南：山东画报出版社，2006 年。

的著作。[①]

关于国际收支和进出口贸易在中国近代经济史的地位，陈争平的研究填补了空白。他指出，近代中国商品进出口贸易约占国际收支总额的70%，因此在近代中国国际收支中，贸易收支是最重要的项目。为了更全面地反映贸易收支情况以及纠正中国近代海关贸易统计中存在的诸多问题，他提出了修正办法。他认为国际收支严重失衡对中国早期现代化产生了重要影响，突出表现为资金短缺成为近代化发展的"瓶颈"，而帝国主义的侵略和掠夺又使这种失衡更为加剧。[②]

区域史尤其是区域社会经济史的研究非常重要，这方面的研究成果很多。1984年出版的美国汉学家罗威廉关于汉口的研究成果，[③]是有关19世纪汉口商业贸易的权威著作。作者从汉口的商务、盐业贸易、茶业贸易、信贷与金融、行会结构、行会与地方政府等方面，对汉口这个重要城市进行了研究，新见迭出。其中"茶叶贸易"一章尤见功力，他把汉口城市的兴起和存在与茶叶贸易联系在一起，认为如果没有茶叶，就不可能有外国人涉足这个城市，因此也就不可能有近代意义上的汉口产生。茶叶改变了汉口与其区域腹地之间关系的性质，也改变了汉口社会精英的结构。陈锋主编的《明清以来长江流域社会发展史论》[④]，由专题论文组成，是近年来国内区域史研究取得的最突

---

① 吴义雄：《条约口岸体制的酝酿——19世纪30年代中英关系研究》，北京：中华书局，2009年。

② 陈争平：《1895—1936年中国国际收支研究》，北京：中国社会科学出版社，1996年。

③ 参见[美]罗威廉：《汉口：一个中国城市的商业和社会(1796—1889)》，江溶、鲁西奇译，彭雨新、鲁西奇校，北京：中国人民大学出版社，2005年。

④ 陈锋主编：《明清以来长江流域社会发展史论》，武汉：武汉大学出版社，2006年。

出的研究成果之一，其中杜七红撰写的《清代汉口茶叶市场研究》和秦和平撰写的《清季民国年间长江上游地区的鸦片税捐（厘）》两章，对本书具有重要参考价值。《上海对外贸易（1840—1949）》[①]一书对中国近代对外贸易，尤其是以上海为中心的对外贸易进行了探讨。其关于茶叶出口和鸦片进口方面的研究，对本书有较大启发。许檀关于山东商品经济的研究，[②]刘健生、张正明等关于晋商的研究，[③]唐力行、王振忠、王世华等关于徽商的研究，[④]李刚关于陕商的研究，[⑤]等等，皆有可供参考的内容。

另外，如范金民、樊树志、张海英、郭蕴静、任放等学者的相关研究，[⑥]本书亦有借鉴。

2. 成瘾性消费品研究

本书因为较多涉及了成瘾性消费品与近代社会成长的理论，因此有必要对其研究现状作一介绍。对于国内学术界来说，

---

① 上海社会科学院经济研究所、上海市国际贸易学会学术委员会编著：《上海对外贸易（1840—1949）》，上海：上海社会科学院出版社，1989年。

② 许檀：《明清时期山东商品经济的发展》，北京：中国社会科学出版社，1998年。

③ 刘健生、刘鹏生：《晋商研究》，太原：山西人民出版社，2005年；张正明：《晋商兴衰史》，太原：山西古籍出版社，1995年；张正明：《明清晋商及民风》，北京：人民出版社，2003年。

④ 唐力行：《明清以来徽州区域社会经济史研究》，合肥：安徽大学出版社，1999年；王振忠：《明清徽商与淮扬社会变迁》，北京：生活·读书·新知三联书店，1996年；王振忠：《徽州社会文化史探微——新发现的16—20世纪民间档案文书研究》，上海：上海社会科学院出版社，2002年；王世华：《富甲一方的徽商》，杭州：浙江人民出版社，1997年；王廷元、王世华：《徽商》，合肥：安徽人民出版社，2005年。

⑤ 李刚：《陕西商帮史》，西安：西北大学出版社，1997年。

⑥ 范金民：《明清江南商业的发展》，南京：南京大学出版社，1998年；樊树志：《江南市镇：传统的变革》，上海：复旦大学出版社，2005年；张海英：《明清江南商品流通与市场体系》，上海：华东师范大学出版社，2002年；郭蕴静：《清代商业史》，沈阳：辽宁人民出版社，1994年；任放：《明清长江中游市镇经济研究》，武汉：武汉大学出版社，2003年。

这是一个新的领域和新的课题，基本没有相关的研究成果。在成瘾性消费品研究方面，人们关注较多的毒品史研究中对此问题虽偶有涉及，但尚无人从成瘾性消费品与近代社会成长的角度思考问题。相比之下，欧美学界近年对成瘾性消费品的研究则是一个热门话题，不少学者还将成瘾性消费品与近代国际贸易的扩张和全球化问题联系起来，形成一个全新的研究领域。

较早涉及此问题并有系统阐述的是著名历史学家、年鉴派代表人物布罗代尔，他在1979年出版的《15至18世纪的物质文明、经济和资本主义》[①]一书中，设专章讨论奢侈品、大众消费与社会变迁的关系，明确提出“糖征服世界”的观点。尤其值得注意的是，他还专门论述了“饮料和兴奋剂”在历史上的作用，把酒、茶、咖啡、烟草等归入兴奋剂的范围，认为茶在英国“打了胜仗”，茶在中国与葡萄在地中海起的作用几乎相同，都凝聚着高度发达的文明，但“任何凝聚着文明成果的作物都使种植者受它的奴役”；又提出“任何文明都需要奢侈的食品和一系列带刺激的‘兴奋剂’”，而这些兴奋剂注定要改变和困扰人们的日常生活。这些见解都是非常精当的，体现了一位历史学家的敏锐和智慧。

西敏司对成瘾性消费品进行了专题研究。他在1985年出版的一部关于糖的专著中，[②]通过分析糖在近代早期以来的消费变化，探讨了糖在西方社会经济变化中的作用，并重点揭示糖怎样从少数人的奢侈品最后成为一般人的日常消费品。他指

---

① 参见[法]布罗代尔：《15至18世纪的物质文明、经济和资本主义》第1卷《日常生活的结构：可能和不可能》，顾良、施康强译，北京：生活·读书·新知三联书店，1992年，第211—305页。

② Sidney W. Mintz, *Sweetness and Power : the Place of Sugar in Modern History*, New York: Penguin, 1985. 中文版参见[美]西敏司：《甜与权力——糖在近代历史上的地位》，朱健刚、王超译，北京：商务印书馆，2010年。

出，糖、咖啡、茶等成瘾性消费品在16世纪的欧洲曾是舶来的贵重奢侈品，19世纪以后在西欧的许多地方都成为日常消费品。这类食品非人类生存所必需，却具有温和的刺激性和成瘾性，它既能使人的精力更加旺盛，又迫使人们努力以获取，对近代欧洲的"勤勉革命"起了重要作用。因为欧洲并不出产这些成瘾性消费品，只能从其他地方取得，故而促使欧洲国家向海外扩张和掠夺，加速了经济全球化的进程。西敏司尽管没有对茶叶进行专门研究，但他的相关研究成果很有启发意义。

美国人类学家安德森的《中国食物》[①]是一部研究中国食物发展史的专著，作者运用"内卷化"理论，从中国食物发展史角度，探讨了中国历史发展的周期性变化，提出了很多富有启发性的观点。比如他提到魏晋南北朝时期对酒文化的崇尚"在世界历史上很少见"，酒被认为大大有益于世；这个时期还有很多人喜欢服用迷幻药，表面上看是为了道家遁世成仙的理想，但"流行时尚的表象背后似乎潜藏着更深层的逃避现实的动机"。他认为糖经历了一次革命，始于宋朝，完成于明朝；茶是中国的伟大贡献，茶叶在宋初尚为奢侈品，到宋末则已成为穷人家的日常必需品，在上层社会"尚茶"成为一种优雅的生活艺术。他还把茶叶等成瘾性消费品与资本主义世界相联系，说"世界上传播最广泛的词——实际上被每种语言所借用——可能具有重大意义，它们是四大植物的名字：咖啡、可可、可乐和茶"。这些见解都是有独创性的。

将成瘾性消费品与现代世界的形成联系起来并做出系统论

---

① ［美］尤金·N·安德森：《中国食物》，马孆、刘东译，刘东审校，南京：江苏人民出版社，2003年。

述的是美国学者考特莱特的《上瘾五百年：瘾品与现代世界的形成》[①]。作者将"瘾品"作为一个中性词，把含酒精与咖啡因的饮料、大麻、鸦片、烟草等皆视为瘾品，提出了"精神刺激革命"的概念。最值得注意的是，作者将瘾品的流行与近代世界的变化联系在一起，认为瘾品走私是近代特有的活动，近代越洋贸易的扩张与瘾品密不可分，并进而导致了瘾品的全球性生产和贸易。他指出，瘾品不仅可以赚钱，而且可以带来权力，如烟草曾经为美国独立战争筹措资金，也曾是许多欧洲战事的后援；横越大西洋的奴隶买卖曾经靠蔗糖和朗姆酒维持；英国在亚洲的势力曾靠鸦片而壮大；咖啡业为巴西引来上百万穷苦移民并促进了铁路建设。总之，"瘾品生产及买卖便是以上述的和其他不胜枚举的方式塑造出近代世界，并影响全世界的权力结构。到了19世纪初期，新兴的瘾品瘾头的力量已经在重塑全球的环境了"。将近代世界的形成、全球化与瘾品联系在一起，是其著作中最有创意的地方。

其他一些相关著作对本书亦有启发，[②]兹不一一例举。

3. 茶叶贸易研究

民国年间就有一批重要的研究茶叶的著作出版，其目的是为了振兴中国的茶业。赵烈于1931年编著了《中国茶业问

---

① [美] 戴维·考特莱特：《上瘾五百年：瘾品与现代世界的形成》，薛绚译，上海：上海人民出版社，2005年。

② 如：[英] 多米尼克·斯特里特费尔德：《可卡因传奇》，余静译，北京：中信出版社，2005年；[美] 菲利普·费尔南德斯·阿莫斯图：《食物的历史》，何舒平译，北京：中信出版社，2005年；[美] 查尔斯·A·科伦比：《朗姆酒的传奇之旅：曾经征服了整个世界的饮料》，余小倩等译，北京：新星出版社，2006年；[英] 伊恩·盖特莱：《尼古丁女郎：烟草的文化史》，沙淘金、李丹译，上海：上海人民出版社，2004年；等等。

题》[①]，在“自序”中他认为“欲振兴吾国茶业，必先明本国生产之现状与夫贸易之情形，迹其衰退之因，而讲求挽救之策”。故其重在研究20世纪初期中国茶叶种植、加工与贸易之现状，从而提出振兴我国茶业之方策，涉及茶史的内容较少。1935年吴觉农、胡浩川出版了《中国茶业复兴计划》[②]，全书由“中国茶业的重要性”“中国茶业复兴的必要”“复兴中国茶业的途径”“复兴茶业的经费及其行政”四篇组成，其中第二篇中的“国际贸易的积衰”“国内贩卖的危机”“国外茶业的威迫”等内容，从历史上总结中国由盛转衰的原因，并有大量的统计数字，对本书具有重要参考价值。1937年吴觉农和范和钧出版了与赵著同名的著作，[③]与赵著不同的是，他们除重视论述茶叶生产与加工等问题外，对中国历代茶业茶政和茶叶对外贸易着墨较多，认为我国茶业落后的原因，“虽为国外茶业兴起之结果，要以本身腐败之所致”，因此应当加强研究茶园经营问题、茶叶制造问题、茶叶运销问题、茶叶组织问题等。

美国著名茶史专家威廉·乌克斯于1935年出版了《茶叶全书》[④]，1949年在我国翻译出版。这是到目前为止最好的一部茶叶百科全书，译者称材料“收集丰富，编纂详尽精密，论述博大深湛”，半个多世纪以前被业界人士视为必读书，至今仍是如此。全书分为历史、技术、科学、商业、社会、艺术6篇，其中历史篇重点论述茶叶在各国传播的历史、东印度公司的茶叶经营以及印

① 赵烈编著：《中国茶业问题》，上海：大东书局，1931年。
② 吴觉农、胡浩川：《中国茶业复兴计划》，上海：商务印书馆，1935年。
③ 吴觉农、范和钧：《中国茶业问题》，上海：商务印书馆，1937年。
④ ［美］威廉·乌克斯：《茶叶全书》，中国茶叶研究社社员集体翻译，《中国茶叶研究社丛书》，上海：中国茶叶研究社，1949年。

度锡兰茶叶之替代中国茶叶；技术篇论述茶叶的栽培与加工；科学篇论述茶之植物学与组织学、茶之化学、茶之药物学等，为印度著名茶叶化学家专门撰写，非常珍贵，后来关于茶叶的科学知识多来源于此；商业篇论述各国的茶叶贸易，兼及生产与消费，有很多重要的统计材料；社会篇论述饮茶的早期历史、各国的饮茶习俗；艺术篇论述茶与美术、茶与艺术的关系。乌克斯认为，在文明世界最重要的三种无酒精饮料——茶叶、咖啡和可可——中，茶叶最为温和，最受人欢迎，其消费量也最大，是来自东方的恩物，是对人类文明的一大贡献。

1950年代后出版的茶叶著作比较多。陈椽的《茶叶通史》是1949年后出版的第一部茶叶通史著作，[①]内容包括茶的起源、茶叶生产的演变、中国历代茶叶产量变化、茶业技术的发展与传播、中外茶学、制茶的发展、茶类与制茶化学、饮茶的发展、茶与医药、茶与文化、国内茶叶贸易、茶叶对外贸易等。正如作者所说，该书“汇总古今中外茶叶大事，使它尽量起到《茶业辞源》的作用”。因此，该书优缺点也很明显，优点是比较全面，几乎无所不包；缺点是不够深入，过于简略。朱自振除重视茶叶历史资料的收集以外，还出版了研究专著《茶史初探》，[②]全书分为三篇，古代篇论述自古至清茶叶发展的历史，近代篇论述清末以来茶叶技术的发展和进步的艰难，专题篇则包括古代制茶技术、茶礼、茶俗、陆羽研究、《全唐诗》中的茶史资料等，几乎是一部茶叶研究的“小百科”。

陈慈玉对中国近代茶叶发展与世界市场的关系进行了深入

① 陈椽：《茶叶通史》，北京：农业出版社，1984年。

② 朱自振：《茶史初探》，北京：中国农业出版社，1996年。此外，他与陈祖椝合作编写了《中国茶叶历史资料选辑》（北京：农业出版社，1981年）。

研究。[1] 他从东印度公司之广州茶贸易入手，重点论述福建茶、两湖茶及各通商口岸茶商的经营特征，指出中国茶市场的繁荣与萧条直接受到外国市场的影响，其开始发展、鼎盛与衰微，皆脱离不了从属于资本主义的色彩。由于中国茶叶的生产过分依赖英、俄、美等茶叶消费国，因此随着这些国家茶叶产量的提高以及外国商人购买对象的转移，中国茶叶市场逐渐走向衰落。林满红对台湾的茶叶（还有糖和樟脑）生产、贸易及其对经济发展重要作用的研究填补了学术界的空白，她指出在 19 世纪后期台湾茶叶贸易最为重要，对台湾的经济发展影响最大；尤其值得注意的是，台湾北部的茶业与樟脑业超过南部的糖业，是台湾经济中心和“历史中心”北移的重要因素。[2]

英国学者麦克法兰近年出版的《绿色黄金：茶叶帝国》[3]一书值得特别注意，因为它不仅是一部礼赞茶叶的著作，而且提出了很多重要命题。作者是一位茶叶种植园主的后代，他在印度著名的茶叶产地阿萨姆（Assam）度过了难忘的童年，茶叶的芳香一直留在了他的记忆中，特殊的经历使他日后成为了一名杰出的社会人类学家。他广泛查阅有关茶叶的资料，对茶叶文化和世界饮料的发展史进行了研究，并在许多地方进行了深入的人类学调查研究。他认为，改变人类文明模式的工业革命之所

① 陈慈玉：《近代中国茶叶的发展与世界市场》，台北：“中央研究院”经济研究所，1982 年。

② 林满红：《茶、糖、樟脑业与台湾之社会经济变迁（1860—1895）》，台北：联经出版事业公司，1997 年。“历史中心”是作者原话，见该书第 180 页。

③ Alan Macfarlane and Iris Macfarlane, *Green Gold: the Empire of Tea*, London: Ebury Press, 2003. 中文版参见［英］艾瑞丝·麦克法兰、［英］艾伦·麦克法兰：《绿色黄金：茶叶的故事》，杨淑玲、沈桂凤译，汕头：汕头大学出版社，2006 年。最新译本参见［英］艾伦·麦克法兰、［英］艾丽斯·麦克法兰：《绿色黄金：茶叶帝国》，扈喜林译，周重林校，北京：社会科学文献出版社，2016 年。

以首先发生在18世纪的英国，与英国人饮茶习惯的养成有直接关系，茶叶对促进英国的近代化起到了不可替代的作用。在18世纪经济最活跃的几个地区即中国、英国和日本，同时也是茶文化得到宏扬发展的地区，这并非偶然现象。也就是说，茶叶的传播与文明的勃兴有必然联系。在世界三大饮料茶叶、咖啡、可可中，只有茶叶成功地征服了全世界。他认为对茶叶的礼赞怎么高都不过分，甚至说“茶叶改变了一切”。作者提出的很多观点都是值得我们思考的。

庄国土在中西茶叶贸易研究方面作出了突出贡献。中荷茶叶贸易在早期中西茶叶贸易史及整个中西关系上都占有重要地位，欧美饮茶习俗的养成和近代世界茶叶市场的形成，同荷兰所起的重要作用是分不开的。庄国土对18、19世纪中西茶叶贸易与白银、鸦片复杂关系的论述，是本领域高水平的研究成果。他研究了茶叶、白银与鸦片之间复杂的关系，指出当英国无法再以美洲白银支付中国茶叶货款时，只能用印度的鸦片重建对华贸易结构，当中国厉行禁烟而导致中西贸易结构面临崩溃时，英国则只能诉诸战争。中英战争根本不是什么文化冲突，而是殖民战争。①

陶德臣是一位茶史专家，有一系列关于茶史的论文发表，涉及面较广。其关于茶叶贸易、茶叶生产等研究，都提出了独到见解。② 林齐模对近代中国茶叶贸易额衰减的原因做了研究，认

---

① 庄国土：《十八世纪中荷海上茶叶贸易》，《海交史研究》1992年第1期；《茶叶、白银和鸦片：1750—1840年中西贸易结构》，《中国经济史研究》1995年第3期。

② 陶德臣：《近代中国外销茶流通环节考察》，《中国经济史研究》1995年第1期；《晋商与西北茶叶贸易》，《安徽史学》1997年第3期；《伪劣茶与近代中国茶业的历史命运》，《中国农史》1997年第3期；《中国茶叶商品经济研究》（与王金水合著），北京：军事谊文出版社，1999年；《论清代茶叶贸易的社会影响》，《史学月刊》2002年第5期；《近代中国茶商的经营状况》，《近代中国》第10辑，2000年；等等。

为英国资本对国际茶叶市场的操纵、中印茶叶生产方式的差异和国际茶叶市场机构的变化是近代中国茶叶贸易额衰减的重要原因。[①]

关于中俄茶叶贸易，学术界论述颇多。米镇波的《清代中俄恰克图边境贸易》，[②]是研究清代中俄恰克图边境贸易较为全面的一本著作，其中关于中俄茶叶贸易多有涉及。

4. 鸦片贸易研究

相对于茶叶研究来说，学者对鸦片问题的研究更为关注，因此成果亦较多。早在1850年代，马克思就对鸦片问题极为关注，在《鸦片贸易史》《中国革命和欧洲革命》《英中条约》等文章中，[③]他对鸦片贸易的性质进行了深入剖析，提出了非常深刻的见解。他指出，英国通过非正当的手段（主要是武力）强迫中国人接受"名叫鸦片的麻醉剂"，这对英国人来说是非法的和不道德的交易，但正是依靠这种交易英国人才能维持东方贸易。他批评当时的中国政府不顾时势，安于现状，人为地隔绝于世，并以天朝尽善尽美而自欺，结果导致内忧外患。这些结论无疑是客观正确的，并对后来的学术研究产生了很大影响。

于恩德的《中国禁烟法令变迁史》，[④]考察了18—20世纪初中国禁止鸦片输入和吸食的历史，是一部开创性的研究著作。书中除论述禁烟法令的变迁外，还探讨了鸦片输入及其造成的严重危害，文后附有详细的历年禁烟条例。学术界一般多注意

① 林齐模：《近代中国茶叶国际贸易的衰减——以对英国出口为中心》，《历史研究》2003年第6期。

② 米镇波：《清代中俄恰克图边境贸易》，天津：南开大学出版社，2003年；《清代西北边境地区中俄贸易：从道光朝到宣统朝》，天津：天津社会科学院出版社，2005年。

③ 《马克思恩格斯选集》第1卷，北京：人民出版社，1995年。

④ 于恩德：《中国禁烟法令变迁史》，上海：中华书局，1934年。

英国对中国的鸦片输入，对其他国家向中国输入鸦片的情况关注较少，绍溪的《十九世纪美国对华鸦片侵略》[①]弥补了这方面的一些缺憾。尽管此书是在特殊历史背景下写成的，有意识形态影响的烙印，但其对具体历史的梳理和考证是功不可没的。姚薇元对魏源的《道光洋艘征抚记》进行了考订，[②]对有关鸦片走私、运销及禁烟等内容多有涉及。

近年对中国近代史上的鸦片问题进行专门研究的著作是朱庆葆等著的《鸦片与近代中国》[③]。该书对罂粟种植与鸦片生产、鸦片的贩运和市场、鸦片与近代军阀、鸦片与民众生活、鸦片与近代中国政治等问题进行了研究，涉及面很广，试图从整体上揭示鸦片与近代中国发展的关系，资料翔实。不过，该书对19世纪后期尤其对20世纪上半期的鸦片问题论述较多，对19世纪前中期涉及较少。秦和平在对云南鸦片问题进行研究后，又对四川地方的鸦片问题进行了研究，[④]在区域的选择上具有典型意义。因为在19世纪后半期，四川是中国鸦片生产和外销的大省，其鸦片产量占全国总产量的40%以上；同时四川受鸦片危害亦最为严重，烟民人数众多。作者通过分析鸦片产销给四川带来的严重后果，论证了清代农业发展与鸦片替代间的关系，解释了清末民初禁烟运动取得成效的关键所在。刘增合对鸦片税收与清末新政之间的关系进行了研究，[⑤]但因主要涉及20世

---

① 绍溪：《十九世纪美国对华鸦片侵略》，北京：生活·读书·新知三联书店，1952年。

② 姚薇元：《鸦片战争史实考——魏源〈道光洋艘征抚记〉考订》，北京：人民出版社，1984年。

③ 朱庆葆、蒋秋明、张士杰：《鸦片与近代中国》，南京：江苏教育出版社，1995年。

④ 秦和平：《云南鸦片问题与禁烟运动（1840—1940）》，成都：四川民族出版社，1998年；《四川鸦片问题与禁烟运动》，成都：四川民族出版社，2001年。

⑤ 刘增合：《鸦片税收与清末新政》，北京：生活·读书·新知三联书店，2005年。

纪初期,不再赘述。

有关鸦片战争的研究成果很多,但多从侵略与反侵略的角度去分析,政治色彩较浓,关注鸦片本身传播和贸易的较少,龚缨晏的《鸦片的传播与对华鸦片贸易》弥补了这方面研究的不足。[①] 作者从中西关系史的角度出发,首先对鸦片传播的历史进行了梳理,重点论述鸦片在中国早期传播的情况以及吸食方法的演变过程;其次研究了鸦片战争前西方(主要是英国)对华鸦片贸易的详细情况,得出结论说,正是鸦片贸易而不是文化冲突或商业扩张,最终导致了英国对中国的战争。龚著是近年来国内学界研究鸦片传播与早期鸦片贸易最出色的著作。张馨保对林则徐与鸦片战争的关系进行了研究,[②]其关于鸦片问题的论述有很多新见。

林满红在中国近代鸦片与白银问题的研究中取得了一系列成果。[③] 其最新研究成果 *China Upside Down*,从全球性关联的角度,探讨鸦片、白银与中国社会经济之间的复杂关系。她认为,19 世纪鸦片进口造成了白银大量外流,但鸦片贸易同时也扩展了国内跨地区的市场贸易网络。尽管 19 世纪早期茶叶和生丝出口增加,但其增长率远远比不上鸦片的进口,这使中国的

---

① 龚缨晏:《鸦片的传播与对华鸦片贸易》,北京:东方出版社,1999 年。

② [美]张馨保:《林钦差与鸦片战争》,徐梅芬等译,福州:福建人民出版社,1989 年。

③ 林满红:《清末本国鸦片之替代进口鸦片(1858—1906)——近代中国"进口替代"个案研究之一》,《"中央研究院"近代史研究所集刊》第 9 期;《中国的白银外流与世界金银减产(1814—1850)》,吴剑雄主编:《中国海洋发展史论文集》第 4 辑,台北:"中央研究院"中山人文社会科学研究所,1991 年;《银与鸦片的流通及银贵钱贱现象的区域分布(1808—1854)——世界经济对近代中国空间分布方面之一影响》,《"中央研究院"近代史研究所集刊》第 22 期(上册);Man-houng Lin, *China Upside Down: Currency, Society, and Ideologies, 1808 – 1856*, Harvard University Press, 2006.

铜银货币体系发生危机。

英国著名作家马丁·布思的《鸦片史》①是一部很有特色的著作，作者从历史的角度研究了鸦片的全球性影响，叙述其怎样从药物变为毒品，并通过生理学、药物学的分析探讨其致瘾根源。全书有不少篇幅专门研究中国的鸦片问题，认为贩卖鸦片是人类历史上最邪恶的文化交流，是西方强加给中国人的；作者将清政府称为“鸦片政府”，认为正是因为政府和官员都是鸦片的受益者，所以禁烟不力，鼓励中国人自己种植鸦片更是中国的灾难。美国学者特拉维斯·黑尼斯三世等著的《鸦片战争：一个帝国的沉迷和另一个帝国的坠落》②，以批判的眼光论述发生在中国的两次鸦片战争，认为鸦片对中国造成的毁灭性影响怎么说都不过分，鸦片在摧毁中国人身体健康的同时，也彻底摧毁了中国政府；而从长远来看，给英国也带来损害。这是一种相互毒害的关系，购买者被毁灭，出售者也名誉扫地。此书虽然没有新的材料，但提出的观点颇为新颖。史景迁在《中国纵横：一个汉学家的学术探索之旅》③一书中对鸦片问题有精彩的阐发，提出了很多真知灼见。

还有一些著作从毒品史的角度研究中国近代的鸦片问题，如苏智良的《中国毒品史》和王金香的《中国禁毒史》等，④对本书皆有启发。

---

① ［美］马丁·布思：《鸦片史》，任华梨译，海口：海南出版社，1999年。

② ［美］特拉维斯·黑尼斯三世、［美］弗兰克·萨奈罗：《鸦片战争：一个帝国的沉迷和另一个帝国的坠落》，周辉荣译，杨立新校，北京：生活·读书·新知三联书店，2005年。

③ ［美］史景迁：《中国纵横：一个汉学家的学术探索之旅》，夏俊霞等译，上海：上海远东出版社，2005年。

④ 苏智良：《中国毒品史》，上海：上海人民出版社，1997年；王金香：《中国禁毒史》，上海：上海人民出版社，2005年。

三　理论、方法与创新点

1. 理论与方法

历史研究其实就是历史学家在当下的处境中对所掌握的史料做出解释，其寻找和辨别史料的功夫即考证，解释的工具便是其所依据的理论和方法。理论和方法都是工具，从这个意义上讲，二者没有本质的区别，正如吴承明指出："在经济史研究中，一切经济学理论都应视为方法论。"[①]其实，不仅在经济史研究中，所有研究都适用此规则。但为行文方便，我仍分别称为理论和方法，其中并无刻意区别。在此前提下，本书从经济变迁的角度，以茶叶贸易和鸦片贸易为视点，研究19世纪中国社会的经济生活和实际处境，符合历史唯物主义的基本原则。实际上，历史唯物主义是本书所依据的最重要的理论和方法。

我将注意从全球视野来研究中国19世纪历史的发展变化，全球视野即所谓的全球化理论。尽管全球化理论有被滥用的现象，但我认为这一理论在实际研究中的价值是不容忽视的。如果说我们研究18世纪以前的中国历史可以勉强就中国论中国的话，那么研究18世纪尤其是19世纪以后的中国历史就不能不有世界眼光了，因为19世纪以后中国历史发生的一切重大变化皆与世界相关联。也就是说，中国19世纪以后的历史发展更多地受到了外部因素的影响，自给自足、唯我独尊的时代一去不

① 吴承明：《经济学理论与经济史研究》，吴承明著、中国社会科学院科研局编：《吴承明集》，北京：中国社会科学出版社，2002年，第316页。

复返了。但是，已有的许多研究成果自我意识太强，即只从中国的立场出发，忽视从与世界关联的角度研究19世纪的中国，容易造成自说自话和研究的偏颇，只知有中国，而不知有世界。正如有学者所指出的：

> 中国近现代史研究中还存在不少问题。其中最大的问题就是大多数的研究者仍然缺乏世界眼光。在问题的提出和材料的挖掘、利用上只知有“中国”，不知有“世界”。由于近代以来的中国已经被纳入到世界体系之中，中国事实上已成为世界的中国，中国发生的任何变化都与世界有关，中国近现代史的研究就必须放到世界历史的大背景中去考察。任何就中国论中国、以中国论中国的做法都是不可能得其真相的。即使就所使用征引的史料而言，情形也是如此。①

此段话实际就是在呼吁要采用全球化的理论和方法研究中国近现代史，应该说切中了要害。采用全球化理论，既可以克服国外中国近代史研究中的“西方中心论”，亦可以避免近年颇为流行的中国近现代史研究中的民粹主义倾向。柯文归纳国外中国近代史研究中以“西方中心论”为指导的三种中心模式是：“冲击—回应”模式、“传统—近代”模式和帝国主义模式，对这三种模式都提出了严厉批评，并进而提出了“中国中心观”的模式。②其实，柯文提出的“中国中心观”模式，有助于摆脱“西方中心论”

---

① 教育部社会科学委员会秘书处编：《中国高校哲学社会科学发展报告2006》，执笔人李学勤、王斯德，北京：高等教育出版社，2006年。转引自《社会科学报》2007年1月25日。

② ［美］柯文：《在中国发现历史：中国中心观在美国的兴起》，林同奇译，北京：中华书局，2002年，第7—9页。

的深远影响，启发学者研究中国历史问题一定要本于中国历史、从中国历史实际出发。当然，如果能从全球关联的角度即全球化理论来研究中国近现代史，其方法更为科学，结论也会更为客观。

中国近现代史研究中一个不可避免的话题是：近代中国落后的原因是什么？学者们多注意用工业化理论去解释，认为中国近代落后的主要原因是没能顺利走上工业化道路，没有实现从农业向近代工业化的转变。实际上这是在无意之间陷入了"西方中心论"的泥潭，因为工业化只是近代西方主要国家近代化的表现结果，并非历史发展的必然。李伯重关于"原始工业化"的论述和提出的"早期工业化"理论对此作了精彩的阐释，他认为中国曾存在早期工业化，但早期工业化与近代工业化有着本质区别，前者并不一定导致后者的必然发生；尽管中国并未自发地发生近代工业化，但不能因此而否定早期工业化的意义。[①]也就是说，不能因为中西历史后来的相似性，而抹煞曾经存在过的历史事实，更不能被"西方中心论"所迷惑。因此，我在本书中既强调要有全球化的眼光，又力求从中国的历史实际出发。

18 世纪以来，中国与世界发生关联最重要的途径是贸易。至 19 世纪，无论是中国商品在国外市场，还是外国商品在中国市场，在交易量和影响力方面都超过了以往任何时候。中西贸易对中国社会发生了巨大影响，甚至是引致中国社会发生变化的最主要原因之一。但此前我们多注意"战场"，而比较忽视"市场"，也就是忽视市场因素对 19 世纪的影响，忽视市场理论。其实，不仅在中国，即使在先发近代化国家，市场理论都是不容忽

① 李伯重：《江南的早期工业化(1550—1850)》，第 13—18 页。

视的。鉴于此，吴承明指出："我以为经济现代化过程实以市场需求为导向，商业革命导致工业革命，而整个社会的现代化变迁也常在市场上反映出来。"[①]言外之意是，工业化的原动力是市场，如果没有市场推动，没有商业革命，工业革命就是空中楼阁。吴先生不仅在理论上重视，更是身体力行，他分别对16—19世纪的中国市场进行了研究，弥补了国内学术界研究的空白。我受到吴先生的鼓励和启发，也试图用市场理论，从中西贸易史的角度对19世纪的中国市场作一简单分析。

至于研究方法，我将首先采取传统的实证方法，即充分利用文字材料，也尽量利用统计数字。研究中国经济史最大的困难是统计材料的缺乏，即使研究离我们比较近的19世纪经济史依然是如此。好在数字对于经济史来说并不是万能的，如学者所指出："经济史研究企图运用实证科学的方法以发现像自然科学那样的经济史规律，似乎不大可能（勉为其难）。"[②]本书在充分利用现有统计成果的基础上，更加注重分析经济背后所体现的社会发展变化。

鉴于本书选题的特点，比较方法是本书采用的最重要的研究方法。著名年鉴学派史学家布洛赫认为比较是历史学中最有效的方法，因此他曾将比较方法比喻为"一个有神力的魔杖"[③]。本书既有近距离的比较，也有跨距离的比较，而跨距离的比较更容易认识问题，当然这样做的风险很大。人们常说风险越大，则回报越大。"风险更大，是因为即便开始理解另一个文化，都要

① 吴承明著，中国社会科学院科研局编：《吴承明集》，"前言"，第2页。

② 萧国亮：《中国社会经济史研究——独特的"食货"之路》，北京：北京大学出版社，2005年，第5页。

③ 杜维运：《史学方法论》，北京：北京大学出版社，2006年，第64页。

花费大量的时间，而失之于肤浅的风险也很大。回报更大，是因为比较乃是逼近'总体史'目标的途径。"①总体史的目标，一般人难以达致，本书更难以企及，但我力求学习其方法。

长时段的研究方法也是理解历史的最好方法之一。在这方面布罗代尔为我们做出了表率，他关于资本主义起源的研究是最成功的范例。从长时段研究中国近二三百年的历史尤为必要，因为我们受到一些人为因素的影响，对中国近代史认识的偏差甚至比中国古代史要多得多。比如以 1840 年作为中国古代和近代的划界点，导致我们将 19 世纪截然划分为两个性质不同的阶段。弗兰克曾批评说："当代历史学家和社会理论家一直最缺少的就是一个整体视野。历史学家最喜欢用显微镜来考察和猜想在一个很短暂时间里的一个小片段。"他对经济史家尤其有意见："大多数自封的'经济史学家'完全无视世界大多数地区的历史，而余下的少数人则彻底地歪曲这些地区的历史。多数经济史学家根本没有世界视野，甚至没有一种欧洲视野。"②弗兰克的批评可能有些偏激，但问题的确是存在的，中国史学界长期视 1840 年为中国古代和近代分界的观点，就是缺乏整体视野和长时段分析所导致的结果。

当然，在研究中任何固定的模式和方法都不是绝对的，更不能照搬照用。著名史学家斯通在谈到花样翻新的社会科学对史学的冲击时，劝告美国史家："史学家的最好办法是选择其中自己感到最直接有用，最有启发性的成分；要知道任何公式、模式、假设、图式或方法都不是神丹妙药；要深信用以解释重大历史事

① ［英］玛丽亚·露西娅·帕拉雷丝-伯克编：《新史学：自白与对话》，彭刚译，北京：北京大学出版社，2006 年，第 180 页。

② ［德］贡德·弗兰克：《白银资本：重视经济全球化中的东方》，第 64、52 页。

件的任何单线式的因果学说都肯定是错误的；不要被复杂精密的方法，特别是量化方法吓倒：一句话，动用自己的全部知识来弥补技术上的无知。”[①]诚哉是言！此与吴承明先生一直提倡的“史无定法”，有异曲同工之妙。

2. 本书的创新点

关于 19 世纪的茶叶贸易和鸦片贸易，学术界已有较多的研究成果，但存在的问题比较多，如在鸦片贸易研究中表现出的非学术倾向，鸦片似乎不是一种商品而是一种政治符号；茶叶在 19 世纪曾是中国最主要的出口商品，也是对世界影响最大的一种商品，可我们的研究却远远不够，甚至远不如对棉纺织业和丝织业的研究；茶叶和鸦片在 19 世纪都是产生国际影响的商品，可学术界较少从国际视角进行研究和比较，对其意义和影响估计不足；等等。鉴于此，本书将从以下几个方面寻求突破：

第一，把 19 世纪的茶叶贸易和鸦片贸易结合起来，进行比较研究。茶叶贸易和鸦片贸易在 19 世纪特别具有可比性：鸦片是 19 世纪中国进口额最大的商品，茶叶是 19 世纪中国出口额最大的商品；二者在 19 世纪的贸易最为旺盛，而且其盛衰几乎相始终，皆贯穿了 19 世纪。更为重要的是，茶叶贸易和鸦片贸易有着密不可分的联系，如果研究 19 世纪的茶叶贸易，不可能不联系鸦片贸易，反之也是一样。

第二，将 19 世纪打通进行研究。1949 年以来，史学界同仁或接受或默认了把 1840 年作为中国古代和近代的分界。中国古代史教材和著作一般只写到 1840 年鸦片战争爆发前为止，而

① Lawrence Stone, *The Past and the Present Revisited*, Boston: Routledge and Kegan Paul, 1981, p. 13. 转引自林同奇为《在中国发现历史：中国中心观在美国的兴起》所作序言，第 35 页。

中国近代史教材和著作则自然而然从1840年开始,使清代历史截然被分成前后似乎不相关联的两段。现在看来,这种人为的分割显然非常不合理,影响了人们对历史的客观认识。本书选取19世纪作为研究的时段,目的之一就是打破这种人为的分割,打通历史,从而更准确地认识19世纪的中国。

第三,通过茶叶贸易和鸦片贸易认识成瘾性消费品与近代社会成长的关系。随着学术界对产业革命研究的深入,许多学者将研究的重点从生产转到了消费,尤其重视大众消费对社会发展的重要作用。近年来,成瘾性消费品的研究越来越受到学者的关注,有不少学者提出主要的成瘾性消费品促进了近代社会的发展。在近代所有的成瘾性消费品中,茶叶和鸦片的影响最大。英国发生工业革命的时间与茶叶需求最旺盛的时间几乎重叠,其中有没有必然联系?对于中国而言,在进入"近代"的过程中,鸦片是最为重要的外来商品。中国19世纪危机发生的时间与鸦片贸易最"繁荣"的时间完全一致,其中有没有必然联系?以上问题都是本书探讨的重点。

第四,通过茶叶贸易和鸦片贸易认识、理解19世纪的经济全球化进程。大航海一般被认为是早期全球化进程的开始,但那时全球化的手段是战舰和枪炮,与后来的全球化概念相去较远。现代意义上的全球化是先发近代化国家通过市场和商品向全世界渗透的全球化(当然在开始阶段往往是武力和市场两种手段并用),开始时间应在18世纪后期,在19世纪达到高潮。茶叶和鸦片是19世纪东西方世界发生关联的两种最主要的商品,在全球化过程中扮演了重要角色,从中可以看出中国被卷入全球化的过程。

第五,通过茶叶贸易和鸦片贸易认识19世纪中国的实际处境。1949年后，学术界曾热衷于资本主义萌芽问题的讨论，1980年代以来又曾热衷于中国近代化问题的讨论。本书通过对茶叶贸易和鸦片贸易的考察，对上述讨论进行反思，力求认识19世纪中国的真实状况。本书还将对以英国为代表的近代化道路和传统中国发展的模式进行比较，从而指出传统中国可能的发展路向。

上述的创新点是本书努力的方向，尽管不一定能够完全达到，但我心向往之。

第二章
19 世纪的茶叶贸易

茶叶在 19 世纪成为一种全球性的商品，不仅对中国经济影响巨大，对世界经济发展也产生了很大影响。可以这样说，中国真正同西方世界发生紧密的经济联系是从茶叶贸易开始的，而 19 世纪发生在中国的许多重大事件亦直接或间接与茶叶贸易有关。因此，研究茶叶贸易对理解 19 世纪的中国和世界非常重要，也非常有意义。

一　清前期的茶叶贸易及其特点

茶叶作为中国传统市场的大宗商品，兴于唐，而盛于宋。[①] 茶叶不仅在唐宋以后的经济发展中具有十分重要的地位，而且在解决政府军需、调动商人力量等方面有着重要作用。在特需商品专卖行业中，茶叶后来居上，排挤了传统的大宗专卖品铁，成为仅次于盐的重要专卖品。汉代以来，"盐铁"一直是政府专

---

① 李埏先生在为孙洪升《唐宋茶业经济》(北京：社会科学文献出版社，2001 年)一书所作序言中说，至唐代，"茶在内外市场上已执商品界的牛耳。到宋代，茶业更兴旺了"。

卖品的代名词；唐宋以后，“盐茶”或“茶盐”取而代之，成为政府专卖品的代名词。[①] 由此可见，茶叶在中国社会经济生活中的地位日益重要。

茶叶这种商品有其特殊性，主要表现为国内消费需求基本平稳，影响其产量和价格的主要因素来自外部，即周边少数民族的需要以及中央政府的特殊需要，持续了几百年的茶马贸易即为这种情况的客观反映。自宋至清初，情况大致如此，没有特别大的变化。到了清朝康熙年间，茶叶市场出现了前所未有的情况，即中国的茶叶开始向欧洲出口，出口量渐增。[②] 起初，中国人和西方来华贸易的商人都没有意识到茶叶这种由中国人栽培、加工且基本为自己（及其周边）消费的特殊饮品，竟会成为18—19世纪中西贸易往来中最重要的商品。为了对19世纪中国茶叶市场有比较全面和准确的把握，简要分析和了解17—18世纪的中国茶叶市场是非常必要的。在17—18世纪，传统茶叶市场继续发展，但市场格局开始发生重大变化。

1. 传统茶马贸易的衰落

清承明制，行官茶、商茶（茶引）、贡茶之法。贡茶专供皇室、朝廷之用，数量有限，且与市场基本无关，故本书不涉及。官茶与商茶皆贮边易马，即所谓茶马贸易，对政府较为重要。

满人入主中原之初，对内有防范汉人谋变之需，对外有开拓疆土之任，加强军事力量、提高战斗能力就显得特别重要，因此清初对战马的需求较为迫切，所谓“从古有兵则有马，兵之须马甚急也”[③]。

---

① 参见黄纯艳：《宋代茶法研究》，昆明：云南大学出版社，2002年，第1—2页。

② 关于茶叶最初传入欧洲的确切时间，学术界有争议，下文将有述及。此处所言康熙年间开始向欧洲出口茶叶，是从中西贸易史的意义上来提出的，不是指茶叶最早传入欧洲的时间。

③ （明）杨恩纂修，（清）纪元续纂修：康熙《巩昌府志》卷17《边政考中·马政》，清康熙二十七年刻本。

另外，边疆少数民族大多已养成饮茶习俗，以至于在很多地方形成“宁可一日无食，不可一日无茶”的景象，其消费需求和消费量超过汉人。因此，同宋、明两朝一样，清政府实行“招商榷茶，羁番易马”的贸易手段，这是一种很有效的民族政策，不仅能满足军队的战马需求，也能在政治和经济上达到羁縻边疆少数民族的目的，“彼得茶而怀向顺，我得马而壮军威”①。清朝的茶马贸易政策基本是成功的。但是与以往相比，清朝的茶马贸易无论从规模还是从重要性上来说，都已经大为逊色了。

顺治初年，政府在陕西、甘肃设茶马市，招商运茶，由巡视茶马御史进行管理，规定茶引大小均由官商平分，即每担纳 50 斤为官茶，余作商本，听商自卖，例不抽税。② 这项措施鼓励了民间茶商的积极性，因为有利可图，很多茶商愿意从四川、湖北等产茶省份向西北运售茶叶，从而保障了茶马司经常有充足的官茶贮备，随时换取马匹，以备各地征战之用。根据档案资料统计，顺治七年(1650)至顺治十年(1653)间，每年易马数大致少则一千余匹，多则三千余匹，平均两千匹左右，同明朝年易马数万余匹相比，确实少了很多。③ 这种情况说明了两个问题：其一，清朝延续明朝茶马制度，证明这种制度仍然是行之有效的；其二，这种制度的重要性已大不如前，预示它的使命即将完成，走向衰落不可避免。果然，到了顺治十三年(1656)，清政府以“甘肃所中之马既足，命陈茶变价充饷”；次年，“复以广宁、开成、黑

---

① (清) 毕振姬：《西北之文》卷 3《河西》，民国二十年山右丛书初编本。

② (清) 许容修，(清) 李迪纂：《甘肃通志》卷 19《茶马》记载：“大引采茶九千三百斤为九百三十篦，商领部引，输价买茶，交茶马司，一半入官易马，一半给商发卖，例不抽税。”又云“今定大小引一例平分”。

③ 参见林永匡：《清代的茶马贸易》，载中国社会科学院历史研究所编：《清史论丛》第 3 集，北京：中华书局，1982 年。

水、安定、清安、万安、武安七监马蕃，命私马私茶没入变价。原留中马支用者，悉改折充饷”。[①] 其后，清朝茶马法屡兴屡废，但颓势已不可逆转。比如顺治十八年(1661)，清政府应达赖喇嘛及根都台吉之请，于云南北胜州开设茶马市场，但规模很小，影响范围也很有限。七年以后，即在康熙七年(1668)，清政府索性裁去了茶马御史一职，将茶马贸易划归甘肃巡抚兼理。[②] 至雍正年间，陕西的五个茶马司也相继归并。乾隆中期，甘肃巡抚又被裁撤，茶务归陕甘总督兼理。至此，茶马贸易基本全面终止了。[③] 茶马司旧存茶篦，或变卖，或搭饷，或改征银两，设法出库处理。[④]

茶马贸易在清朝的衰落是历史的必然。这并非意味着马匹对国家来说不重要了，而是因为清朝同宋、明两朝的形势完全不同了。清初统治者致力于边疆的开拓，尤其是在北边和西边的拓展大大超出前朝，明朝时期的边境已经成为清朝的内地，明朝时期的化外之地则成为清朝的疆土或边境。清政府因势利导，逐渐废除传统的茶马制度，转而利用北方的广阔牧地，由政府出面在察哈尔等地建立牧厂，派专人养马，以备军需和皇室宫廷用马。这样，政府完全可以有组织、有计划地实施养马，而没有必要通过茶马贸易来获取马匹。

不过，需要注意的是，虽然茶马贸易制度寿终正寝了，但边地游牧民族对茶叶的需求却没有减少。既然政府不再组织以茶易马，那就只能让商人们来满足游牧民族对茶叶的需求了，这客

---

① (清) 赵尔巽等撰：《清史稿》卷 124《食货志五·茶法》，北京：中华书局，1997 年。

② 尽管康熙三十四年(1695)复设茶马御史一职，但在八年后又将其裁去。

③ 参见(清) 王先谦纂：《清朝文献通考》卷 33《市籴考二》，卷 30《征榷考五·榷茶》，杭州：浙江古籍出版社 1988 年影印本；(清) 许容修，(清) 李迪纂：《甘肃通志》卷 19《茶马》，《文渊阁四库全书》本；刘于义等：(清) 刘于义修，(清) 沈青崖纂：《陕西通志》卷 42《茶马》，《文渊阁四库全书》本。

④ 参见王晓燕：《官营茶马贸易研究》，北京：民族出版社，2004 年，第 237 页。

观上促进了国内茶叶市场的发展和繁荣。

2. 19世纪以前国内茶叶贸易

茶马贸易中所用茶多为粗茶，精制茶叶除上贡外，大多内销。像丝织品一样，茶叶也是作为商品而生产的。清代除陕西、四川、江西、湖南等少数省份仍然颁行茶引以外，其他地区允许自由贸易，官府对茶叶的产销控制已经大为放松，这促进了清代植茶业与茶叶加工业的发展，也大大促进了茶叶商品生产的发展，茶叶市场遍布全国。

明清时期，茶叶属于大宗商品，经营者需要有相当的经济实力，正如明人张瀚所说："茶盐之利尤巨，非巨商贾不能任。"[①]受传统茶叶贸易制度的影响，清初、中期山陕商人仍是最有竞争力的茶商。衷幹在《茶市杂咏》中说："清初茶业均系西客经营，由江西转河南运销关外。西客者山西商人也。每家资本约二、三十万至百万。"[②]此处衷幹说的是晋商，其实在明朝以及清初，陕商一直执西北茶叶买卖之牛耳。茶马互市被取消后，陕商将四川、陕西、湖北等地的茶叶销往西北及西南各省；晋商主要贩运安徽等地的茶叶，后来贩运路线更是扩展到了湖南、福建等地。陕西商人在四川经营得非常成功，他们几乎垄断了四川的边茶贸易，如彭县边茶于乾隆三十七年(1772)为陕字号替代。[③] 松潘在清代为"西陲一大都会"，"人烟稠密，商贾辐辏"，其中茶叶店林立，茶叶多由此远售藏民地区。嘉庆年间，每年额销松潘边

① (明)张瀚撰，盛冬铃点校：《松窗梦语》卷4《商贾纪》，《元明史料笔记丛刊》，北京：中华书局，1985年。

② 彭泽益编：《中国近代手工业史资料(1840—1949)》第1卷，中国科学院经济研究所：《中国近代经济史参考资料丛刊》第四种，北京：中华书局，1962年，第304页。

③ 参见(清)张龙甲修，(清)吕调阳纂：《彭县志》卷4《赋税志》，清光绪四年刻本。

茶18794引，计225.5万余斤，其中大半为陕商运销。陕商还将茶叶远销至打箭炉（今四川康定），甚至靠近西藏的巴塘。乾隆年间，每年远销康藏地区的边茶多达1230万斤，嘉庆年间更达1416.8万斤。[①] 晋商主要经营西域和俄罗斯的茶叶贸易。

徽商有经营茶叶市场的传统，唐、宋、明三朝皆有徽商从事茶叶商品交易的记载，由经营茶叶而致富者代有其人。[②] 入清以后，徽州茶商迎来了真正的黄金时代，经营规模和范围都大为拓展。徽州本来就是产茶之地，且茶叶制作精细，品质优良，因此很受各地消费者欢迎，徽州人经营起来得心应手。徽州茶叶在北方市场尤其受欢迎，徽商借水运之便将大量茶叶运至山东、河北、东北等地，与山陕商人陆路运输相比，成本大为降低，因此非常具有竞争力。北京作为明清都城，人口众多，饮茶风气盛，上至皇亲国戚、满汉贵族，下至市井百姓，茶叶都是生活必需品，因此茶叶消费量巨大。从明代开始，徽商就在北京经营茶叶买卖；至清代，北京的茶叶市场几乎为徽商所垄断。据统计，至乾隆年间，歙县人在北京经营的茶行就有7家，茶商字号166家，小茶店数量更多。[③] 歙县仅是徽州府六个县中的一个县，如果再加上其他几个县在北京经营茶叶买卖的店家，数量肯定更多。天津的茶行茶店也大多是徽州人所开。另外，徽州茶商在杭州、

---

① 以上均见（清）常明、（清）杨芳灿等纂修《四川通志》卷69《食货·茶法》（成都：巴蜀书社，1984年）。

② 唐代著名诗人白居易《琵琶行》中有“商人重利轻别离，前月浮梁买茶去”一句，是说因为交通不便，包括徽州商人在内的茶商遂将徽州等地的茶叶运至江西浮梁县（今景德镇）进行交易。宋人洪迈《夷坚志》甲集记载：“朱元者，徽州人。蔡京改茶法，元为茶商，坐私贩抵罪。”明代关于徽商的记载更是俯拾即是，且表现出三个特点，一是大茶商很多，二是徽商遍布全国各地，三是已经远贩于塞外。

③ （清）许承尧：《歙事闲谭》第11册《北京歙县义庄》，转引自王世华：《富甲一方的徽商》，第102页。

苏州以及后来上海的经营都非常成功，他们以有“茶务都会”之称的屯溪为茶叶集散地，将徽茶转运各地，并牢牢控制了杭州、苏州等大都市的茶叶市场。徽商将茶叶运至饶州（今江西鄱阳），然后分两途：经鄱阳湖，北出湖口（今江西湖口）入长江西行，销往湖广和四川地区；或沿赣江溯流而上，越大庾岭，贩往岭南地区。[①] 湖北、四川等地本来产茶，为何还要徽州商人运来茶叶呢？原因有二：一是这两地所产茶叶多被用作“边茶”，只有很少的茶叶供本地消费；二是本地商人竞争不过徽州茶商。

其他各地的茶商亦不可小觑，比如浙江、江西、湖南、广东、福建等地的商人，在推动本地茶叶市场建立和繁荣的过程中都起到了积极作用。尤其在茶马贸易衰落以后，茶商对茶叶市场的参与程度更深，参与范围更广。其中晋商和广东、福建商人在茶叶外销过程中，起到了不可替代的作用。

3. 19世纪以前的茶叶外销

中国茶叶出口的高峰期出现在19世纪。19世纪以前，中国的茶叶外销分为两个部分：通过陆路，向北对俄罗斯输出；通过海路，向欧洲主要是对荷兰和英国输出。

中国向俄罗斯输出茶叶是同晋商分不开的，且主要通过恰克图市场进行。

入清以后，晋商在西北茶叶贸易中起着决定性的作用。茶马贸易逐渐衰落和废止了，但西北茶叶贸易不仅未受影响，反而更加活跃，晋商在其中起到了关键作用。晋商在西北茶叶交易中的地位越来越重要，他们在对西域和俄罗斯的交易中几乎完全排挤了陕商。尤其是对俄罗斯茶叶出口的迅速扩大，是晋商

① 参见王廷元、王世华：《徽商》，第98页。

经营成功的最关键因素之一。晋商同俄罗斯的贸易往来起自康熙二十八年(1689)的中俄《尼布楚条约》签订后，但这一时期主要是俄国商队来北京贸易，也有少数贸易在库伦(今蒙古国首都乌兰巴托)、归化(今内蒙古自治区首府呼和浩特)、张家口等地通过晋商来完成。比如在张家口，“凡内地之牛马驼羊，多取于此。贾多山右人，率出口，以茶布兑换而归”①。雍正五年(1727)，中俄又签定《恰克图条约》，确定祖鲁海尔、恰克图(今属俄罗斯，俄语意为“有茶的地方”)、尼布楚(今俄罗斯涅尔琴斯克)三地为两国边境通商贸易地点。恰克图在当时是中俄边境上的俄国贸易城，三年后清政府批准中国人在恰克图的中方边境建立买卖城。在中俄恰克图贸易中，茶叶贸易越来越重要，中方主要是由晋商来参与的。18世纪上半叶，随着中俄贸易往来的升温，俄罗斯饮茶之风渐盛，茶叶消费量猛增。乾隆二十年(1755)，清政府以入京俄国商队行为不轨、商队出入境手续繁杂等为理由，将中俄贸易限于恰克图一地进行。此项措施意在限制俄商来华，但客观上却导致了恰克图商业贸易的繁荣，中国输俄茶叶量成倍增长。据统计，18世纪中期以前输俄茶叶较少，到18世纪后期就已达到了非常可观的数量(见表2.1)。不久，茶叶便超过棉布和绸缎，成为恰克图中俄贸易中的首要商品。②

表2.1　18世纪后期华茶输俄数量(年均)

时间	数量(普特)
1755—1762	11 000—13 000
1768—1785	29 000

① 镐甫：《闻见瓣香录》，转引自张正明、薛慧林编：《明清晋商资料选编》，太原：山西人民出版社，1989年，第65页。

② 参见张正明：《明清晋商及其民风》，第54—56页。

续表2.1　18世纪后期华茶输俄数量(年均)

时间	数量(普特)
1792	24 568
1798	46 977
1799	52 313
1800	69 850

表注：1普特=16.38公斤
资料来源：[日]吉田金一：《关于俄清贸易》,《东洋学报》第45卷第4号。

茶叶作为商品通过海路向西方输出,大概起自17世纪初期。[①] 尽管后来英国一直是欧洲茶叶的主要消费国,但在向西方各国介绍和输出茶叶的最初阶段,荷兰人功不可没。在整个17世纪和18世纪初期,荷兰是西方国家中最大的茶叶贩运国,荷兰人从中国购买的茶叶,除满足自己消费外,还转卖给欧洲其他国家和北美殖民地。荷兰人首先充分认识到了茶叶的好处,先后将茶叶传至法国(1638)、英国(1645)、德国(1650)和美国(17世纪中叶)。1651—1652年,阿姆斯特丹举办茶叶拍卖活动,茶叶成为独立的商品。阿姆斯特丹成为欧洲的茶叶供应中心。中荷最早的茶叶贸易是通过荷兰在亚洲的殖民统治中心巴达维亚(今印度尼西亚首都雅加达)来进行的,即中国商人用帆船将茶叶运至巴达维亚卖给荷兰商人,然后荷兰商人再运回欧洲。到1727年,荷兰东印度公司董事会决定派船直接到中国买茶。这样,中荷茶叶贸易便由中国—巴达维亚—荷兰的间接贸易部分改为荷兰—中国的直接贸易,结果成本减少,利润大增,

① 茶叶何时传入欧洲,学术界意见不一致。有人认为最早16世纪传入欧洲(吴觉农、胡浩川:《中国茶叶复兴计划》,第68页);有人认为是17世纪初,如美国学者威廉·乌克斯(William H. Ukers)就认定为1610年由荷兰人输入(见氏著:《茶叶全书》上册,第14页)。

利润率经常在150%—200%之间，具有相当的诱惑力。同时，荷兰政府仍鼓励中国帆船在巴达维亚的茶叶贸易，只是在1740年荷兰殖民者大肆屠杀巴城华人以后，巴城的茶叶贸易才衰落下去。1757年，荷兰东印度公司重开对华直接贸易。荷兰对中国的商品需求主要是茶叶、瓷器、粗丝、纺织品等，但在整个18世纪，茶叶都是中荷贸易往来中最重要的商品。从1729年至1733年，茶叶在荷兰进口中国货物总值中所占比例极高，最高达85%以上，最低也在60%以上，可以说一直占有绝对重要的地位。直到1794年，茶叶所占比例仍高达80%。① 1795年以后，因为拿破仑战争，荷兰国内社会动荡，政权更迭，对华贸易额才急遽下降，直至退出。到19世纪，对华贸易的优势地位就彻底让位给英国商人了。

英国人认识茶叶较晚，但饮茶在英国流行却极快，大概因为茶叶是唯一能够成为普遍消费品而又与英国工业品不构成竞争的一种货物。1664年，英国仅输入了两磅两盎司的茶叶，至18世纪初期，茶叶消费量骤然增加。② 1716年，茶叶开始成为中英贸易的重要商品。本年，两艘英国货船从广州运回3 000担茶叶，价值35 085镑，占到总货值的80%。③ 此后，茶叶贸易成为英国与东方贸易最主要的商品（见表2.2），也是赢利最多的商品，其他商品逐渐成为点缀。

---

① 参见张应龙：《鸦片战争前中荷茶叶贸易初探》，《暨南学报》1998年第3期；庄国土：《茶叶、白银和鸦片：1750—1840年中西贸易结构》，《中国经济史研究》1995年第3期。

② 可以1715年为界。此前英国供应的茶几乎全是武夷茶，价格很贵，平民阶层消费不起。1715年以后，低价绿茶在英国市场出现，因此茶叶消费迅速增加，很快成为全民性饮料。

③ K. N. Chaudhuri, *The Trading World of Asia and the English East India Company 1660－1760*, Cambridge, 1978, p. 538.

表 2.2　英国东印度公司从中国进口茶叶数量及货值比例(1722—1750)

年份	数量(担)	总货值(两)	茶叶货值(两)	占总货值%
1722	4 500	211 850	119 750	56
1723	6 900	271 340	182 500	67
1730	13 583	469 879	374 311	73
1733	5 459	294 025	141 934	48
1736	3 307	121 152	87 079	71
1740	6 646	186 214	132 960	71
1750	21 543	507 102	366 231	72
1761	30 000	707 000	653 000	92
1766	69 531	1 587 266	1 370 818	86
1770	671 128	1 413 816	1 323 849	94
1775	22 574	1 045 433	498 644	48
1780	61 200	2 026 043	1 125 983	55
1785	103 865	2 942 069	2 564 701	87
1790	159 595	4 669 811	4 103 828	88
1795	112 840	3 521 171	3 126 198	89
1799	1 575 26	4 091 892	2 545 624	62

资料来源：Chaudhuri，p. 538；Pritchard，p. 395；马士，Vol. 2 - Vol. 4。转引自庄国土：《茶叶、白银和鸦片：1750—1840 年中西贸易结构》。按，表中数量无单位，根据上下文，估计为担；占总货值比例略有修正。

欧洲其他国家如法国、瑞典、丹麦等国的对华贸易与英国类似，茶叶亦是最重要的进口货物，一般都占这些国家进口货值的百分之六七十以上。18 世纪欧洲其他国家之所以也大量从中国进口茶叶，主要不是为了满足本国消费，而是为了向英国走私来获得高额利润，因为英国茶叶进口税高达 100%，在税率降低以前，英国市场上的茶叶大概有 3/4 是从法国、荷兰、瑞典、丹麦等国走私进来的(见表 2.3)。

表 2.3　英国和欧洲其他国家从中国输出到欧洲的茶叶数额统计(1772—1780)

年份	英国船(艘)	茶叶(磅)	非英国船(艘)	茶叶(磅)	船只总数	茶叶总数(磅)
1772	20	12 712 283	8	9 407 564	28	22 119 847
1773	13	8 733 176	11	13 652 738	24	22 385 914
1774	8	3 762 594	12	13 838 267	20	17 600 861
1775	4	2 095 424	15	15 652 934	19	17 748 358
1776	5	3 334 416	12	12 841 596	17	16 176 012
1777	8	5 549 087	13	16 112 000	21	21 661 087
1778	9	6 199 283	15	13 302 665	24	19 501 948
1779	7	4 311 358	11	11 302 266	18	15 613 624
1780	5	4 061 830	10	12 673 781	15	16 735 611
合计	79	50 759 451	107	118 783 811	186	169 543 262
年均	9	5 639 939	12	13 198 201	21	18 838 140

资料来源：[英] 斯当东：《英使谒见乾隆纪事》，叶笃义译，上海：上海书店出版社，1997 年，第 542 页。

1784 年，英国颁布抵代税条例(Commutation Act)①，规定茶叶税率从 120%降至 12.5%。② 这一措施产生了极大影响，导致上述国家从中国购入茶叶后输入英国已无利可图，自 1785 年以后这些国家逐渐退出茶叶贸易，英国人则几乎垄断了这项贸易。

中国茶叶出口欧洲的市场交易中心，初为厦门，至雍正间，

① 又被译为“折抵法案”或“减税法”，英文名称为 The Commutation Act。该法案规定茶叶进口关税一律降为 12.5%，通过税完全免除，因此而造成的税收损失，则以征收一种名为“窗户税”(Window Tax)的新税来补足。换言之，“窗户税”的征收，是用来抵补大部分的茶税，故称“折抵法案”。参见陈国栋：《1780—1800：中西贸易的关键年代》，张炎宪主编：《中国海洋发展史论文集》第 6 辑，台北：“中央研究院”中山人文社会科学研究所，1997 年，第 225 页；陈慈玉：《近代中国茶叶的发展与世界市场》，第 8—10 页。

② 参见[英] 格林堡：《鸦片战争前中英通商史》，第 2—3 页。详细解释见下一节。

广州成为后起之秀。自乾隆二十二年(1757)清政府限定英人在广州通商后,直至鸦片战争止,广州为华茶输欧之唯一口岸。

在18世纪,茶叶不仅在英国逐渐成为普通的日常消费品,而且在北美殖民地也非常受欢迎。但在1773年波士顿倾茶事件后,拒饮茶叶而改饮咖啡成为美国人的一种爱国标志,此事件不仅"深刻影响了世界历史发展的进程",而且影响两国人民形成了不同的生活习惯。① 不过,有意味的是,美国同中国的茶叶贸易量并未减少,此点下文将述及。

19世纪以前中国茶叶贸易主要是为了满足国内市场的需要。茶叶不仅是中国人的日常生活必需品,而且是一种战略物资,长期受到政府的掌控。但从清中期开始,延续了一千余年的传统茶叶市场已经开始发生根本性的变化,突出表现为:第一,因为清朝边疆的开拓和政府建立养马牧场,传统的茶马市场衰落了,政府对茶叶市场的控制逐渐放松,市场自身调节的力量越来越强,这为茶叶市场的进一步繁荣提供了条件。第二,国外茶叶市场的重要性愈来愈突显,18世纪是中国茶叶走向世界的关键时期。客观地说,国外茶叶市场的扩大并非因为中国商人的主动开拓,而是国外消费需求的带动,中国商人只是顺应了这种需求而已,尤其是对欧洲的茶叶贸易,这一特点非常明显。② 总之,18世纪的世界正在发生很多根本性的变化,世界正在变小,相互间的关联在增强。尽管中国对这些变化几乎一无所知,但客观上却无法置身事外,中国人正慢慢地被动感知这些变化。

---

① C. R. Harler, *The Culture and Marketing of Tea*, Oxford University Press, 1964, p. 227.

② 至于17世纪末18世纪初为什么会出现世界性的茶叶需求热潮,这是一个很复杂的问题,笔者将专门探讨。

其中，国外大量需求茶叶就是中国人被动感知外界变化的一个很重要的因素。

二　19世纪的中国国内茶叶贸易

由于中国近代茶叶出口剧增，且有较为丰富的材料和统计数字，因此学术界关于中国近代茶叶贸易的研究，一般多集中于探讨茶叶的外贸市场，相对来说国内贸易研究较少。但是，如果要对中国近代茶叶贸易有全面和客观的认识，国内市场是绝对不能忽视的，因为如果没有国内市场作为基础，要满足日益扩大的国外市场需求是不可想像的。总的来说，19世纪中国国内茶叶市场是继续发展的，具体表现为茶叶市场的扩大、交易量的增加、茶叶市场中心的形成、由茶叶生产和贸易而带动地区经济的发展。

中国饮茶传统历史悠久，饮茶不仅是中国人的一种生活习惯，更成为中国人一种独特的文化。从城市到乡村，从平原到山区，从沿海到内地，从南方到北方，从富裕地区到贫穷地区，茶叶无处不在。尤其是在城镇和南方，饮茶之风尤盛。这决定了中国茶叶市场的普遍性和重要性，也是研究国内茶叶市场应该注意的地方。尽管相关材料尤其是统计材料较为缺乏，但我们还是可以做出一些分析和推断。

中国的茶叶产地集中在安徽、浙江、湖南、四川以及福建、云南等地，这些地区的茶叶除满足当地消费外，主要外销到北方诸省市及边地。向外地销售的任务主要是由三类商人来完成的。一是安徽、福建商人，以经营安徽祁门红茶和福建武夷茶著称，资本巨大，茶叶行销四方；二是陕西、四川商人，原由边区茶马互市而来，以经营边茶为主，茶叶行销康藏；三是晋商及江浙湖广商人，经营内地茶叶贸易，尤以晋商实力雄厚，足迹遍全国，并经营蒙古、新疆和在恰克图与俄国的茶叶贸易。我国实行茶行制度，这些茶商具有一定的专利权，因此利润丰厚，并形成大商人资本的茶商。[①]

徽商自唐宋两朝就有经营茶叶市场的传统，并成为徽商几大行业（盐、典、茶、木、粮、布等）中非常重要的一行。在西北茶叶贸易中，徽商虽然竞争不过山陕商人，但他们却已经牢牢控制了北京、天津、山东、河北、东北等地的茶叶贸易。徽商借助低成本的水运之便，将茶叶源源不断地运往北方，使自己在北方茶叶市场的残酷竞争中处于优势。从 18 世纪起，很多徽商改由海路运输茶叶，这样既可降低成本，又可缩短运输时间。他们先将茶叶运至上海，然后雇佣轮船将大批茶叶集中运至青岛、烟台、天津、营口等处，再分销各地。徽商北运茶叶规模很大，以满足北方茶叶消费的快速增长。嘉庆时一艘为徽商运茶的轮船在返途中遭遇飓风，漂流到朝鲜的济州岛，船上人称：去年（嘉庆十年，1805）闰六月十六日，徽州茶商冯有达雇佣他们的轮船，在上海吴淞口装入茶叶 835 包，八月一日运至天津。[②] 当时内销茶多用篓袋包装，每篓重量多在 60 斤左右，可知冯有达一次运茶即达 5 万斤左右，规模非常大。在嘉庆末道光初，政府虽然一度曾经禁止海运，但因为北方茶叶需求持续增长，而运河运输能力有限，陆路运输成本又太高，所以这项禁令不久便被取消。道光五

---

① 参见许涤新、吴承明主编：《中国资本主义发展史》第 2 卷《旧民主主义革命时期的中国资本主义》，第 225 页。

② 参见［日］松浦章：《清代海外贸易史研究》上，李小林译，《国家清史编纂委员会·编译丛书》，天津人民出版社，2016 年，第一部第二编第四章。

年(1825)上谕称："江省江海关向准茶叶出口，运往北省销售……凡北赴山东、天津、奉天等处茶船，仍准其纳税放行。"①海路运茶一事竟然引起道光皇帝的关注，可见茶叶在京津及整个北方地区的重要性，它已经不是可有可无的日用消费品了。北京、天津等大城市对茶叶的需求更是不断增加，上至宫室皇帝，下至里巷平民，茶叶都成为其生活中的必需品。比如乾隆皇帝喜欢饮龙井新茶，"高宗命制三清茶，以梅花、佛手、松子瀹茶。有诗纪之。茶宴日即赐此茶"。慈禧太后则喜欢以金银花泡茶，"孝钦后饮茶，喜以金银花少许入之，甚香"。② 北京城区不仅茶行很多，而且茶馆林立，每年的消费量都很大。北方人喜欢花茶，花茶在北方各地的销路非常好，因此徽商销往北方的茶叶一般都先在南方(主要在福建)窨制成珠兰、茉莉等各种花茶，然后再从海路运至北方。同治年间，歙县人吴景隆在苏州开设"吴世美"茶店，信誉极好，他不仅在当地销售和批发，而且还窨制花茶销往北方，每年行销量达 30—40 万斤。③ 另一歙县人吴炽甫也专门从事茶叶内销，他在徽州、杭州等地收购毛茶，运至福建，在自己开设的"同德"茶厂中窨制花茶，然后由海路北运，行销于直隶、山东及东北等地。他在北方许多城市都设立了茶庄、茶店经营零售业务，如在北京就设有"存瑞""聚星""源成""德润""肇祥"字号，在张家口、宣化分别开设了"德祥"等字号。他经营茶叶的资本多达 200 万元，号称歙县南门首富。④

江南尤其是在江苏、浙江两省，徽州茶商最为活跃，这首先

① 《清宣宗实录》卷 18，道光元年五月丁丑。
② 徐珂编撰：《清稗类钞》第 13 册"饮食类"，北京：中华书局，1986 年，第 6312、6314 页。
③ 《歙县志》，北京：中华书局，1995 年，第 282 页。
④ 同上书，第 688 页。

是得益于地理之便以及经济上的相对发达。浙江与徽州水陆相连，交通极为便利，自屯溪沿新安江顺流而下，可将茶叶直接运抵杭州；在杭州转运河，北运至苏州，或经上海港转海运，然后再分别销售至全国各地。在苏浙两省的茶叶经销中，徽州茶商实力最强，行号最多，从清朝至民国，这种格局没有变化。[①] 除了北方及沿海地区，徽州茶商的势力还延伸到了内地甚至边远地区。

徽商主要经营着华北、华东及华中等部分茶叶市场，晋商则主要经营着西北部及北方的大部分市场。茶叶贸易对晋商非常重要，几乎所有的大晋商都或多或少与茶叶贸易有关。茶马贸易虽然在乾隆年间就基本停止了，但西北茶叶贸易却并未停止。到乾隆末年，兰州成为西北茶市中心，晋商扮演了重要角色。

随着茶商实力的增强，各地相继成立茶叶公所之类的行业组织，这些组织在茶叶贸易中发挥了重要作用。

在中国历史上，许多市镇或地区往往因为某一特殊商品而得名乃至带动了地区经济发展，比如清代扬州即因聚集了大批盐商、成为盐的集散地而发展为大城市。[②] 同样，国内茶叶贸易的发展，也带动了一些城市和地区经济的发展，从而形成了很多茶叶市场中心。研究表明，至迟到明代中期，茶叶作为中国人的日常消费品已经形成全国性市场。仅以长江中游地区为例，著名的茶叶市镇就有东坪（长沙府安化县）、硒洲（长沙府）、乔口镇（长沙府长沙县）、黄沙坪（长沙府）、长寿（岳州府平江县）、晋坑（岳州

---

① 参见王廷元、王世华：《徽商》，第100—101页。
② 参见王振忠：《明清徽商与淮扬社会变迁》，第75—87页。

府平江县)、浯口(岳州府平江县)、津洋市(荆州府长阳县)、汉口镇(汉阳府汉阳县)、羊楼峒(武昌府蒲圻县)、新店(武昌府蒲圻县)、吴城镇(南昌府新建县)、河口镇(广信府铅山县)等。[①] 上述茶市都有很大影响。

清代安徽屯溪的繁盛,在很大程度上就是因为这里是茶叶的主要贸易地点和中转站。屯溪地理位置很优越,杭州及严州府(治今浙江建德东北)的大船均可泊此载货,而屯溪以上河流太浅,不能通航,屯溪因此成为一个巨大的商业中转地。该地商人收买临近地区生产的茶,不仅包括钱塘江流域的茶,而且包括长江流域某些地方生产的茶。此外,还从婺源贩运大量的茶到屯溪。至 19 世纪中期,屯溪的茶叶市场已经具有相当大的规模,该地人口亦达到了 15 万之多。[②] 五口通商以后,这里的茶叶贸易进一步繁荣。从新安江运至杭州转往上海的绿茶,几乎全部是在屯溪装运的,另有大量绿茶运往广州。茶叶贸易带动了当地的经济发展,"徽商岁至粤东,以茶商致巨富者不少,而自五口既开,则六县之民,无不家家蓄艾,户户当垆,赢者既操三倍之贾,绌者亦集众腋之裘。较之壬寅以前,何翅倍蓰耶!"[③]清代屯溪拥有"茶务都会"的美称,这里号称"无船三百只",最盛时有千余条船。[④]

湖北汉口作为茶叶市场交易中心的历史更早。《新唐书·令狐楚传》记载,唐代太和年间,商人贩运川茶,开西北茶市,政

---

① 任放:《明清长江中游市镇经济研究》,第 177—178 页。

② R. Fortune, *A Journey to the Tea Countries of China*, pp. 83 - 84. 转引自姚贤镐编:《中国近代对外贸易史资料(1840—1895)》第 3 册,北京:中华书局,1962 年,第 1532 页。

③ (清)夏燮著,高鸿志点校:《中西纪事》卷 23《管蠡一得·盐茶裕课》,长沙:岳麓书社,1988 年,第 295 页。

④ 参见王世华:《富甲一方的徽商》,第 104 页。

府见有利可图，便严禁私贩，设茶马官，由官府专卖，并大力提倡各地移种川茶。羊楼峒植茶大概就是从这个时候开始的，此即闻名遐迩的“峒茶”。[①] 汉口在唐代就有面向全国的茶叶市场。明代以后，汉口很快就在长江下游茶叶向全国流通的市场网络中担当起重要角色，从17世纪后期开始，茶叶成为汉口商业贸易的龙头。在18世纪国外茶叶需求增长的同时，国内茶叶消费也迅速提高，全国茶叶贸易额大概增加了3倍。[②] 这种需求增长的主要受益者是华中的产茶区，即湖南省和湖北省南部地区，汉口因其在国内茶叶贸易中的重要作用也随之由运输中转地转变为区域集散中心，吸引了大批商人来到这里。《汉口山陕会馆志》记载，至光绪年间，山西榆次常氏家族在汉口至少设有12家商号，其中经营茶叶贸易的就有7家，资本雄厚。[③] 在19世纪中期以后，汉口的茶叶贸易主要面向国外，成为近代中国7大茶埠之一（另外6个是：上海、福州、九江、广州、厦门、淡水），发展为国际性大都市。汉口在国内茶叶贸易中的中心地位，一直保持到20世纪初。[④]

江西河口镇（今江西铅山）是清代中国内地最重要的市镇之一，该镇位于信江与铅江交汇之处，是通往福建、浙江的交通要道。在19世纪中期，该市镇已有大约30万居民。河口镇临近福建产茶区，水上交通便利，是红茶贸易的一个大市场。中国各地的商人云集于此，或者是收购茶叶，或者是把茶叶运往其他地方。这里到处都可以看到大客栈、茶行和仓库，来来往往的运输

① 赵李桥茶厂、华中师范学院历史系厂史编写组：《洞茶今昔》，武汉：湖北人民出版社，1980年，第4页。
② 彭泽益：《清代前期手工业的发展》，《中国史研究》1981年第1期。
③ 参见耿彦波主编：《榆次车辋常氏家族》，太原：书海出版社，2002年，第15页。
④ ［美］罗威廉：《汉口：一个中国城市的商业和社会》，第153页。

船只非常之多。尤其在嘉庆二十二年(1817)禁止茶叶海运后，凡外销茶一律从内陆运输，河口成为当时外销茶运输的必经之地，浙江、安徽、江西、福建的茶叶先汇聚此地，然后再分拣和转运。与沿海城市相比较，上海是靠近海岸的大商埠，河口镇则是靠近西部腹地的大商埠。[①] 清代的河口镇以“茶市”而名列江西四大名镇之一，其名声堪比瓷都景德镇。

不仅在南方有繁荣的茶叶市场，北方城镇中的茶叶市场也发展很快。比如山东临清在明代隆庆万历年间最为繁盛，经过明清之际的战乱以及运河运输功能的削弱，该城一度衰落萧条，至乾隆年间又逐渐恢复，但已达不到明代的水平。即使在这样的情况下，清代临清市的茶叶市场还是非常繁荣的，茶叶店数量很多。据《临清州志》卷11《市廛志》记载，乾隆年间临清市大的茶叶店就有28家，小的茶叶店更多。[②]

不过，尽管中国是茶叶出口大国，但在19世纪中国仍然有茶叶进口的现象，这一点颇令人称奇。向中国出口茶叶的国家有两个，一是日本，二是印度，都是19世纪与中国进行茶叶竞争的对手。前者抢夺了中国对美国的市场，后者则抢夺了中国最大的海外市场——英国。他们除了参与竞争中国的海外市场，还竞争中国的国内市场，可见中国在国际茶叶市场上所面临的的严峻形势。

日本很早就向中国输入茶叶，到19世纪后半期，输入中国

① R. Fortune, *A Journey to the Tea Countries of China*, pp. 197－198. 转引自姚贤镐编：《中国近代对外贸易史资料(1840—1895)》第3册，第1536页；方行、经君健、魏金玉：《中国经济通史》“清代经济卷”(上)，第617—618页。

② 参见许檀：《明清时期山东商品经济的发展》，第162—163页。

茶叶的数量每年都在增长。其原因“无疑是由于恢复了从价征税的办法”，因为这种办法“显然影响了中国茶叶并使之处于不利的地位，因而供本地消费而输入天津的中国红茶和绿茶都减少了”。[①] 据统计，日本输入天津的茶叶由1889年的4843担增加到1890年的8363担；同时，日本茶末也由1010担增加到1304担。一般情况是，中国零售商把日本茶叶与中国茶叶混合起来，当做中国茶叶出售。这可能是因为日本茶叶成本较低，从日本到天津的海上交通又非常便利，因此大量日本茶叶销往天津及华北。之所以当做中国茶叶出售，则可能因为日本茶质量不高，中国人也抵制购买日本茶。

另一个竞争对手是印度，印度利用地利之便与英国图谋西藏的阴谋相结合，把印度茶叶大量销往西藏。川茶销藏历来是一个可观的数量，政府亦由此征得数目不小的茶税，“川茶销藏，岁约征银十数万两”。而到光绪年间，川茶遭遇到印度茶叶的激烈竞争，并且带来了一系列问题。光绪十九年(1893)总理各国事务庆亲王奕劻奏：“印茶入藏，恐商民失业，饷项短绌。”他们提出要限制印度茶叶对川茶的冲击，具体办法是，依照英国本土征收进口中国茶叶收税的标准，来征收西藏进口印度茶叶的税收，即每百斤征税银10两，而目前只“每百斤征税银二两五钱”，认为“惟有援彼国之例，重征其税，则印茶无利可图，不至碍川茶销路”。[②] 当然，这只是一厢情愿的想法。

---

① 姚贤镐编：《中国近代对外贸易史资料(1840—1895)》第2册，北京：中华书局，1962年，第808页。

② 以上引自王彦威纂辑，王亮编，王敬立校：《清季外交史料》卷87，北京：书目文献出版社影印，1987年，第1548—1549页。

三　从繁荣到危机：19世纪中国茶叶的国际贸易

在19世纪，中国农产品的商品化速度加快，比如茶叶、丝绸、棉花、蔗糖等的商品化程度都远远高于18世纪。农产品商品化速度加快的主要原因并非中国经济自身自然发展的结果，而是由于外力的推动。实际上，直到19世纪末20世纪初，国内近代工业和手工业的发展才成为促进农产品商品化的重要因素。[①] 在整个19世纪，茶叶贸易问题尤其引起人们关注，这是因为中国茶叶出口增长迅猛，在19世纪的大多数时期内，茶叶都占据中国出口货物的第一位；与此同时，茶叶出口贸易的衰落也是令人惊奇的迅速。可以说，茶叶出口贸易的盛衰，从一个独特的角度深刻反映了中国社会经济的变化。

19世纪中国的茶叶出口国主要是英国、美国和俄国，对这三个国家的出口额达到了出口总量的80%以上，因而我将以这三个国家作为主要考察对象。

1. 中英茶叶贸易

在英国东印度公司与中国贸易的前期，从中国运出的货物主要是生丝、绸缎、土布、瓷器等商品，后期则主要是茶叶。英国是欧洲茶叶消费最多的国家，茶叶在18世纪已经成为英国人民的日常必需消费品，需求量巨大，因此英国政府非常重视茶叶的

① 参见许涤新、吴承明主编：《中国资本主义发展史》第2卷《旧民主主义革命时期的中国资本主义》，第285页。

进口。在英国政府降低茶税之前，欧洲其他国家如荷兰、法国、丹麦、瑞典等不仅参与中国的茶叶买卖，而且把从中国进口的茶叶大部分高价卖到英国。尽管在同中国的贸易规模上英国已占绝对优势，但欧洲其他国家在茶叶贸易上还是有利可图、能够参与的。1784 年英国"抵代税条例"颁布后，英国直接进口中国茶叶的数量激增，当年便达到 1 500 万磅。[①] 其他欧洲国家在茶叶贸易上几乎无利可图，因此进口量越来越少。如抵代税条例颁布之前的 1776—1780 年，英国东印度公司进口茶叶 210 207 担，法、荷、丹、瑞典四国共进口 488 372 担；但此后的 1786—1790 年，英国东印度公司增加到了 774 075 担，而四国则降到了 322 386 担。[②] 英国茶税降低也影响到了英国从中国进口货物的种类和中英贸易结构的改变，并最终影响了历史的格局。如果说 1784 年以前，中国的其他商品如生丝和土布出口英国还能占有较高比例，那么从此以后除茶叶以外的任何商品都无足轻重了，在此后相当长的一段时间里，茶叶是中英之间沟通的最重要桥梁。在东印度公司垄断对华贸易的最后几年，它从中国输出的唯一的商品就是茶叶。茶叶已经成为英国非常流行的全国性饮料，以致国会的法令限定东印度公司必须能经常保持一年供应量的存货。[③] 在 1833 年以前，英国的对华贸易是英国东印度公司的独占时期，通过下表东印度公司对华贸易商品种类和比例的比较，可见英国 18 世纪后期至 19 世纪初期从中国进口茶叶的增长情形（见表 2.4）。

---

① Robert Blake, *Jardine Matheson: Traders of the Far East*, London: Hutchinson, 1999, p. 13.

② ［美］马士：《东印度公司对华贸易编年史（1635—1834）》第 1、2 卷，中国海关史研究中心组译，区宗华译，林树惠校，广州：中山大学出版社，1991 年，第 437 页。

③ ［英］格林堡：《鸦片战争前中英通商史》，第 3 页。

表 2.4　东印度公司自中国输出的主要商品(1760—1833 年每年平均数)

价值单位：银两

年　度	出口商货总值	茶　叶		生　丝		土　布		其　他	
		价值	占总值%	价值	占总值%	价值	占总值%	价值	占总值%
1760—1764	876 846	806 242	91.9	3 749	0.4	201	0.3	66 651	7.6
1765—1769	1 601 299	1 179 854	73.7	334 542	20.9	5024	0.1	81 879	5.0
1770—1774	1 415 428	963 287	68.1	358 242	25.3	950	0.3	92 949	6.5
1775—1779	1 208 312	666 039	55.1	455 376	37.7	6 618	0.5	80 279	6.7
1780—1784	1 632 720	1 139 959	69.2	376 964	23.1	8 533	0.5	117 164	7.2
1785—1789	4 437 123	3 659 266	82.5	519 587	11.7	19 533	0.4	238 737	5.4
1790—1794	4 025 092	3 575 409	88.8	274 460	6.8	34 580	0.9	140 643	3.5
1795—1799	4 277 416	3 868 126	90.4	162 739	3.8	79 979	1.9	166 572	3.9
1817—1819	5 139 575	4 464 500	86.9	183 915	3.6	121 466	2.4	369 694	7.1
1820—1824	6 364 871	5 704 908	89.6	194 779	3.1	58 181	0.9	407 003	6.4
1825—1829	6 316 339	5 940 541	94.1			612		375 186	5.9
1830—1833	5 984 727	5 617 127	93.9					367 600	6.1

原注：各货值皆按采购成本计算；1776 年前，茶叶量值包括私人输出在内，其后只为公司输出数；1800—1816 年原资料有量无值。

资料来源：严中平等编：《中国近代经济史统计资料选辑》，北京：科学出版社，1955 年，第 14 页。

18世纪末，英国进口中国生丝一度增长很快，但随后迅速下降；从中国进口土布和其他商品的量值有一定增加，但所占进口比例并无多大变化；更值得一提的是，原来曾经是出口欧洲大宗商品的瓷器，在18世纪末几乎完全停止出口。相比之下，英国进口中国茶叶量值则自1785年起开始了惊人的增长，从进口绝对量上也能突出反映这一点（见表2.5）。

表2.5　东印度公司自中国输至英国本土茶叶量发展趋势（1760—1833年每年平均数）

价值单位：银两　　　　指数：1780—1784年平均＝100

年　度	茶叶量（单位：担）	百分比
1760—1764	42 065	75.7
1765—1769	61 834	111.2
1770—1774	54 215	97.5
1775—1779	33 912	61.0
1780—1784	55 590	100.0
1785—1789	138 417	249.0
1790—1794	136 433	245.4
1795—1799	152 242	273.9
1800—1804	221 027	397.6
1805—1809	167 669	301.6
1810—1814	244 446	439.7
1815—1819	222 301	399.9
1820—1824	215 811	388.2
1825—1829	244 704	440.2
1830—1833	235 840	424.2

原注：1776年前包括私人输出在内，其后只为公司输出数。
资料来源：严中平等编：《中国近代经济史统计资料选辑》，第15页。

自18世纪初期开始，茶叶就一直是英国从中国进口的首要货物。随着中英贸易往来的增多，英国对中国这种单一商品的进口愈发倚重。在绝大多数年份中，英国东印度公司购买的茶叶都占从中国进口货值的 50% 以上，而且增长势头迅猛：1765—1774 年升至 71%，1785—1794 年又升至 85%，进入 19 世纪后则达 90%以上，在 1825—1833 年的许多年中竟然占公司进口中国货物的 100%![1] 这种贸易因其进价相对较低，而在英国售价却甚高，利润巨大，且为东印度公司所独享，因此招致了很多人对东印度公司的不满。据统计，东印度公司经营茶叶的利润非常之高，最后几年内每年达 350 万英镑，英国政府亦得到差不多同样多的税收。[2] 很多英国散商力图突破该公司的垄断，想方设法插足茶叶贸易，以图分享这部分利益。有人还告发该公司茶价比欧洲其他国家私人经营者还高，他们同美国人享有较大自由的处境来对比，抱怨自己要在东印度公司许可证下进行贸易和被排斥于本国贸易之外的处境。实际上美国人参与华茶贸易并取得了竞争中的部分优势，是英国散商提出结束公司垄断的最重要理由。[3] 对于散商的责问和不满，英国政府不得不引起高度重视。1833 年，英国国会经过激烈辩论，最终决定终止东印度公司对华贸易的垄断地位。[4] 东印度公司对华贸易独占权的丧失，标志着一个时代的结束。

东印度公司对华贸易独占权的丧失是中英茶叶贸易的一个转折点。此后，中国茶叶出口贸易不再为东印度公司垄断，而为

---

① Earl H. Pritchard, *The Crucial Years of Early Anglo-Chinese Relations, 1750–1800*, Washington, 1936, p. 163. K. N. Chaudhuri, *The Trading World of Asia and the English East India Company 1660–1760*, Cambridge, 1978, p. 538.

② A. J. Sargent, *Anglo-Chinese Commerce and Diplomacy*, Oxford, 1907, p. 52. 东印度公司的利润数额统计非常奇特，很难确定，格林堡根据各种数据的估计数，认为公司每年的利润自 100 万镑至 150 万镑不等。这个估计数应该是比较客观的。见氏著：《鸦片战争前中英通商史》，第 3 页。

③ [美] 马士：《中华帝国对外关系史》第 1 卷《1834—1860 年冲突时期》，张汇文等译，北京：生活·读书·新知三联书店，1957 年，第 99—100 页。

④ 参见汪熙：《约翰公司：英国东印度公司》，上海人民出版社，2007 年，第 347 页。

私人自由经营所替代，取而代之的是怡和公司。其实，早在东印度公司丧失对华贸易独占权之前，该公司经营的查顿混合茶（Jardine Tea Mixture）在英国家喻户晓，成为抢手的畅销货。在东印度公司结束垄断的最初5年（1834—1838）中，广州每年出口茶叶达42.3万担，[①]超过1833年几近一倍。

因东印度公司对华贸易独占权的丧失而导致中英茶叶贸易发生非常大的变化，指出这一点是很重要的。鸦片战争是一个重大事件，茶叶贸易的确在鸦片战争后发生了一些变化，但经济史方面的许多阶段性变化并不能以某些大的政治事件为标志，以茶叶贸易为例的中国近代经济史就显示出了这个特点。

鸦片战争后的二三十年，中国茶叶出口增长迅猛，这主要是由于对英国的出口增长所致。因为茶叶已经成为英国人的日常生活必需品，茶叶又只能从中国进口，因此英国商人不断要求降低茶叶进口税率。1853—1865年，英国政府顺从了商人的要求，多次降低茶叶进口税，这促使英国的华茶进口大幅度增加，1868年比1838年增加约100万担。[②]

---

① 参见许涤新、吴承明主编：《中国资本主义发展史》第2卷《旧民主主义革命时期的中国资本主义》，第286页。

② 上海社会科学院经济研究所、上海市国际贸易学会学术委员会编著：《上海对外贸易（1840—1949）》上册，第51—52页。该书统计英国各种茶叶平均每磅进口税降低过程如下：

1843—1852年	2先令2又1/4便士
1853年	1先令11又1/4便士
1854年	1先令6又1/2便士
1855年	1先令8便士
1856年	1先令9便士
1858年	1先令5便士
1865年前	1先令0便士
1865年	0先令6便士

威廉·乌克斯的记载与此略有不同：1853年为1先令10便士，1854年为1先令6便士。见氏著：《茶叶全书》下册，第66页。

五口通商后，茶叶仍是中国各类出口商品中的最大项，中国几乎是茶叶的唯一生产国和提供国。1840—1860 年代，世界各国对中国茶叶的需求迅速上升，中国的茶叶出口持续增长迅猛。同一时期，生丝出口也曾有大幅度增长，但持续时间不长，随后又大幅下滑，此点可以上海港对主要贸易国家英国的出口量值为例（见表 2.6）。以 1870—1874 年 5 年平均计算，出口茶叶达 176 万担，价值 3515.3 万海关两，出口量是鸦片战争前的 4 倍。[①] 但不同的是，茶叶出口格局发生了很大变化，原来茶叶出口基本集中在广州一个口岸，而后茶叶出口的兴盛推动了福州、上海汉口等发展为著名大港口。

表 2.6　上海对英国茶丝出口量值(1847—1863)

单位：重量为磅，总价额为千镑，捆为千捆

年　份	茶		生　丝	
	重　量	总价额	捆	总价额
1847	15 863	450	18	1 027
1848	15 729	515	16	763
1849	20 398	629	18	1 023
1850	27 000	1 006	14	1 312
1851	54 234	2 174	18	1 601
1852	46 732	2 175	26	1 928
1853	49 774	2 485	41	2 750
1854	36 124	1 794	48	2 714
1855	76 712	3 414	55	3 569
1856	42 871	1 647	92	7 714
1857	45 758	3 352	76	7 320
1858	45 466	2 774	73	5 541
1859	71 917	5 529	3 310	3 179

① 严中平主编：《中国近代经济史（1840—1894）》下册，第 1177 页。

续表 2.6　上海对英国茶丝出口量值(1847—1863)

单位：重量为磅，总价额为千镑，捆为千捆

年　份	茶		生　丝	
	重　量	总价额	捆	总价额
1860	85 295	6 602	2 203	2 296
1861	92 145	6 500	2 767	2 361
1862	109 756	8 760	3 270	3 034
1863	129 440	10 052	1 696	1 627

资料来源：英国议会文书：《1858年福州、宁波、上海商业报告》，《有关1859年至1870年的印度和中国贸易统计》。转引自［日］滨下武志：《近代中国的国际契机：朝贡贸易体系与近代亚洲经济圈》，第175页。

与上海相比，同期广州的茶叶出口量则下降很多(见表2.7)。

表 2.7　粤埠输出茶叶数量(1844—1858)

年　份	数量(磅)
1844	69 327 500
1845	76 393 000
1846	71 556 000
1847	64 192 500
1848	60 243 000
1849	64 677 500
1850	55 067 400
1851	62 468 100
1852	36 127 100
1853	31 796 000
1854	59 025 100
1855	16 700 000
1856	30 404 400
1857	19 638 300
1858	24 293 800

资料来源：［英］班思德编：《最近百年中国对外贸易史》，上海：海关总税务司统计科，1931年，第53—56页。

上海在地理位置上与浙江、安徽、江西和福建北部等著名产茶区非常接近，交通便利，因此在成为通商口岸以后不久便成为中国茶叶最大的出口口岸。1850—1860 年代，因为太平天国运动的影响，上海出口茶叶量一度下降，但绝对出口量值仍有很大增长。1853—1856 年，除 1854 年外，茶叶从上海出口的数量年年超过经由广州出口的数量；1855 年上海茶叶出口数量是 80 221 000 磅，广州出口数量是 16 700 000 磅，上海竟超过广州近 4 倍，是 1844 年出口数量的 69 倍余。[①] 到 19 世纪后期，上海名副其实成为中国茶叶出口的龙头口岸。到 20 世纪初期，上海的优势得以充分发挥，中国外销茶叶的 70%以上从上海出口。[②]

太平天国运动对茶叶出口贸易产生了极大影响，茶叶的价格和供应变得极不稳定。太平天国运动改变了茶叶自内地运往条约口岸出口的路线：开始几年，茶叶运输不是取道危险的长江，而是从安徽、江西、福建和浙江，经陆路翻山越岭，最后抵达上海。1853 年，太平军占领江南，大部分茶商选择取道福州，福州遂成为茶叶出口的一个重要口岸。战乱初期，上海茶叶出口量还占全国总出口量的 80%左右，随后呈下降趋势，而福州则因为沿海商业活动日益活跃以及靠近武夷茶区，茶叶出口量呈明显的上升趋势(见表 2.8)。

表 2.8　上海和福州的茶叶出口(1855—1860)

	上海		福州		合计(百万磅)
	数量(百万磅)	比重(%)	数量(百万磅)	比重(%)	
1855	80.2	84	15.7	16	95.9
1856	59.3	59	41	41	100.3

① 黄苇：《上海开埠初期对外贸易研究》，上海：上海人民出版社，1979 年，第 74、63 页。

② 上海社会科学院经济研究所、上海市国际贸易学会学术委员会编著：《上海对外贸易(1840—1949)》上册，第 252 页。

续表 2.8 上海和福州的茶叶出口(1855—1860)

	上海		福州		合计（百万磅）
	数量（百万磅）	比重(%)	数量（百万磅）	比重(%)	
1857	41	56	32	44	73
1858	51	65	28	35	79
1859	39	46	46.5	54	85.5
1860	53.5	57	40	43	93.5
合　计	324	61	203.2	39	527.2

资料来源：[美] 郝延平：《中国近代商业革命》，第 321 页。

1876 年后，中国茶叶出口开始出现不景气，突出表现是量增价减。尤其是在 1877—1888 年，出口量增加很快，但因为受到印度、锡兰和日本茶叶出口的影响，中国茶出口价格迅速跌落，而且对英国的出口开始减少。1870 年代以后，英国茶叶消费增加的部分几乎全是印度茶，华茶增加微乎其微（见表 2.9）。“这是华茶在英国的前途将更趋黯淡的一个征兆。”①

表 2.9 印度、日本、中国运销英国茶叶数量

单位：磅

国别	1866 年	1871 年	1876 年	1881 年
印度	4 371 000	13 700 000	26 733 820	48 862 000
日本	1 257 000	535 000	426 880	1 315 000
中国	126 872 000	150 295 000	152 168 977	152 559 000
总计	132 500 000	164 530 000	179 329 677	202 736 000

资料来源：*Trade Reports*，1881 年，福州，p. 7。转引自姚贤镐：《中国近代对外贸易史资料(1840—1895)》第 2 册，第 1192 页。

1886—1888 年中国茶叶出口量达到高峰，然而恰恰在这个

① *Trade Reports*，1876 年，p. 36。转引自姚贤镐：《中国近代对外贸易史资料(1840—1895)》第 2 册，第 1191 页。

时候中国茶叶出口表现出前所未有的危机。比如，1887 年中国红茶出口较往年多出 24 385 担，绿茶输出则少了 7 596 担，交易结果对中国茶商最为不利，红茶损失达 300 万两，绿茶损失达 100 万两。[①] 汉口市场茶叶堆积如山，但销售很慢，价格一跌再跌，直至最后才能按低于常年 20%左右的价格成交，即便这样，市场上仍有大量茶叶完全无法脱售。“中国商人损失极重，并且还要继续遭到损失”，相比之下，“外商买卖的一般情况良好，其中某些人，特别是经销上等茶的外商，利润很大”。[②] 1889—1894 年间，虽然茶叶价格略有回升，但茶叶出口量却下降了 20%，对英国的出口量下降最快。1894 年，华茶出口量仅占英国消费量的 24%。只是在此段时间，输俄茶叶增速较快，可稍为弥补（见表 2. 10）。[③]

表 2. 10　甲午战争前中国茶叶出口量值(1868—1894)

年份	出口量（担）	出口值（关两）	平均每担出口价（关两）
1868	1 526 872	33 252 060	23. 8
1870	1 389 710	27 442 694	19. 8
1872	1 923 127	40 283 667	22. 6
1874	1 795 625	36 826 011	21. 2
1876	1 946 250	36 647 926	20. 8
1878	1 954 104	32 013 184	16. 9
1880	2 204 754	35 728 169	17. 0
1882	2 059 333	31 332 207	15. 5

① *Trade Reports*，1887 年，上海，p. 177。转引自姚贤镐：《中国近代对外贸易史资料（1840—1895）》第 2 册，第 975 页。

② *Trade Reports*，1887 年，汉口，p. 79。转引自姚贤镐：《中国近代对外贸易史资料（1840—1895）》第 2 册，第 975 页。

③ 参见许涤新、吴承明主编：《中国资本主义发展史》第 2 卷《旧民主主义革命时期的中国资本主义》，第 227、244、286 页。

续表 2.10　甲午战争前中国茶叶出口量值(1868—1894)

年份	出口量(担)	出口值(关两)	平均每担出口价(关两)
1884	2 017 612	29 055 142	14.4
1886	2 386 975	33 504 820	15.1
1888	2 413 456	30 293 251	14.0
1890	1 723 114	26 663 450	16.0
1892	1 658 340	25 983 500	16.0
1894	1 939 189	31 854 575	17.1

资料来源：许涤新、吴承明主编：《中国资本主义发展史》第 2 卷《旧民主主义时期的中国资本主义》，第 228 页。

2. 中美茶叶贸易

在 18 世纪后期、19 世纪初期的茶叶贸易中，由于英国茶叶需求量大，茶叶价格高，而东印度公司贩运的茶叶又不敷国内消费增长的需求，这给其他国家的商人——主要是美国商人——提供了机会。1784 年，第一艘美国船“中国皇后号”(The Empress of China)到达广州，从此中国的茶叶出口又增加了一个贸易对象国。因当时欧洲其他国家海上贸易力量有限，已经基本无力同英国进行竞争，逐渐淡出了与东方的贸易，在 18 世纪最后 10 年间，非英、美船只从广州输出的茶叶从 1 100 万磅跌到了 150 万磅，“欧洲贸易商实际上已经绝迹”；而此时这个新出现的对手却不容忽视，美国在此期间“从事的广州和欧洲的直接贸易以及经由美洲的间接贸易，则一日千里”。1803 年，美国从中国进口的茶叶，半数以上是再出口到欧洲去的。[①]

美国虽然参与华茶贸易较晚，但是同英国东印度公司垄断、英国商人无权公开同中国进行贸易相比，美国人是那个时代的

① [美] 泰勒·丹涅特：《美国人在东亚——十九世纪美国对中国、日本和朝鲜政策的批判的研究》，姚曾廙译，北京：商务印书馆，1959 年，第 50—51 页。

“自由商人”。在美国没有任何握有垄断权的特许公司，贸易是在平等条件下向所有商人公开的，因此在同英国进行茶叶贸易的竞争中，美国商人占有很大的优势。[①] 另外，美国的对华贸易得到联邦政府政策的扶持，在茶叶进口关税上给予优惠待遇。1789 年的美国关税法规定：美国船只如果直接从中国输入茶叶，每磅征税 6—20 分，从欧洲运入则征收 8—26 分；外国船只运来茶叶，每磅征税高达 15—45 分。1790 年，联邦政府为了增加财政收入，修改了以上条例，提高进口茶叶税率，尤其是废除了对美商税收优惠的政策，结果引起费城和波士顿商人的极大不满。最后联邦政府不得不让步，并允许美商的茶税可以晚交两年。此后，联邦政府虽然多次提高关税税率，但对茶叶以及棉布等中国商品仍按低税率征收。1830 年，政府大幅度降低茶叶的进口关税；1832 年，政府豁免美国船舶自东亚运来的茶叶的关税。[②] 这样，至英国东印度公司垄断结束前夕，美国已成为英国对华茶叶贸易的最有力的竞争者。

正是因为美国商人的参与，加剧了茶叶市场的竞争，并“使茶叶价格急速上涨”，比如 1824 年“茂官将他提供的一批美国货物的平均数量”列出如下：

> 500 至 800 箱贡熙茶，前时值 42 至 44，现在为 48 两。
>
> 1 000 至 2 000 箱雨贡熙，前时值 34，现在为 48 两。
>
> 1 000 至 2 000 箱贡熙骨，前时值 23 至 25，现在为 28 两。[③]

---

① ［美］马士：《中华帝国对外关系史》第 1 卷《1834—1860 年冲突时期》，第 99—100 页。

② 参见李一文：《近代中美贸易关系的经济分析》，天津：天津人民出版社，2001 年，第 34—35 页。

③ ［美］马士：《东印度公司对华贸易编年史（1635—1834）》第 4、5 卷，中国海关史研究中心组译，区宗华译，林树惠校，广州：中山大学出版社，1991 年，第 99 页。

美国进口的中国茶叶不仅满足了本国消费日益增长的需要，而且大量转运到欧洲以获取利润。美国转运至欧洲的茶叶大部分到了英国，这对英国的华茶贸易形成了直接的威胁。

从 18 世纪末到 19 世纪末(1785—1895)，茶叶一直是中国输美的第一大商品，增长速度迅猛。在 1784 年，中国输美茶叶仅为 3 022 担；到 1799 年，达到 33 769 担，增加 10 倍余。进入 19 世纪后，输美茶叶持续增长，1833 年超过 10 万担；1836 年最高，达到 22 万余担。[①] 在此后的几十年，输美茶叶数量继续增长，茶叶一直占中国出口美国货物的 60%以上，最高达 80%，这种格局一直延续到 1870 年代末，1870 年占 67%，1875 年占 64%。早期美国进口茶叶的 99%来自中国，1880 年代以后，同输英茶叶数量下降趋势相一致，中国对美茶叶出口数量也是直线下降：1880 年 45.9%，1890 年 42.2%，1895 年 36.8%，1901 年 26.5%，1911 年更是跌至 8.4%。[②]

与英国主要进口中国红茶不同，美国主要进口中国绿茶。美国商人以上海为基地，在开埠后 10 年左右的时间中，把上海变成为“美国制造品在中国的主要集中地和中国绿茶的主要出口港”[③]。从 1850 年代末起，日本绿茶对中国茶叶出口形成了巨大威胁，大有取代中国绿茶外贸市场之势头。1860 年，日本人模仿中国人制造绿茶的方法获得成功。正如中国红茶在 1870—1880 年代以前对英国出口占绝对优势一样，中国绿茶在

---

① 汪熙、邹明德：《鸦片战争前的中美贸易》，汪熙主编：《中美关系史论丛》，上海：复旦大学出版社，1985 年，第 107 页表。

② *America's China Trade in Historical Perspective: The Chinese and American Performance*, *edited by Ernest R. May and John K. Fairbank*, Harvard University Press, 1966. p. 247.

③ 姚贤镐编：《中国近代对外贸易史资料(1840—1895)》第 1 册，北京：中华书局，1962 年，第 517 页。

1860—1870年代对美出口也占有绝对优势地位（见表2.11）。后来，正如中国把红茶出口的头把交椅交给印度一样，中国也将绿茶出口的头把交椅让给了日本。历史惊人的相似，只是每次扮演悲剧角色的都是中国人。

表2.11　中日绿茶出口增减统计（5年平均）（1870—1894）

指数：1870—1874＝100

年　份	日本绿茶输出		中国绿茶输出	
	价值（元）	指　数	价值（海关两）	指　数
1870—1874	4 986 713	100.0	7 570 491	100.0
1875—1879	5 589 321	112.1	4 335 270	57.3
1880—1884	6 537 053	131.1	4 340 268	57.3
1885—1889	6 663 490	133.6	3 734 173	49.3
1890—1894	7 004 848	140.5	3 422 534	45.2

资料来源：严中平主编：《中国近代经济史（1840—1894）》下册，第1181页。

3. 中俄茶叶贸易

在19世纪，俄国茶叶需求增长迅猛。从1802年到1845年，经过赤塔中心市场进入俄国的茶叶价值增长了6倍。这一时期的突出特点是，输俄茶叶总量中的95%是经过汉口运往恰克图的。[①] 恰克图茶叶贸易不仅使中国商人获利，俄国商人获利也相当高。据《山西外贸志》记载，俄商在恰克图以每磅2卢布的茶价购买，转运至圣彼得堡后，则可以3卢布的价格卖出；若转运至欧洲，则获利更丰。俄商1839年在恰克图以700万元购买的茶叶，一转手在下哥罗德（今俄罗斯高尔基城）市场上就可以卖到1 800万元。[②] 由于茶的价值高，俄国人甚至把砖茶作

① ［美］罗威廉：《汉口：一个中国城市的商业和社会》，第154页。

② 参见张正明：《明清晋商及民风》，第57页。

为货币使用。在外贝加尔地区，茶叶是人们的日常必需消费品，当地人在出卖货物时，宁愿要砖茶而不要钱，因为他们相信，在任何地方都能以砖茶代替钱使用。[①] 恰克图的对俄茶叶贸易为晋商所垄断。一般情况是，晋商从汉口一带采购茶叶，溯汉水北上，经樊城（今湖北襄樊北），然后驼运到中俄边境进行交易。19世纪中叶，恰克图茶叶贸易达到了顶峰（见表2.12）。在19世纪，茶叶成为输俄最主要的货物，甚至成为唯一的货物。"丝织品已经结束了，棉布也差不多要结束了，剩下的是茶叶，茶叶，还是茶叶。"[②]

表2.12　19世纪前期华茶输俄数量（年均）、占输俄货物比例及指数

指数：1801—1810＝100

年　代	数量（普特）	占输俄货物比例（%）	增长率（%）
1801—1810	75 076	42.3	100
1811—1820	96 145	74.3	128
1821—1830	143 196	88.5	190
1831—1840	190 228	93.6	253
1841—1850	270 591	94.9	360

注：1801—1810年的输俄货物比例采自1802—1807年。

资料来源：根据［日］吉田金一《关于俄清贸易》（《东洋学报》第45卷第4号）提供的数字，综合并计算得出。

太平天国运动时期，输俄茶叶受到很大影响。[③] 俄国商人抱怨俄国的商品在中国滞销，而他们得到的茶叶价格却很高。

① 《山西外贸志》，转引自张正明：《明清晋商及民风》，第57页。

② 孟宪章主编：《中苏贸易史资料》，北京：中国对外经济贸易出版社，1991年，第170页。

③ 对此，马克思都曾经注意到，具体论述见《俄国的对华贸易》一文，参见《马克思恩格斯全集》第12卷，北京：人民出版社，1962年。

其中原因较为复杂，除中国内乱的因素外，茶叶运输成本太高也是一个重要原因。英国人利用海路运输成本低的条件，可以把价格较低的商品运进中国，同时把中国茶叶运往欧洲。中国内地经恰克图运到莫斯科的茶叶，每磅运费要40戈比，而由上海到伦敦的海运运费，每磅仅需3—5戈比。[①] 1858年中俄《天津条约》开七口通商之例，中俄通商关系遂大变。恰克图在中俄贸易中日渐失去其重要性（见表2.13）。

表2.13　中俄恰克图贸易总值和指数(1851—1890)

指数：1851—1855＝100

年　代	贸易总值(卢布)	指　数
1851—1855	9 272 000	100
1856—1860	8 306 000	90
1861—1865	5 585 000	60
1866—1870	4 635 000	50
1871—1875	3 984 000	43
1876—1880	2 487 000	27
1881—1885	2 126 000	23
1886—1890	2 186 000	24

资料来源：根据刘选民《中俄早期贸易考》(《燕京学报》第25期，1939年)第211—221页数据整理。

1861年，俄国开放里海敖德萨港，华茶遂开始部分通过海运销往俄国。次年，《中俄陆路通商章程》签定，这个章程奠定了此后数十年中俄边境贸易繁荣的基础。但是，此后晋商在恰克图贸易中处于不利地位，原因主要有二：第一，长江和北方口岸开放后，海轮就开始安全而迅速地把茶叶运往天津，加上又可以

① ［苏］卡巴诺夫：《黑龙江问题》，姜延祚译，哈尔滨：黑龙江人民出版社，1983年，第137—138页。

免征厘金，所以要比原来通过陆路运输便宜很多；况且大部分茶叶在西伯利亚销售，只有小部分运往下诺夫哥罗德，因此费用又节省不少，因为从天津到恰克图的运费是每普特1两，从恰克图到下诺夫哥罗德大概要6卢布（合2.5两）。[①] 第二，俄国人在汉口和天津开办制茶企业，不仅成本降低，而且质量大大提高，这使晋商失去了部分竞争优势。在这种情况下，很多晋商退出了对俄茶叶贸易，将主要资金和精力转向了票号业。

1881年，《中俄改订条约》签定。根据这个条约，清政府大大降低了恰克图茶叶贸易中各种次等茶的出口税，"次等茶新的海关税率为使海路（从广州至敖德萨）和陆路（从恰克图至莫斯科）运费间的差额从每俄磅38戈比降到14.5戈比提供了可能"[②]。此后，恰克图茶叶贸易又大大扩展，增长相当稳定（见图2.1）。

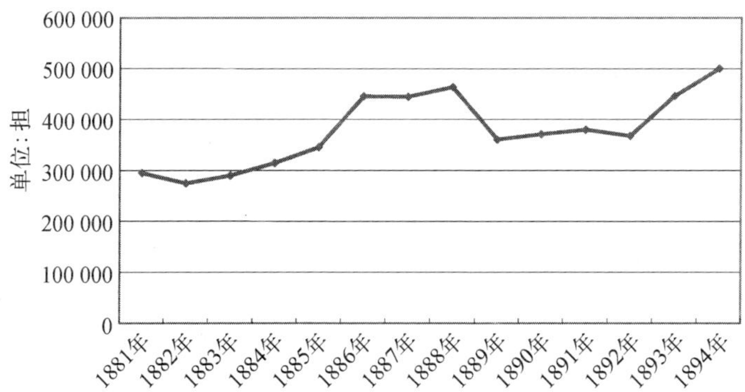

图2.1　1881年后经恰克图输往俄国茶叶数量统计图

资料来源：海关总税务司：《埠际贸易统计及报告》，转引自孟宪章主编：《中苏贸易史资料》，第259页。

① 《海关年报》，1866年，天津，第104—105页。转引自姚贤镐编：《中国近代对外贸易史资料（1840—1895）》第2册，第1296页。

② ［苏］斯拉德科夫斯基：《俄国各族人民同中国经济贸易关系史（1917年前）》，莫斯科，1974年，转引自孟宪章主编：《中苏贸易史资料》，第257页。

至1880年代中期以后，华茶销英数量骤减，而同时销俄数量猛增。1890年，销俄华茶占中国出口茶叶总值的38.44%，已超英国所占25.9%的比重。[①] 此后华茶即以销俄为主。1899年，中国货物出口俄国共计4 351.5万卢布，其中茶叶3 537.5万卢布，占81%；1900年，中国货物出口俄国共计4 594.5万卢布，其中茶叶3 765.5万卢布，占82%(见图2.2)。[②]

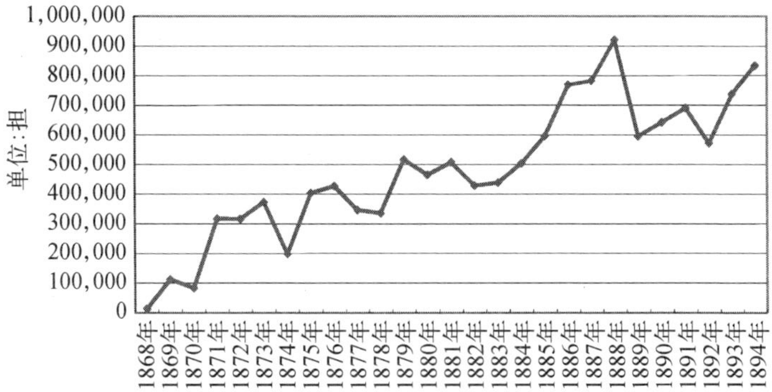

图2.2　华茶对俄国输出(1868—1894)

资料来源：*Trade Returns*.转引自姚贤镐主编：《中国近代对外贸易史资料(1840—1895)》第2册，第1283—1284页。

4. 小结

总的来看，19世纪前中期中国茶叶出口主要是面向英国，19世纪末期逐渐转向俄国，同时美国也始终是华茶重要的销售市场。这三个国家占到了中国茶叶出口总量的80%以上，其他国家一般不足20%(见表2.14)。

① 上海社会科学院经济研究所、上海市国际贸易学会学术委员会编著：《上海对外贸易(1840—1949)》上册，第53页。

② 《驻俄商务委员许同范报告附录，俄户部报告》，1903年，转引自孟宪章主编：《中苏贸易史资料》，第314页。

表 2.14　华茶出口国别地区的比重变化

单位：千担

年　份	出口量	销往主要国别的比重变化			
		英国%	美国%	俄国%	其他%
1868	1 441	70.26	13.47	0.92	15.25
1874	1 795	62.61	11.67	11.03	14.69
1886	2 387	39.77	12.75	32.22	15.26
1894	1 939	15.88	20.79	43.01	20.32

资料来源：各年海关贸易统计报告，转引自上海社会科学院经济研究所、上海市国际贸易学会学术委员会编著：《上海对外贸易（1840—1949）》上册，第 51 页。

1870 年代后的二十余年，中国茶叶出口总量增加，但出口值和占世界茶叶出口的比例却逐年降低（见表 2.15）。

表 2.15　出口茶叶占进出口总值的比例（1870—1894）

年　份	出口总值（千海关两）	进口总值（千海关两）	茶叶出口值（千海关两）	出口茶叶值	
				占出口总值%	占进口总值%
1870—1874	66 720.0	68 868.6	35 152.8	52.7	51.0
1875—1879	71 332.4	75 273.2	34 392.6	48.2	45.7
1880—1884	70 804.0	80 862.2	32 235.8	45.5	39.9
1885—1889	83 484.4	104 660.2	30 873.0	37.0	29.5
1890—1894	107 082.6	144 233.0	29 218.9	27.3	20.3

资料来源：严中平主编：《中国近代经济史（1840—1894）》下册，第 1177 页。

从表 2.15 可以看出，量增而值减，当然是销售价格下跌所致。据海关统计，三种主要出口茶叶的单位销售价格，在 1870 年以后皆基本呈下降趋势（见图 2.3）。

中国茶叶出口之所以大起大落，主要原因是由于中国市场一直处于被动状态，即受制于国际茶叶市场：中国茶叶出口多少完全是由需求方决定的，一旦需求方发生变化，茶叶的出口量

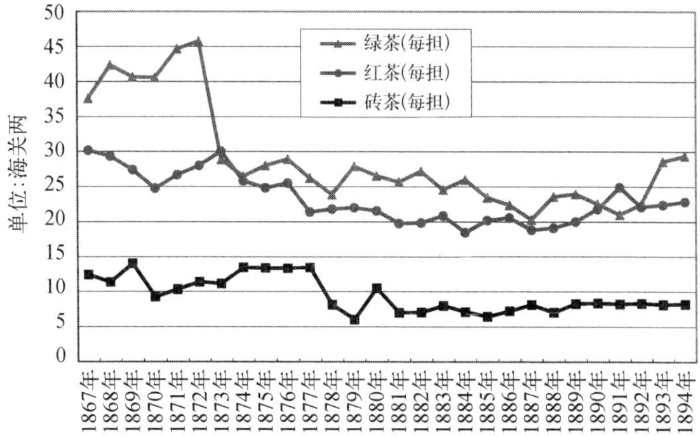

图 2.3　中国三种茶叶单位销售价格(1867—1894)

资料来源：姚贤镐编：《中国近代对外贸易史资料(1840—1895)》第 3 册，第 1644 页。

和销售价格就会发生变化。

四　中国近代茶叶国际贸易由盛转衰的原因[①]

中国茶叶出口在 1886 年达到历史最高峰后，便迅速下滑，因此人们习惯将本年作为中国茶叶国际贸易由盛转衰的标志。如果仅从出口量上看，这是没有问题的，但没有抓住问题的关键。因为中国茶叶在国际市场上的危险处境早在 1870 年代就暴露无疑了，即印度红茶在英国、日本绿茶在美国都已成为中国的竞争对手，中国在这两个茶叶消费大国的市场份额正在被强

① 关于近代中国茶叶国际贸易由盛转衰原因的详细论述，参见仲伟民：《近代中国茶叶国际贸易由盛转衰解疑》，《学术月刊》2007 年第 4 期。

劲的对手所挤占。只是由于在这个阶段中国出口俄国的茶叶量值增长迅速，出口总量直至 1886 年仍在增长，因此这一危机情况暂时没有显现而已，但危机的种子却早已埋下了。[①] 实际情况是，早在 1886 年之前的几年，中国茶叶在全世界茶叶出口总量中所占比例已趋于缩小。英国是最主要的茶叶消费国（中国之外），在印度茶和锡兰茶出口到英国以前，中国是英国茶叶唯一的供应国。但这种情况到 19 世纪后期发生了根本的改变，越来越多的英国消费者由原来只能饮用中国茶转而喜欢印度茶和锡兰茶，华茶在英国甚至成为了一种"充数之物"："若茶商能够买到印度茶或锡兰茶，他们就不会要华茶。许多伦敦茶商承认他们现在已不经售华茶，伦敦杂货店里已买不到华茶。假若买主指名要买华茶，他们就把他们自称为华茶的茶叶卖给他，实际上根本不是华茶。"[②]从表 2.16 所列 1866—1903 年中国、印度、锡兰出口英国的茶叶份额，可见中国茶叶出口之颓势。

表 2.16　19 世纪后期中国、印度和锡兰茶叶在英国所占份额的变化

年　份	中　国	印　度	锡　兰	合　计
1866	96%	4%	0%	100%
1885	61%	37%	2%	100%
1886	57%	40%	3%	100%
1887	47%	47%	6%	100%
1903	10%	60%	30%	100%

资料来源：［美］罗威廉：《汉口：一个中国城市的商业和社会（1796—1889）》，第 190 页。

① 此点已有学者注意到，并做了很好的阐述。参见林齐模：《近代中国茶叶国际贸易的衰减——以对英国出口为中心》，《历史研究》2003 年第 6 期。

② 姚贤镐编：《中国近代对外贸易史资料（1840—1895）》第 2 册，第 1193 页。

茶叶是中国19世纪最重要、最大宗的出口商品，作为一个传统的农业国，本来应该有机会藉此实现农业的大改造，而借助于茶叶加工又可以促进工业的发展，至少可以在产茶区实现这些目标。但现在看来，这只是今人的一种美好愿望，在那个时代是根本不可能实现的。那么是什么原因导致中国茶业一蹶不振呢？关于这个问题，从19世纪末期就不断有人反思和解释，提出了很多有价值的见解。如1890年英国驻汉口领事就列举了11条印度和锡兰的种茶人优于中国种茶人的有利条件：

> 第一，可资运用的资本较大；第二，有低利借款的便利条件；第三，没有厘金、入市税和出口税；第四，有更好和更廉价的劳动力市场；第五，具有化学和农业知识；第六，对购买者的嗜好和要求了解得更彻底；第七，有便利的运输工具；第八，大大接近购买的国家；第九，有无数公共工程，旱季便于灌溉，雨季避免淹没；第十，茶园面积庞大；第十一，有优良的机器。①

大致来说，上述分析是比较客观的，符合实际情况。下面根据我个人的理解，将中国近代茶叶贸易衰落的原因归结为以下三点：

1. 茶叶生产和管理方式落后

第一，茶叶种植管理方式落后。

印度、锡兰茶业虽然兴起较晚，但因为其生产方式先进，很快超越了中国。在茶叶的种植方面，中国的茶叶生产与印度、锡兰非常不同，后者是大规模茶园生产，为欧洲人控制，采取先进

---

① *Commercial Reports*，1890年，汉口，p. 8。转引自姚贤镐编：《中国近代对外贸易史资料(1840—1895)》第2册，第1215页。

科学的管理方法，不仅产量高，而且品质优良。印度阿萨姆地区的茶园全是大面积经营，有的茶园面积达千亩以上，这种经营资本雄厚，有条件对茶叶生产的各道工序进行科学实验。比如在茶叶品种的选择上，印度最初多选用中国茶种，但英国人经过对比实验，发现印度土产茶种更加优良，最后不但放弃了大规模引进中国茶种的最初尝试，而且连中印杂交品种也不再栽培了。① 中国则任由农民将茶叶种植于“畸零之土地”（即不太适合耕作庄稼的土地）上，如山坡、屋旁田边等，只视为一种副业，中国茶农“所注重在于他种农作物，故对于茶叶之采摘多漫不经意”②。茶农也无力给土地提供肥料，更不可能定期更换种茶的土地，茶园在年复一年的连续使用之后渐趋耗竭。英国人最初在阿萨姆种茶时也仿效中国人，选择在山坡处种植，但实验结果很不理想，于是将茶园选定在土地肥沃的大河冲击地带，产量大幅度上升，品质也得以提高。大农场集中经营、科学管理，与小农分散耕种、各自为政，二者相较，优劣高下，不言自明。

在残酷的市场竞争中，中国茶农更是处于劣势。传统的小农经营方式使中国茶农只能被动地去适应市场，而对外部世界的无知又使中国茶农的经营处于盲目状态，任人宰割。严中平指出，研究中国茶叶的对外贸易，一定要注意茶叶生产的特殊性问题。因为一般来说，生产周期越是短的行业，就越能适应市场的变化，从而调整产销结构；反之，越是生产周期长的行业，适应市场变化的能力就越低。茶叶生产无疑属于后者。茶树从培植到产茶旺盛期，需生长8年，此间茶农基本没有收益；旺产期可

---

① 严中平主编：《中国近代经济史（1840—1894）》下册，第1184页。

② ［美］威廉·乌克斯：《茶叶全书》下册，第11页。

维持10年，但如果此间茶价下跌，茶农将受到重大损失，只能降价销售，有的甚至无法收回投资。中国的实际情形是，在1830—1840年代，国际市场对茶叶的需求大增，而当时中国几乎是国际茶叶市场的唯一供应国，在这样的形势刺激下，茶农积极扩大茶园，1840年后的30年间，茶叶产量增加4倍之多。但国际茶叶市场到1870年代以后大变，即中国红茶遭遇到印度、锡兰的竞争，中国绿茶遭到日本的竞争，中国对英国和美国的出口量大减，这时已经扩大生产的茶农，如果不毁弃茶园，忍受更大的损失，便只有降价求售的唯一出路。[①] 这个现象引起许多学者的关注，班思德指出，因为华茶"均由小农自由种植，生产数量漫无节制，殊欠组织，栽培方法墨守成规，鲜知改良"，因此"趋于没落，乃势所必然也"。[②] 市场这只手对中国茶农来说是无形的，对茶叶市场的主要竞争者英国人来说却是有形的。为了彻底解决茶叶供应的问题，英国人已经有目的地默默奋斗了几十年，其目标就是摆脱完全依赖中国茶叶供应的局面，而在这几十年当中，中国人却并未意识到中国茶叶市场将要出现的窘况。鸦片战争前后，中国的茶叶产区虽然扩大，产量得到提高，但很少规模生产，经营方法一如既往。

有学者认为，价格便宜而具有极强竞争力的阿萨姆茶使中国茶失去了出口市场。[③] 此论没错，但不全面，使中国茶失去国际市场的主要原因是中国茶叶本身生产方式的落后。

第二，茶叶质量不稳定。

---

① 严中平主编：《中国近代经济史（1840—1894）》下册，第1182页。

② ［英］班思德编：《最近百年中国对外贸易史》，上海：海关总税务司统计科，1931年，第215—219页。

③ Alan Macfarlane and Iris Macfarlane, *Green Gold: The Empire of Tea*, p. 199.

茶叶质量主要取决于以下几个环节：茶树管理和养护、采摘、加工等。通过这几个环节对中国和印度的茶园进行比较，中国茶叶质量的实际情况便一目了然，高下立分。[①] 茶叶采摘是保证茶叶质量非常关键的一环，中国茶园的采摘方法同阿萨姆形成了鲜明的对照。茶叶长到两三个绿叶时采摘最好，而且必须在3—5天内采摘完毕，超过时间越久，则茶叶质量越低。另外，为了保证茶叶品质的一致性，每次仅选摘老嫩相当的叶子，不能让老叶混入嫩叶。阿萨姆茶园的管理异常严格，规定采茶工清晨入园，采至11点钟止，每人只采20磅同一等级的原茶，随即加工；每次采摘后，须经两周才能再采，这样每年可以采摘16轮。中国的情况则截然不同，因为中国一家一户的小茶园基本依靠家庭成员进行采摘，根本无法做到统一，时间参差不齐，叶子老嫩齐采，不分等级。由于雇工工价高，茶农不到万不得已绝不雇工采摘，他们通常延长采摘时间。一般情况下，每延迟10天采摘，产量可提高1%，但茶价却下降35%。中国茶农一般每年采摘3—4茬，仅此一点，在质量上就不能同阿萨姆相比。青茶采摘后的加工，在时间和工序上有严格要求。每次采摘后，应马上晾晒和加工，否则茶叶的化学成分会发生变化。在这方面，阿萨姆茶园做得很好，中国茶农却做不到。另外，运输手段不同，也造成了茶叶质量的高低不一。阿萨姆采用现代化运输手段，成本既低，质量也有保证。而中国茶农则多采取最原始的肩挑背扛的传统方式把茶叶运到市场上去，风吹日晒，加上拖延的时间长，以致未经烘炒的茶叶迅速凋萎，质量下降。

---

① 此部分主要参见严中平主编：《中国近代经济史（1840—1894）》下册，第1184—1187页。

除了传统习惯和客观原因导致茶叶质量不能保证以外，人为的因素也不可忽视，主要表现为掺假和以次充好。为了能卖个好价钱，茶农有时故意作弊，比如有时茶行派到农村去的收茶人品德恶劣，威胁和虐待茶农，茶农便可能故意掺杂劣茶以泄愤。[①] 各地英国领事也纷纷报告茶叶质量不断下降的情况，比如福州，“有很多关于福州茶叶品质低劣的怨言……在目前情况下，印度和锡兰茶正在迅速地把华茶驱出市场”；[②]福州茶叶输出显著下降“是由于茶叶品质的败坏和它不能在英国市场上降低价钱，以与其他产茶国家的产品竞争获得胜利”[③]。再比如厦门，“厦门茶的品质很低劣，买主对它的评价很低”[④]。

制假售假乃常见现象。绿茶曾为英国人喜爱，颜色越绿越为人们欢迎，于是茶农想方设法使茶叶变绿，甚至采用了给茶叶染色的方法，曾经奉英国东印度公司董事会之命来华收购茶园并在当地寻找茶叶加工商的福琼（Robert Fortune）亲眼目睹了茶叶染色的全过程：

> 监工亲自调色。先将靛蓝放到像化学家用的研钵那样的瓷碗里，把它研成细末。同时将一定数量的石膏放在正在炒茶的木炭里烧。……待石膏烧到一定程度后便从火中取出，放到瓷钵里弄碎并研成细末。把石膏与靛蓝这两种物质……按四比三的比例加以混合……

---

① 严中平主编：《中国近代经济史（1840—1894）》下册，第 1187 页。

② *Trade Reports*，1889 年，福州，p. 287。转引自姚贤镐编：《中国近代对外贸易史资料（1840—1895）》第 2 册，第 1194 页。

③ *Decennial Reports*，1882—1891 年，福州，pp. 408 - 409。转引自姚贤镐编：《中国近代对外贸易史资料（1840—1895）》第 3 册，第 1467 页。

④ *Trade Reports*，1883 年，厦门，p. 292。转引自姚贤镐编：《中国近代对外贸易史资料（1840—1895）》第 3 册，第 1468 页。

在炒茶的最后一个环节将这种染色剂撒到茶叶上。在茶叶出锅前五分钟——燃烧一根香的工夫——监工用一个小瓷调羹把染色剂撒在每口锅里的茶叶上。炒茶工用双手快速翻动茶叶，以便均匀染色。[①]

因为中国茶叶质量下降，英商采取了更为严格的措施。“以前都是由大老板们听从其所雇的选茶技师的建议后，即自行贩买；现在则皆由茶叶专家，每年春初受英国本国商家的委托，离开伦敦（到中国）来贩购出口了。”[②]可见中国茶叶的信誉度已经很低。中国茶叶质量的下降，使之最后竟成为充数之物。英国商人认为，福州的茶叶已经够不上伦敦的标准了，“购买这种茶，不过是因为它比印度同等品质茶叶的价格要低 25%左右。这些次等的便宜茶，完全是用来与印度茶叶掺合的，利用其低价来扯低印度茶的较高价格；同时利用其清淡茶味，以减轻印度茶的强烈气味”[③]。这是中国茶业的悲哀。

相比之下，印度茶叶自 19 世纪六七十年代以来质量相当高且稳定，在英国茶叶市场中的地位越来越重要。尽管那些常年习惯于在中国购茶的人很容易忽视印度茶叶贸易增长的重要性，但是值得注意的是，“几乎每一磅印度茶都是上品，其制造方法在质和量方面年年都有改进”[④]。英国人对印度茶的色香味

① ［英］约·罗伯茨编著：《十九世纪西方人眼中的中国》，蒋重跃、刘林海译，北京：中华书局，2006 年，第 87 页。

② *Reports on Subjects or General and Commercial Interest*: *Report on the Native Cotton Manufactures of the District of Ningpo*, 1886, p. 1. 转引自姚贤镐编：《中国近代对外贸易史资料（1840—1895）》第 2 册，第 954 页。

③ *Trade Reports*, 1889 年，福州，p. 295－296。转引自姚贤镐编：《中国近代对外贸易史资料（1840—1895）》第 2 册，第 1195 页。

④ *A Retrospect of Political and Commercial Affairs in China during The Five Years 1873－1877*, p. 63. 转引自姚贤镐编：《中国近代对外贸易史资料（1840—1895）》第 2 册，第 1192 页。

越来越习惯和喜欢，在英国很多地方，原来“饮用花熏茶和乌龙茶的，几乎已告绝迹。印度茶的辛辣的、深入肺腑的香气永不散发，而且可以增强淡味华茶的刺激性……如果中国茶的品质继续败坏，印度茶的刺激力和香气当然要使它越来越受欢迎”[①]。“预料中国茶叶如果继续粗制滥造，其出口将趋于停顿。”[②]这样的警告一再发出，可是中国茶农并不知晓事情的真相，即使知道也无力改变。

中国对美国茶叶出口量的减少，在很大程度上也是因为茶叶质量不高、人为造假而造成的。大约在 1870 年代初期，“适因中国红茶有伪造者，为美人所厌忌，而日本绿茶乘机得以销售”[③]。绿茶的情形也大致如此，出口份额大多被日本茶叶挤占。“假定绿茶是老老实实地制造的，日本茶的产量就决不会在短短几年内，由 800 万磅提高到 2 400 万磅……绿茶如果在品质方面不求改良，昔日贸易恐难维持。”[④]美国人终于习惯和喜欢上了日本绿茶，而称中国绿茶淡而无味。

第三，茶叶后期加工水平低。

茶叶后期加工过分粗糙、分散和原始，也是中国茶叶质量不精的一个非常重要的原因。简单地说，“印度对中国的优势，就是制造商（工业家）对手工业者的优势……控制着伦敦市场的，

---

① *A Retrospect of Political and Commercial Affairs in China during The Five Years 1868 -1872*, p. 27. 转引自姚贤镐编：《中国近代对外贸易史资料（1840—1895）》第 2 册，第 1190 页。

② *Trade Reports*, 1883 年，Part II, 上海，p. 165。转引自姚贤镐编：《中国近代对外贸易史资料（1840—1895）》第 2 册，第 1192 页。

③ 黄遵宪著，吴振清、徐勇、王家祥点校整理：《日本国志》卷 38《物产志一 · 茶》，天津：天津人民出版社，2005 年，第 926 页。标点与原点校略有不同。

④ *A Retrospect of Political and Commercial Affairs in China during The Five Years 1873 -1877*, p. 70. 转引自姚贤镐编：《中国近代对外贸易史资料（1840—1895）》第 2 册，第 1199 页。

正是这些拥有充足资本、改良的机器及专家监督的大茶园；而在湖北山边有着两三亩地的小农，是不能希望和它们竞争的”①。千百年来，中国茶叶完全以手工制造，这个传统至今不绝。自 1850 年代以后，借助于英国工业革命的成就，各种用于茶叶加工的机器相继发明并投入使用，印度、锡兰对采摘后的茶叶加工逐步实现了机械化，不仅加工水平高，加工速度快，而且成本和价格降低，茶叶质量大大提高。而此时的中国仍完全采用传统方法手工操作，不仅浪费人力，效率低下，而且品质没有保证，也不符合现代人的卫生习惯。② 外国茶商经常抱怨：“尽管茶叶数量逐年增加，但调制和选茶工作的细致程度却明显下降，到上一茶季时，茶叶混有灰尘和碎叶的现象达到最坏的程度，结果使茶商蒙受大量损失。”③从 1870 年代初到 1880 年代初，中国茶叶价格跌落将近一半，时人分析重要原因之一是“印度之造茶用人工者少，用机器者多，以是成本已轻”④。中国茶叶生产成本既高，加工成本也高，而质量反而下降，何谈什么竞争力！

印度、锡兰的竞争导致中国在英国茶叶市场的份额逐年减少。19 世纪六七十年代以后，俄国逐渐成为中国茶叶最主要的贸易对象。但即使是对俄国贸易，中国茶叶市场也面临危机。

① *The North China Herald and Supreme Court and Consular Gazette*. 转引自姚贤镐编：《中国近代对外贸易史资料（1840—1895）》第 2 册，第 1209 页。

② 关于中国茶叶生产和加工方面的落后情况，学者论述较多。参见［美］威廉·乌克斯：《茶叶全书》下册；许涤新、吴承明主编：《中国资本主义发展史》第 2 卷《旧民主主义时期的中国资本主义》；林齐模：《近代中国茶叶国际贸易的衰减——以对英国出口为中心》，《历史研究》2003 年第 6 期；严中平主编：《中国近代经济史（1840—1894）》下册。

③ 《领事麦华陀 1869 年度上海贸易报告》，《上海近代贸易经济发展概况：1854—1898 年英国驻上海领事贸易报告汇编》，第 205 页。

④ 《总税务司申呈总理衙门》，光绪十三年六月初十日，载海关总税务司署：《访茶叶情形文件》，第 11—13 页。

大约在1861年以前，恰克图市场的茶叶都是由晋商提供的，他们在湖北和湖南采购和包装茶叶，并从那里直接由陆路运往恰克图。因为茶叶的质量没有保证，俄国人也想降低进口成本，于是他们乘口岸开放之际在汉口和天津开办茶叶加工企业，以更有利于同晋商争夺恰克图市场。在这场竞争中，俄国商人的优势越来越明显。原来在中俄边境市场上的山西行庄大约有100个，可是自从俄国人自己在汉口开办企业后，山西行庄的数目缩减了1/3。1864年俄国人学会制造砖茶，于是在1865年就有半数以上的经由天津发往恰克图的砖茶，都是俄国人在湖北内地加工制造的。这种茶叶的质量比当地中国人加工的好，因此从1866年以后，所有运来天津以便转往西伯利亚的砖茶，全是俄国人自己加工的，或是在他们监督下加工的。[①] 这样，俄国人牢牢控制了中国的产茶区和茶叶加工，尽管此时中国茶叶对俄出口量有增加，但利权却大大丧失。

2. 国内战争破坏

英国驻上海总领事许士在1887年度上海贸易报告中说："与任何其它产茶国相比，中国茶叶税负极重。"[②]这个说法反映了中国茶叶市场的实际情形。相对于其他商品，茶税明显偏高。1875年领事麦华陀在报告中以绿茶为例，指出中国绿茶的内地税至少约达出口税的两倍，或约等于条约规定的转口税额的3倍。比如从婺源运一担茶叶到150英里外的九江，除了应纳的土地税外，还要交纳一笔货物税、一笔济贫税和一笔转口税，总

① *Commercial Reports*，1868年，天津，pp. 1-5。转引自姚贤镐编：《中国近代对外贸易史资料(1840—1895)》第2册，第1300页。

② 《总领事许士1887年度上海贸易报告》，《上海近代贸易经济发展概况：1854—1898年英国驻上海领事贸易报告汇编》，第724页。

数达 4 两银子。天台茶为了躲避所谓“海塘捐”或“堤防税”的杭州关卡税，选择回避通过大运河到上海的直接路线而改道宁波，因为这样仅花费一小笔小轮船的运费就可以将茶叶从宁波运来上海。①

各地茶税情况复杂，名目繁多，越是偏远的地区，茶税负担可能越重，再加上高昂的运费，茶商承担的风险非常大。为了尽可能减少风险和减低成本，有时“茶商宁愿以低于购入的价格出售，而不愿遭受税卡的麻烦和勒索，以及与北新关税吏交涉而引起的一切不可免的耽搁与烦恼”②。高税收导致高价格，中国茶叶因高税费而导致比印度和锡兰的茶叶价格高出很多。下面的简单对比就可以说明问题：大吉岭或阿萨姆所产茶叶能在加尔各答卖到每磅 8 先令，相当于每担 14 两，就可获利；锡兰茶叶价格更低，当地茶叶的离岸价格在每担 8.5 两以上即可获利；而根据上海商会的记载，1887 年中国功夫茶的平均价格应该卖到 14.5 两以上，才能获利。很显然，以每担 14.5 两的次等茶与每担 8.5 两至 14 两的上等茶相竞争，其结果是不言而喻的，何况印度和锡兰比起中国来距离英国更近。中国茶叶所包含的税款，包括厘金在内，大约为 4.1 两至 5.4 两，为茶叶价值的 35.5%左右。③ 在残酷的竞争中，中国茶叶在市场上只能甘拜下风，价格一路下跌，除茶叶质量以外，税收过重不能不说是一个很重要的原因。“中国茶到英茶数茶价年少一年，若只英国一

① 《领事麦华陀 1875 年度上海贸易报告》，《上海近代贸易经济发展概况：1854—1898 年英国驻上海领事贸易报告汇编》，第 378 页。

② B. P. P., *Returns of Trade of the Varions Ports of China for the Year, 1847*、*1848*, p. 73. 转引自姚贤镐编：《中国近代对外贸易史资料（1840—1895）》第 3 册，第 1564 页。

③ *Commercial Reports*, 1887 年，汉口，pp. 6 - 10。转引自姚贤镐编：《中国近代对外贸易史资料（1840—1895）》第 2 册，第 1213 页。

国买中国茶叶，则日后之可虑可知。”[①]也就是说，如果不是俄国进口中国茶叶量值迅速增加的话，中国的茶叶危机早就爆发了。

实际上，即使对俄国茶叶出口量迅速增加，中国茶叶贸易暴露的问题也越来越多。中俄边境上的山西行庄不能和俄国人竞争的一个很重要的原因，是因为“在转运恰克图的过程中，俄国人持有的茶叶上税少，中国人持有的茶叶上税多”[②]。据记载，茶叶从汉口到张家口，竟然要经过63个厘金税卡。晋商为省运费，准备像俄国商人一样把湖北茶经水路运往天津，再通过陆路贩往俄国，但却不能享受与俄国商人同样的待遇。清政府对晋商这一正常的举动横加干涉，规定对贩茶走水路的晋商仍按走陆路一样收取厘金税收。这种抑制华商的行径，使晋商在与俄国茶商的竞争中始终处于非常不利的地位。根据最惠国待遇，俄国商人把砖茶运往恰克图只需要交纳每提6钱的关税，晋商则要交纳每提60钱即10倍以上的税款。[③]

国家遇有紧急情况，也强迫茶商纳税：

> 恭亲王(奕䜣)等又奏：臣等查华商赴蒙古等处贸易，以茶叶为大宗，除在各关口输纳正税外，均在多伦厅同知、察哈尔都统、绥远城将军等衙门，请领部票，注明该商姓名、货色及所往之蒙古部落，以便稽查。惟张家口商人，准由察哈尔都统衙门领票，赴恰克图与俄人贸易。在多伦厅、绥远城商人，向不前往。故从前张家口赴恰克图华商，颇获利益。自

---

① 《总税务司申呈总理衙门》，光绪十三年六月初十日，载海关总税务司署：《访茶叶情形文件》，第11—13页。

② *Commercial Reports*，1868年，天津，pp. 1－5。转引自姚贤镐编：《中国近代对外贸易史资料(1840—1895)》第2册，第1300页。

③ 参见耿彦波主编：《榆次车辋常氏家族》，第47页；张正明：《明清晋商及民风》，第62页。

与俄国议立陆路通商章程以来，俄人自行由津贩运土货，赴恰克图贸易。华商利为所夺，大半歇业，缘俄商贩茶回国，止纳正税一项。而华商贩茶出口，交纳正税之外，到恰克图后，复交票规每张五十两。咸丰十年，因军饷支绌，奏准每商票一张，在察哈尔都统衙门，捐输厘金六十两。凑拨察哈尔驻防常年兵饷。华商厘税既重，获利无多，是以生计日穷，渐行萧索。①

清政府这种在茶叶税收政策上“抑内扬外”的做法，导致中国茶商在茶叶外贸市场上处于非常不利的地位。不仅英美市场逐渐萎缩，俄国市场也慢慢地被欧洲商人侵夺。

长达十几年的太平天国运动，其主要活动范围在中国南方，尤其是长江中下游地区，几与中国产茶区相重叠，因此对中国的茶叶生产和茶叶市场造成了极大影响。茶叶收成大幅减产和城市信贷紧张，严重影响了茶叶出口贸易。太平军势力扩张到长江三角洲时，茶叶贸易遭到严重破坏。由于钱庄信贷紧缩，很多茶商退出贸易；茶园荒废，导致工人失业出走；原来很多晋商和徽商相对固定的采办茶叶的主要基地，如汉口和福建北部茶区等，受到严重影响，几至无货可办；茶叶贸易路线网也遭到破坏，经营茶叶买卖的商人不敢前往被太平军占领的产茶区。

1862年，宝顺洋行合伙人和上海西商总会主席韦伯在答复英国驻上海领事的询问时，详细描述了太平军对上海出口茶叶的影响，称太平军“完全阻止了茶叶从任何内地路线运抵上海……自1860年上半年叛军攻陷苏州和嘉兴之日，除了从宁波运到这里和去年4月起从长江运来以外，没有茶叶运到这个口岸”。由于宁波不久陷落，平湖茶区的绿茶便无法运入。宁州和

---

① （清）宝鋆等修：《筹办夷务始末》（同治朝）卷57，同治七年正月己巳。

河口的红茶只能通过长江运来，上海于是完全依靠长江供应茶叶。韦伯得出结论："如果叛军能实现他们所声称的占领汉口、九江等沿江口岸的意图，那么不管什么茶，一箱也进不了上海。"对于下一个茶季，他非常悲观："河口地区和宁州大部分地区叛军大肆劫掠，茶行被毁，农民星散，这自然会减产。"[①]即使在战乱结束后，茶区的生产和贸易也没有马上恢复。

太平天国运动不仅对中国出口英美茶叶贸易影响巨大，而且对中国向俄出口贸易也影响极大。由于 1853 年太平军攻入华北以及随之而来的全国动荡，使恰克图商人心存顾忌，很多人急于将茶叶等货物脱手，换成金银，以便随时转移离开。战乱对恰克图的茶叶市场产生了多方面的影响，甚至导致了市场格局的变化，这是大多数商人始料不及的。1853 年前，运至恰克图销售的只有福建茶，但从 1853 年到 1856 年，由于太平军接近了福建的产茶区，导致福建茶叶价格提高了 50%，而且茶商到那些地方很不容易，于是很多茶商就买了一些湖南茶叶和湖北茶叶。他们在运往恰克图的茶叶箱里先装上一般茶叶，再装上福建茶叶，然后把这些茶叶当做纯粹的福建茶叶卖给俄国人。但没想到这种冒充的福建茶叶却更符合俄国人的胃口，受到俄国人的欢迎。以至于后来许多商人运来的福建茶叶无人问津，而使他们受到重大损失。[②]

一些奸诈的茶商还利用战争欺骗茶农，大发不义之财。广州茶商在汉口的角色是充当生产者和外国买主之间的中介人，获利最大，"他们把即将发生的英俄战争消息传入内地，并且无

---

① 《致麦华陀》，上海，1862 年 3 月 18 日，英国外交文件：FO17/377，第 145—146 页。转引自[美] 郝延平：《中国近代商业革命》，陈潮、陈任译，陈绛校，上海：上海人民出版社，第 322—323 页。

② *Commercial Reports*，1868 年，天津，pp. 1－5。转引自姚贤镐编：《中国近代对外贸易史资料(1840—1895)》第 2 册，第 1299—1300 页。

疑尽量渲染这次战争对茶叶贸易的影响。朴质的茶农因为害怕他们的茶叶不能脱手，只好廉价出售，广东商人就因此获得很大的利润”①。不良茶商的这种恶行，使本来就笼罩在战争阴影下的茶叶市场雪上加霜。

3. 未能适应新的市场格局

中国商人在本土同外国商人竞争依然处于下风，表现出了典型的半殖民地特征。外商利用资金优势及种种特权，设法压低茶价，甚至采用各种欺骗手段，导致中国茶商亏损以至于破产。左宗棠曾以福建为例，在向皇帝的奏折中讲述了洋商欺骗和压榨中国茶商的情形：

> 闽省产茶多在荒僻之区，日久采植，菁华势必日歇；而行销又以外洋商贩为大宗。每年春间新茶初到省垣，洋商昂价收买，以广招徕。迨茶船拥至，则价值顿减，茶商往往亏折资本。加以浙江、广东、九江、汉口各处，洋商茶栈林立，轮船信息最速，何处便宜，即向何处售买，故闽茶必专恃洋商，而洋商不专恃闽茶。②

外商欺诈中国茶商的行径，不仅中国文献记载很多，连外国人也明显地注意到了这一点。一位被派往汉口观察茶叶交易的英国通信员详细记录了洋商欺诈中国茶商的具体细节：

> 中国货主把茶叶运至汉口，他们委托广州经纪人出售茶叶，经纪人便把样品送到各家洋行，此时茶叶还在船上。

① *Trade Reports*，1885 年，汉口，p. 14。转引自姚贤镐编：《中国近代对外贸易史资料（1840—1895）》第 3 册，第 1578 页。

② （清）左宗棠、（清）徐宗幹会奏：《闽省征收起运销茶税银两未能定额情形奏折》（同治五年十月初八日），《左文襄公全集・奏稿》卷 19。

外商洋行争购新茶的竞争总是很剧烈的，交易谈妥以后，广州经纪人便告知他的老板们，这些人对外国人的品格甚至姓名都不清楚。成交以后，茶叶便立即运往购茶人的仓库，进行验收、过秤等等。大概按市价多给了一二两银子的狡猾的购茶人，这时便乘机为难，说茶叶与样品不符，因此必须扣除一两银子。茶贩反对，但无法可施；因为，如果他把茶叶运走，他的茶叶也不会有别人购买。先前急于争购茶叶的外商现在却像工会会员一样坚定，他们对别人不要的茶叶决不过问，这是对他们每个人都有帮助的一种制度。这位中国商人不得不依从扣价，然后是过秤，通过巧妙的手法，可以取得5%、8%、10%乃至更高的秤扣。汉口海关承认3%的秤耗，其他扣头还不在其内。因此，一个购茶商可以通过这样或那样的方式得到10—15%的扣头。汉口没有代表中国茶贩的行会，茶贩急欲售茶回家，而他所雇用的广州经纪人则更偏向外国人，而不向着他。由于这个制度（这是近年来实行和完备起来的），一个汉口购茶商在去年可以这样说，他运往英国的茶叶，账面上虽然亏损了6%，但仍留下了12%的利得；这是千真万确的。此间尽人皆知，实行这种可耻的制度的人是谁；这些人是经营对华贸易的一种新途径的结果，在这种情况下，所有，或者几乎是所有主张人格和清白、反对欺诈买卖的洋行，都被排斥于华茶贸易之外。除了这些欺骗行为以外，在所有包装和装船费用方面还有很大的回扣，这些回扣都为汉口购茶外商所攫取。[1]

---

① *London and China Express*, Vol. 24, No. 995, 1882年9月1日，p. 939。转引自姚贤镐编：《中国近代对外贸易史资料(1840—1895)》第2册，第973—974页。

中国茶商与外商竞争过程中之所以被欺诈甚至被逼破产，原因有很多，突出表现为两点：其一，中国商人资本普遍规模较小，分散经营，势单力薄，不能同心协力。1895年户部员外郎陈炽在《振兴商务条陈》中指出："中国皆散商，洋商抑勒太甚，小商资本无多，只求速卖，于是掺杂伪质，跌价争售。洋商欺其愚懦，故意挑剔，低盘割磅，每以一人掣动全局。今年茶叶不能留至明年，洋商不买即无销路，遂相率以至贱之价卖出，而折阅难堪矣。然应交之捐厘税课如故，倾家荡产，卷逃亏闭，无所不有。通十年计之，几无一年获利者。茶市败坏，至于此极。"[①]小商贩无力承担市场风险，茶价决定于外商，市场稍有波动，小商往往只能不计成本出售，并导致"巨商受害……每岁受亏，动数百万"[②]。外国茶商则能采取集体行动，不仅同一个国家的外商，甚至不同国家的外商在购入茶叶时，为了压低价格，而能够联合行动。如在茶叶购买季节，"英商照会俄商，不许放价抢盘，俄商即允照办理"，相比之下，华商"资本既薄，又放胆多做，揭借庄款，为自制缚……一任洋人之所为，拨弄华商，血本不竭不止。此皆华商心志不齐之故也"。[③] 为了抵制洋人的欺诈行为，很多地方成立了茶业公所，并采取一些积极的行动，比如1883年汉口就曾发生过集体抵制西方买主的事件，并产生了很大的影响。但事实证明，同外商强大的实力相比，茶业公所的能力是有限的，"茶业公所在本地与外国人面前的威望，并不足以抵御来自一个全然不

---

① （清）刘锦藻撰：《清朝续文献通考》卷42《征榷四》，杭州：浙江古籍出版社，1988年影印本。

② （清）陈炽：《续富国策》卷4《纠集公司说》，光绪二十一年刻本。

③ （清）柯来泰：《救商十议》，（清）陈忠倚辑：《皇朝经世文三编》卷31《户政九·商务三》，沈云龙主编：《近代中国史料丛刊》第76辑，台北：台海出版社，1966年。

同的方面的新威胁”[①]。其实，茶业公所是茶叶商人为了维护自身权益而自发组织的一种精英团体，它的最主要目的并不是同外商竞争，而是为了同当地政府进行斡旋，比如争取减少税收等，因此他们不但不能得到政府的支持，有时还要受到政府的牵制和威胁。

其二，中国茶商经常面临资金短缺的困难，致使在激烈的市场竞争中处于不利地位。张之洞曾对中国茶商经营不利的情况做过比较深入的调查，他认为，除了茶叶质量不高、洋商抑价等因素以外，中国茶商资金经常普遍短缺是重要原因。茶商“由于资本不足，重息借贷，更有全无资本，俟茶卖出以偿借贷者”，洋商恰恰抓住了中国茶商的这根软肋，“洋商渐知其弊，于是买茶率多挑剔，故抑其价。茶商债期既迫，只求速销偿债，而成本之轻重，不能复计。一经亏折，相率倒闭。其资本充足者，势不能不随众贱售。茶务之坏，多由于此”[②]。当时很多有识之士意识到了这个问题，认识到外商的资本操作方式是在市场竞争中取胜的一大法宝。马建忠就指出：“外洋商务制胜之道，在于公司。凡有大兴作、大贸易，必纠集散股，厚其资本，设有亏累，则力足持久，不为外商牵掣。中国丝茶出口成本约值六千余万，类皆散商开设行栈。始则各就当地争先采办，乡民乘间抬价而成本已昂。继则以争先致拥挤，原本不得收转，则借庄款，贴拆息，而囤本更昂。终则洋商窥破此机，故延时日不即出价，而庄款期迫息重，不得不自贬以求速售，于是又人人争先，而向价骤昂者一转

① ［美］罗威廉：《汉口：一个中国城市的商业和社会(1796—1889)》，第 186 页。
② (清) 张之洞：《裁撤茶商捐助书院经费摺》(光绪十八年闰六月二十六日)，《张文襄公全集》卷 32《奏稿三二》，北京：中国书店，1990 年，第 1 册，第 599 页。

盼而骤低矣。历年丝茶两商每致亏蚀数百万金，职是故也。”[①]中国茶叶尽管是出口大宗，但资本的分散，使竞争力大为下降，容易为外商各个击破。不仅在流通环节，在生产、采摘及加工工程中，都普遍存在资金短缺的问题。

最后需要特别指出的是，中国未能适应近代交通和通讯方式革命导致的世界茶叶市场格局的变化。1870年代之前，中国是茶叶主要的甚至唯一的供应国，因此茶叶价格基本是受中国支配的，如茶叶收成的数量与质量，上海、汉口、福州等地的供求关系等。而在此之后，这种格局彻底改变了，即茶叶价格逐渐改由伦敦市场支配。导致这种改变最根本的因素当然是印度茶叶和锡兰茶叶的竞争，因为国际茶叶市场完全依赖中国的局面已经结束了。另一个很重要的因素是海上交通的便捷和通讯系统的快捷，1869年苏伊士运河通航和1871年欧洲与中国电报联系的接通，这些都使茶叶的供求市场发生了急遽的变化。苏伊士运河的开通使欧洲到中国的海路大大缩短，同时轮船代替了帆船，与此前绕道好望角相比，“茶叶将提早到达伦敦，并且茶叶也较新鲜。旧航线的航程需120日，通过运河的航程则仅需55至60日”[②]。交通的改善使茶叶运费比以前也大大降低，而且避免了伦敦茶叶市场或缺货或货物集中到达堆积的被动局面。另外，苏伊士运河的开通还引起俄商茶叶经营方式的变化。俄商把过去从陆路经恰克图进口茶叶改为经地中海、黑海直接运往敖德萨，原先设于恰克图的俄国商行迁移到汉口。俄商在汉

① （清）马建忠著，张岂之、刘厚祜校点：《适可斋记言》卷1《富民说（庚寅春）》，北京：中华书局，1960年，第3页。

② *Commercial Reports*，1871年，福州，p. 28。转引自姚贤镐编：《中国近代对外贸易史资料（1840—1895）》第2册，第949页。

口同英商竞购茶叶，迫使英商提高购茶成本，进一步降低了华茶在英国市场上的竞争力。[①] 欧洲与中国香港、上海海底电缆的连通，使欧洲和中国之间实现了即时通讯。伦敦茶商通过电报可以灵活自如地操纵茶叶进口量和茶叶价格。此后，伦敦茶叶市场摆脱了过分依赖中国市场的情况，甚至中国茶叶市场转而改由伦敦市场控制了。“从前产销双方，远隔重洋，不通声气，全赖一般侨商，居间贩卖……至是营业方法，已由间接变为直接，谓之茶叶革命，亦无不可也。”[②]加之印度、锡兰茶叶产销量迅速增加，中国茶叶除了维持对俄国的出口量之外，在英美茶叶市场上地位越来越低。科学技术本来是市场的推动力量，但对于传统的中国茶叶市场来说，科学技术的进步则导致了中国茶叶市场的萎缩。在这里，中国不能因时而变、因时而进、因时而学，才是最大的错误。

以上种种原因导致中国茶叶外贸市场丧失殆尽。有学者认为，“表象的繁荣使中国的业茶者和政府没能及时意识到华茶出口的危机，延误了采取挽救措施的时机。”[③]但客观情况是，即使当时中国业茶者意识到了危机，甚至采取了某种措施，也不可能阻止茶叶外贸的衰减趋势，因为这根本不是措施是否得力的问题，而是体制和制度的问题。正是在 19 世纪，中国与欧美国家拉开了距离，茶叶贸易只是在双方差距加大过程中露出的小小的冰山一角而已，茶叶出口危机只是 19 世纪中国社会经济危机的一个侧面。

---

① 参见林齐模：《近代中国茶叶国际贸易的衰减——以对英国出口为中心》，《历史研究》2003 年第 6 期。

② ［英］班思德编：《最近百年中国对外贸易史》，第 118—125 页。

③ 林齐模：《近代中国茶叶国际贸易的衰减——以对英国出口为中心》，《历史研究》2003 年第 6 期。

第三章
19 世纪的鸦片贸易与生产替代

罪恶的鸦片贸易是 19 世纪中国遭受深重灾难的重要原因。那么中国人何时开始接受鸦片？中国人为何深受鸦片之害？列强为何将此危害人们身体健康的毒品贩运到中国？中国又怎样从进口鸦片转为自产鸦片？这一系列问题，将是本章重点探讨的内容。

一　鸦片进入中国

鸦片的起源和传播问题相当复杂，本书不打算过多涉及。我只是对鸦片成为瘾品以后至 19 世纪之前的情况，根据所掌握的有限资料进行简单梳理，藉此深入了解为何在 19 世纪以后鸦片在中国突然泛滥成灾，说明中国人并不是在 19 世纪忽然对这种毒品过度迷恋的，而是有其历史渊源。

在 19 世纪，中国人广泛吸食鸦片而造成了严重的社会问题，并且鸦片问题直接成为中国与西方冲突的导火索，于是鸦片差不多就成了魔鬼的代名词。其实，鸦片最初不但与毒品无涉，相反，它对人类生活还有过积极作用。只是在人们改变了鸦片吸食方法以及中国大量进口之后，鸦片才真正变成了魔鬼。[①]鸦片传入中国的时间极早，但其在中国变为毒品的历史并不长。

鸦片在被中国人广泛吸食之前，其在中国的功用大概有四：

一是食用。至晚以宋代开始，人们已经知道罂粟的苗、籽等皆可食用，如宋代医学名著刘翰的《开宝本草》中就提及此种食用方法，李时珍谓"和竹沥煮作粥食，极美"[②]。刘翰将罂粟籽比作"御米"，说明罂粟籽在宋代已经作为贡品，在宫廷里广泛食用。修道者亦喜食用罂粟，寇宗奭在《本草衍义》中说："服石人研此水煮，加蜜作汤饮，甚宜。"[③]苏东坡的名句更是广为人知："道人劝饮鸡苏水，童子能煎莺（罂）粟汤。"[④]由此可见，罂粟的食用方法多种多样，可煮粥、做汤、入菜等。

二是药用，尤其被作为治疗痢疾等疾病的特效药。成书于五代十国南唐时的《食医方》就将罂粟籽作为有助于消化的健胃药品，药方如下："白罂粟米二合，人参末三大钱，生山芋五寸长，细切，研；三物以水一升二合，入生姜汁及盐花少许，搅匀，分二服，不计早晚食之，亦不妨别服汤丸。"作者称此法为"罂粟粥法"，"疗反胃不下饮食"。[⑤] 至宋代，罂粟作为药物正式被国家组织编写的药典《开宝本草》收入，称罂子粟"（气味）甘，平，无毒"，主治"丹石发动，不下饮食"。[⑥] 宋代医生在实践中已经发现，罂粟有治疗痢疾的特效作用："治痢以樱（罂）粟，古方未闻。今人所用，虽其法小异，而皆有奇功。或用数颗慢火炙黄为末饮

---

① 仲伟民：《鸦片：从天使到魔鬼》，《历史学家茶座》2005 年第 2 辑。

②③（明）李时珍：《本草纲目》卷 23《谷部》，北京：中国书店，1988 年影印本。

④（宋）苏轼著，王云五主编：《苏东坡集》卷 15《归宜兴留题竹西寺》，《万有文库》，北京：商务印书馆，1930 年。

⑤（宋）唐慎微：《证类本草》卷 26，《文渊阁四库全书》本。

⑥（明）李时珍：《本草纲目》卷 23《谷部》。

下，或去粟用壳如上法，或以壳七五枚，甘草一寸，半生半炙，大碗水煎，取半碗温温呷。蜀人山叟曰：‘用壳并去核鼠查子各数枚，焙干末之饮下，尤治噤口痢。’”[①]此外，宋代医家认识到罂粟还具有治疗痔疮、肉瘘以及驱热、止咳等功效。

三是观赏。宋代苏颂编写的《本草图经》说：“罂子粟，旧不著所出州土，今处处有之，人家园庭中多莳以为饰。花有红白两种，微腥气，其实作瓶子，似髇箭头，中有米极细，种之甚难。”[②]罂粟花被收集到各种花谱著作中，如丘濬的《牡丹荣辱志》、陈景沂的《全芳备祖》等。尽管罂粟花一般并不在高尚名贵的花卉之列，但历代很多文人墨客都对它赞赏有加，如有人描写罂粟花“诸色各备，夏初开花，日光昭灼，云霞灿烂。月夜观之，觉风前婀娜，如美人夜游，弱不胜衣。恐它花无此态也”[③]。

四是春药。李时珍在《本草纲目》卷23写到阿芙蓉（鸦片）时云：“俗人房中术用之。”谢肇淛在《滇略》卷3中说得更详细：“哈芙蓉，夷产也，以罂粟汁和草乌合成之。其精者为鸦片，价埒兼金，可疗泄痢风虫诸症，尤能坚阳不泄，房中之术多用之。然亦有大毒，滇人忿争者，往往吞之即毙。”不过，将鸦片作为春药在明代可能并不常见，因为在以性描写著称的明代著名文学作品《金瓶梅》中，就没有关于人们服食鸦片的记载。

以上可以看出，自唐至清中期，罂粟仅仅是一般性的植物，鸦片也是仅仅作为药物来使用的，且因其价格昂贵，[④]以及鸦片这种加工品本身“色黑、味苦辣、臭恶可憎”，[⑤]因此文献中极少

---

① （宋）方勺：《泊宅编》卷8，北京：中华书局，1983年，第47页。
② （宋）唐慎微：《证类本草》卷26。
③ 佚名：《名花谱》，《四库全书存目丛书》，济南：齐鲁书社，1996年。
④ （明）徐伯龄在《蟫精隽》卷10中称，鸦片“其价与黄金等”。
⑤ （清）曹炳章：《鸦片瘾戒除法》，上海：上海中医书局，1930年，第39页。

有关于服食鸦片上瘾的记载，只有达官贵人才可能享用，一般人根本接触不到。那么，为什么鸦片在清中叶以后渐多，及至在19世纪成为毒害中国人的一大罪魁祸首？其根本的原因是什么？对此，已有学者做过很好的论述，如龚缨晏认为："鸦片从药物转变为毒品，其关键的一步是由于鸦片食用方法的变化，即鸦片吸食方法的产生。而鸦片吸食方法的产生，是与地理大发现后欧洲人的东来分不开的。"[①]这里有两个因素至为重要，即服食方法的改变和进口鸦片的增多，如果没有这两个重要条件，则无法理解中国人为什么会如此迷恋鸦片。

鸦片在世界各地都有服食现象，尤其在17世纪以后，很多国家如印度、荷兰、英国、美国等都有很多这方面的记载。比如在18世纪的英国，"巨额鸦片消费量不仅用于像德·昆西之流或者农业劳动者。事实上每一个英国人在他们生命的某一段时期都服用过鸦片，而许多人则是经常服用"[②]。由此可知，近代英国人服用鸦片的普遍性是无可置疑的，但学者较少深究这种奇特的现象，为什么在其他国家，人们服用鸦片后较少有人产生生理依赖或依赖程度不深，而唯独中国人例外？是不是真的如有人所说的，中国人在生理上就容易接受这种毒品并很快上瘾不能自拔？问题绝非这么简单。我认为除了深刻的社会原因之外，中国人较为独特的吸食方法是最直接的原因。

因为鸦片在世界各地最初一般都是作为药物使用，所以服用方法多为吞服或煎服，加之味苦价昂，是一种奢侈品，尚难以成为平民百姓的日常消费品。随着地理大发现及欧洲人的东

---

① 龚缨晏：《鸦片的传播与对华鸦片贸易》，第84页。
② ［美］马丁·布思：《鸦片史》，第74页。

来，不但鸦片贸易量迅速增加，而且美洲的烟草也在东方广泛传播。大约在16世纪末17世纪初，南洋土著居民（也可能是移居南洋的华人）最早发明了将鸦片与烟草混合在一起吸食的方法，[①]这"最终导致了鸦片的食用方法发生革命性变化"，新的鸦片吸食方法的出现，"使鸦片'臭恶可憎'的特点不再成为人们服用的一个感官障碍，通过这种新的食用方法，使鸦片的大规模流行成为可能，从而突破医学的范围而成为一个社会现象"[②]。荷兰在占领印度尼西亚后，又于1624年占领了我国台湾。可能是荷兰人，也可能是印尼华人，将鸦片与烟草混合吸食的方法带到了台湾，大约在17世纪后期，最晚在18世纪初期，这种吸食方法传到了大陆。下面的记载可以为证：

> 鸦片烟，不知始自何来，煮以铜锅，烟筒如短棍，无赖恶少群聚夜饮，遂成风俗。饮时以蜜糖诸品及鲜果十数碟佐之，诱后来者。初赴饮不用钱，久则不能自己，倾家赴之矣。能通宵不寐，助淫欲；始以为乐，后遂不可复救。一日辍饮，则面皮顿缩，唇齿龃露，脱神欲毙，复饮乃愈。然三年之后，无不死矣。闻此为狡黠岛夷诳倾唐人财命者。愚夫不悟，传入中国已十余年，厦门多有，而台湾特甚，殊可哀也。[③]

蓝鼎元于康熙六十一年（1722）随清军到台湾，他说鸦片烟"传入厦门已十余年"，只是大略言之，估计可能更早。将鸦片与烟草混合吸食的具体办法是：先把粗鸦片溶化在水中，煮沸后

① 马士认为，其他国家的人服食鸦片都是从口吞食到胃里去，唯有中国人却是吸食的。这个说法可能不妥。见氏著：《中华帝国对外关系史》第1卷《1834—1860年冲突时期》，第196页。

② 龚缨晏：《鸦片的传播与对华鸦片贸易》，第96页。

③ （清）蓝鼎元：《鹿洲初集》卷2，《文渊阁四库全书》本。

过滤，然后再熬成像糖浆一样的稠状物，将之与切成丝的烟草拌在一起用烟管吸食，或者与槟榔叶、麻葛等混在一起吸食。黄叔敬在康熙六十年(1721)奉使出巡台湾，其在乾隆元年(1736)成书的《台海使槎录》中就有类似的记载："鸦片烟，用麻葛同鸦土切丝于铜铛内，煮成鸦片拌烟，另用竹筒实以棕丝，群聚吸之，索值数倍于常烟……土人服此为导淫具，肢体萎缩，脏腑溃出，不杀身不止。"[①]最早接触鸦片烟的是东南沿海地区，尤其是厦门、漳州、泉州等地，在 18 世纪初期的内地比较少见。在 18 世纪中后期，内地渐被浸染，吸食者增多。[②]

将鸦片与烟草混合吸食同单纯吸食鸦片有很大不同。前者上瘾速度较慢，后者上瘾速度快且消费需求大。我们后来所说的鸦片危害，主要就是指单纯吸食鸦片而言。此后，鸦片成为众多种类的"毒品之母"。[③] 那么，中国人从何时开始单纯吸食鸦片？有学者认为是清初，有学者认为是 18 世纪中期。[④] 从现有史料看，18 世纪中期说是比较令人信服的。

自从鸦片与烟草混合吸食在东南沿海地区流行，以及不久以后单纯吸食鸦片风气的兴起，[⑤]鸦片的进口量和交易量便迅速上升。

---

① (清) 黄叔璥：《台海使槎录》卷 2，沈云龙主编：《近代中国史料丛刊续编》第 51 辑，台北：文海出版社，1978 年。

② 格林堡认为："直到 18 世纪为止，中国人并不吸食鸦片，中国政府没有禁止过它的输入。"这种说法不确切。参见氏著：《鸦片战争前中英通商史》，第 98—99 页。

③ Charles R. Carroll, *Drugs in Modern Society*, Wm. C. Brown, Dubuque, 1989, p. 157.

④ 杨国桢主张清初说，参见氏著：《林则徐传》(增订本)，北京：人民出版社，1995 年，第 18 页；龚缨晏主张 18 世纪中期说，参见氏著：《鸦片的传播与对华鸦片贸易》，第 96 页。

⑤ 史景迁认为，中国人吸食纯鸦片开始于 1760 年代，所谓的"鸦片烟"就是纯正的鸦片。见氏著：《中国纵横：一个汉学家的学术探索之旅》，第 284 页。"鸦片烟"是不是纯鸦片，不是很清楚，有待考证。

二　鸦片贸易

吸食鸦片问题尽管出现很早，政府也采取了一些查禁措施，但基本没有认真执行，真正引起清政府重视并采取相应措施加以禁止，要到19世纪初以后。而由鸦片所引起的一系列重大事件及其对中国历史的深远影响，是任何人所始料不及的。

为了对作为毒品的鸦片贸易有整体的把握，我将先对19世纪以前的鸦片贸易作一简要论述，然后重点论述19世纪的鸦片贸易。19世纪的鸦片贸易大致可以划分为三个时期：1839年以前的非法贸易时期，中国政府明确宣布鸦片为非法商品，并采取严厉措施禁止买卖和吸食，由此而引起了鸦片战争；1840—1858年的五口通商时期，鸦片贸易问题处于一种悬而未决的状态，清政府既不查禁，亦不承认其为合法，但实际上鸦片贸易照常进行，不仅贸易额迅速扩大，而且吸食现象更加普遍；1858年以后的合法贸易时期，进口鸦片与国产鸦片数量同时增长，其后国产鸦片产量迅速增长，泛滥成灾。我之所以用较长篇幅讲述19世纪中国的鸦片贸易史，是因为鸦片贸易有着极其丰富的内涵，而我们以前对鸦片贸易的理解过于符号化和情绪化了。

1. 作为毒品的鸦片向中国渗透时期：18世纪

我们可以将18世纪以前的鸦片贸易称为药品贸易，而将此后的鸦片贸易称为毒品贸易。一方面鸦片的使用的确有这样一个转变过程，另一方面人们对鸦片的认识也有这样一个过程。

中国第一道禁烟法令颁布于雍正七年(1729)：

> 兴贩鸦片烟照收买违禁货物例，枷号一个月，发近边充军。如私开鸦片烟馆，引诱良家子弟者，照邪教惑众律拟绞监候。为从，杖一百流三千里。船户地保邻右人等，俱杖一百，徒三年。如兵役人等藉端需索，计赃照枉法律治罪。失察之泛口地方文武各官，并不行监察之海关监督，均交部严加议处。①

这道法令虽然非常简单，但至少说明了两个问题：其一，鸦片烟的贩卖和吸食有逐渐泛滥的趋势，以至于需要国家颁布一个法令来制止；其二，很多人已经意识到吸食鸦片烟对人体和社会有害。不过，从当时实际情况来看，这道法令强调禁烟甚于强调禁鸦片，因为至清代中叶，不仅在东南沿海，而且在内陆广大地区，吸烟已经相当普遍，吸食鸦片烟则主要限于东南沿海和少数富裕人群当中，人们对鸦片是不是毒品还不是很清楚。同年发生的一桩买卖鸦片案就很能说明这个问题，在这个案件中，不仅当事官员分不清鸦片和鸦片烟之间的区别，连雍正皇帝也分不清作为药物的鸦片和作为毒品的鸦片之间的区别，人们戏称"雍正朝不识鸦片烟"②。这从侧面说明，鸦片吸食在雍正朝绝

---

① 《清会典事例》卷775刑部53，"兵律关津·私出外境及违禁下海一"，北京：中华书局，1991年，第513页。

② 案件的简要过程如下：禁烟令颁发不久，福建漳州知府李治国查获一个叫陈远的福州商人从广东买了30多斤鸦片，李遂按照禁烟令相关规定，判处陈远"枷号充军"。但陈远不服，此案上报福建巡抚刘世明。刘世明认为，鸦片为医家需用之药品，只是在加入烟草后才"淫荡害人"。他向雍正皇帝建议说，为了能使禁烟令得以贯彻实行，不使百姓误以为"已弛禁鸦片烟禁"而四处兜售鸦片烟，索性将错就错，建议没收查获的鸦片烟。但没想到雍正大发慈悲，还为贩卖鸦片烟者说情："其三十余斤鸦片，若系犯法之物，即不应宽释；既不违禁，何故贮藏藩库？此皆小民贸易血本，岂可将错就错，夺其生计？"参见陈其元：《庸闲斋笔记》，北京：中华书局，1989年，第202—203页；雷瑨：《榕城闲话》第4条，见中国史学会主编：《鸦片战争》第1册，上海：神州国光社，1954年，第314页。

对不是普遍现象。

鸦片传入中国的时间相当早，但直到 1770 年代英国东印度公司介入鸦片贸易以前，输入中国鸦片的数量都比较有限。18 世纪上半期，从事鸦片贸易的主要是葡萄牙人，他们以澳门为根据地，非法将鸦片贩卖到中国。1766 年以前，每年很少超过 200 箱，1767 年达到了 1 000 箱，[①]此后多年维持这个数量。鸦片输入中国数量增多的一个重要原因是英国人参与进来，并逐渐成为主角。

关于英国人何时参与鸦片贸易，学术界有不同观点。多数学者认为在 1773 年，[②]然揆诸史实，这个观点是值得商榷的，因为英国人参与对华鸦片贸易要早得多。1855 年麦都思在关于鸦片问题的报告中说："1733 年，东印度公司对于鸦片进行了一次小的投机冒险。"[③]马士专以《禁止鸦片》为标题来论述对英国东印度公司 1732—1733 年度对华贸易，可见他认为在这两年英国中东印度公司对华鸦片贸易应当占有重要地位。1733 年 5 月 25 日，公司的"康普顿号""温德姆号"和"奥古斯塔斯王子号"三艘船开往广州。在到达马六甲之前，管理会鉴于此前其中的两艘曾经"由于鸦片在中国获利，致使船长或船员购带一些到市场出售，忽视了他们这种行为所引起的危险后果，我们一致同意

---

① *Chinese Repository*, Vol. V, 1837, pp. 546 - 553. 转引自姚贤镐编：《中国近代对外贸易史资料（1840—1895）》第 1 册，第 314 页。

② 如姚薇元在《鸦片战争史实考——魏源〈道光洋艘征抚记〉考订》（第 12 页）中说："鸦片贸易在乾隆三十八年（1773 年）以前，由葡萄牙商人垄断。英商自乾隆三十八年起始贩鸦片至中国。"郭德焱在《清代广州的巴斯商人》（北京：中华书局，2005 年，第 95 页）中说："按马士的观点，1773 年（乾隆三十八年）是英国商人把鸦片从加尔各答输入广州最早的一年。"郭著依据的是马士《中华帝国对外关系史》的相关论述。

③ 转引自姚贤镐编：《中国近代对外贸易史资料（1840—1895）》第 1 册，第 319 页。

写给船长莱尔和船长霍姆斯(Capt. Holmes)各人如下”。管理会发布了一道重要命令：

> 前时经圣乔治要塞开来的船只，经常带鸦片到中国出售，现在不知在你的船上是否有这种商品带往该市场，我们认为，我们有责任(或恐怕你不知道)通知你，中国皇帝最近制定严厉禁止鸦片的律令。科罚办法是，凡在你的船上发现，一律没收，不仅将船只及货物没收，而且将敢于向你们购买者处以死罪；顾虑及此，必须采取更有效的办法，防止发生这种不幸事件。为此，你必须尽可能用最好的办法，严密查询及检查你的船，查看船上有没有这样东西，如果有，你应立即在离开马六甲之前，将它从你的船上拿走，无论在什么情况下，不得携带也不准你的船运载这样东西到中国，否则你要负违反公司命令的危险责任。[①]

命令中所提最严厉的律令当然是1729年雍正皇帝的禁烟令。马士认为，“这是在中国航运记录上第一次关于鸦片的资料，所有以前的资料，只有少数鸦片运往苏门答腊、爪哇及婆罗洲”；“这个命令主要之点，就是公司从来没有运鸦片到中国，现在由它的代理人禁止公司船只运载前来。”[②]上引材料清楚表明，英国早就参与了鸦片对华贸易，只是这种贸易是船长或船员个人私带，不是公司经营或公司允准而已。而且，这道命令也没有起到任何作用。直至1750年，英国东印度公司对鸦片贸易都是绝对禁止的，“但从来没有见到正式文件提及这

---

① [美]马士：《东印度公司对华贸易编年史(1635—1834)》第1、2卷，第214—215页。
② 同上书，第215页。

种效果”，相反，鸦片私带私贩现象更加严重，“有一艘英国船的职员拿出一些鸦片出售”。[①] 1765年，英国皇家船“亚尔古舟号”装载现款准备离开中国，驶入黄埔修理，中国官员提出要丈量这艘船，但船长坚决不同意，并写信向两广总督抗辩。中国海关监督坚持要到黄埔丈量该船，声称如果拒绝，该船则必须离开这个地方，英国商人要受鞭笞并逐出广州。双方僵持不下的原因，是中国官员怀疑船内藏有鸦片，而英国人明知理亏，所以拒绝丈量。英国东印度公司董事部就此要求该船就贩卖鸦片的事向公司作出报告，“因为鸦片是禁止的，所以，输入会使公司利益大受损害。只有公司船才被豁免对于鸦片的搜查”[②]。

可以比较确切地说，英国东印度公司起初并不直接参与对华鸦片贸易，将鸦片贩运至中国的主要是散商和公司的职员。东印度公司采取了两种手段，“一方面不准公司之船运鸦片以敷衍中国政府，他方面则鼓励私运”[③]。其中原因大概是：首先，鸦片贸易为中国政府明令禁止，因为贩运鸦片而影响中英贸易，尤其是茶叶贸易，得不偿失；其次，中国人的鸦片消费量还比较有限，贩卖鸦片的高额利润尚未突显，但此时英国东印度公司对鸦片贸易以及中国的禁烟法令非常关注，已经有人预见到鸦片贸易的重要性；其三，东印度公司垄断了孟加拉的全部鸦片生产，如果公司同时也禁止私人同中国的鸦片交易，鸦片生产和财政收入无疑会受到很大影响，实际上贩运鸦片至中国的散商都有东印度公司的营业许可。

---

① ［美］马士：《东印度公司对华贸易编年史(1635—1834)》第1、2卷，第290页。
② 同上书，第302—303页。
③ 于恩德编著：《中国禁烟法令变迁史》，第18页。

1773 年，英国东印度公司从孟加拉试运了少量鸦片到中国，这是因为本年东印度公司独占了“鸦片专卖权”。[①] 东印度公司直接运鸦片至中国是非常重要的标志性事件，但因为东印度公司 1754—1774 年的档案遗失，[②]所以我们无法周知详情。1780 年，英国东印度公司又将“鸦片贸易权”收归已有。[③] 本年，英国人的两只小船经常停泊在澳门南面，并以一个叫做云雀湾(Lake's Bay)的海湾作为鸦片储存站，在此售卖鸦片，每箱售价 500—600 元，而在孟加拉的价格为每箱 500 卢比。[④] 这里没有说明这两只小船是不是东印度公司所属，但此时公司已参与鸦片的售卖是确凿无疑的。

1781 年在鸦片贸易史上是比较重要的一年。本年，在孟加拉的华生中校写信给印度总督哈斯丁斯，建议将孟加拉鸦片直接运到中国去销售，且由英国东印度公司垄断对中国的鸦片销售。他估计仅在中国南方一些省份的消费量就可达到 1 200 箱，如果以每箱 500 西班牙元计算，那么公司就可获得相当可观的收入。在孟加拉鸦片滞销以及广州缺乏现银的双重压力下，公司董事会采纳了华生的建议，决定从事将鸦片走私进中国的冒险事业。[⑤] 尽管华生等人对向中国走私鸦片过于乐观，比如实际上价格很少能达到每箱 500 元以上，但是鸦片走私数量却是年年增长，价格也呈上升势头：

---

① *Chinese Repository*, Vol. V, 1837, pp. 546 - 553. 转引自姚贤镐编：《中国近代对外贸易史资料(1840—1895)》第 1 册，第 314 页。

② 参见[美] 马士：《东印度公司对华贸易编年史(1635—1834)》第 1、2 卷，第 297—307 页。

③ 于恩德编著：《中国禁烟法令变迁史》，第 19 页。

④ *Chinese Repository*, Vol. V, 1837, pp. 546 - 553. 转引自姚贤镐编：《中国近代对外贸易史资料(1840—1895)》第 1 册，第 314 页。

⑤ 龚缨晏：《鸦片的传播与对华鸦片贸易》，第 185 页。

1780 年：200 至 240 元。

1781 年：240 至 300 元。

1782 年：公司鸦片（1 400 箱）售价 210 元，全部运出口，另 200 箱售价 250 至 290 元。

1783 年：270 至 300 元。

1784 年：210 至 240 元。

1785 年：320 至 500 元。

1786 年：联合会售出 1 300 箱，中间价格为 388 元。

1787 年：320 至 350 元。

必须注意，1786 年最少有 2 000 箱运入中国，不仅价格高，而且比前六年每年都多出 500 至 600 箱——这是表明该项贸易畅旺的有力证据。[①]

在此期间，向中国走私鸦片对英国东印度公司越来越重要了，比如从孟加拉开到广州的“女战神号”，“除了鸦片之外，很少货物”[②]。其他东印度公司的船只大概也有类似的情况。向中国走私鸦片的数量也是逐年增多，1781 年，英国东印度公司把 2 800 箱鸦片运往广州，由当地一家行商收购，但因为在中国找不到销路，这位行商不得不把大部分鸦片再出口。英国东印度公司通过走私鸦片的数量来控制价格，比如 1799 年每箱鸦片售价不超过 415 卢比；次年，公司减少了供应，结果价格就几乎上涨了近一倍。此后，他们如法炮制，使鸦片价格节节攀升，1805 年涨到 2 000 卢比。[③]

---

① ［美］马士：《东印度公司对华贸易编年史（1635—1834）》第 1、2 卷，第 460 页。

② 同上书，第 429 页。

③ 1855 年 10 月 22 日麦都思关于鸦片问题的报告，转引自姚贤镐编：《中国近代对外贸易史资料（1840—1895）》第 1 册，第 319—320 页。

总的来看，在18世纪后半期，由于英国东印度公司扩大了鸦片生产和贸易，港脚商人在鸦片贸易中日益活跃，进入中国的鸦片渠道增多，因而每年输入中国的鸦片数量呈逐年增加的趋势，价格也是节节攀升(见表3.1)。

表3.1　1800年前输入中国的鸦片

年　代	最低估计数(箱)	最高估计数(箱)	广州售价(英镑)
1766年前(每年)	100	200	200
1767	200	1 000	200
1773	1 000		
1780			200—550
1781—1782	1 400	1600	200—300
1786	1 300	2 000	388
1790	4 054	5 054	370
1795—1796	1 070	1814	
1800—1801	3 224	4 570	

资料来源：E. H. Pritchard, *Anglo-Chinese Relations During the Seventeeth and Eighteeth Centuries*, New York: Octagon Books, 1970, p. 160.

自从英国东印度公司董事会决定向中国输入鸦片以来，有两点值得注意：其一，加强了船只的武器装备，比如"'嫩实兹号'是作为一艘武装船进入中国内河的，不得报告带有鸦片，这是禁止买卖的"。其二，公司的鸦片走私与行商相勾结，如果没有行商的协助，鸦片则很难脱手。比如公司管理会曾经报告："先官和散商船的各个指挥大量交易鸦片"；"中国政府是严禁鸦片输入的，而这个事业对我们是一件新的工作，因此，我们必须采取极其谨慎的措施。由于这种东西经常在澳门交易，我们决定将船在该处停留几天……但先官认为，该船停留在澳门会引起查询，以致惹起不便……潘启官也认为，该船应驶入黄埔，以免被怀疑。"①这已是公开的秘密，但因为行商特殊的身份，所以尽管中国政府三令五申禁止鸦片，走私鸦片依然继续进行，而且不会有太大的风险。

这样，在18和19世纪之交，英国东印度公司既垄断了孟加拉的鸦片生产和贸易，又打通了走私的途径，这就为日后鸦片的大量生产和销售打下了坚实的基础。所以，有学者指出："1800年，东印度公司就已经将在印度种植鸦片和在中国推出鸦片的技术发展到了完善的地步。"②这个结论是恰如其分的。

在这一时期，英国政府对中国的鸦片贸易政策在开始阶段是试探性的，尽管英国商人已经隐约感觉到鸦片的潜在巨大利益，但是如果可能危及从中国进口茶叶的权利，英国政府就会非常慎重。1787年11月30日，英国政府给第一次派往中国的使臣卡恩卡特中校的训令就说："你必须预防有可能会向你提出关于在中国境内严禁并为帝国法律所禁止的鸦片买卖的规定。如果讨论到这个问题，必须极度小心。无疑，我们印度领地出产的鸦片，有相当的部分流入中国，而该处的人们的嗜好，使对这种有害麻醉品的需要日形增加。但是，假如提出强硬要求，要在商约中规定不得运鸦片入中国的一条；你必须答应，而不要冒丧失其它重大利益的危险，来抗争这方面的自由。至于我们在孟加拉售出的鸦片，只有任其在公开市场碰机会，或在东部海面分散曲折的贸易上寻找销路。"③这说明，政府的态度在观望，一切以

① ［美］马士：《东印度公司对华贸易编年史（1635—1834）》第1、2卷，第400页。
② ［英］格林堡：《鸦片战争前中英通商史》，第100页。
③ ［美］马士：《东印度公司对华贸易编年史（1635—1834）》第2卷，第483页。卡恩卡特于来华途中病故，并未到达中国。

不影响茶叶进口、不影响与中国政府的关系为原则。但在东印度公司实际的运作过程中，尤其是其他商品在中国始终打不开销路的情况下，有如此前景诱人且为中国人“喜欢”的商品，他们怎么可能放过呢?

2. 非法贸易时期：1841年以前

英国东印度公司在1773年取得了从印度向中国出口的鸦片专卖权。同年，英国商人第一次将鸦片从加尔各答运到广州。1797年，英国东印度公司又取得了鸦片生产的垄断权。但在中国东南沿海的鸦片贸易中，葡萄牙控制的澳门仍然发挥着重要作用。在此后的一二十年中，英国人与葡萄牙人在中国东南沿海展开角逐。最后，英国人不仅控制了鸦片的生产和加工，而且控制了向中国销售的渠道。

这个时期又可分为4个小阶段：1800—1821年；1822—1829年；1830—1839年5月；1839年6月—1841年。

第一阶段：以澳门-黄埔为中心的鸦片贸易(1800—1821)

中国人的鸦片消费在18世纪的最后几年增长很快，从一千余箱增加到三四千箱。到1821年，鸦片贸易数量虽然也呈逐渐上升的态势，但总的来说增长有限，很少超过每年5 000箱，一般在4 500箱以下。[①] 这个阶段鸦片贸易量之所以较少，主要有以下两个原因：首先是清政府仍旧实行禁烟政策，虽然因为官吏腐败而不可能完全阻止鸦片的进口和走私，但因此也未造成大规模的吸毒泛滥；其次，英国东印度公司为了同中国进行正常的茶叶等重要商品的贸易，比较严格地限制公司船只私带鸦片。1800年1月3日，东印度公司大班向董事会提交的季度报告，

① ［英］格林堡：《鸦片战争前中英通商史》，第102页。

就是对上述两个原因的最好注释：

> 在上季12月9日（1798年）我们的通讯中，我们已通知孟加拉大总督，中国政府已经准备禁止今后再运鸦片入境，但这种物品仍然在澳门进行交易，而那些因这种买卖获得厚利的人，并未受到任何特别的妨碍。在那段期间，我们相信还未颁布法令，因为大家认为由于海关监督可以从中收取巨额规费，故他暗中鼓励这种非法贸易，而不想采取任何有效办法。虽然如此，仍希望避免发生任何意外，致使公司不幸被控与这种非法贸易有关，因此（我们）请求总办事处应颁布严令，禁止今后驶来中国的公司船只载运鸦片。[①]

上述报告的起因，大概是清政府于嘉庆四年十一月十一日（1799年12月2日）颁布的禁止出售鸦片的法令，这个法令历数吸食鸦片的危害："凡被诱吸食者，不久即受其毒，终夜难以成眠，伤身耗神，费时失事，置正务于不顾。及后由于屡次吸用，便尔成瘾，嗜好日深，不仅不能一日不吸鸦片，且吸食时辰一过，彼辈即有头痛与发热之苦……此等毒质逐渐渗入肺腑及全身骨骼，受害者颜如死灰……终于五脏碎裂，绝望而死"；鸦片不仅毒害一般百姓，而且"蔓延与仕宦之家，尊长及其后辈，并波及生员以至官吏"；"此项物品花费金钱亦至巨至大"；"初只限于福建与广东两省，渐而遍及全国各省"；因此，"为杜绝此种祸根，必须阻塞其源"。[②]

19世纪初期，鸦片贩子在黄埔的走私非常猖獗，此与中国

① ［美］马士：《东印度公司对华贸易编年史（1635—1834）》第1、2卷，第639页。按，1798年当为1799年之误。

② 同上书，第654—655页。罗运炎认为这则消息是指嘉庆元年（1796）颁布的法令，不确，当为嘉庆四年（1799），见氏著：《中国禁烟法令变迁史》，第22页。

官员的腐败和英国东印度公司的纵容是分不开的。由于清政府禁烟措施的不断出台，黄埔的鸦片走私受到限制，于是鸦片贩子将走私贸易的中心转移到了澳门。实际上，1815 年前鸦片的交易中心就是在澳门，鸦片贸易为葡萄牙人所控制，这主要是因为清政府的禁烟令“在内河有效，但它的力量不能达到澳门，该处葡萄牙人大规模地从事鸦片买卖，并未受到干涉，该处是我们签发孟加拉票据、换现款的主要来源”①。尽管如此，英国人仍然私下鼓励鸦片贩子将鸦片运至黄埔，参与同葡萄牙人的竞争。1805 年，英国东印度公司对前往加尔各答的葡萄牙船只课以重税，葡萄牙人则不许任何非由葡萄牙船只运来的鸦片上岸，不过这种争执在以后 10 年中并未发展成为严重的冲突。② 这个时期的鸦片贸易主要是通过代理商进行的，最著名的代理商就是怡和洋行（即比尔·里德行，后又改名比尔·麦尼克行）和宝顺洋行（即巴林行，后改名为巴林·莫隆奈·罗伯茨行），这也是两家最大的鸦片代理行。代理行的运营模式是：在孟加拉的散商从加尔各答购买鸦片后，即将货发给在广州的代理行；代理行则将鸦片运到澳门或黄埔，再出售给中国的鸦片贩子；代理行的收入就是从他们所代销的鸦片销售额中提取一定数量的佣金。③

英国东印度公司在 19 世纪初期对中国的鸦片贸易既不安全，也不一定有很大的利润空间。如 1803 年公司“有一份关于鸦片签发孟加拉票据的资料”，称“鸦片买卖滞销到最低度，孟加拉成本很高，每箱达 1400 西加卢比，而贸易者不可能及时将货

---

① ［英］马士：《东印度公司对华贸易编年史（1635—1834）》第 1、2 卷，第 673 页。
② ［英］格林堡：《鸦片战争前中英通商史》，第 104 页。
③ 参见龚缨晏：《鸦片的传播与对华鸦片贸易》，第 202 页。

出售”。[1] 在 1805—1806 年度，鸦片市场十分萧条，一箱也卖不出去，其原因是多重的：海盗包围了澳门，台湾发生变乱，中国严厉查禁，等等。尽管如此，英国东印度公司仍然坚持鸦片贸易，因为只有向中国销售鸦片才会给他们带来“这样大批的白银”[2]，以弥补同中国茶叶贸易而导致的巨额贸易逆差，因为英国或英属印度的其他商品很难在中国市场打开销路。

19 世纪初期的 20 年，鸦片主要是经由澳门和黄埔走私进入中国的，有时以澳门为中心，有时则以黄埔为中心。对这两个地方的鸦片贸易来说，1815 年是比较重要的一年。两广总督蒋攸铦为了应付朝廷、回避禁止鸦片走私不利而颁发了一套所谓的“查禁鸦片章程”，章程的一个重要内容规定，葡萄牙人的船只不能再像原来那样自由进入澳门，而必须要经过清政府官员的检查，看其是否夹带鸦片，“以杜绝来源”，而此前“地方官皆有失察处分”。[3] 原来葡萄牙人在澳门行动自由，基本不受清政府的约束，而今这种自由受到了限制，“中国人有时在澳门逮捕葡萄牙的臣民，同时捕拿和扣留葡萄牙船艇，尽管持有葡萄牙海关的证明亦无效”[4]。最重要的是，根据这个章程，澳门不再是一个走私鸦片的安全之地了，这对澳门的鸦片贸易打击很大；而鸦片走私的衰落，极大地影响了澳门当局的财政收入和澳门的繁荣。澳门当局不得不想方设法采取补救措施，他们知道清政府官员的查禁只是暂时的，更多地是为了应付差事，只要给这些官员足

---

①② ［美］马士：《东印度公司对华贸易编年史（1635—1834）》第 1、2 卷，第 713 页。

③ 《清仁宗实录》卷 304，嘉庆二十年三月己酉。

④ ［美］马士：《东印度公司对华贸易编年史（1635—1834）》第 3 卷，中国海关史研究中心组译，区宗华译，林树惠校，第 237 页。

够的好处，就能解决问题，为此他们在澳门创设了一个“贪污基金”，设专款贿赂当地的清政府官员。[①] 澳门当局采取的另一个措施是重申 1805 年制定的关于禁止非葡萄牙船只进入澳门的规定，目的是将英国人从澳门的鸦片市场上排挤出去，具体条例如下：

> 第一条。凡属外国人财产的鸦片，输入本市者，一律禁止，除非委托此处已有的代理商办理。
>
> 第二条。只准享有这种特权的人，才能出售。
>
> 第三条。各船船长不得签发指定的提单，凡经按照第一条委托的鸦片，严禁收货载在船上。
>
> 第四条。凡船长违反上述条例者，处罚金 400 两，并负因此而发生扣押或被没收鸦片的一切损失责任。
>
> 第五条。凡将外国人财产的鸦片运入市场，即视为违反本规定，或不按第二条要求经由代理商售出者，即视为非法并即予没收。
>
> 第六条。知情报讯者奖 1/3，凡未经代理商签证，而擅自向代理机构签发命令提取鸦片者，即有充分证据被认为构成违法。[②]

澳门当局的上述限制措施的确使英国商人无法再将鸦片运至澳门销售，但他们也没有想到，正是由于葡萄牙人的这些举措，鸦片贸易中心彻底转移到了黄埔。因为“葡萄牙人的限制和征税，装载鸦片的船只，通常都是把鸦片继续留在船上并且运到

---

① 关于“贪污基金”的具体情况，参见姚贤镐编《中国近代对外贸易史资料（1840—1895）》第 1 册，第 334—335 页；［美］马士：《东印度公司对华贸易编年史（1635—1834）》第 3 卷，第 320 页。

② 马士：《东印度公司对华贸易编年史（1635—1834）》第 3 卷，第 248 页。

黄埔，在那里成交，就在船边交货”，[①]此即后来人们所说的作为流动仓库的趸船。随后的几年，在趸船上进行的鸦片交易异常繁荣，鸦片价格上涨，鸦片代理行大发其财（见表3.2）。1818年，一个老鸦片贩子不无得意地说：“鸦片象黄金一样，我可随时卖出。”1819年，鸦片价格大涨，公班土[②]卖到每箱1 170元，麦尼克行在市场上大肆收购，他们写信给一位在加尔各答冒险发来大约25箱鸦片的一个胆小商人说：“我们诚恳地希望你所发来的能是十倍的数量。”[③]鸦片商们的喜悦之情溢于言表。次年，公班土价格涨到每箱1 800元，1821年初更是涨到2 500元。

表3.2　鸦片走私数量估计(1800—1821)

年　代	运到中国的数量（箱）				消费量	
	孟加拉（加尔各答）	麻洼	土耳其	共计	数量（箱）	价值（元）
1800—1801	3 224	1 346	—	4 570		
1801—1802	1 744	2 203	—	3 947		
1802—1803	2 033	1 259	—	3 292		
1803—1804	2 116	724	—	2 840		
1804—1805	2 322	837	—	3 159		
1805—1806	2 131	1 705	102	3 938		
1806—1807	2 607	1 519	180	4 306		
1807—1808	3 084	1 124	150	4 358		
1808—1809	3 223	985	—	4 208		
1809—1810	3 074	1 487	32	4 593		

① 马士：《中华帝国对外关系史》第1卷《1834—1860年冲突时期》，第200页。
② 公班土，指印度鸦片主产区生产的鸦片。
③ 以上参见[英]格林堡：《鸦片战争前中英通商史》，第108页。

续表 3.2 鸦片走私数量估计(1800—1821)

年代	运到中国的数量(箱)				消费量	
	孟加拉(加尔各答)	麻洼	土耳其	共计	数量(箱)	价值(元)
1810—1811	3 592	1 376	—	4 968		
11 年平均	2 650	1 324	42	4 016		
1811—1812	2 788	2 103	200	5 091		
1812—1813	3 328	1 638	100	5 066		
1813—1814	3 213	1 556	—	4 769		
1814—1815	2 999	674	—	3 673		
1815—1816	2 723	1 507	80	4 310		
1816—1817	3 376	1 242	488	5 106	3 698	4 084 000
1817—1818	2 911	781	448	4 140	4 128	4 178 500
1818—1819	2 575	977	807	4 359	5 387	4 745 000
1819—1820	1 741	2 265	180	4 186	4 780	5 795 000
1820—1821	2 591	1 653	—	4 244	4 770	8 400 800
十年平均	2 824	1 440	230	4 494	4 553	5 440 700

资料来源：[美] 马士：《中华帝国对外关系史》第 1 卷《1834—1860 年冲突时期》，第 238 页。

第二阶段：以伶仃洋为中心的鸦片贸易(1822—1829)

就在鸦片代理商们准备乘鸦片价格猛涨而大发横财的时候，叶恒澍事件①使靠近广州城附近的黄埔的鸦片走私发生了变化，鸦片商把贸易的地点转移到了更加安全的一个地方，即珠

① 叶恒澍既是一个鸦片贩子，又是葡萄牙鸦片商与中国官员的中介人，他负责用“贪污基金”款项贿赂相关的中国官员，以使鸦片走私畅通无阻。1821 年 9 月，叶因参与一起谋杀案而被捕，他在狱中供认了葡萄牙人向中国官员行贿的事实。两广总督阮元为了推卸责任而隐瞒事实，将此案件仅仅作为一般的鸦片走私案上报朝廷。《两广总督阮元等奏拿获贩卖鸦片烟人犯分别定拟折》(道光二年三月二十八日)，《清代外交史料》，参见中国史学会编：《鸦片战争》第 1 册，第 137—145 页。

江口的伶仃洋。从此,鸦片贸易进入了伶仃洋时期。

伶仃洋不仅是进入珠江口的必经之地,而且是遮蔽猛烈的东北季候风的理想停泊所。鸦片贩子很快发现伶仃洋比澳门和黄埔有更多的优势,非常适宜非法的走私贸易。因为清政府将伶仃洋视为外洋,所以中国法律在这里不起作用。不仅如此,这里也不受英国东印度公司驻广州大班的约束,更不受澳门葡萄牙人的管制。同时,因为伶仃洋位于珠江口,海盗一般不敢到这里活动,所以还可以免遭海盗的袭击。此外,“这里的贸易活动完全是非法的,这样也就根本不用交纳任何关税。即使偶有中国官府的巡船到来,他们所勒索的‘规费’也要比在澳门或黄埔的要少”[①]。于是乎,伶仃洋很快成了走私者的天堂。从加尔各答来的鸦片运输船已经习惯于直接驶往伶仃洋,并且“留在该处已成为惯例”[②]。

被逐出黄埔的鸦片进口商(主要是港脚商)既然不能靠近海岸,因而必须为他们的货物找一个新的囤货地点,于是专门作为鸦片代理商走私基地的趸船在伶仃洋出现了。趸船多是利用停泊在伶仃洋上的一些带有武装的浮动“废船”,这些船只既坚固又宽大,非常适宜作为储存鸦片的水上仓库。如382吨的“雅美西纳号”(Jamesina)原来是英国皇家海军的战舰,配有18门炮,1823年由怡和洋行合伙人之一的马地臣购得。港脚船先把他们的鸦片存放在这些趸船上,然后再载着行商所能承保的合法货物驶到黄埔,或直接将出售鸦片所得的银元运回印度。中国烟贩并不直接同鸦片商进行交易,他们通过

① 龚缨晏:《鸦片的传播与对华鸦片贸易》,第244页。
② [美]马士:《东印度公司对华贸易编年史(1635—1834)》第4、5卷,第97页。

掮客同在广州的外国代理商谈判交易价格和数量，然后雇用一种被称为"快蟹"（亦称"快鞋"或"扒龙"）[①]的船去提货，直接运到广州等地销售。

因为印度鸦片增产以及鸦片走私手段的不断改进，再加上中国官方禁烟的不力，每年进入中国境内的鸦片数量增长迅速，价格也不断降低，从而刺激了中国人的鸦片消费量；而中国人鸦片消费的增长，反过来又大大鼓舞了鸦片商人走私的积极性，给鸦片商带来了巨额的商业利润。在1822—1829年间，鸦片的高额利润"引起了英国商人和澳门的居民之间为控制这项贸易而展开的剧烈斗争"，每年的平均销售数都在1万箱上下，[②]比此前的一个时期增长了一倍。东印度公司的一份备忘录也证实了这一点：

> 中国的鸦片消费继续增长，由于现在船只整年留在伶仃，因而获得了进行这种买卖的便利，前时所受到的干扰，在很大程度上已不再存在。我们相信，在最近十年内，这个国家的消费数量，差不多已增加了一倍。[③]

但到1830年又有了惊人的增长，达到了17 760箱，价值1 290万元。[④]

---

① 这是一种专为走私而特制的船，船长50—90尺，可容船员六七十人至百余人，船的两侧各有20—30支甚至更多的船桨，"快蟹"即因有如此之多的船桨而得名。这种船容量大，速度快，两旁皆有铁板以御炮火，官船对其无可奈何。参见（清）梁廷枏：《粤海关志》卷27《夷商二》，沈云龙主编：《近代中国史料丛刊续编》第19辑，台北：文海出版社，1975年；（清）王彦威纂辑，（清）王亮编，王敬立校：《清代外交史料》（道光朝四），北京：书目文献出版社，1987年，第50—51页。

② ［英］格林堡：《鸦片战争前中英通商史》，第102—103页。

③ ［美］马士：《东印度公司对华贸易编年史（1635—1834）》第4、5卷，第113页。

④ ［英］格林堡：《鸦片战争前中英通商史》，第126页。

总之，鸦片在港脚贸易中的重要性日益突出。原来在中印贸易中，印度出口中国的最大宗商品是棉花。到 1820 年代，鸦片取代了棉花而成为港脚贸易输入中国的首位商品。据统计，在 1795—1840 年，加尔各答输往中国的商品中，鸦片占出口总额的 64.4%，棉花占 27.6%。比较而言，同时期中国输往印度的最大宗商品却是白银，占出口总额的 67.1%。[①] 这种贸易格局，已经预示着中国经济的危机。

第三阶段：鸦片贸易沿海岸北上扩张(1830—1839 年 5 月)

在汽轮船出现之前，从印度运载鸦片到中国的主要交通工具是帆船，依靠风力航行。由于季候风的影响，港脚船只能在夏季西南风时来中国，冬季东北风时回印度；也就是说，一年只能来中国一次。随着中国鸦片消费量的增长和诱人的赚钱机会，鸦片商急需一种新型的船只。于是，一种专为鸦片走私而设计的船只出现了，这就是飞剪快船。1830 年 1 月 4 日，第一艘飞剪快船"红色海盗号"满载 800 箱鸦片从孟加拉出发，2 月 17 日到达珠江口，单程只用 43 天；2 月 27 日返航，4 月 1 日回到孟加拉，往返一次仅用八十余天。后来，这种船经过改进，速度更快，用一个多月就可完成往返航程。飞剪快船的出现，使鸦片商欣喜若狂，他们争相购买这种船只从事鸦片贸易。[②]

由于印度鸦片产量增长，价格降低，输入中国的数量也随之大增，因此伶仃洋鸦片市场就显得过于狭小了(见表 3.3)。

---

① 谭中：《英国—中国—印度三角贸易》，中外关系史学会编：《中外关系史译丛》第 2 辑，上海：上海译文出版社，1985 年。

② A. H. Clark, *The Clipper Ship Era*, G. P. Putnam's Son, 1910. 转引自龚缨晏：《鸦片的传播与对华鸦片贸易》，第 260—262 页。

表 3.3 印度鸦片输入中国数量(1825—1835)

年　代	数量(箱)	价值(万元)	每箱价格(元)
1825	9 621	760	790
1830	17 760	1 290	726
1835	26 000	1 700	654

资料来源：[英] 格林堡：《鸦片战争前中英通商史》，第 126 页。

从 1820 年代末 1830 年代初开始，就不断有鸦片商尝试北上销售。1832 年，威廉·查顿派两艘满载鸦片等货物的双桅帆船，溯东海岸上驶。尽管效果不大理想，但查顿并未放弃，不久他又派一艘大船沿海岸再向北行驶。这次他选择租赁飞剪快船“气仙号”出航上海，更远至天津。不久，又有两艘飞剪快船驶往厦门和福州，获利甚丰，因为他们在上述地方出售鸦片的价格要比广州的每箱高出 100 元，甚至 150 元。[①] 从此，查顿即大规模购买飞剪快船进行沿海鸦片贸易，其他鸦片商也纷纷效仿。查顿这样做有更深的考虑，他说：“我们(建造飞剪船)的想法是：在东印度公司的特许状期满后，各类投机商人单单为了汇划而不是为利润，似乎就要大量经营鸦片贸易；如果不大规模地经营，并且常常能比我们的同行消息更灵通，从而站在稳固基础之上，我们就不值得再按旧有的计划行事了。”[②]可见，他们已经在为英国东印度公司丧失对华贸易独占权以后的行动做准备了。

鸦片商不仅在沿海肆无忌惮地销售鸦片，而且中国奸商把触角伸向了东三省和广大内地。道光十八年(1838)有官员上奏称：

① [美] 马士：《中华帝国对外关系史》第 1 卷《1834—1860 年冲突时期》，第 208 页注。

② [英] 格林堡：《鸦片战争前中英通商史》，第 127 页。

> 查夷船载运烟土，至广东黄埔、老万山二处停泊，内地奸商分设窑口接运。其大宗由海运至福建、浙江、江南、山东、天津、关东各海口，而各海口又有专司收囤转贩之户。其由内河兴贩至南北各省，盈箱累筥，载以舟车，实繁有徒。即以陕西而论，其自河南、山东来者，入潼关，并同州府属之大庆关。自湖北来者，入商州之龙驹寨，及兴安府属洵阳县之蜀河，又零星分聚于府州县。大抵他省亦多有入境之处。①

关于鸦片战争前鸦片输入中国的数量，吴义雄作了非常详细的考证。他主要依据《广州纪事报》(The Canton Register)、《广州周报》(The Canton Press)、《中国丛报》(The Chinese Repositong)等文献，对1821—1839年间输入中国的鸦片数量进行了统计(见表3.4)。

表3.4　1821—1822年度至1838—1839年度对华贸易情况

贸易年度	孟加拉鸦片(箱)	麻洼鸦片(箱)	土耳其鸦片(箱)	合计(箱)	价值(元)
1821—1822	2 910	1 718	462	5 090	8 753 500
1822—1823	1 822	4 000	40	5 862	8 030 930
1823—1824	2 910	4 172	270	7 352	8 785 100
1824—1825	2 665	6 000	100	8 765	7 629 625
1825—1826	3 442	6 179	550	10 171	8 158 205
1826—1827	3 661	6 308	56	10 025	9 640 045
1827—1828	5 114	4 361	1 000	10 475	11 162 141
1828—1829	5 961	7 171	1 256	14 388	13 458 787
1829—1830	7 143	6 857	700	14 700	12 545 057

① (清)文庆等纂：《筹办夷务始末》(道光朝)卷3，道光十八年六月乙卯，沈云龙主编：《近代中国史料丛刊》第56辑，台北：文海出版社，1973年。

续表 3.4　1821—1822 年度至 1838—1839 年度对华贸易情况

贸易年度	孟加拉鸦片（箱）	麻洼鸦片（箱）	土耳其鸦片（箱）	合计(箱)	价值(元)
1830—1831	6 660	12 100	1 671	20 431	14 026 285
1831—1832	5 960	8 265	402	14 627	11 723 890
1832—1833	8 290	15 404	380	24 074	15 618 429
1833—1834	9 535	11 715	963	22 213	14 675 890
1834—1835	7 767	8 749	743	17 259	10 085 910
1835—1836	11 992	14 028	911	26 931	17 904 248
1836—1837	8 075.5	13 430.5	743	27 851*	18 691 529
1837—1838	7 203.5	14 508.5	743	28 065*	14 658 226
1838—1839	7 637.75	7 611.5	743	20 192*	10 761 937
合　计				288 471	216 309 734

* 1836—1839 年三个年度的总数中，分别加上在伶仃洋以外各地贩卖鸦片 5 602、5 610、4 200 箱。

资料来源：吴义雄：《条约口岸体制的酝酿——19 世纪 30 年代中英关系研究》，第 357 页。

综上所述，除早期葡萄牙人参与鸦片贸易以外，走私到中国的鸦片基本皆为英国人（另有少数的印度港脚商人）所为。其实，早在 19 世纪初期，美国商人就参与了向中国的鸦片走私，并成为英国人的有力竞争者，[①]土耳其鸦片基本为美国商人控制。[②]

总之，从 18 世纪末到鸦片战争前的 1838 年，走私到中国的鸦片数量惊人，增长将近 10 倍（见表 3.5）。

---

① 根据记载，美国在 1804 年就开始从士麦拿向中国贩运土耳其鸦片，直到订约之前，这一贸易一直有重要位置。参见[美] 费正清：《19 世纪中叶的美国与中国》，[美] 欧内斯特·梅、小詹姆斯·汤姆逊编：《美中关系史论丛》，齐文颖等译，齐文颖校订，北京：中国社会科学出版社，1991 年，第 28 页。

② 参见绍溪：《十九世纪美国对华鸦片侵略》；龚缨晏：《鸦片的传播与对华鸦片贸易》下篇《美国人来了》，第 244 页。

表 3.5　鸦片进口量的估计(1795—1838 年每年平均数)

单位：箱

年　度	各类鸦片共计	公班土	白皮土	金花土
1795—1799	4 124	1 804	2 320a	—
1800—1804	3 562	2 288	1 274	—
1805—1809	4 281	2 824	1 364	93
1810—1814	4 713	3 184	1 469	60
1815—1819	4 420	2 665	1 354	401
1820—1824	7 889	3 825	3 877	187
1825—1829	12 576	5 875	6 396	405
1830—1834	20 331	7 620	11 918	793b
1835—1838	35 445	16 317	18 385	743c

原注：a. 1798—1799 年平均数。
　　　b. 1830—1833 年平均数，1834 年数字不详。
　　　c. 1836 年度数字，1835 年及 1837—1838 年数字不详。
资料来源：严中平等编：《中国近代经济史统计资料选辑》，第 22 页。

第四阶段：有禁不行，鸦片走私继续疯狂(1839 年 6 月—1841 年)

林则徐虎门销烟的确暂时打击了鸦片走私活动，曾使广州的鸦片贸易几乎完全停止，但英国鸦片商并未屈服于中国官方的压力，他们一方面百般抵赖，拒签永不携带鸦片的甘结，另一方面仍在沿海悄悄走私鸦片，并鼓动发起对中国的战争。1839 年 6 月，英国商人刚被逐出广州，沿海就有不悬挂国旗经营鸦片的船只在秘密进行鸦片交易。因为地方官员的腐败和无为，中国很多烟贩也加入鸦片走私的行列，义律称："在福建省几个地区，林钦差大臣的措施已经造成了一个中国人走私商组织起来的可怕的集团，政府官员竟不加以干涉……真的，当我写这篇报告的时候，鸦片交易正在广州以东约二百英里的几个地方极其活跃地进行。”[①]至年底，“沿海一带从事于这种非法交易的船只，为数之多，堪与以前任何时期相比拟，甚至还要更多些”。[②]鸦片价格上涨是促使鸦片贩子铤而走险的一个很重要原因，如广州城的交货价格，从每箱500元涨到3 000元；在沿海一带，10月份时每箱价格大约在1 000元到1 600元，年底才降至700—1 200元。[③]

中国政府本来要封禁沿海贸易，但随着英国远征军的到达和军事的失利，鸦片走私从1840年起又几乎变成公开的交易。走私船在光天化日之下就从外国趸船上起卸鸦片，鸦片价格也堂而皇之地刊登在了《广州纪事报》上，贸易又恢复到旧日的情形。“在战争的间歇时期，鸦片船踵随于国旗之后。”[④]广州城刚被攻陷，趸船就立刻驶到了黄埔；当英军占领了北方一些重要据点之时，鸦片的踪迹也随之到了厦门、舟山和上海附近。鸦片进口数量猛增，价格跌落至每箱400元以下。中国的禁烟运动就这样轰轰烈烈地开始，狼狈不堪地结束。

从中国政府采取禁烟措施到《南京条约》签定这段时间，鸦片贸易并未停止。虎门销烟虽一度影响了鸦片销量，但总的来看，数量仍然相当可观。从表3.6中印度输出鸦片数量即可看出这一点。尽管表中所列是印度输出的鸦片数额，没有表明有多少运到了中国，然而可以想见基本上都通过各种渠道卖给了中国的消费者。

---

① 《中国通讯汇编》，1840年，第431页，转引自［美］马士：《中华帝国对外关系史》第1卷《1834—1860年冲突时期》，第262页。

② 《澳门月报》1840年1月号，转引自［美］马士：《中华帝国对外关系史》第1卷《1834—1860年冲突时期》，第262—263页。

③ ［美］马士：《中华帝国对外关系史》第1卷《1834—1860年冲突时期》，第263页。

④ ［英］格林堡：《鸦片战争前中英通商史》，第190页。

表3.6　印度输出鸦片数量表(1799—1841)

单位：箱

年　度	孟加拉省	马尔瓦省	总　计
1799—1800	——	——	4 054
1809—1810	——	——	4 561
1819—1820	——	——	4 006
1829—1830	8 778	8 099	16 877
1838—1839	18 212	21 988	40 200
1839—1840	18 965	1 645	20 610
1840—1841	17 858	16 733	34 631

资料来源：[美]马士：《中华帝国对外关系史》第1卷《1834—1860年冲突时期》，第263页注2。

表按：原表统计有误，已改正。

3. 五口通商时期：1842—1858年[①]

1842年8月29日中英签署的《南京条约》，只有一处提及鸦片，更未涉及鸦片合法化问题。[②] 虽然条约并未涉及鸦片贸易问题，但其中的一些重要条款，如撤销公行，开放五处通商口岸，关税限于5%(茶叶除外)，割让香港岛，准许英国领事驻在新辟各口等，实质上已经充分体现了英国商人的愿望。所以1年后成为怡和洋行主持人的马地臣兴奋地说："新税则和港口章程的确是非常适当和有利的，如果中国方面严格照办，那我们和

① 为了保持材料的完整性，文中所引一些统计数字可能延长到1860年。特此说明。

② 尽管中国在第一次鸦片战争中战败并签定屈辱的条约，但禁烟措施并未因此废除。实际上，直到1842年10月，道光皇帝还下旨向他报送烟贩的详细名单，予以严惩。因此在1842年8月29日签订的《南京条约》和次年10月8日签订的《善后条款》及《通商章程》中，清政府的谈判代表耆英无论如何也不敢将鸦片列为合法的进口商品，更不敢向皇帝提及此事。《南京条约》第四条说："因大清钦差大宪等于道光十九年二月间经将大英国领事官及民人等强留粤省，吓以死罪，索出鸦片以为赎命，今大皇帝准以洋银六百万补偿原价。"参见褚德新、梁德主编：《中外约章汇要(1689—1949)》，哈尔滨：黑龙江人民出版社，1991年，第70页。

英国之间的贸易一定大量增加。鸦片贸易也继续兴旺。”[①]事实的确如此，鸦片贸易并未因为中国的禁烟行动而减少，相反却更加兴旺发达起来。

本时期鸦片贸易有如下几个特点：

第一，香港和上海成为鸦片转运中心。

早在中英开战不久，英国人就蓄意占领中国某一海岛作为基地，台湾岛、舟山群岛、香港岛等都是英国人觊觎的地方。在琦善和义律的谈判过程中，义律多次提出割让香港岛和大屿山岛（今大濠岛）的要求，但均被清政府拒绝。无奈之下，琦善奏请除广州外再开厦门、定海两处口岸来代替，避免英国人“屯兵聚粮，建台设炮，久之必觊觎广东，流弊不可胜言”[②]。道光帝览奏大怒，断不准行。然而，英国人根本不理会清政府的态度，在1841年初直接占领了香港岛，并照会清政府：“粤之香港、浙之定海等处，地属海港，为洋船来往之区，应准各船在彼任便贸易。缘此示仰诸人知悉，凡各国船只，俱得出入买卖，迨奉君主降命之先，所有船钞货税及一律规费等项，不论何国之船，俱可毋庸输纳。”[③]因此，《南京条约》规定割让香港岛其实只是对既定事实的承认而已。实际上，占领香港岛特别符合英印政府的利益。一方面，就最重要的鸦片贸易而言，香港以及附近的伶仃洋洋面一向是鸦片走私中心，印度输华棉花也以华南市场为中心，因此印度总督奥克兰对保持和扩大在华南的商业利益特别关注；另一方面，侵华英军主要由印度派遣，经费也主要由印度筹措，因

① ［英］格林堡：《鸦片战争前中英通商史》，第195页。

② （清）文庆等纂：《筹办夷务始末》（道光朝）卷18，道光二十年十二月庚午。

③ 《中英两国来往照会公文簿·英方在香港定海等处海关告示》，中国史学会主编：《鸦片战争》第5册，第443页。

此奥克兰对侵华英军的作战行动有一般指导权。中英谈判过程中，英方坚持占领香港岛在很大程度上就是采纳了奥克兰的意见。[①] 鸦片战争后不久，英国人统治下的香港就成为鸦片转运中心和走私者的天堂，俨然就是走私鸦片的天然大货栈、永远不会沉没的鸦片趸船，走私受到英国的保护和支持。1845 年，香港政府年度报告承认鸦片是它出口的主要业务。同年，走私鸦片的飞剪快船有 71 条。1847 年，香港出口总值 226 130 英镑，其中鸦片 195 625 英镑，[②]占 86.5%，可以说鸦片是香港经济的重要依赖。

与奥克兰的考虑不同，巴麦尊的野心更大，他指示英军选择割让舟山群岛。因为控制了舟山群岛，即可控制定海、镇海、宁波等重要口岸，还可以北上控制上海。实际上，早在 1839 年义律就占领了舟山，次年派重兵驻扎定海。因为疾病流行，1840 年底驻舟山英军 3 000 人中，竟死亡 450 人，惨不忍睹。义律为了摆脱困境，才不得已放弃舟山，退而占据香港岛。尽管英国放弃了对舟山的占领，但是此后舟山实际已成为鸦片走私的基地，部分贩毒活动转移到宁波。怡和洋行有 5 艘快速帆船从印度贩运鸦片，除福州外的所有新通商口岸都没有接收站，于是公司把驻地从舟山移往宁波附近。[③] 1844 年英国驻宁波的领事报告说，舟山有鸦片趸船 3—5 艘，单是运往台州、温州等城市的走私鸦片，每月就有 100—200 箱；1845 年，估计有 3 500—3 600 箱都是从舟山运出的，大约占整个沿海走私鸦片的十分之一，几乎所

---

① 余绳武、刘存宽主编：《十九世纪的香港》，北京：中华书局，1994 年，第 55 页。
② 同上书，第 257 页。
③ ［美］凯瑟琳·F·布鲁纳、［美］费正清等编：《赫德日记——步入中国清廷仕途（1835—1911）》，傅曾仁等译，北京：中国海关出版社，2003 年，第 62—63 页。

有的鸦片船都是在英国国旗的保护下走私的。[①] 不仅中国官方对挂有英国国旗的船只敬而远之，而且连海盗也望而生畏。

1850年代，上海开埠后在中国进出口贸易中的地位迅速攀升。随着上海成为中国最大的贸易中心，上海的鸦片进口量也迅猛增加，成为世界上进口鸦片的最大口岸（见表3.7）。

表3.7　上海鸦片进口量值(1847—1853)

年　份	进口量(箱)	进口值(元)
1847	16 500	8 349 440
1848	16 960	11 801 295
1849	22 981	13 404 230
1853	24 200	14 400 000
1857	31 907	13 082 000
1858	33 069	
1859	33 786	
1860	28 438	

注：1853年进口量原表为22 900箱，1858—1860年进口值缺。

资料来源：［美］马士：《中华帝国对外关系史》第1卷《1834—1860年冲突时期》，第403、522页。

1847年，从上海进口的鸦片量已经占全国总进口量的49.6%。尤其值得注意的是，1854年7月至1855年6月这一年里，上海进口的货物总值为1 262万两，其中鸦片货值竟占到911万两，占比72%！[②] 当然，上海进口的鸦片相当一部分（半数以上）是转口到其他口岸的，即便如此，上海鸦片的净进口量和消费量也居各口岸之首。

第二，海盗猖狂，武装走私。

鸦片是英印政府财政收入和中英印三角贸易的生命线，因

① 严中平主编：《中国近代经济史(1840—1894)》上册，第36页。

② ［美］黄苇：《上海开埠初期对外贸易研究》，第88页。

此英国人不惜采用一切手段进行鸦片贸易，走私就是其中最重要的手段。中国政府对待鸦片的态度也给走私提供了客观条件，因为在鸦片战争失利后，中国政府尽管并没有放弃禁烟的努力，但禁烟措施只能针对国内的消费者，对外国走私者既不敢也无力去制止。其结果就是，鸦片价格居高不下，消费人群不减反增，从而刺激鸦片走私愈演愈烈，走私数量迅速增长，走私手段五花八门。其中，最突出的一点是武装走私，海盗猖狂。因为鸦片体积小，价值高，因而成为海盗竞相掠夺的对象。

鸦片走私船装备精良，武器齐全。他们的对手主要是海盗，而不是中国官船，因为中国官船不仅速度慢，而且武器落后，根本不敢同走私船交手。鸦片战争后，从珠江口到长江口的海岸，几乎全“在海盗党徒的管制之下，商船和渔船都向他们交纳经常的黑费”，“情况是严重的；因为中国方面已经表现出没有准备或没有能力在这件事上执行它的任务”。[①] 许多走私船一边走私，一边充当海盗，所有的中国商船和渔船都成为他们掠夺的对象。于是就有了臭名昭著的“护航”，扮演护航角色的主要是英国人和葡萄牙人，后来美国人也参与其中，他们在中国的家门口保护本国商船，实际上是对中国渔船和商船的公开掠夺，也是对中国主权的公开侵犯。因为不管上述国家是否同中国签定协约，这些国家的驻华领事“根本就没有颁发航行执照、授予悬挂国旗的权力。此中奥妙，除去登记发照大有油水可捞而外，还应加上一条，那就是除英国而外，其他各国的驻华领事本身多半都是‘商人’，也就是鸦片贩子、海盗、护航船主或其同伙！”[②]在许多情况

① ［美］马士：《中华帝国对外关系史》第1卷《1834—1860年冲突时期》，第455页。
② 严中平主编：《中国近代经济史（1840—1894）》上册，第40页。

下，护航者就是最坏的海盗。游弋在中国沿海的英国海军虽然有中国地方当局的默认，表面上是打击海盗，其实它的最重要任务是保护鸦片走私。这是本时期鸦片泛滥的一个非常重要的原因。福克斯(G. Fox)在《不列颠海军与中国海盗，1832—1869》中总结说：

> 不列颠人在控制海盗的过程中，暴露出他们民族在中国干了许多最坏的事情。不列颠商人武装海盗船队而又要求女王陛下的战船去保护他们以对抗海盗；不列颠官员保护护航队，而护航队则在英国国旗的保护之下去抢劫他们本已收取护航费应加保护的货物。不列颠人和其他西方人还参加到海盗船的水手里去。对不列颠海员捕获海盗给予优厚奖赏则常常造成无辜者生命财产的损失。[①]

鸦片走私利润极高，诱使人们去冒险。如果能成功走私鸦片一次甚至几次，就可大发横财，以后的生活就高枕无忧了。比如怡和洋行的合伙人之一马地臣就是因为贩卖鸦片而成为暴发户，他在1842年回国后，就买下了苏格兰西海岸的整个路易士岛，又花巨款将其辟为庄园。但从事鸦片走私，既需要实力，又需要胆量，非一般人所能为。许多英国飞剪船队的高级船员都是以前的海军人员，既有丰富的海上航行经验，又有实际作战的能力。比如在最著名的飞剪船“隼鹰号”(Falcon)任职的一位船员这样写道：“在高级船员中，多数都是国内上等人家的青年子弟，他们百般设法，长期等待，才能补上一个极不易获得的空缺，因为申请人在体格和智力上都必须经过一番严格的测验，才能

① 转引自严中平主编：《中国近代经济史(1840—1894)》上册，第53页。

断定他是否可以称职。”[①]很显然，走私鸦片不仅不是耻辱，而且成为很多人羡慕的职业。

第三，鸦片进口数量大增。

香港成为鸦片走私基地后，这里多家洋行的主要业务就是经营鸦片。因为“香港作为一个鸦片仓库，比较安全。他们也曾坦白地承认过，鸦片贸易将会成为香港今后唯一的贸易。”[②]比如1845年走私鸦片的飞剪船有71条，其中19条属怡和洋行，13条属颠地洋行。从事鸦片走私，成为洋行在中国发展壮大的最重要的经济基础。随着上海成为中国对外贸易的中心，原来在广州和香港的洋行纷纷涌向上海。1843年上海开埠的当年，怡和、宝顺、仁记等大洋行即来此开业，随后，沙逊、祥泰等洋行也相继开业，这些洋行的主要业务仍是经营鸦片。随着这些洋行业务的开展和鸦片走私的扩大，鸦片进口数量大增(见表3.8)。

表3.8　鸦片走私主要洋商及其所有船只数目和总吨位(1823—1860)

洋商名称	船舶数	总吨数	开始用自有船只走私年份
颠地洋行(Dent)	14	3 048	1 831
怡和洋行(Jardine Matheson)	13	2 144	1 833
旗昌洋行(Russell)	8	2 047	1 836
柯瓦斯济(R. Cowasjee)	6	1 515	1 831
麦凯(Donald C. Mackey)	5	866	1 839
弗巴斯(Capt. H. Phbus)	2	572	1 836
拉士担治(H. Rustomjee)	2	481	1 840
克利夫顿(Capt W. Clifton)	2	416	1 828

① 姚贤镐编：《中国近代对外贸易史资料(1840—1895)》第1册，第433页。
② 同上书，第429页。

续表 3.8 鸦片走私主要洋商及其所有船只数目和总吨位(1823—1860)

洋商名称	船舶数	总吨数	开始用自有船只走私年份
太平洋行(Gilman & Co.)	2	410	1 842
格兰特(A. Grant)	2	318	1 838
其他 40 家洋商(各有船一艘)	40	8 717	
船舶产权人不明	3	318	
共计	99	20 852	

资料来源：姚贤镐编：《中国近代对外贸易史资料(1840—1895)》第 1 册，第 436 页。

畅通无阻的鸦片走私，使中国的鸦片销售数量飞速增长。有人估算，鸦片战争前 10 年(1830—1840)，中国共计输入鸦片 248 000 箱，年均约 24 000 箱；总值约 16 338.4 万元，年均一千六百余万元。① 鸦片战争后的 1845—1849 年，据香港殖民政府官员密切尔(M. H. Mitchell)估计，从印度输出鸦片 220 717 箱，其中的四分之三，即大约 165 000 箱销到中国，以每箱售价 500 元计，价值达 8 270 万元，或 1 845 万镑。② 到爆发第二次鸦片战争的 1857 年，上海一口就进口鸦片 31 907 箱，比战前的全国进口量还多接近 8 000 箱。③

根据有关统计，中国市场上的鸦片消费额，1840—1844 年，为年均进口 26 825 箱，1845—1849 年为年均 35 081 箱，1850—

① 李伯祥、蔡永贵、鲍正廷：《关于十九世纪三十年代鸦片进口和白银外流的数量》，《历史研究》1980 年第 5 期。

② John King Fairbank, *Trade and Diplomacy on the China Coast: the Opening of the Treaty Ports 1842 - 1854*, p. 28.

③ [美] 马士：《中华帝国对外关系史》第 1 卷《1834—1860 年冲突时期》，第 522 页。

1854年为年均50 437箱，1855—1859年为年均61 827箱。[①] 又据苏吉特《中英贸易与外交》统计，略有出入：1845—1849年为年均进口鸦片39 000箱，1850—1854年为年均53 500箱，1855—1859年为年均68 500箱。[②] 尽管统计数字有差异，但增长的总趋势无可质疑。

不过，这一时期一个很特殊的现象值得注意，即尽管鸦片进口量迅猛增加，但中国的进出口贸易却保持出超。五口通商后，中国出口货物仍然主要依靠茶丝两项，虽然价格跌落颇巨，不过因茶丝出口旺盛，数额剧增，所以中国对外贸易反由入超变为出超。国外为支付茶丝而输入的现银超过中国为支付鸦片而输出的现银，因而现银输入亦颇多。[③] 在中国的进口货物中，除鸦片外，几乎全呈衰减之势，且历久未见起色。这一点更鼓励外商加大鸦片的输入，以减少贸易逆差。

第四，鸦片走私公开化。

中国政府既不敢把禁止鸦片贸易写入条约之中，又没有实力阻止非法的鸦片走私，因而在条约签订时期，鸦片贸易实际已经完全公开化了。1848年3月16日德庇时在致巴麦尊的函中说："现在的鸦片进口和吸食实际上是自由和不受限制的。"[④]一般人以为外国鸦片商会到通商口岸从事交易活动，那里肯定更加安全，但令人匪夷所思的是，鸦片进口商偏偏都要避免到五个

① ［美］马士：《中华帝国对外关系史》第1卷《1834—1860年冲突时期》，第626页，根据表中数字计算所得。

② 姚贤镐编：《中国近代对外贸易史资料（1840—1895）》第1册，第514页。另，1870年第12号《英国议会文书》"中国"所载中国进口鸦片数字亦有所不同，具体数字见余绳武、刘存宽主编：《十九世纪的香港》，第258页。

③ ［英］班思德编：《最近百年中国对外贸易史》，第32—35页。

④ 姚贤镐编：《中国近代对外贸易史资料（1840—1895）》第1册，第425页。

条约口岸的界内去，因为在那里他们将会被本国领事所管辖和监督，所以他们选择了那些只有中国官员管辖的地方，这些地方对他们最有利，而且他们毫不避讳。比如 1855 年，“停泊在口岸外边的鸦片趸船和它们的负责人员以及他们所属的公司的名字，都和条约口岸上的一般公司和居民的名字一样公开的记载在上面”①。中国鸦片贩子则将这种最不得人心的贸易巧妙地称为“洋药贸易”，从而堂而皇之地运到各地贩卖而不会受到任何处罚。

在通商口岸，鸦片交易几乎完全公开进行。如 1843 年的广州“又有了鸦片铺，亦有五六百家”②；“早在一八四四年，‘鸦片就在街道上公开运送，并且象非违禁品一样的销售’。”③在上海，“贩卖鸦片和吸食也都是毫不避人的——在光天化日之下，整箱整箱的鸦片在街上运来运去，这是在一八四九年，那一年运到吴淞趸船上去的鸦片就有二二、九八一箱”④。在厦门，“鸦片趸船停泊于外港，厦门地方政府非常清楚”，但运送鸦片的小艇仍像渡船一样地来来去去，鸦片公开地在大街上贩卖。⑤ 在福州，趸船停泊在闽江出口处，鸦片交易异常繁忙，“不是每个礼拜而是几乎每天都在离海关大门不到十尺的地方，大白天里就把鸦片搬上岸”⑥。在宁波，情景也大体如此。⑦ 可想而知，19 世

---

① [美] 马士：《中华帝国对外关系史》第 1 卷《1834—1860 年冲突时期》，第 609—610 页。

② 中国史学会编：《鸦片战争》第 4 册，第 292 页。

③④ [美] 马士：《中华帝国对外关系史》第 1 卷《1834—1860 年冲突时期》，第 609 页。

⑤ J. K. Fairbank, *Trade and Diplomacy on the China Coast: the Opening of the Treaty Ports 1842 - 1854*, p. 172.

⑥ J. Davids, American Diplomatic and Public Papers: The United States and China, series Ⅰ, *The Treaty System and the Taiping Relation 1842 - 1860*, p. 191. 转引自汪敬虞：《赫德与近代中西关系》，第 157 页。

⑦ 参见苏智良：《中国毒品史》，上海：上海人民出版社，第 119—122 页。

纪的中国社会已经病入膏肓了。

4. 合法贸易时期：1858—1900年[1]

(1) 弛禁之必然

五口通商时期，清政府在鸦片政策上是非常混乱的。因为中国在鸦片战争中的失败，“使朝野人士数年来对于禁烟所费之心血，完全等于虚掷。清廷因受英人兵力之威吓，又因不明正当外交之途径，对于禁烟主张完全不敢提出。即使提出，恐亦无若何成功”[2]。1850年，年轻的咸丰皇帝曾决心继承父志，颁发了一道禁止吸食鸦片的禁令，规定凡吸食者必须在五个月内戒绝，否则要判处斩立决，其眷属发卖为奴，子孙三代不准参加科举考试，并实行连坐法，知情不举者和吸食者同等处罪。[3] 但在当时既无实力阻止走私，又不敢在外交上同英国等列强交涉的情况下，此令只能是废纸一张，仅仅能够吓唬一下国内的烟鬼而已。

就当时清政府所处的国际和国内形势来看，鸦片弛禁乃势所必然。

先看内部因素。清政府的财政状况本来就入不敷出，太平天国运动爆发以至太平军占领江南大片富庶地区后，对清政府产生了双重影响，即支出增加了，收入却大大减少了。面对捉襟见肘的财政状况，鸦片税收问题自然格外引人关注。这是一个敏感的话题，但形势所迫，许多官员还是大胆地提了出来。如咸丰六年(1856)，浙江巡抚何桂清在上海抽取鸦片税，规定每箱征24两，每年可得百万两。但两江总督怡良反对，他认为抽厘必须官给执照，烟贩视为护符，随处可往，莫能究诘，直与弛禁无

① 从鸦片贸易史角度来划分，本时期应该至1905年。

② 于恩德编著：《中国禁烟法令变迁史》，第80页。

③ [美]马士：《中华帝国对外关系史》第1卷《1834—1860年冲突时期》，第618页。

疑，不但显违禁令，而且正是洋人求之不得之事，“一旦作此掩耳盗铃之举，即使每年可得百万，尚不可行。况处处受人挟制，徒饱言利者之欲壑，归公者不过十之一二，有损国体，无裨军饷”。故上谕不准行。[①] 见以抽厘名义不行，有官员则以义捐名义抽款，以充江南军饷。结果允准。原拟征 30 两，但桂良等认为太多，“恐成本太重，商人设法偷漏”；自咸丰七年(1857)由钦差大臣和春派员劝办，只收 10 两；嗣经江苏藩司王有龄整顿捐务，始加至 20 两，“江南军饷赖以接济”。[②] 次年，闽浙总督王懿德上奏，因军需紧要，请求从进口鸦片中量以抽捐，以解燃眉之急。1858 年，何桂清又倡言弛禁之利，谓：“鸦片烟我虽有禁，彼则仍然贩运，今欲改其名而弛其禁，则内地匪徒不至于聚众护送，酿成巨患，其利系在我，于夷酋夷商均无出入也。”[③]以上可见，不少官员认为，在鸦片贸易问题上，与其不能禁绝，也不能正常收取税收，反不如采取“务实”的态度，使之合法化，这样既能收取厘金，又可减少走私。清政府在财政极端困难的情况下，对买卖鸦片弛禁就是非常自然的事情了。

再看外部因素。对英国人来说，把印度生产的鸦片卖到中国，是维持英国-中国-印度三角贸易之关键，因为只有用鸦片换回足够的现银，才能从中国购买本国需求日益增长的茶叶。尽管 19 世纪以来英国对中国的鸦片贸易额逐年增长，但是在中国进行鸦片贸易仍是非法的，即使清政府的禁令大多没有认真执行，但禁令却始终没有废除。也就是说，通过走私鸦片来保证中

---

① (清) 贾桢等编：《筹办夷务始末》(咸丰朝)卷 15，咸丰七年正月己未，北京：中华书局，1979 年。

② (清) 贾桢等编：《筹办夷务始末》(咸丰朝)卷 35，咸丰九年二月丁卯。

③ (清) 贾桢等编：《筹办夷务始末》(咸丰朝)卷 31，咸丰八年九月乙亥。

英印三角贸易的生命线不是长久之计，是不稳定的，因此强迫清政府同意鸦片贸易合法化是他们极力追求的目标，英国政府曾多次要求清政府允许鸦片贸易合法化。1848年，英国领事向两广总督徐广缙提出鸦片开禁的要求。1854年，英国公使包令又提出这一要求。一直到1857年，英国政府再次训令额尔金与清政府谈判解决鸦片贸易合法化问题。[①] 可见，使鸦片贸易合法化是英国政府精心策划和按步骤实施的一个行动。

（2）弛禁之真相

清政府公开鸦片弛禁的事实充分反映在1858年11月8日签订的中英《通商章程善后条约》中。我在这里想强调指出的是，多数学者认为鸦片弛禁是为列强尤其是英国所迫而订立的城下之盟。考诸史实，并非如此。本年7月，即中英《天津条约》签订后，咸丰帝又派参与条约制定的大学士桂良和吏部尚书花沙纳到上海，会同两江总督何桂清，与英国全权专使额尔金就改定税则问题进行谈判，并欲借此机会取消《天津条约》中公使驻京、内江通商、内地旅游、中国赔款后英法军队才退出广东等条款，尤其是公使驻京一款。咸丰帝曾密谕桂良，不惜以进口全部免税以及鸦片弛禁作为交换条件。但英方代表威妥玛相当强硬，声称“条约以外之事，均可商量，条约既定之说，万不能动”。[②] 由此看来，在面子和利权问题上，清政府更看重前者，尚无一点近代外交的常识。既然英国人不肯让步，当然就没有必要继续谈进口商品免税的事情了。

在鸦片问题上，英国人要追求鸦片贸易合法化，清政府要通

---

① 朱庆葆等：《鸦片与近代中国》，第327—328页。

② （清）贾桢等编：《筹办夷务始末》（咸丰朝）卷31，咸丰八年九月辛丑。

过鸦片增加税收，双方不谋而合；英国人顺水推舟，清政府官员“半推半就”。于是乎，在不可能停止鸦片贸易的情况下，对清政府来说，这实在是“两全其美”的办法。因此，在此次谈判中，并不存在英国人强迫清政府承认鸦片贸易合法化的问题，征收鸦片税实际上也是清政府自己的打算和目的。中英《通商章程善后条约·海关税则》第五款详细解释说：

> 洋药准其进口，议定每百斤纳税叁拾两，惟该商止准在口销卖，一经离口，即属中国货物；只准华商运入内地，外国商人不得护送。即天津条约第九条所载英民持照前往内地通商，并二十八条所载内地关税之例，与洋药无涉。其如何征税，听凭中国办理，嗣后遇修改税则，仍不得按照别定货税。[①]

上述条款不难解读，其核心思想就是两个字：收税！外国人走私鸦片，清政府管不了；而一旦把鸦片交到中国人手里，就可以“听凭中国办理”，清政府就可以随意征税了。为此，有大臣向咸丰帝奏曰：“洋药一项，除系官员、兵丁、太监人等照例治罪，又私售藏奸聚集者照聚赌例治罪外，其余民人概准买用。凡外洋及内地客商在各省关口贸易者，均照酌定税则。上海一口，议定每百斤税银三十两；所有各海口及天津关，均系一水可通，再内河江面凡船只能到各税关口者，均请照上海一律输税。”[②]条约规定，鸦片进入关口，首先由洋商交纳关税，即每百斤税银 30 两；进入内地后，即按中国货物由各地征收厘金，外国商人不得干预。不久，上海设局抽厘，另征税厘 50 两。对此，英国公使威

① 王铁崖编：《中外旧约章汇编》第 1 册，北京：生活·读书·新知三联书店，1957 年，第 117 页。

② （清）李圭：《鸦片事略》卷下，上海：上海书店出版社，1982 年，第 231—232 页。

妥玛大为不满，认为违背了条约，清政府官员则力辩“运入内地之洋药”税，“征之华商，与洋商无涉”。[①] 此后，英方多次与中国交涉，认为中国内地收取鸦片税厘太高，对英国进口商不利，影响鸦片贸易的扩大，但在这一点上，清政府始终没有让步。至于后来李鸿章和左宗棠等人欲采取高税金的办法限制鸦片在中国的蔓延，则与初衷稍有不同。

总之，鸦片贸易合法化不仅是英国商人极力追求的目标，也是清政府力图达到的目的。毕竟鸦片已经是中国第一位的进口商品，将鸦片税收作为海关的主要财源，对缓解清政府的财政危机状况能起到不小的作用。

(3) 弛禁之恶果

鸦片贸易合法化的确为清政府带来了巨大的经济效益，暂时缓解了燃眉之急。但是，从长远看这项措施无异于饮鸩止渴，因为它造成了鸦片进口量增加，鸦片吸食人群迅速扩大，烟毒泛滥成灾。

绝大部分鸦片都是经过中国香港运到中国内地的。自从鸦片贸易合法化以后，输入香港的鸦片数额节节攀升(见表3.9)。

表3.9　每年输入香港的鸦片数额(1859—1886)

年　份	进口数量(箱)	年　份	进口数量(担)
1859	54 863	1865	76 523
1860	59 405	1866	81 350
1861	60 012	1867	86 530
1862	75 331	1868	69 537
1863	62 025	1869	86 065
1864	75 128	1870	95 045

① (清)李圭：《鸦片事略》卷下，上海：上海书店出版社，1982年，第232页。

表 3.9　每年输入香港的鸦片数额(1859—1886)

年　份	进口数量(担)	年　份	进口数量(担)
1871	89 744	1879	107 970
1872	86 385	1880	96 839
1873	88 382	1881	98 556
1874	91 082	1882	85 565
1875	84 619	1883	94 036
1876	96 985	1884	86 163
1877	94 200	1885	90 329
1878	94 899	1886	96 164

表注：1865 年进口数量单位为担。

资料来源：China Maritain Customs, Special Series: No. 4, Opium, 1881, p. 64. 转引自姚贤镐编：《中国近代对外贸易史资料(1840—1895)》第 2 册，第 855、859 页。

与香港相比，中国内地各口岸进口鸦片虽然也有所增加，但增加的数额并不很大。统计表明，香港一口进口的鸦片数量一般都超过中国内地各口岸进口总量的三分之一以上(见表 3.10)。

表 3.10　历年鸦片进口数额统计(1865—1886)

年份	中国内地各港进口数量		中国香港进口数量		中国香港进口超过中国内地各港进口数	
	担	两	担	两	担	两
1865	56 133	25 821 180	76 523	34 996 680	20 390	9 175 500
1866	64 516	31 386 162	81 350	38 362 378	16 834	6 976 216
1867	60 948	28 823 942	86 530	39 655 924	25 582	10 831 982
1868	53 915	23 538 621	69 537	29 871 864	15 622	6 333 243
1869	53 413	23 727 165	86 065	38 223 238	32 652	14 496 073
1870	58 817	24 967 196	95 045	40 328 764	36 228	15 361 568
1871	59 670	26 045 878	89 744	40 690 974	30 074	14 645 095
1872	61 193	25 295 131	86 385	34 704 689	25 192	9 409 558

续表 3.10　历年鸦片进口数额统计(1865—1886)

年份	中国内地各港进口数量		中国香港进口数量		中国香港进口超过中国内地各港进口数	
	担	两	担	两	担	两
1873	65 797	26 255 295	88 382	32 467 697	22 585	6 212 402
1874	69 844	28 564 782	91 082	33 175 559	21 238	7 730 622
1875	62 949	25 355 065	84 619	29 106 923	21 670	7 454 480
1876	69 851	28 018 994	96 985	36 491 288	27 134	10 202 384
1877	70 179	30 257 812	94 200	32 303 963	24 021	8 231 196
1878	72 424	32 262 957	94 899	37 470 465	22 475	8 870 133
1879	83 051	36 536 617	107 970	41 479 892	24 919	9 573 376
1880	71 654	32 344 628	96 839	42 823 721	25 185	11 137 201
1881	79 074	37 592 208	98 556	41 691 567	19 482	8 241 316
1882	65 709	26 746 297	85 565	32 422 180	19 856	7 523 810
1883	67 405	25 345 613	94 036	30 252 912	26 631	8 366 243
1884	67 181	26 150 241	86 163	28 920 906	18 982	6 371 373
1885	66 645	25 438 914	90 329	29 705 336	23 684	7 788 652
1886	67 788	24 988 561	96 164	31 642 910	28 376	9 337 166

表注：除去一小部分转运至澳洲、美洲等处外，即为走私至中国的鸦片数量。
资料来源：姚贤镐编：《中国近代对外贸易史资料(1840—1895)》第2册，第859页。

表中数字表明，那种所谓“寓禁于征”的主张是异想天开、根本不切实际的想法。鸦片贸易合法化除了给清政府创造一定的关税收入以外，带来的是无尽的灾难。白银继续外流，经济形势恶化；吸食人群增加，且呈蔓延之势；种植罂粟自然也合理合法。这些将在下文展开论述。

透过鸦片贸易，不仅可以清楚地看到在19世纪全球化过程中中国所处的地位，而且还能深切了解19世纪中国社会的种种危机和矛盾。如果不深入剖析鸦片贸易的实质，而仅仅从所谓的民族情感出发，则可能会遮蔽很多真实的历史内容，使我们找不到问题的真正答案。另外需要说明的一点是，参与鸦片贸易的并非仅仅有英国人，许多国家都曾参与这一肮脏的买卖(尤其是美国），但因篇幅所限，就不涉及了。

三　鸦片的生产替代及其影响

19 世纪中国的鸦片贸易史，读来让人心酸：从严禁、弛禁、开禁到自种自吸，乃至最后本国成为世界上最大的鸦片生产和消费国。也就是说，中国人从被侵害到自我损害，从开始丧失自尊到最后毫无自尊，这是一个被凌辱和自取其辱的世纪。清政府既然无力阻止鸦片的进口，也无力阻止鸦片的吸食，于是全社会放任自流，毒品肆虐，中国人深陷灾难之中。

1. 中国最早种植作为毒品原料的罂粟之时间考察

罂粟在中国种植很早，可能早在唐代就被阿拉伯商人引进到中国西南地区，但皆作为花卉和药物使用。后来也可能从印度传入，先在云南种植，后传布到川西、川北及陕甘地区。总的来说，在 19 世纪之前，鸦片大多来自境外，吸食鸦片者尚少，种植罂粟者更少，基本没有为加工毒品而生产的罂粟。罂粟的使用发生质的变化，即把罂粟作为加工毒品的原料，应当在 19 世纪以后。那么，较为普遍种植罂粟究竟开始于何时？学术界意见不一，有人认为开始于 1830 年代，因为早在道光六年（1836），太常寺卿许乃济就在给道光皇帝的奏折中提出了听任国内种植，以抵制外来鸦片的主张。[①] 有人则认为，鸦片战争前国内基

---

① 朱庆葆等：《鸦片与近代中国》，第 2 页。于恩德认为："当此时期中（指 1729—1830 年），鸦片完全来自外洋，并无内地种植者，如有亦为数甚少。如雍正七年之定例，仅及兴贩及开设烟馆者。关于吸食者并无明文规定。盖吸食之人并不甚多。"见氏著：《中国禁烟法令变迁史》，第 9 页。

本尚无鸦片生产，到 1850 年代以后才有相关材料记载。[1] 我认为上述两种观点都不准确。

中国种植罂粟以作为加工毒品的原料，我估计最晚应该在 19 世纪初期。因为到了 1831 年，国内关于鸦片种植的记载突然变多，朝廷命令各省缉查鸦片种植与吸食问题，这绝非偶然现象。下面这条材料值得注意：

> 谕内阁：前据给事中邵正笏奏："近年内地奸民种卖鸦片烟，大伙小贩，到处分销，地方官并不实力查禁。"当经降旨，严饬各省督抚确切查明惩办，并将如何禁绝之处，妥议章程具奏。兹据阿勒清阿奏："查明山西省尚无栽种鸦片烟地方，惟太谷、平遥、介休各县民人，多在广东及南省等处贸易，日久沾染，颇有嗜食之人。此烟既非晋省所产，则系来自外方，自应责成各该地方官认真查拿，使贩者无从托足，则食者不禁而自绝。"著通谕各省督抚严饬所属，如有奸民种作鸦片烟，随时拿获究办，并著饬令各关口及州县文武各员严行查禁。如有奸商夹带偷漏，一经拿获，即当究明来历，将偷漏之关口暨失察之地方官，一并交部议处。[2]

这段话有几个地方值得注意：其一，邵正笏言"近年内地奸民种卖鸦片烟"，至少透露出两个信息，一是内地民人种植鸦片已经几年了，也就是说最晚在 1820 年代末就开始种植了；二是种植地方不止一处，可能在内地很多地方。其二，阿勒清阿为山西解脱，但又说"既非晋省所产，则系来自外方"，暗指其他省份

---

① 许涤新、吴承明主编：《中国资本主义发展史》第 2 卷《旧民主主义时期的中国资本主义》，第 301 页。

② 《清宣宗实录》卷 184，道光十一年二月戊戌，北京：中华书局，1986 年影印本。

可能有种植。其三，朝廷把查禁自种鸦片当作一件大事来抓，当不是捕风捉影。

此后几个月，各省纷纷来报。如在陕西，史缙奏："陕西地方，向不出产罂粟花葵花，并无造作鸦片烟之事。惟近来多有私食之人，自系外来奸商偷运贩卖，地方官查察不力。"①在安徽，邓廷桢奏："安徽省现在尚无私种罂粟花熬烟贩卖之事。惟徽州、宁国、广德等属，毗连江、浙，山地居多，恐有外来棚民串通该处业户，私种分肥，不可不预定章程，杜其萌蘖。"尤其值得注意的是，朝廷谕令安徽地方关于应"于每年初冬春尽时，两次委员严查，如有私种熬烟情弊，除首从各犯分别问拟军徒外，其贪利放种之业户，即照私种为从例，杖一百，徒三年"。② 从谕令内容分析，朝廷似乎知道安徽已有罂粟种植。在河南，杨国桢奏："豫省民风纯朴，饬属确查，据陆续覆到，均无种卖。"但朝廷不相信杨的奏报，指责"该抚何得以各属具报，均无种卖，遂信以为实?"③

果不其然，不久以后，各省陆续发现有鸦片种植的现象。朝廷在给河南的谕旨称："豫省地广民稠，奸民私种罂粟等花渔利，事所必有，自应严申禁约。"④谕湖南："鸦片流毒最甚。湖南为数省通衢，五方杂处，奸民种植偷卖，事所必有，自应设法严查。"⑤

在云南，罂粟种植更是言之凿凿：

① 《清宣宗实录》卷 187，道光十一年四月庚寅。
② 《清宣宗实录》卷 187，道光十一年四月乙巳。
③ 《清宣宗实录》卷 189，道光十一年五月癸酉。
④ 《清宣宗实录》卷 190，道光十一年六月癸巳。
⑤ 《清宣宗实录》卷 191，道光十一年六月辛丑。

> 滇省沿边夷民，向有私种罂粟，收取花浆煎膏，名为芙蓉，以充鸦片。内地民人，亦复栽种渔利，自应设法查禁。兹据该督等（指阮元等）奏称“民间私种罂粟，缘费工少而获利多，积习已久。该省又多深山穷谷，若不峻立其防，则奸民易犯。惟所称每年冬令，罂粟出土之时，该地方官员会同营员，亲往蹦查锄毁一次。次年春末，开花结苞之时，再蹦查铲毁一次”等语。该处深山穷谷较多，若令种植之家锄铲，是必不可信之事。若豫带多人，以备锄铲之用，又无此查办之法……至土境夷民栽种罂粟，系在迤西迤南边外。著照所议，责成该管道府，严饬土司，晓谕夷民，毋得栽种。[1]

上引材料足以证明，到道光十一年（1831）年，不仅各省已经普遍种植罂粟，而且在一些地方（如云南）已经难以控制。因此，我认为早在1820年代，至迟在1820年代后期，种植罂粟在全国各地已经不是什么稀奇的事了。只是地方官员为了逃避责任，在给皇帝的上奏中故意隐瞒和否认，至此真相终于掩盖不住了。

综上，中国较早种植罂粟的地区是云南。云南自然条件比较适于罂粟的生长，又位处边疆，多民族杂处，清政府的控制相对薄弱，早在乾隆元年（1736）出版的《云南府志》就有关于罂粟种植情况的记载，且产量逐年提高。19世纪初，罂粟种植技术传到四川，至迟在道光元年（1821），涪陵一带很多农民就弃粮种烟了，所产“川土”远近闻名。此后，罂粟种植又从四川传至甘肃、陕西、山西等省。[2] 至1830年代，罂粟种植在边疆省份蔓

① 《清宣宗实录》卷191，道光十一年六月丙午。
② 参见苏智良：《中国毒品史》，第176页。

延，因此，1831 年以后的记载非常之多是很自然的。

2. 国产鸦片的增长

作为毒品原料的罂粟在中国比较广泛地种植当不晚于1820 年代。1830 年代全国多省（包括东部和内地）发现种植罂粟的现象，但因为这个时期清政府实行了较为严厉的禁烟措施，因此罂粟种植多在边远和贫困地区。罂粟真正在全国较大规模种植是在 1840 年代以后。当然，两次鸦片战争期间，清政府表面上仍然执行禁烟措施，但在内外交困的形势下，在实际执行过程中已经力不从心。清政府在默许鸦片走私合法化的同时，也采取了容忍甚至鼓励农民种植罂粟的政策，不少官员主张以国产鸦片代替进口鸦片。光绪朝《东华续录》卷 98 云："咸、同以后，烟禁已宽，各省种植罂粟者，连阡接畛，农家习为故常，官吏亦以倍利也，而听之。"不过，因为这时中国的鸦片加工技术不高，鸦片质量很差，因此在市场上的销路并不太好，尚未形成对进口鸦片的竞争态势。"自 1840 年至 1857 年，总的来说鸦片贸易的波动很小。"[①]这也是很多学者认为中国自种罂粟始于 1850 年代的重要原因。

1860 年代后，罂粟种植面积迅速增加，鸦片加工质量也逐步提高，已经逐渐可以同进口鸦片进行竞争。

云贵川是中国罂粟的主产区。在云南，偏远地区和少数民族居住地区广泛种植，如布朗族在 1870 年代就熟练掌握了罂粟的种植技术，他们从 11 月烧地，12 月下种，次年的 5 月收割，连

---

① A. J. Sargent, *Anglo-Chinese Commerce and Diplomacy*, p. 132. 转引自姚贤镐编：《中国近代对外贸易史资料（1840—1895）》第 1 册，第 629 页。

种7至15年后再另择荒地开垦。[1] 不仅如此，甚至省城昆明附近都有罂粟种植，如光绪年间有人游昆明时描述道："出南门，绕过金马碧鸡坊，过迎恩堂，时暮春天气，罂粟盛开，满野缤纷，目遇成色。"[2]据估计，云南全省竟有三分之一的耕地种植罂粟，鸦片成为该省最重要的农产品。[3]

贵州省种植罂粟显然是受到云南和两广的影响。贵州土质和气候特别适合罂粟成长，尤其是黔中部和东部地区，到19世纪六七十年代，种植面积相当大。因为贵州鸦片品质极佳，价格又不高，几与洋货相抗衡，因此前来购买者络绎不绝。如开州（今贵州开阳）、婺川（今贵州务川）等地"开垦之地半种洋烟……查种烟为近来民利大宗，积习已久，骤难禁革"[4]。到光绪初年，贵州所产烟土已运销两广。在黔西北和黔西南的彝族居住区，也学会了种植罂粟。[5]

四川的罂粟种植更是后来居上。川东罂粟种植主要受广东影响，同治《增修酉阳直隶州总志》卷19记载，邻近湖南和贵州的土家族聚居区酉阳州（今四川酉阳）种植罂粟就相当普遍，加工的烟土"得价甚昂贵，故乡村篱落皆遍种之"。以涪陵为中心的周边地区也有大量耕地改种罂粟，同治八年（1869）《涪州志》记载："远近有种罂粟，牟利倍蓰。"涪陵成为西南地区鸦片贸易中心。1883年，刘光第路过涪陵，对此景象"不胜骇然"，他在日记《南旋记》中这样描述鸦片种植的盛况："此地与忠州、丰都皆

---

① 《民族问题五种丛书》云南省编辑委员会编：《布朗族社会历史调查（二）》，昆明：云南人民出版社，1982年，第53页。
② （清）包家吉：《滇游日记》，《小方壶斋舆地丛钞》第7帙，第35页。
③ 朱庆葆等：《鸦片与近代中国》，第2页。
④ 徐建生编：《疆本堂汇编》，转引自苏智良：《中国毒品史》，第164页。
⑤ 《彝族简史》编写组：《彝族简史》，昆明：云南人民出版社，1987年，第159页。

以种罂粟为要务，葫、豌、菜、麦，至市他邑，故通市难觅菜油，日用则桐油外，皆罂粟油也。"①

19世纪六七十年代后，罂粟种植遍及全国，史籍中很难找到不种罂粟的省份了。北至蒙古、东北三省，西至甘肃、陕西，南至福建、广东，以及山西、山东、河南和相对富庶的江浙地区等，大量的土地被用来种植罂粟，甚至成为部分农民的主业（见表3.11）。② 著名汉学家和传教士理雅各曾从北京由陆路旅行到镇江，他发现"黄河和长江之间的土地上都布满了罂粟田"③。郑观应也忧心忡忡地说："今直省相率仿种，甚如川黔，全境皆是。"④很多地区的罂粟种植面积占耕地的一成以上，有的则高达半数以上。如福建闽北各地，"农民嗜利者，大半栽种罂粟为衣食之谋。近日有加无已，连畦接畛，几如丰台芍药，无处不花，而嗜烟者亦传染愈众"⑤。浙江台州府的罂粟种植更是十分惊人，"浙东台郡，田家春熟，概种罂粟，豆麦则十居一二，每五月后，罂粟收获，始下谷苗"⑥。有人估计，1880至1881年间，"四川、云南、贵州三省共出烟土二十六万五千担"，"山东、满洲等处每年所出烟土亦有一十三万五千担"。⑦ 如果这个估计大体可信的话，那么云贵川罂粟产量占到了全国的60%以上，四川一省可

① 转引自朱庆葆等：《鸦片与近代中国》，第4页。

② 参见李文治编：《中国近代农业史资料（1840—1911）》第1辑，中国科学院经济研究所：《中国近代经济史参考资料丛刊》第三种，北京：生活·读书·新知三联书店，1957年，第456—464页。

③ 《领事麦华陀1872年度贸易报告》，《上海近代贸易经济发展概况：1854—1898年英国驻上海领事贸易报告汇编》，第257页。

④ （清）郑观应：《盛世危言》卷四《禁烟上》，（清）郑观应著、夏东元编：《郑观应集》，上海：上海人民出版社，1982年。

⑤ 《益闻录》第123号，光绪八年九月十七日。

⑥ 《益闻录》第201号，光绪七年八月三十日。

⑦ 《字林西报》，转引自李文治编：《中国近代农业史资料（1840—1911）》第1辑，第458页。

能就占全国的40%。川土售价低廉，尤其具有竞争力，很快增加了市场占有率，不仅排挤了洋药，而且压制了其他省区的土药。[①]

表3.11　中国罂粟产量及耕种面积的估计(1866—1894)

年份	土烟数量（斤）	罂粟种植面积（亩）	耕地总面积（亩）	罂粟种植面积占耕地总面积的百分比
1866	5 500 000	1 833 000	790 000 000	0.2
1870	7 700 000	2 566 000	801 000 000	0.3
1880	40 000 000	13 333 000	827 000 000	1.6
1894	40 000 000	13 333 000	866 000 000	1.5

资料来源：苏智良：《中国毒品史》，第166页。

随着国内罂粟种植面积的扩大和鸦片质量的提高，外国进口和走私鸦片逐年减少，至1880年代以后，国产鸦片数量超过了进口数量。

中国鸦片对进口鸦片的竞争优势大约开始于1860年代末期，因为直到1867年，"印度鸦片的到货数量虽然略少于前年的数量，但是看来还没有受到中国自产鸦片产量增加的重大干扰"[②]。但是，仅过了一年，进口鸦片就受到了国产鸦片的激烈竞争。1867年鸦片进口值达2 230.4万两，而1868年仅为1 853.7万两，下降了近17%；不仅如此，"其价格也同样地大大下降了"，原因是多方面的，其中"主要障碍是云南和四川两省种植罂粟的面积大为扩大"。[③] 此后，类似记载非常之多，反映了

① 秦和平：《清季民国年间长江上游地区的鸦片税捐(厘)》，陈锋主编：《明清以来长江流域社会发展史论》，第163页。

② 《领事文极司脱关于鸦片的补充备忘录》，《上海近代贸易经济发展概况：1854—1898年英国驻上海领事贸易报告汇编》，第162页。

③ 《领事麦华陀1868年度上海港贸易报告》，《上海近代贸易经济发展概况：1854—1898年英国驻上海领事贸易报告汇编》，第168页。

中国鸦片产量逐年大幅度提高，如“罂粟种植量的增加对外国鸦片的消费量起了极其有害的影响，在近五年间，其进口量始终停滞不前，1872 年则确见下降，与此同时，中国鸦片的产量却已是原来的四倍还要多”[①]。“目前中国生产鸦片的数量如此之大，进口鸦片遭到的竞争如此严重，以致任何有关这个问题的报告如果不考虑到这种竞争就会显得不够完整。”[②]到 1879 年，全国鸦片的自给率达到 80.12%。[③] 到 1881 年，不仅波斯鸦片进口全部停止（上年还进口 1364 担），而且“在四川、云南、山西、陕西、甘肃和贵州等省，印度鸦片几乎都被赶出了市场，现在简直不再运往这些地方，那里的消费全部由中国产的鸦片供应了”[④]。中国鸦片的发展速度惊人，仅过一年即 1882 年，鸦片已经不仅完全满足国内需要，而且竟然可以出口了。“外国鸦片不仅在华西和西南地区，而且在沿海地区也正在逐渐地让位于中国鸦片。就象华西的鸦片正在大批流入缅甸一样，东面的台湾和其它岛屿现在也从大陆获得其部分鸦片供货”；因此，“中国鸦片终将把外国鸦片赶出中国，这只是一个时间问题而已”。[⑤] 原来进口鸦片在沿海尤其在消费水平较高的大城市有较大的市场，但到 19 世纪末，这种情况也发生了根本的改变，以上海为例：

---

① 《领事麦华陀 1872 年度贸易报告》，《上海近代贸易经济发展概况：1854—1898 年英国驻上海领事贸易报告汇编》，第 257 页。

② 《领事麦华陀 1873 年度贸易报告》，《上海近代贸易经济发展概况：1854—1898 年英国驻上海领事贸易报告汇编》，第 304 页。

③ 王良行：《清末对外贸易的关联效果（1860—1911）》，张炎宪主编：《中国海洋发展史论文集》第 6 辑，台北：“中央研究院”中山人文社会科学研究所，1997 年，第 318 页。

④ 《领事许士 1881 年度上海贸易报告》，《上海近代贸易经济发展概况：1854—1898 年英国驻上海领事贸易报告汇编》，第 607 页。

⑤ 《领事许士 1882 年度上海贸易报告》，《上海近代贸易经济发展概况：1854—1898 年英国驻上海领事贸易报告汇编》，第 634—635 页。

> 运来上海当地消费的中国产鸦片数量大增。外国船从四川省运来鸦片经过海关的数量多达 2 093 箱，而 1891 年仅 179 箱。据说最近几年来中国生产的鸦片质量大有改善，现在所有上海的鸦片店里都能找到它。外国鸦片价格的上涨无疑在一定程度上起了刺激消费中国鸦片的作用，但是显然，全中国都在发生以中国鸦片逐渐取代外国鸦片的情况。任何地方对外国鸦片的需求都没有上升的倾向。它最多只能维持住原地，而在有些地方，如中国北方各港，它几乎已完全退出市场。另一方面，吸用中国鸦片的地区以及耕种罂粟的面积都在与年俱增。[①]

各项统计显示，至 19 世纪末 20 世纪初，国产鸦片已经基本可以满足国内消费需求，进口鸦片已退居越来越不重要的地位(见表 3.12)。

表 3.12　1879 及 1906 年鸦片生产及消费

单位：关担

项　　目	1879 年	1906 年
国产合计	334 300	587 300
进口量	82 927	54 117
消费总量	417 227	641 417
自给率	80.12%	91.56%
进口率	19.88%	8.44%

资料来源：王良行：《清末对外贸易的关联效果(1860—1911)》，张炎宪主编：《中国海洋发展史论文集》第 6 辑，第 319 页。

不过，尽管在 1880 年以后的许多年中鸦片进口数量逐年减

① 《领事哲美森 1892 年度上海领事管区的贸易和商业》，《上海近代贸易经济发展概况：1854—1898 年英国驻上海领事贸易报告汇编》，第 783 页。

少，但鸦片在进口的外国产品数额中仍占有很大比例，价值仍然最高。[①]

3. 鸦片生产发展的原因及其后果

罂粟种植在如此短的时期内就遍及全国，大概是中国历史上传播时间最短而地域最广的一种作物。那么到底是什么原因造成这种情况的呢？我认为最主要的原因有两条：

第一，清政府既然不能阻止鸦片进口，则索性弛禁。清朝统治者认为与其大利为外人所得，则不如允许自种。最后种植罂粟不仅是增加政府税收的一个非常重要的项目，而且成为一种“爱国行为”。

弛禁的言论早在鸦片战争之前就已存在，最著名的弛禁者当然是许乃济，他的观点多年来被作为爱国主义教育的反面典型。道光十六年(1836)他向皇帝呈上《鸦片例禁愈严流弊愈大亟请变通办理折》，其中的最后一段话是：

> 鸦片烟土，系用罂粟花结苞时刺取津液，熬炼而成，闽、广、浙东、云南向有栽种罂粟制造鸦片者，叠经科道各官奏请严禁，内地遂无人敢种，夷人益得居奇，而利薮全归外洋矣。其实中原土性和平，所制价廉力薄，食之不甚伤人。上瘾者易于断绝。前明淡巴菰，来自吕宋，即今之旱烟，性本酷烈，食者欲眩，先亦有禁，后乃听民间吸食，内地得随处种植，吕宋之烟，遂不复至，食之亦竟无损于人。今若宽内地民人栽种罂粟之禁，则烟性平淡，既无大害，且内地之种日多，夷人之利日减，迨至无利可牟，外洋之来者自不禁而绝，

① 《领事许士1880年度上海贸易报告》，《上海近代贸易经济发展概况：1854—1898年英国驻上海领事贸易报告汇编》，第566页。

特虑夺南亩之地方，荒农夫之耕作，则关系匪轻。但以臣所闻广东省情形言之，九月晚稻，刈获既毕，始种罂粟，南方气暖，二三月便已开花结实，收浆后乃种早稻，初无碍于地方，而大有益于农夫，应请敕查各省旧种罂粟处，如果于早晚两季，均无妨碍，亦准听民之便，庶外洋无奇可居，而夷舶之私售鸦片者，久之可以渐绝，此亦转移之微权，是否可行，合并陈明请旨。①

站在今天的立场来看，许乃济的观点肯定是要受到批判的。但是如果我们从当时中国的实际处境来考虑，他的话或许不无道理。从历史的发展，尤其从鸦片在中国传播的历史来看，他的观点反而得到了应验——正是土烟将洋烟赶了出去。另外，当时朝臣最为关注的是白银外流问题，在走私横行和禁吸无效的情况下，许的观点不失为一种暂时妥协的办法。当时赞同弛禁观点的尚有两广总督邓廷桢、粤海关监督文祥等。但后来弛禁观点遭到众多官员和社会舆论的批评，许乃济声名狼藉，被夺官削职。以后见之明观之，禁烟当然没有错，错就错在我们对外面的世界了解太少，对近代外交与贸易一窍不通，以及对禁烟后的一系列后果没有充分的估计。

正如前文所述，鸦片战争起源于鸦片贸易，导火索是禁烟，由于中国在鸦片战争中失败，因此禁烟条例尽管没有作废，但实际上已形同虚文。虽然清政府在战后并未承认鸦片贸易合法，但慑于外来强权，对鸦片贸易已基本不干涉，而是想通过缉拿吸食者来禁止鸦片。“其意谓苟吸食者无人，则贩卖者不驱自退，如此可

① （清）许乃济：《许太常奏议》，中国史学会主编：《鸦片战争》第1册，第474页。

杜绝鸦片之来源；且中国治内地之人民，外人亦无所藉口。”[1]这种想法实在太荒唐，根本无法执行不说，实际的后果只能是弛禁。国内罂粟种植在这个时期蔓延至全国，绝对不是偶然的。

在清政府高层，弛禁派人数在增多，他们通过各种方式表达出自己的意见。具有讽刺意味的是，连原来禁烟派最著名的代表人物林则徐在鸦片战争后也有了弛禁的想法！为了摆脱越来越严重的银荒，很多地方官员都在考虑在自己辖区种植罂粟以抵制洋烟，阻止白银外流。林则徐在陕西巡抚任上时，署江西抚州知府文海征求他的意见。此时林则徐的观念已经发生了一些变化，他明确表示赞同以国内种植罂粟来抵制鸦片进口和白银外流。文海曾致信林则徐，提出严禁洋钱洋货的建议。1847 年初，林则徐这样答复文海：

> 至于变通之说，鄙意亦以内地栽种罂粟于事无妨。所恨者内地之嗜洋烟而不嗜土烟，若内地果有一种芙蓉，胜于洋贩，则孰不愿买贱而食？无如知此味者，无不舍近图远，不能使为绍兴之美酝、湖广之锭烟，内地自相流通，如人一身血脉贯注，何碍之有？尊意曲折详尽，洵为仁人君子之用心，第恐此种吸烟之人未必回心向内耳！[2]

林的这段话特别有意味，其一，他从最为严厉的禁烟转而赞成弛禁，仅仅过了不到 10 年的时间；其二，其禁烟的根本原因，是当时大量的白银外流，使国家财政状况窘迫；其三，如果自种自吸，即“内地自相流通”则完全无碍。此前他曾经说过的那些

---

① 于恩德编著：《中国禁烟法令变迁史》，第 81 页。
② （清）林则徐：《复署江西抚州府文海》，《林则徐全集》第 8 册《信札卷》，福州：海峡文艺出版社，2002 年，第 116 页。

危害人们身体健康的豪言壮语早已抛到九霄云外去了。其实，林的观点与1834年(道光十四年)两广总督卢坤说的话如出一辙："有谓应弛内地栽种莺粟之禁，使吸烟者买食土膏，夷人不能专利，纹银仍在内地转运不致出洋者。"①

第二次鸦片战争后，鸦片贸易已经合法，清政府仍规定官员不许吸食鸦片，不许开设烟馆，不许种植罂粟。但上述条文形同虚设，罂粟种植不仅没有被制止，反而很快罂粟花开遍全国。这其中的原因很简单，一是清政府"禁内不禁外"的政策根本不可能推行下去，地方官员也大多充耳不闻；二是清政府"利令智昏"，借禁烟而大肆收敛钱财，此即所谓臭名昭著的"寓禁于征"。当时在华的外国人也注意到了清政府这种言行不一的现象，即种植罂粟虽然形式上被禁止，但实际上却由于提高对外国鸦片的关税征收而受到鼓励。另外，在上海、汉口、天津等口岸，尽管形式上禁止中国生产鸦片，但却正式向生产者征收厘金，而且还比向外国鸦片征收的税低50%，因此中国鸦片在同外国鸦片的竞争中，实际上是受到清政府保护的。虽然很多中国人认识到了鸦片的危害，但也有不少人认为鸦片"是必不可少的，从而减轻了鸦片有害的想法。他们还向政府力陈把这种已经证明是无法完全禁止的东西作为一种税收来源的可取性"。他们希望排除一切进口商品，认为进口会抽走本国财富，而"如果我们提高厘金税，并在国内运输途中设置障碍，进口外国鸦片就会变得无利可图"。②

---

① 中国第一历史档案馆编：《鸦片战争档案史料》第1册，上海：上海人民出版社，1987年，第166页。

② 《领事麦华陀1874年度上海港贸易报告》，《上海近代贸易经济发展概况：1854—1898年英国驻上海领事贸易报告汇编》，第333页。

关于“寓禁于征”的实质，学者已有很好的论述：

> 盖当时朝廷深知鸦片弛禁每年可受巨款，又适值军用浩繁需款孔急，遂决定弛鸦片之禁公开收税。但禁与弛禁二者根本不相容，既弛禁则主禁之政策，决不能并立，而“寓禁于征”之政策，亦实根本欺人之谈也。因吸烟者一经成瘾，苟非施以强迫之压力，不易戒除。虽倾家荡产售妻鬻女，而鸦片不能不吸。故“寓禁于征”政策实行之结果，徒使吸烟者速至于“家败人亡”之地步而已。况所谓“寓禁于征”之主旨，乃在于“征”，而非在于“禁”。结果此种政策反成为禁烟成功之阻碍，因政府恃为利源，而不肯舍弃也。自鸦片弛禁之后，使大多数国民陷于万恶之毒害中，国力既因之而疲，国势亦因之而弱。[①]

总之，为了与外国鸦片争利，为了不使中国财富流向外国，更为了增加财政收入，以应付和填补诸如支付战争赔款、购置洋枪洋炮、镇压太平天国等等而导致的国库空虚的现状，征收罂粟种植税和鸦片交易税便成为清政府的首要选择。

第二，对于广大农民来说，种植罂粟比种植粮食和其他经济作物更有利可图，其密集型劳动特征适合于中国国情。

鸦片的禁吸与否和罂粟的禁种与否，通常是政府和官员们考虑的事情，农民只关心自己的生存问题。19 世纪的中国内忧外患，危机重重，生存于这个世纪的农民非常艰难和不幸，因此他们会想尽各种办法来谋生，而种植罂粟就是他们最好的选择之一。对于广大农民来说，这种选择是天经地义的，因为不仅种

---

① 于恩德编著：《中国禁烟法令变迁史》，第 96—97 页。

植罂粟的经济效益比种植粮食和其他经济作物高，而且要求的种植条件不高，市场也大，容易出售。

种植罂粟比种植粮食和其他经济作物的经济效益到底高多少？我没有找到非常精确的材料，但相关记载证明，前者至少是后者经济价值的 3 倍以上，最多可能达十几倍。所谓“种植罂粟花，取浆熬烟，其利十倍于种稻”；“鸦片之利，数倍于农。小民无知，孰不弃农而趋利乎？”[①]19 世纪后期，在广大农村种植罂粟如同种植五谷杂粮一样司空见惯，很多地区家家户户都种，不种反倒很奇怪。云贵川陕等许多地区有大批罂粟种植专业户，华北、江南、华南等地农民也在自己零散的土地竞相种植。

与其他作物相比，种植罂粟需要投入更多的劳动力。而这一点恰恰适合中国国情，因为中国土地资源紧张，人均耕地非常少，农村有大量剩余劳动力，劳动力价格便宜，因此实际上不但没有增加成本，反而充分利用了闲置的劳动力资源。只要最后的实际经济效益高于其他作物，对于农民来说就是划算的。一般情况下，清末民初在产烟地区的烟土市场上，1 两烟土约值大洋 1 元，1 元大洋可以买几十斤大米，以每亩烟土产量 50 两计，便可交换大米近 2 000 斤。以此计算，每户农民如果种 3 亩罂粟，在扣除各种杂税后，基本可以让生活达到温饱或略有剩余的水平。[②] 这是极有吸引力的。当然，从各地情况看，农民种植罂粟所得仍然非常有限，大利为官府及贪婪的官员所得。

种植罂粟的确给清政府带来了较高的税收收入（详见第四章），在一定程度上缓解了入不敷出的财政状况，但罂粟的广泛

① （清）文庆等纂：《筹办夷务始末》（道光朝）卷 1，道光十六年九月壬午。
② 朱庆葆等：《鸦片与近代中国》，第 151—152 页。

种植也给清代社会带来严重的恶果。上文说到农民种植罂粟比种植其他作物的收益较高，也只是相对而言，实际上广大农民不仅没有因为种植罂粟改变严酷的生活处境，反而更加悲惨。主要表现在两个方面：

首先，因种植罂粟而染上鸦片瘾者越来越多，他们陷入更困难的生存状态。

全国广泛种植罂粟直接导致吸食者迅速增加，一是国产鸦片产量提高后，使鸦片不仅价格下降，而且随处都容易买到，改变了原来进口鸦片一统天下的局面。此前因为鸦片数量少，价格高，吸食者多限于城市和农村中的富裕人家。随着烟禁的废弛和国内罂粟产量的提高，农民中的吸食者迅速增加，并远远超过城市吸食人口。二是农民自种自吸，许多农民收获了自己种的罂粟后，便迫不及待地在田间地头架锅煮烟，"享受"自己的劳动成果。

吸食鸦片不仅使广大人民的生活更加艰难，而且严重损害了他们的健康，增加了犯罪行为和社会不安定因素；吸食者不仅身体上被拖垮，精神上也被击垮。当时的在华传教士丁韪良曾对吸食鸦片者和酗酒者作过比较，他说：

> 这两种毒品间的后果的差别是十分巨大的……醉鬼不喝酒时能正常工作；吸鸦片的人离了烟枪什么也干不成。大多数酗酒者可凭意志戒掉这个恶习；抽鸦片是一种病，要戒掉得全靠吃药。酒在几年内才能把人变为奴隶；大烟几个星期或几个月就能完全俘虏吸食者……最终，徐徐而来的毒品侵蚀了体力，麻痹了神经，当然缩短了寿命。吸食鸦片的费用尽管数额巨大，但与所失掉及从中觉醒所需要的

时间和精力相比，简直算不了什么。[1]

其次，因种植罂粟而占用大量耕地，使粮食产量受到很大影响，经常造成饥荒。

对于中国社会来说，种植罂粟是一种破坏性的生产，有百害而无一利。至清代后期，中国的人均土地和粮食占有率已经很低，却又因种植罂粟使情况变得更糟。据统计，1900 年中国鸦片产量为 37.6 万担，1894 年产量估计约三十到三十五万担，取中数 32.5 万担；以平均亩产鸦片 3 市斤计，则 32.5 万担鸦片侵占耕地达 1 300 万亩；如依每户平均种植罂粟田 6 亩计，则需耗用二百余万户的农业劳动力。[2] 罂粟田挤占粮田，粮食自然大幅度减少。由此我们可以推论，19 世纪社会经常动荡不安，战乱频繁，流民增多，与大规模种植罂粟有很大的关系。

种植罂粟的危害在 1870 年代的华北特大旱灾中毕露无疑。1876—1878 年华北发生连续干旱，饥荒遍及北方各省，华北地区“很大部分的可耕面积都播种了罂粟，因为人们发现这比种麦或其它谷物更为有利；结果粮仓都是不满的，连一年旱灾的贮备粮也没存下”[3]。山东的情况至为糟糕，“据估计有 300 多万名男女和儿童从那里迁往南方”[4]。山西的情况是“自境内广种罂粟以来，民间蓄积渐耗，几无半岁之种，猝遇凶荒，遂至无可措手……小民获利较重，往往以膏腴水田遍种罂粟，而五谷反置诸

---

① ［英］约·罗伯茨编著：《十九世纪西方人眼中的中国》，第 64 页。

② 许涤新、吴承明主编：《中国资本主义发展史》第 2 卷《旧民主主义时期的中国资本主义》，第 302 页。

③ 《领事达文波 1877 年度上海贸易报告》，《上海近代贸易经济发展概况：1854—1898 年英国驻上海领事贸易报告汇编》，第 437 页。

④ 《领事达文波 1876 年度上海贸易报告》，《上海近代贸易经济发展概况：1854—1898 年英国驻上海领事贸易报告汇编》，第 408 页。

硗瘠之区”[①]。旱灾所造成的影响迅速波及全国，在华的外国人详细描述了当时的境况：

> 饥荒——遗憾的是我不得不报告：由于发生了中国近代史上涉及面最广，持续时间最长和危害性最大的干旱，以致以前曾因土地特别肥沃而被称为“中国的乐园”的华北各省再次受到了饥荒的蹂躏，而这些地区，如我曾经指出的那样，是英国货的主要消费地。干旱向北延伸到蒙古，向东延伸到朝鲜，最西端的甘肃和四川北部也遭到旱灾之害；另一方面华南包括四川南部在内则同时遭到暴雨引起的严重水灾，而在旱灾与水灾地区之间构成缓冲地带的长江流域却遭到蝗群的蹂躏。[②]

被称为“天府之国”的四川以前不仅能自给自足，而且经常可以调出多余的粮食；自从罂粟种植面积扩大排挤粮食作物用地后，也经常发生粮食危机，“一遇荒歉即有鲜饱之虞”[③]。从19世纪晚期开始，四川从全国最主要的商品粮出口省之一转而从外面购进粮食，其原因是“唯莺粟乃能获利”，致使大片良田“渐变烟苗，丰年之粒食尤昂，歉岁之阻饥立告……官禀私藏，并形匮竭”。[④] 此后，无论丰年歉年，粮荒一直伴随着中国人，直至20世纪。

19世纪的中国人为鸦片所害，似乎被施了魔法，从高价买

---

① 《曾忠襄公奏议》卷8《申明栽种罂粟旧禁疏》。

② 《领事达文波1878年度上海贸易报告》，《上海近代贸易经济发展概况：1854—1898年英国驻上海领事贸易报告汇编》，第502页。

③ （清）谢必乾修，（清）李炳灵纂：《垫江县志》卷3《物产》，光绪二十六年刻本。

④ （清）锡良：《锡良遗稿·奏稿》卷5《覆奏陈钟信请整顿积谷折》，北京：中华书局，1959年，第427页。

入到自种并“自食其果”，一步步愈陷愈深而不能自拔。这是我们民族的创伤和耻辱，是永远都需要汲取的教训。张之洞早在 1883 年就指出，“欲振中国之贫弱，必以此为大端”[①]，即必须严禁鸦片。表面上看，鸦片毒害了中国人民的身体；从长远看，鸦片更侵蚀了中国人民的精神，后者比前者更难以治愈。“治理鸦片问题的全过程，似乎在向我们昭示这样的事实：铲除鸦片烟毒，精神上的因素比身体上的因素更重要。”[②]事实的确如此。

---

① （清）张之洞：《陈明禁种莺粟情形折》，苑书义等主编：《张之洞全集》卷 7《奏议 7》，石家庄：河北人民出版社，1998 年，第 202 页。

② ［美］史景迁：《中国纵横：一个汉学家的学术探索之旅》，第 311 页。

第四章 茶叶经济与鸦片经济的比较

对茶叶经济与鸦片经济进行深入分析和比较具有重要意义,研究这个问题能够使我们更深刻地认识鸦片贸易和茶叶贸易在中国近代以及世界经济史上的地位,因为只有对茶叶和鸦片的生产、消费等领域进行广泛比较研究后,才能更深刻地认识茶叶贸易和鸦片贸易在19世纪的重要性。

一 茶叶经济和鸦片经济的相关性之比较

把茶叶和鸦片放在一起来讨论,初看起来有些奇怪,因为这两类物品似乎了不相关。其实不然。在19世纪特殊的历史条件下,二者不仅相关度很高,而且就密不可分。首先,茶叶和鸦片是中国18和19世纪与世界发生关联的最主要的商品,因茶叶贸易而引发了鸦片贸易;其次,茶叶贸易和鸦片贸易伴随中国近代化的全过程,茶叶贸易的由盛而衰、鸦片贸易的由小而大,印证了中国近代社会所经历的种种痛苦与磨难。因此,对茶叶与鸦片的比较就具有了特别的意义,是理解与观察19世纪中国的一个独特视角。

1. 成瘾性消费品特征

关于茶的成瘾性问题，学术界有争议，有人认为茶叶不是成瘾性消费品。饮茶只是人们的一种喜好，并不是生活必需品。关于这一点，中国人较早就有比较深刻的认识。比如清末民初的学者徐珂就认为："西人嗜咖啡、椰子，东人好茶，其物虽以所居而异，好饮一也……成人有终岁不饮茶者，于身体之健康，殊无影响。其非生命必需之物，盖无疑义。"①明确指出了饮茶绝对不是生活必需品。可事实上，在许多国家和人群中茶叶的确已成为一种生活必需品，成为一种离不开的消费品，只是这种消费品对人体有益而无害，所以我们不习惯称之为"成瘾性消费品"②。

在本书中，"成瘾性消费品"是一个中性概念，"泛指各类合法与非法、温和与强效、医疗用途与非医疗用途的麻醉及提神物质"③。根据这个概念，把茶叶视为瘾品是适合的，咖啡以及含有咖啡因的饮料等同样可以视为瘾品。自古以来，有些饮料就起着解除疲劳、兴奋和消愁的作用，可以视为"软性瘾品"(戴维·考特莱特语，详见下文)。

中国人饮茶历史悠久，但在19世纪却迷恋于鸦片，其间有没有必然联系？比较而言，茶叶和鸦片都是温和的精神刺激物，这可能与中国人的性格、文化等影响因素有关。有学者认为，中

① (清)徐珂编撰：《清稗类钞》第13册"饮食类·茶癖"，北京：中华书局，1984年，第6306—6307页。

② "成瘾性消费品"或简称"瘾品"，在英语中通常用"drugs"一词来概括，即指药品，也指毒品。我认为用"drugs"一词来指代"成瘾性消费品"不是很贴切，因为"成瘾性消费品"的范围要广泛得多，比如像茶叶、可可、咖啡以及酒类等可归为"成瘾性消费品"，但不宜归为毒品。

③ [美]戴维·考特莱特：《上瘾五百年：瘾品与现代世界的形成》，第2页。

国人对此类镇静性的物品有偏好：

> 中国人总是迷恋镇静药，而不是迷幻剂。酒、烟草和鸦片居于支配地位。就连起兴奋作用的茶在大部分地区也是冲淡了才喝。尽管整群的致幻型植物——印度大麻、草乌、天仙子包括蛤蟆菌（至少在东北）在内的各种蘑菇，乃至更多的其他致幻型植物，在古时就已认识和广泛传播，但中国人却从未使用过……产生这种情况的根本原因大概是费用和肉体损伤的可能性。①

尽管上述论断并没有确凿的证据，但描述的现象却基本是正确的。茶叶在中国产地很广，总产量很高，价格低廉，尤其适合贫苦大众消费。相对而言，鸦片价格要高得多，而且最初中国并不生产作为毒品的鸦片，至少到19世纪前期是如此。在19世纪后期中国大面积种植罂粟后，鸦片价格大幅度下降，也更容易取得。

人们在劳作、饮食之外，往往都需要精神的放松或娱乐。普通大众劳动辛苦，甚至连温饱都不能保证，根本没有经济能力和时间过上贵族阶层能享受的精神生活，因此价廉物美的茶叶便成为普通人的首选消费品。对照咖啡、酒类等传播的历史，道理几乎都是相通的。布罗代尔认为，"任何文明都需要奢侈的食品和一系列带刺激性的'兴奋剂'"；"根据人类生活的常规，食品严重匮乏的持续或加剧势必需要取得补偿。"②比如12世纪和13世纪的欧洲人迷上香料和胡椒，16世纪出现烧酒，随后又有茶

---

① ［美］尤金·N·安德森：《中国食物》，第135页。

② ［法］布罗代尔：《15至18世纪的物质文明、经济和资本主义》第1卷《日常生活的结构：可能和不可能》，第306、307页。

叶、咖啡、烟草等。这与人们生活节奏的加快、社会的动荡、世界一体化进程的加速等因素密切相关，而这些瘾品在人们的日常生活中扮演着越来越重要的角色，成为“王牌商品”（布罗代尔语）。

包括茶叶、咖啡、鸦片等在内的成瘾性消费品在全世界的广泛传播，是同资本主义的扩张紧密联系在一起的：

> “软性”的瘾品——巧克力、较淡的美洲烟草、东方来的茶叶和咖啡——之所以能打败古德曼（Jordan Goodman）所谓的摇摇欲坠的欧洲自种瘾品的文化，这也是原因之一：软性瘾品更能配合新兴资本主义秩序的需要。不但如此，这些瘾品本身就是资本主义下的商品。它们为商人赚的钱，为国库增加的收入，比它们在喝走气啤酒、吃大麻籽面包的旧秩序下能获取的可多得多了。[①]

揭示出瘾品与资本主义世界的关联具有特别的意义，否则我们对许多历史现象无法理解。比如茶叶在英国开始普及和流行正是在工业革命的起步阶段，此绝非偶然现象。鸦片同样与资本主义的扩张有关。鸦片很久以前来自近东，中国人早就用作各种用途，但恰恰未吸食，直到18世纪末和19世纪初英国人在中国强制推销后，中国人吸食鸦片的恶习才流行起来。英国人最初曾狡辩说，吸食鸦片和饮用烈性酒的危害一样，因酒是无法禁止的，所以鸦片也无法禁止。[②] 这真是无理的说辞，无论怎样辩解，英国人对中国近代的鸦片祸害是无法推脱责任的。

---

① ［美］戴维·考特莱特：《上瘾五百年：瘾品与现代世界的形成》，第57—58页。
② 姚贤镐编：《中国近代对外贸易史资料（1840—1895）》第1册，第416页。

2. 商品性特征

农户生产茶叶和鸦片也许有自用的部分，但绝大多数是为了市场，他们依赖于市场而生存。“茶叶成为社会经济中的大宗商品始于唐而兴于宋”，虽然在唐宋时期茶利收入远不如盐利，当时在政府财政收入中的比例也不大，但“它在社会经济中的作用却是一般商品难以比拟的”[①]。茶园既可以规模经营，也可以小农生产，因而特别适合中国的国情和中国以小农经营为主的生产方式。关于茶叶的商品性特点，李埏先生曾有精辟的阐述：

> 茶是经济作物，适于小农生产。地主茶园可以种它，一家一户的农民也可以种它。这和种桑养蚕是相似的。但制为成品投入市场时，绢帛不可以尺寸裂，茶叶则可以斤两计，多少都可以售出，这就大不一样了。尤其不同的是进入消费过程以后，茶，无贵无贱都得而饮用，绢帛则非富贵之家是不能服御的……显然，茶的市场较绢更为广阔，绢马贸易自不能不逊于茶马贸易了。[②]

茶叶生产的这种高度商业化的特点，特别适合经营性农业的发展，便于扩大生产规模，但中国的国情决定了茶叶生产还是以一家一户为主。即使到了18世纪以后国际市场上茶叶需求量大增，这种生产方式也没有发生质的改变。这是中国茶叶在19世纪同印度、锡兰茶叶的竞争中败北的重要原因。

客观上分析，中国茶叶最早的竞争对象并不是印度和锡兰

① 黄纯艳：《唐宋茶法研究》，昆明：云南大学出版社，2002年，第1页。
② 参见李埏先生为孙洪生《唐宋茶业经济》所写序言。

的茶叶，而是印度的鸦片。中国的茶叶大部分销往英国，英国购买茶叶的数量则取决于其白银支付能力，尤其是鸦片销往中国的数量。但最后的结局并不是中国茶叶和印度鸦片的直接较量，而是印度茶叶战胜了中国茶叶，中国鸦片战胜了印度鸦片。当然，真实的结果只有一个，即英国是最终的胜利者，中国是彻底的失败者。

在 19 世纪的中国，茶叶和鸦片是除粮食之外最重要的商品，贸易额巨大(见表 4.1)。

表 4.1　五种农产品商品值估计(1840 年前、1894 年)

	单位	1840 年前		1894 年		1894 年比 1840 年增加	
		商品值	国内销售	商品值	国内销售	商品值	国内销售
茶叶	万关两	2 184.01	1 414.06	4 784.64	1 467.01	2 600.63	52.95
蚕茧	万关两	—	—	1 145.03	1 145.03	1 145.03	1 145.03
棉花	万关两	1 146.79	1 146.79	2 437.26	1 701.13	1 290.47	554.34
罂粟	万关两	—	—	8 450.00	8 450.00	8 450.00	8 450.00
小计	万关两	3 330.80	256.85	16 816.93	12 772.17	13 486.13	10 202.32
折银	万　两	3 710.51	2 852.79	18 734.06	14 228.20	15 023.55	11 365.38
粮食	万　两	15 533.30	15 533.30	37 250.00	37 054.20	21 716.70	21 520.90
总计	万　两	19 243.81	18 386.09	55 984.06	51 282.40	36 740.25	32 886.28

资料来源：许涤新、吴承明主编：《中国资本主义发展史》第 2 卷《旧民主主义革命时期的中国资本主义》，第 302 页。

表 4.1 所列茶叶和鸦片仅是国内市场份额，如果再加上茶叶外销和进口鸦片的份额，则数量更加可观。如 1894 年茶叶外销达 193.9 万担，价值 3 317.63 万关两，为国内销售总额的 2.26 倍；1894 年鸦片进口 65 000 担，价值 3 429 万关两，超过了外销茶叶总值。国产鸦片产值很高，超过 1840 年进口鸦

片总值的3倍。[1] 即使单独看这两种商品在国内市场所占份额，也是一个很高的数字。因此，茶叶和鸦片是中国19世纪最重要、最有代表性的两种商品，对中国社会经济产生了深远的影响。

茶叶和鸦片这两种特殊的产品，似乎天生就是为市场而生产的，因此其商品化程度高。不过，鸦片战争后我国国内农产品商品化的过程还是很慢的，商品化程度较低。茶叶内销部分的增长非常有限，如果没有外贸的推动，总量不可能达到那么高。鸦片贸易额的增长，则意味着更多的耕地和劳动力被侵占，只能给中国经济的发展带来负作用。在1840年以后的半个多世纪中，中国的农业生产力几乎没有任何进步和革新，农产品商品化的些许进步主要是外来因素推动的。

3. 生产集约性特征

茶叶生产和鸦片生产皆具有较高的生产集约性，其节约土地、劳动密集、投入产出高的特点，特别适合中国人多地少的国情。

中国自古是一个农业国家，土地是国家的根本，更是中国农民的生存之本。根据学者研究，大致在北宋以前，每人平均耕地大体能维持10市亩左右。从北宋开始，人均耕地面积开始减少，除明初和清初因为人口急遽减少而导致人均耕地占有率较高外，多数情况下人均在4市亩以下。至19世纪，即到了清代后期，中国的人地矛盾尤其突出，已经降到了人均3市亩以下（见表4.2）。

---

① 许涤新、吴承明主编：《中国资本主义发展史》第2卷《旧民主主义革命时期的中国资本主义》，第290、303页。根据相关表格推算。

表 4.2　历代人口与耕地比率

年　代	耕　地 校正数 （百万市亩）	年　代	人　口 校正数 （百万市亩）	每人平均市亩数
2	506	2	59	8.57
105	535	105	53	10.09
146	506	146	47	10.76
976	255	961	32	7.96
1072	660	1 109	121	5.45
1393	522	1 391	60	8.70
1581	793	1 592	200	3.96
1662	713	1 662	83	8.59
1784	989	1 776	268	3.69
1812	1 025	1 800	295	3.47
1887	1 202	1 848	426	2.82

资料来源：赵冈、陈仲毅：《中国土地制度史》，北京：新星出版社，2006 年，第 116 页。

19 世纪的中国人地矛盾已经非常突出，这是 19 世纪中国发生危机的最深刻背景之一。一个世纪之内人口增长了 1 亿多，而耕地增长则非常有限，人均土地占有面积越来越少。中国传统社会以农业为本的特点在 19 世纪并无实质性的变化，尽管农产品的商品化程度提高了，但是农业生产力不仅没有进步，反而在某些方面还有退步。“从我国的情况看，鸦片战争后半个世纪，农业的生产力可以说没什么革新，还有迹象表明，江南稻谷的亩产量比之乾嘉时代有下降的趋势。农产品的商品化不是由于农业生产力的增进，而是由其他社会因素造成的。”①农民土

① 许涤新、吴承明主编：《中国资本主义发展史》第 2 卷《旧民主主义革命时期的中国资本主义》，第 310 页。

地减少，粮食产量已无再提高的余地，在这种情况下，种植各种经济作物便成为绝大多数农民的选择，比如种植茶叶、棉花、植桑养蚕等，19世纪中期以后罂粟成为广大农民种植最多的经济作物之一。如果只从农民的现实处境而不是从所谓道德的角度去理解，农民选择种植上述任何经济作物都是迫不得已的选择，因为只有这些经济作物能带给他们较多的经济收入。

19世纪中国茶叶贸易虽然有大发展，但中国的茶叶生产方式并没有改变，仍以小农经营为主，没有像印度、锡兰、爪哇或日本那样的大茶园，茶叶产量的提高主要靠种植茶叶的地域范围扩大和种茶面积扩大。农民习惯于将茶叶种植于山坡或田间地头，而一般不会将适于耕作的农田用于植茶，以达到节省土地的目的。茶叶的采摘和加工则多是妇女进行，充分利用了劳动力。

罂粟不同于茶叶的地方是对土地和肥力的要求较高，但毕竟其经济效益高得多，因而吸引农民竞相种植。19世纪后期，全国大批良田改种罂粟，据称四川有三分之二、云南有三分之一的耕地改种罂粟；按当时国产鸦片总量32.5万担计算，全国因种植罂粟而被侵占的耕地达1300万亩，[①]竟占到了全国耕地总数的7.5％！可见其对农民的吸引力。与种植茶叶相比，种植罂粟的技术更容易掌握，经济效益也更快更好。罂粟为半年生植物，秋种春收，播种时间晚而收获时间早于小麦等小春作物，避开了农忙季节。同时，农民在种植罂粟时，多采用间行挖沟，与小麦等作物套种。“冬初种子，夏首割浆，既于农时无损，且得

① 许涤新、吴承明主编：《中国资本主义发展史》第2卷《旧民主主义革命时期的中国资本主义》，第301—302页。

价甚昂，故乡村里落皆遍种之。”[①]这种耕作方法既充分使用了多余的劳动力，单位土地产出也大大提高。另外，罂粟这种作物全身是宝：汁液能够制作鸦片，烟籽可以榨油，叶子可以喂猪，杆茎可以作燃料，烧后灰可以制碱，粟壳能够用作药物，等等。[②]每户农民若种上 3 亩鸦片，则基本可以温饱有余。[③] 在土地资源紧张而劳动力充足有余，且当时其他农产品和家庭手工业产品受国际市场冲击比较大的情况下，种植罂粟是当时农民谋生的一个必然选择。

4. 茶叶贸易和鸦片贸易增长的相关性

工业化社会开始之前，近代经济史上最重要的一件事是全球贸易的扩张，原来许多国家和地区自我封闭和自给自足的格局被彻底打破。中国茶叶走向世界市场以及鸦片进入中国市场，都是因为受到外来因素的冲击，受到全球贸易扩张的影响。工业化开始后，这种扩张更加猛烈，亚非拉的许多国家包括中国被无情地席卷进来，成为率先进行贸易扩张和工业化国家的附庸。至今这其中的很多国家受此影响，仍处于边缘化地位，为核心区的某些国家提供原料、市场和劳动力。就中国而言，率先卷入国际市场并同时影响了国际市场和中国市场的重要商品是茶叶；而国际市场上对中国社会产生重要影响的商品首先就是鸦片。[④]

有意味的是，中国的茶叶出口与鸦片进口是密切相关的，对此很多学者已经注意到。如：

---

① （清）王麟飞、（清）张秉坤修，（清）冯世瀛、（清）冉崇文纂：《增修酉阳直隶州总志》卷 19，清同治三年刊本。

② 秦和平：《四川鸦片问题与禁烟运动》，第 11—13 页。

③ 参见本书第三章第 3 部分。

④ 其他商品诸如蚕丝、棉花等，也在 19 世纪的国际和中国市场上占有重要地位，但本书不涉及。

吸食鸦片变得如此普遍，供应量因而必须大大提高。鸦片的故事因而与茶的故事交错发生。英国人未在印度和锡兰开辟自己的茶叶农场之前，必须从中国进口茶叶——日本当时对西方实行闭关锁国政策。此外，英国人也进口中国的丝织品、瓷器，以及各式各样的中国物品，产生了国际收支严重失衡的问题。英国人于 1757 年统治了印度之后，有了解决问题的法子。他们虽然不是第一个从印度出口鸦片的印度帝国，却发展出完善的鸦片销售及制造的垄断系统。这套系统的生财效率奇佳，后来占有英属印度总收入的七分之一。鸦片大宗输往中国，抵消了购茶的花费后还绰绰有余。①

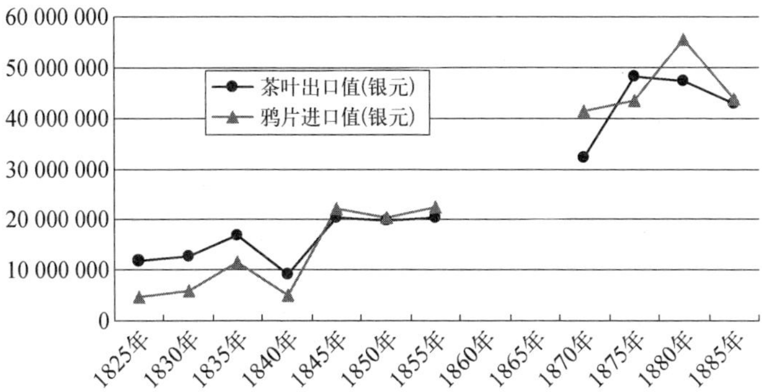

图 4.1　茶叶出口值和鸦片进口值(1825—1885)

图注：1856—1867 年数字原缺。

资料来源：Man-houng Lin, *China Upside Down: Currency, Society, and Ideologies, 1808 - 1856*, pp. 100 - 104.

茶叶出口和鸦片进口二者的相关性，通过图 4.1 更加一目了然。

---

① ［美］戴维·考特莱特：《上瘾五百年：瘾品与现代世界的形成》，第 30 页。

参与鸦片和茶叶贸易的主角是英国，虽然中国和印度也在其中，但只是充当配角。无论从贸易方式还是从交易量上看，都是英国掌握着主动权。在19世纪的绝大部分时间里，中国茶叶出口的增长决定于英国茶叶消费需求的增长（当然中国茶叶产量和价格也对英国茶叶消费产生极大影响）。英国基本不生产鸦片，消费鸦片也极其有限，可是鸦片却是英国人从事东方贸易并进而打开东方市场的一把金钥匙，尤其是英国人取得茶叶和白银的最为关键的商品。正如马士所说："中国对于鸦片的需要是受到欢迎的，这可以作为一种减少西方国家白银储备大量外流的手段，这种很严重的大量白银外流是由于提供和留作购买茶叶的钱币发生的。"[①]19世纪后期，中国鸦片产量大幅度提高后，英国才稍稍从鸦片市场上退却。也就是说，既然英国人掌握着东方贸易的主动权，而茶叶和鸦片两种商品又是如此得重要，其增长的相关性也就不言而喻了。

茶叶贸易和鸦片贸易在经营方式上也有很多的相关性，一些有实力的大公司往往同时经营茶叶和鸦片。最具有典型意义的是英国东印度公司，该公司最早"因胡椒而诞生，但其有惊人之发展则全恃茶叶"[②]，公司为取得茶叶而采取的手段便是向中国走私鸦片。另外，像1850年代的怡和洋行、颠地洋行、琼记洋行、旗昌洋行、仁记洋行、广隆洋行等，都是同时经营茶叶和鸦片两种重要商品的。"鸦片和茶叶贸易已有平分秋色之势。鸦片贸易一向故意背人耳目，而茶叶贸易则大肆宣传；从未被这些小鸦片飞剪船的微妙行动唤起注意的公众，在茶叶贸易开始发生

① ［美］马士：《中华帝国对外关系史》第1卷《1834—1860年冲突时期》，第200页。

② ［美］威廉·乌克斯：《茶叶全书》上册，第38页。

竞赛的时候，却非常感觉兴趣。”[①]中国的很多行商以及大商人也同时从事这两种商品的交易。

二　茶叶经济与鸦片经济的差别之比较

因为茶叶贸易和鸦片贸易在19世纪的中国同时凸显了其重要地位，所以人们对其相关性给予了较多的关注。表面上看，二者在产地、生产者、消费以及贸易等方面存在诸多的差别，但它们在这些差别的背后却又有着千丝万缕的联系。下面对其产地、生产、贸易和消费等方面的差别作一简单比较，凡在前两章已经涉及的部分内容，兹从略。

1. 产地

茶叶原产于中国，直到19世纪中前期，中国几乎是世界上唯一的茶叶出口国。据文献记载和实际调查，除东北和西北部分地区外，中国有近20个省种植茶叶，包括人们熟知的浙江、安徽、江西、湖北、湖南、四川、云南、福建、贵州、广西、广东、江苏、河南，以及甘肃、陕西、山东、辽宁、山西、河北等。[②] 不过，有些省份只是在一些地区零星种植，产量非常有限。中国的茶叶主产区分布在淮河以南，除部分地区外，几与产稻地区重叠。从历史上看，中国的主要茶叶种植区域没有大的变化。个别地区的茶叶生产在明清尤其在清代才有较大发展，比如武夷茶和普洱

① 姚贤镐编：《中国近代对外贸易史资料(1840—1895)》第1册，第429—430页。
② 吴觉农、胡浩川：《中国茶叶复兴计划》，第16—21页。

茶，都是在清代才名闻遐迩的。[①]

明清时期茶叶种植的范围较宋元时期有所扩大，但主产区变化不大。中国茶叶产量的提高主要是靠植茶区域与种植面积的扩大，即简单的量的扩张。

印度可能有土生茶种，但在英国人统治之前，印度人基本没有对茶叶的认识，所以土生或原生茶树对印度人来说没有多大意义。[②] 印度人认识茶叶的重要性和开始试种茶叶非常之晚，大约是在 18 世纪末期。但直到 19 世纪初期，印度并无出于市场目的的茶叶种植。印度大规模发展茶叶种植业完全是英国人从自己的利益出发，并与英国东印度公司贸易垄断权的结束有直接关系。

英国东印度公司在垄断东方贸易期间，为了保护自身利益和谋取高额利润，不允许任何公司和个人插足对华茶叶贸易，并竭力阻止在印度试种茶叶的努力。到 1833 年，该公司与中国所订商约期满，中国政府拒绝续订，“甚至中国有步日本后尘而采取闭关政策之可能”[③]。对此，英国政府相当紧张，如果中国政府完全执行闭关政策，禁止将茶叶出口英国，英国势必发生严重的社会危机，因为茶叶已经成为英国人的日常生活必需品。在这严峻形势下，印度总督 W. C. C. Bentinch（1774—1839）爵士于 1834 年 1 月组织了印度茶业委员会，专门研究中国茶树在印度种植的可能性。委员会工作成效显著，茶叶首先在阿萨姆省

① 陈祖椝、朱自振编：《中国茶叶历史资料选辑》“序言”，第 14—15 页。

② 之所以提及这个问题，是因为在国际学术界至今仍对茶树的起源地问题有争议。多数学者认为茶树起源于中国，但也有学者认为起源于印度。茶树起源实际是与茶文化密切联系在一起的，我认为单独讨论茶树起源并没有意义。

③ ［美］威廉·乌克斯：《茶叶全书》上册，第 74 页。

试种成功，1837 年制成茶叶样品，并于 1838 年“破天荒第一次装运茶叶至伦敦”[1]，虽然此次运抵伦敦的茶叶只有 8 箱，但其意义不可低估。此后茶叶种植园在印度大肆扩张，产量逐步提高，最终超过了中国。

锡兰于 1830 年代末试种茶树，但并无市场价值。锡兰大规模植茶是出于非常偶然的原因。锡兰本以盛产咖啡出名，每年输出咖啡 1 100 万磅，价值 1 650 万镑。但自 1869 年开始的一场天灾，即“发生咖啡树之叶病，不到数年”，便“完全毁坏”。[2]锡兰因祸得福，此后改种茶叶，取得了惊人的成功，成为仅次于印度的第二大茶叶出口国，亦成为中国茶叶的竞争对手。

其他地方，如东南亚的爪哇和苏门答腊以及非洲的肯尼亚等地，也大规模植茶，中国的茶叶市场逐渐被挤占。

鸦片原产地比较复杂。根据相关史料记载，历史上种植罂粟的地区有很多，欧洲、非洲、亚洲等地皆早有发现。鸦片成为国际贸易中一种重要商品的时代较晚，产地也更为集中，甚至基本形成产地与市场一一对应的关系，即印度生产鸦片，中国消费鸦片，印度生产鸦片的目的就是销往中国。英国人最初是从波斯地区、土耳其等地购进原料，加工成鸦片后销往中国，但这种办法不仅成本高，而且货源没有保证。英国东印度公司为了获取更高额的利润，并掌握主动权，采取从波斯地区购入罂粟种子，在印度各地种植的办法，从而使印度迅速成为世界上种植罂粟规模最大的国家。[3]

印度鸦片主产区在恒河流域东部的一狭长地带，包括孟加

---

① ［美］威廉·乌克斯：《茶叶全书》上册，第 80 页。
② 同上书，第 94 页。
③ 苏智良：《中国毒品史》，第 59—60 页。

拉、比哈尔、奥德和贝拿勒斯。英国东印度公司在巴特那、贝拿勒斯建立加工厂，收购罂粟，制成鸦片。这促使周围地区越来越多的农民改种罂粟，种植区沿恒河延伸，长约五十公里，宽约一百五十到一百八十公里，面积达五十多万英亩。这一区域生产的鸦片，在印度叫孟加拉鸦片，在中国叫“公班土”“大土”。[①] 清人夏燮就曾在《中西纪事·漏卮本来》中记道：“其出自孟加剌者，曰公班，今称大土也。”孟加拉名义上承认莫卧儿王朝，但实际上是一个独立的国家。1756 年英国人用阴谋手段击败了孟加拉军队后，扶植自己的傀儡，实际控制了这个地区，使其成为英国最重要的鸦片种植区，在随后对中国的鸦片贸易中发挥了最重要的作用。印度鸦片第二大产区是以马尔瓦为中心的西印度和中印度部分地区，这个区域生产的鸦片统称马尔瓦鸦片，在中国叫“白皮土”，质量上优于孟加拉鸦片。[②]

鸦片产地其次还有土耳其等地，其市场主要由美国控制。

19 世纪初期，中国人尝试种植罂粟和加工鸦片。随着中国鸦片贸易的扩张和消费群体的扩大，罂粟的种植面积也迅速扩大。尽管清政府多次下令，严禁国人自己种植罂粟，但禁令形同虚设。第二次鸦片战争后，随着鸦片贸易的合法化，鸦片种植也逐渐合法化。在市场的推动下，这种神奇的植物在很短的时间里就传布全中国。至 19 世纪末，中国成为世界第一大罂粟种植国。[③] 在 19 世纪后期，清政府为了增加税收，实际上采取了鼓励罂粟种植的政策，这是鸦片产量迅速提高的重要原因。

---

① 林承节：《关于英印对华鸦片贸易的若干问题》，北京大学历史学系编：《北大史学》第 5 辑，北京：北京大学出版社，1998 年，第 70 页；苏智良：《中国毒品史》，第 60 页。

② 林承节：《关于英印对华鸦片贸易的若干问题》，《北大史学》第 5 辑，第 71—72 页。

③ 关于中国的鸦片种植问题，本书第三章中已有较为详细的论述，兹从略。

从以上的简单比较可以看出，鸦片与茶叶种植的传播史正好相反。茶叶本来是中国独有或最早被中国人认识的一种植物，后来才传遍全世界；罂粟则本来是世界各地都有的植物，后来却因为受中国人消费偏爱和英国人强行向中国推销的影响，鸦片生产集中到了印度，再后来又集中到中国，集种植、加工、销售与消费于一体。

两种植物传播的历史形成一种鲜明的对照，也是一种历史的讽刺。茶叶这种有益于人类身体健康的商品本来不仅可以带动中国经济的发展，给中国人带来滚滚财源，而且有可能像英国棉纺织业一样，通过茶叶生产和加工来带动中国产业的升级，但中国人并没有把握住这个机会，甚至根本没有意识到这样的机会。而鸦片这种危害人类身体健康的商品，本来远离中国人，但后来中国人不仅花金银购买，更将罂粟这种植物扩大种植，种与吸相互促进，终于使中国的鸦片流毒不可遏止。这两件事情看似偶然，实则必然，中国成为全球化过程中的看客和牺牲品。

2. 生产方式

在经济全球化的时代，生产和加工的规模化是最有利于作为出口导向的茶叶产业的发展的，但中国自古以来小农经营的生产方式决定了茶叶的生产方式同样是小农模式。中国历代政权都鼓励农民在种植粮食之外，允许部分土地经营副业，这样一种制度安排，目的有两个，一是有利于小农经济的稳定，二是有利于国家的财政收入。[①] 在18世纪以来中国茶叶出口持续走

---

① 程念祺在《中国历史上的小农经济——生产与生活》一文中对此有精彩的论述。他认为，广泛存在的小农副业是国家所做的制度安排，北魏实行的均田制就是典型，唐以后直至宋元明清，同样维持着这样的制度。参见氏著：《国家的力量与中国经济的历史变迁》，北京：新星出版社，2006年，第209—212页。

高的情况下，规模化经营显得尤为必要，然而事实却是市场需求的增加并未引起茶叶生产方式的变革，茶树零散种植的特点始终没有改变。中国茶叶生产不仅规模小，加工方式亦极其粗犷，在没有竞争对手的情况下，这种生产方式尚可维持，但后来有了英国人统治下的印度、锡兰这样的强劲对手，导致中国茶叶出口失去了欧美广大市场。

茶树零散种植的优点是能充分利用土地，尤其是能利用不利于一般粮食作物种植的土地，如山坡倾斜地带、沟沟坎坎等，符合中国人多地少的特点。但这种经营方式的弊端同样显而易见，有学者归纳为以下诸点：施肥之不充分、表土之冲去、除草之不力、茶种之不良、剪伐之不得时、摘叶之过度、搓揉法之不良、干燥法之不良、制造之不洁、精拣之不充分、包装之不良、生产者之低级等。[①] 这里已经提到了茶叶加工问题，实际上中国茶农集植茶、采摘、粗制于一身。史料记载茶农收获茶叶并进行粗加工的盛况云："采之日老幼毕出，筐之筥之，邻里强以相助也。夜篝火彻曙，岸釜而炽薪，炙之以柔其性也，挼之以敛其质也，焙之以烈其气也，汰之以存其精也，乃盛于篓，乃鬻于市。"[②] 无论采摘还是加工，都要耗费大量的人力物力，但成品粗糙，如果出口，还需做深加工。

印度茶叶种植一开始就实行近代化的经营模式，不仅茶园面积很大，小则几百亩，大则上千亩，而且科学管理，机械加工，茶叶产量高、质量好。这里再以茶叶的加工为例作一简单比较。青茶需要经过一道搓揉手续以去除水分。为了省力，中国茶农

① 赵烈编著：《中国茶业问题》，第194—201页。
② （清）刘蓟植纂修：《安吉州志》卷8，北京：中国书店，1992年影印本。

有的用脚踩压青茶，这样做既不卫生，又因用力过猛而损伤茶叶的质量；有的也用手搓揉，但这样做非常耗费人力，增加成本。印度茶园则采用机器揉茶，每次只揉制两三分钟，既降低了成本，又能保证茶叶质量。1866 年，中国曾从锡兰引进一架揉茶机，但竟然因为怕引起揉茶苦力的骚动而未敢投入使用！揉过的青茶，要经过发酵和烘炒两道工序才能最后成茶。这两道工序要求特别严格，如果发酵不足，则泡不出高浓度的茶；如果茶的浓度不够，就不会引起英国消费者的兴趣。烘炒要达到一定的火候，才能保证香气，否则香气很快就会消失。印度和锡兰都是通过机器进行这两项加工，能严格控制火候和时间，这样既能保证茶质的稳定性，又能降低加工成本。与此形成鲜明对照的是，中国茶农多是以种茶为副业的小农户，他们生产数量很少的茶叶，各自送到附近市场上出售，往往不能及时售出，这样就拖延了烘炒和揉制的时间，以致未经烘炒的茶叶迅速凋萎，质量大大降低。[①] 总之，中国与印度、锡兰在生产、加工方面的巨大差异，导致中国茶叶在世界市场上逐渐失去优势。

比较而言，中印在罂粟种植和加工方面则是既有相同之处，又有不同之处。相同之处是，种植罂粟者多为贫苦农民，而且都是分散小规模经营。据统计，1873 至 1893 年间，印度巴特纳每年拥有烟农 69.9 万人，贝拿勒斯拥有烟农 62.6 万人，两地相加共有超过 130 万人，罂粟种植面积为 51.6 万英亩，[②]人均约 0.4 英亩，人均种植面积可能与中国不相上下。不同之处是，英国东印度公司在印度实行的是订单农业，即由公司先定生产总量，然

① 参见严中平主编：《中国近代经济史（1840—1894）》下册，第 1186 页。
② 苏智良：《中国毒品史》，第 60 页。

后给各地区分配具体数量，由公司分理处同各地方的中介人或部族首领商定烟农的名单，并同烟农定下种植和收购合同，公司提前给付定金。英国东印度公司的这种做法有两个目的，一是为了确保公司对鸦片的垄断权，二是为了能保证充足的鸦片供应。为此，公司严禁印度民众吸食鸦片，规定凡与公司签约的农民都“必须把所有的鸦片全部卖给公司，因为如果鸦片不能出口，就无法换回白银，也就不能平衡贸易”[①]。

中国的罂粟种植完全是国内市场需求推动的结果，旺盛的需求带动了中国鸦片产业空前的发展。中国的鸦片种植有三个突出的特点，一是种植区域广，遍及全国；二是边远地区种植面积大，产量高；三是农民自吸率高，甚至部分农民种植罂粟的目的之一就是为了自己吸食。这显然与印度的鸦片生产有很大不同。

3. 贸易方式

在中国古代，尤其在唐以后，茶叶被视为一种特殊商品，茶税是国家的一种重要税源。唐朝开创了榷茶制度，即政府实行茶叶的专营专卖制度，规定只有官营茶园才有权力种植和加工茶叶。宋朝完善了的榷茶制度，在全国设置 6 个榷货物和 13 个山场，专门管理茶叶的生产和贸易，亦不许民间买卖，榷茶场由政府派专官管理。后来各朝皆实行榷茶制度，只是对茶农生产的干预越来越少。直至清朝中期对外茶叶贸易有了飞速发展后，清政府始将榷茶制度改为征收厘金税。[②] 此外，清朝还延续历朝实行的茶马政策。

---

① 苏智良：《中国毒品史》，第 61 页。
② 陈祖槼、朱自振编：《中国茶叶历史资料选辑》“序言”，第 22—27 页。

清政府实行公行制度，规定广州为茶叶出口唯一口岸。根据相关记载，英国东印度公司许多年间输往欧洲的茶叶，95%以上是从广州运出的。[①] 学术界对公行制度褒贬不一。我认为，在清朝当时的历史条件下，公行制度是在旧制度框架下的一种变通。因为清政府在对外贸易的政策上基本持否定态度，但当时的国际形势已经不允许清政府完全关闭大门，在广州设立十三行，实际是同意将广州作为一个贸易特区。在实际运行过程中，公行的权限大大超出了贸易范围，它不仅被授权同英国人进行茶叶交易，还有权处理一些基本的外交问题。这一点同英国东印度公司有异曲同工之妙，区别只是公行制度是为了限制外国商人的活动，避免外国人向中国内地渗透，为了更加内敛；而英国东印度公司则是为了经济扩张，为了开拓更广大的市场，故其权限亦不仅仅在贸易，而且有政治和军事权限，实际上代表了英国政府。一个要内敛，一个要扩张，于是冲突在所难免。五口通商后才彻底打破了这种格局，此后中国茶叶出口数量剧增，但贸易自主权却丧失了。

鸦片战争后，随着广州一口对外通商格局的改变，外贸茶叶的交易方式也发生了根本的变化，具体表现为经营出口贸易茶商的兴起。一是茶叶产地的茶商和其他商人纷纷到通商口岸开设茶栈，他们直接把茶卖给外商洋行，以减少中间人费用，如上海的谦和、元吉、久成等茶栈，即为浙江平水茶商在上海开设的。[②] 二是洋行买办开设茶栈，汉口规模较大的茶栈几乎全为买办开设。原来广东十三行行商改称茶行，因其长期以来良好的商业信誉，得以继续从事同外商的茶叶贸易，即所谓“鸦片战

---

① 吴觉农、范和钧：《中国茶业问题》，第 47 页。

② 陈一鸥：《浙东茶叶剥削简史》，中国人民政治协商会议浙江省委员会文史资料研究委员会编：《浙江文史资料选辑》第 11 辑（内部发行），1978 年。

起，洋行制度隳坏，然十三行犹复改称茶行，继续营业，至咸丰一火始替”[①]。广州一口通商结束后，内销茶相对少一些中间环节，外销茶的交易环节大大增多，无数中间商人从中牟利。茶叶从茶农手中卖出后，要经过茶贩、产区茶行、茶客、洋庄茶号、茶栈等环节，才能到达洋行手中。有些有实力的“长腿”茶贩，可能与通商口岸的茶行直接联系，将茶叶直接运至口岸茶行那里。在交易的各个环节都有一套陈规陋习和名目繁多的盘剥手段，大致可分为两级，第一级是洋行、买办和茶栈对内地茶商的盘剥，具体手段有留取样茶、二五吃磅、九九五扣息、延期付款等；第二级是茶号、茶贩、茶行对茶农的盘剥，具体方式有高秤收进、留取样茶、除皮杀秤、付款折扣、抽取佣金等。[②] 层层盘剥导致茶叶价格上涨，而茶农收益却越来越少。

印度的茶叶贸易方式与中国也有很大不同。同茶园的大规模经营相一致，印度的茶叶出口事宜由代理公司专门经营，这是印度茶叶在国际茶叶市场上迅速站稳脚跟的重要原因之一。在19世纪，有十几家这样非常活跃的公司。这些公司直接经营外贸茶叶，从而避免了对茶园的层层盘剥，使茶叶成本和价格水平保持稳定。此外，印度各地成立的茶叶协会也发挥了重要作用。

中国与印度之间的鸦片贸易方式同样有很大不同。英国人在印度生产鸦片的目的非常明确，即全部销往中国以弥补贸易逆差，因此他们必须牢牢控制这项维持三角贸易的关键商品。从第一任英属印度总督哈斯丁斯开始，东印度公司就垄断了鸦片贸易，公司通过承包将鸦片的经营权给予某个个人或团体，使

---

① 梁嘉彬：《广东十三行考》，广州：广东人民出版社，1999年，第359页。

② 许涤新、吴承明主编：《中国资本主义发展史》第2卷《旧民主主义革命时期的中国资本主义》，第225—245页。

其成为鸦片贸易的唯一承包者,其他个人或团体不许从事这项贸易。哈斯丁斯认为,鸦片是一种特殊商品,不适于自由贸易的原则,只有垄断才能产生高利润。承包者成为鸦片的独家供应商,但根据合同,承包者必须按一定价格卖给英国东印度公司。英国东印度公司从承包商那里购得鸦片后,在加尔各答公开拍卖,再由散商各自运到中国出售。因为18世纪末中国政府实行严厉的禁烟政策,东印度公司不愿意冒太大的风险。承包制从1773年开始执行,大约25年后,到1797年转而实行代理制,以改变鸦片质量越来越差、价格越来越低的状况。具体办法是,农民种植罂粟必须经过政府的许可,政府先将资金预付给种植罂粟的农民,农民在收获鸦片后则必须根据政府制定的价格卖给政府的代理机构,卖给私商是违法的;如果拿到预付金的农民不种植罂粟,而改种别的植物,则要被处以相当于预付金3倍的罚款。① 没有得到政府许可而私自种植罂粟是违法的,私商也不能随意收购鸦片,违反者要被处以重罚。代理机构收购鸦片后进行加工,然后同样拿到加尔各答公开拍卖。代理制比承包制优势明显,突出表现为价格迅速回升:1796—1797年每箱264卢比,1797—1798年上升为426卢比,1798—1799年又上升为750卢比,1801—1840年更一直维持在1 000卢比左右。② 这套行之有效的鸦片垄断经营制度,在19世纪没有大的变化。

中国国内的鸦片贸易则显得十分混乱,这与19世纪清政府对全国的控制力削弱、社会动荡不安有极大关系。第二次鸦片战争后,尽管条约规定了鸦片贸易合法化,但清政府制定的禁烟

① 人禾编译:《鸦片生产与19世纪印中英三角贸易》,《世界史研究动态》1982年第3期。

② 龚缨晏:《鸦片的传播与对华鸦片贸易》,第128—135页。

条例并没有完全取消，不仅限制国内种植(实际上控制不了)，对国内贸易也是加以限制并收取高额税收，这造成国内鸦片走私和私下交易更加泛滥。后来李鸿章对此坚决反对，他主张弛鸦片之禁，并坚持认为对国产鸦片要少征税。他说："土药征税本为国家不得已之举……欲不扰民，必须轻税。盖货之税轻者，走私之利亦轻，税重者走私之利亦重。故税轻则民重犯法，而偷漏少，税重则民轻犯法，而偷漏多。偷漏少则法可宽，偷漏多则法必严。法宽则不扰民，法严则扰民。"[①]19 世纪后期，清政府虽然也时有禁烟令发出，各地也时有禁烟行动，但鸦片政策总的趋势上是弛禁。[②] 鸦片政策的混乱导致鸦片贸易的无序，这与印度鸦片专卖和政府垄断截然不同。因为中国的鸦片贩运和走私是高风险、高利润的行业，单靠个人力量很难完成，而必须依靠群体力量和广泛的关系网，于是我们就不难理解为什么 19 世纪中国的鸦片贸易往往控制在军阀、地方实力派人物、秘密会党和黑社会手中。比如四川哥老会的产生，即与鸦片贩运有直接的关系。[③] 英印政府通过鸦片专卖获得了高额利润，得以维系三角贸易；而中国则因为鸦片而孳生了许多地方恶势力，政府虽然也增加了税收，但这些政府无法控制的恶势力的膨胀，使 19 世纪的中国社会更加混乱。直至 20 世纪，鸦片仍是各种反政府势力和恶势力得以存在的经济基础。[④]

---

① 《李文忠公全集·奏稿》卷 70，光绪二十一年刻本。

② 参见于恩德编著：《中国禁烟法令变迁史》第 4 章《弛禁时代之禁烟令》。

③ 参见秦和平：《四川鸦片问题与禁烟运动》第 3 章《鸦片贩卖与清代民间秘密会党的互动关系》。

④ 1931 年，中华国民拒毒会对全国 17 个省 120 个县 176 个走私贩毒者进行调查。调查结果显示，以土匪、流氓、土棍、青红帮为代表的黑社会占第一位，他们往往和军、政、警狼狈为奸，互相利用，从而大获其利。参见朱庆葆等：《鸦片与近代中国》，第 51—52 页。

4. 消费对象

茶叶消费主要应当进行中英比较。

在18—19世纪，英国茶叶消费增长迅速，由此而带动了中国的茶叶出口，更带动了印度和锡兰等地茶叶种植园的飞速发展。令人惊奇的一点是，英国茶叶消费的增长同工业革命、经济腾飞和人们生活水平的提高几乎同步，这不禁令人联想：茶叶经济与经济发展之间有没有一种内在的关系？在同一时期，中国的人均茶叶消费量没有太大的变化，不过中国人口众多，因此消费总量仍是非常惊人的。当时驻华外国人就说："中国的广大居民早、午、晚都喝茶，因此，与中国人自己饮茶用的数量相比，英国、俄国、澳大利亚和美国的饮茶者消费的数量是微不足道的。"[①]此话也许很有道理，但实际这是中国人长年以来生活习惯的一种自然延续，人均茶叶消费可能并没有明显增长。对比英国人均茶叶消费增长的情况，我们不难得出这样的结论：19世纪中国茶叶消费较低是与中国社会发展的总体状况密切相关的。不过总体上看，印度和锡兰茶叶生产与出口量的高速增长虽然挤占了中国茶叶的部分国际市场，对中国茶叶生产造成了很大影响，但中国国内茶叶消费较为庞大的数量以及后来对俄国茶叶出口量的增长，尚不至于导致中国茶叶生产的崩溃。1883年，英国驻上海总领事许士就说，纯粹的贸易数字"很难证明那些认为印度茶叶的迅速增长将导致中国茶叶贸易量下降的悲观预料。随着产量的增长，消费也增加了。印度和中国的茶叶种植业仍都将有扩大的余地。世界上饮茶者的人数确在不断

① 《副领事阿连壁1879年度上海贸易报告》，《上海近代贸易经济发展概况：1854—1898年英国驻上海领事贸易报告汇编》，第539页。

增长。印度的高级茶叶可能会取代中国的茶叶；但是种茶者留传下来的技艺，适宜的气候，以及丰富的廉价劳动力将使中国永远能够生产价格适中的好茶叶”①。许士的判断大致是不错的。

鸦片的消费比较是一个较为困难的题目，因为我们缺少一个可资比较的对象。在19世纪，除了中国有庞大的鸦片消费之外，再也找不出另外一个类似的国家。如果非要找一个比较对象的话，那么我们只好拿印度同中国进行比较。在19世纪中国大量生产鸦片之前，印度是生产鸦片最多的国家，印度人在生产鸦片的同时，也消费部分鸦片。但是，英国东印度公司为巩固鸦片的垄断权，保证对中国市场的鸦片供应，明令禁止印度民众吸食鸦片，规定签约种植罂粟的农民必须把所有的鸦片全部卖给公司，否则要受到惩罚。此外，英国人深知鸦片的危害，不仅限制本国的鸦片消费，也限制印度人的鸦片消费，以使印度成为英国稳固的原料供应地和有能力消费工业品的广阔市场，可谓用心良苦。总之，不知是英国人干预的结果还是其他原因，印度并未成为鸦片的牺牲品。相反，在英国的武力压迫和极力促销下，19世纪中国人的鸦片消费持续增长，为此英国人喜形于色：“各种鸦片的进口量都见增加，这表明1879年是兴旺的一年，它还表明中国人有钱用在奢侈品上。”②后来则由于中国鸦片产量提高而引起鸦片价格大幅度下降，使鸦片消费群体进一步扩大，“比较低廉的价格导致消费量的上升，因而已有大量的人养成了

---

① 《总领事许士1883年度上海贸易报告》，《上海近代贸易经济发展概况：1854—1898年英国驻上海领事贸易报告汇编》，第657页。

② 《副领事阿连壁1879年度上海贸易报告》，《上海近代贸易经济发展概况：1854—1898年英国驻上海领事贸易报告汇编》，第516页。

对它的嗜好”，“各种鸦片的消费量无疑都在与年俱增”。[①] 同时，中国自产鸦片对印度鸦片进口带来压力，英国商人对此又非常担忧，“印度鸦片在与中国产鸦片的竞争中受到了严重的威胁，毫无疑问，当新一代抽鸦片烟者对价格低廉的中国鸦片有了好感后，印度鸦片的贸易几乎就会窒息”；在四川、云南、山西、陕西、甘肃、贵州等省，“印度鸦片几乎被赶出了(中国——引者)市场，现在简直不再运往这些地方，那里的消费全都由中国产的鸦片供应了”。[②]

由此可见，在经济利益的驱使下，英国商人只会顾及利润，而不会顾及中国人的身体健康。

以上对茶叶经济和鸦片经济作了比较宽泛的比较。由于掌握的材料有限，所以比较尚不深入。然而，即使这样浅显的比较也已让我们看到，在近代激烈的市场竞争中，中国处于越来越不利的地位。突出表现为，中国在具有广阔前途的茶叶市场上节节败退，成为竞争的失败者；而在危害人民身体健康、危及国家命运和前途的鸦片市场上大获全胜，实为民族和国家之大不幸！

① 《领事许士1880年度上海贸易报告》，《上海近代贸易经济发展概况：1854—1898年英国驻上海领事贸易报告汇编》，第606页。

② 同上书，第606—607页。

第五章
19 世纪中国茶叶、鸦片消费及其对经济的影响

成瘾性消费品迅速增长是从近代早期开始出现的一个突出现象。在西方，成瘾性消费品增长是与近代化进程密切相关的，但在中国却表现出了不同的特点。对 19 世纪中国人在茶叶消费和鸦片消费方面的分析，提供了一独特视角透视中国社会经济发展的特点。另外，茶叶贸易和鸦片贸易不仅在 19 世纪中国的国际贸易中占有重要的地位，对中国的社会经济等各方面都产生了深远的影响。

一 中国的茶叶消费及比较

茶的原产地是中国，中国是世界上饮茶最早的国家。[①] 至少从唐宋时期开始，饮茶就已成为很多中国人日常生活中不可缺少的一部分。所谓开门七件事"柴、米、油、盐、酱、醋、茶"，尽

① 关于茶的原产地，学术界尚有争论。如《茶叶全书》就认为茶的原产地在印度。但学术界主流意见及中国学者的观点则认为茶的原产地应该在中国。

管茶排在了最后，但茶在人们日常生活中的重要性可见一斑。至清代，随着茶叶贸易的繁荣，饮茶在中国更为普及，茶叶生产和消费都有比较明显的增长。然而，研究中国经济史最大的难题是传统史料中缺乏具体的统计数字。在讨论19世纪中国茶叶贸易的时候，笔者已经有很深的体会，但这个时期关于中国茶叶贸易尤其是关于茶叶外销的资料相对较多，研究者已经能有一个较好的把握。而关于中国人的茶叶消费，则几乎没有任何具体的统计材料，不得不采取估计和推测的方法，或取用时间稍晚一些的材料和数字以作对比，可能的差误在所难免。

1. 人均消费量估计

从历史上说，尽管茶叶早已成为一种很重要的商品，但在实际生活中并未引起人们特别的注意。只是在18世纪以后，尤其是在19世纪，茶叶成为我国出口贸易的最大宗商品，其影响已经大大超出了茶叶贸易本身，这才引起人们格外的关注。欧美国家突然兴起的饮茶热潮促使我们反思中国茶叶的消费问题，很多学者已经将茶叶消费与近代社会的发展甚至与国家的现代化联系起来，因此茶叶消费已不单单是一个消费问题了。

我国生产的茶叶主要还是中国人自己消费，在茶叶大量外销之前，这一点更无可置疑。历史上中国人的茶叶消费是一个非常复杂的问题。在此，笔者仅仅对19世纪中国人的茶叶消费作出一个大概的估计。

先看看中外学者对于中国人茶叶消费的估计。

乌克斯认为，中国消费的茶叶数量比世界上任何一个国家都大，虽然准确的产量无处可查，但“大概平均约有8万万磅供国内之需要。权威方面估计每人之消费约为2磅。中国人饮茶消费量之大，实已无可疑议”。这是乌克斯对20世纪初期中国人茶叶消费量的估计，他估计中国人均年消费大约2磅（大概合1.8市斤）。他同时注意到了城乡茶叶消费的不均，指出茶叶在城市已是普遍消费品，但在广大农村尤其是交通不太便利的地区，茶叶的消费量肯定要低。他还对亚洲其他国家和地区的茶叶消费作出了估计，比如同一时期日本人均0.61磅，1909年中国台湾地区人均1.75磅，1930年代印度1.8磅。[①] 乌克斯是在对所涉及亚洲国家和地区的茶叶产销量进行统计的基础上作出上述估计的。

茶叶研究专家吴觉农等在1934年曾经代表农村复兴委员会进行过一次全国性的茶叶消费调查，样本取自全国14个省市，计625个家庭，4 338人。调查结果是，每人每年平均消费“为旧制一斤九两，约合市制二斤四两”。鉴于此次调查偏于城市市民阶层，而中国以农民占人口的大多数，城乡肯定有差别，于是“本年又请实业部中央农业实验所农业经济科，重行调查农村情形”，调查结果是，“计每人每年消费平均为新制一斤二”。（见表5.1）[②]这个调查非常有价值，范围涉及当时全国22个行省，尽管不包括茶叶消费量最大的西藏、新疆和内蒙古，但可以说已经非常有代表性。这是在中国第一次进行的全国性的茶叶消费调查，且由专家主持，数据是比较可靠的。

表5.1 1934年各省茶叶消费估计

省别	消费茶叶种类(%)			每市斤价格(元)			人年均消费量(市斤)	全年消费量(100市担)
	红茶	绿茶	其他	最高	最低	平均		
察哈尔	69	31	0	1.68	0.50	0.82	1.17	187
绥远	70	15	15	1.17	0.17	0.49	1.00	202

① 以上均见[美]威廉·乌克斯：《茶叶全书》下册，第130页。
② 吴觉农、胡浩川：《中国茶业复兴计划》，第24—26页。

续表 5.1　1934 年各省茶叶消费估计

省别	消费茶叶种类(%)			每市斤价格(元)			人年均消费量(市斤)	全年消费量(100 市担)
	红茶	绿茶	其他	最高	最低	平均		
宁夏	40	30	30	1.68	0.25	0.71	0.79	30
青海	35	35	30	1.34	0.42	0.59	1.77	1 094
甘肃	35	59	6	1.26	0.34	0.71	0.67	364
陕西	71	24	5	1.68	0.17	0.39	0.94	1 004
山西	60	38	2	1.68	0.08	0.70	0.63	755
河北	46	52	2	3.02	0.17	1.03	0.74	2 288
山东	53	45	2	2.09	0.13	0.90	0.84	3 134
江苏	46	56	1	1.68	0.08	0.54	1.18	1 161
安徽	25	72	3	2.09	0.04	0.49	1.30	2 790
河南	48	48	4	3.02	0.08	1.01	0.67	2 088
湖北	37	58	5	1.26	0.08	0.53	1.13	3 231
四川	53	42	5	1.68	0.07	0.38	1.03	3 862
云南	34	62	4	2.51	0.08	0.75	1.00	1 011
贵州	45	55	0	0.84	0.13	0.28	2.03	1 860
湖南	28	66	6	1.26	0.04	0.36	1.71	4 603
江西	39	57	4	1.68	0.08	0.48	1.59	3 821
浙江	13	87	0	1.17	0.08	0.37	1.59	3 287
福建	26	74	0	1.68	0.07	0.47	1.15	1 161
广东	30	69	1	1.68	0.10	0.50	2.10	6 590
广西	51	46	3	1.26	0.08	0.24	1.43	1 544
平均	43	51	6	1.70	0.15	0.58	1.20	49 066

资料来源：吴觉农、胡浩川：《中国茶业复兴计划》，第 25—26 页。

关于城市茶叶消费，陈椽曾对天津作过研究。同治七年(1868)，天津合计销售茶叶 1 023 356 斤，当时天津人口为 40 万，平均每人每年 2.5 斤。他还估计，中国"东南产茶区茶叶消费量当然要比天津多得多"①。把天津的茶叶销量等同于茶叶消费，可能欠妥，因为天津是一个港口城市，其中的部分茶叶可能转口卖到其他地方去了。但是考虑到茶叶销售统计的不完整性以及城市的消费水平较高，这个估计虽然稍微偏高，但大致是

① 陈椽：《茶叶通史》，第 449 页。

可信的。需要注意的是，这仅仅是对一个大城市的调查，并不能作为 19 世纪中国人茶叶消费的基本依据。

上述对中国人茶叶消费数字的估计差别较大，低者 1.2 斤，高者 2.5 斤。有学者认为，历史上中国人的茶叶消费没有那么高。比如《中国资本主义发展史》就认为，“中国人每人年平均消费茶叶 1 斤以上”的估计，“看来是偏高了”。作者根据国家统计局 1979 年的茶叶统计数字，计算出人均年平均消费量 0.57 市斤作为一个参考值；又根据 19 世纪某些年份的产销量（见表 5.2），从而对 19 世纪茶叶人均年消费量做出了新的估计。以鸦片战争前人口为 4 亿，1894 年为 4.15 亿计，推算出 19 世纪茶叶人均年消费量为 0.5 市斤。[①] 但这个估计似乎又有些过低。

表 5.2　中国茶叶产销量及产销值估计
（1836—1838、1894）

	1836—1838（平均每年）			1894			1894 比 1836—1838 增加	
	数量		价值	数量		价值	数量	价值
	（万担）	（%）	（万关两）	（万担）	（%）	（万关两）	（万担）	（万关两）
内销（按干毛茶计）	165.29	76.78	1 414.06	171.48	44.32	1 467.01	6.19	52.95
外销	45.00		769.95	193.90		3 317.63	148.90	2 547.68
折合干毛茶	50.00	23.22		215.44	55.68		165.44	
产量（按干毛茶计）	215.29	100.00	2 184.01	386.72	100.00	4 784.64	171.63	2 600.63

资料来源：许涤新、吴承明主编：《中国资本主义发展史》第 2 卷《旧民主主义革命时期的中国资本主义》，第 290 页。

① 许涤新、吴承明主编：《中国资本主义发展史》第 2 卷《旧民主主义革命时期的中国资本主义》，第 289 页。

珀金斯说："茶叶被认为是中国的民族性的饮料，但富人消费了其中的大部分，穷人常常只能饮用开水。"①这段话是作者在论述奢侈品在长距离贸易中的重要作用时说的，意思是产茶区的茶农依靠茶叶换取生活必需品，长途贸易之所以长盛不衰，就是因为上层阶级对诸如丝绸、瓷器和茶叶等奢侈品有巨大的需求，绝对不是说穷人与这些奢侈品全然无关，也决不可能说大多数穷人不消费茶叶。事实是，茶叶作为"中国的民族性的饮料"，是社会各个阶层都消费的。刊于同治七年（1868）的《续辑汉阳县志》记载，创建于乾隆二年（1737）的汉口普济堂是一座贫民救济机构，规模较大，其佣工之人亦多为贫民。据该堂规章，"每次祀神，即赏给在堂人等，无论人数多寡给银四钱，按工给茶叶二钱，每工食盐五钱，每工食油一两"；"每工给炭四两煎茶。"创建于雍正十三年（1735）的汉阳育婴堂堂规规定："……伺茶打扫一名，工价伙食一串五百文。"②连贫民救济机构都把茶叶作为生活必需品，可见茶叶被一般民众广泛消费是很自然的，只是贫民百姓消费的茶叶是普通茶甚至低等茶而已。市场上茶叶价格相差悬殊，人们选择的余地较大（见表 5.3）。

表 5.3　汉口 1876—1887 年茶季开始时的茶叶价格

单位：每担

年　份	上等茶（两）	普通茶（两）
1876—1877	44 至 47	13 至 18.5
1877—1878	44 至 48	12 至 14.5

① Dwight H. Perkins, *Agricultural Development in China 1368 - 1968*, Chicago: Aldine Publishing Company, 1969, p. 122.

② （清）黄式度、王庭桢主修，王柏心纂：《续辑汉阳县志》卷 12《公署》，清同治七年刻本。

续表 5.3　汉口 1876—1887 年茶季开始时的茶叶价格

年　　份	上等茶(两)	普通茶(两)
1878—1879	48 至 54	15 至 17
1879—1880	42 至 49	12 至 14
1880—1881	48 至 52	14 至 16
1881—1882	45 至 52	12 至 13
1882—1883	48 至 54	12 至 14
1883—1884	46 至 50	13 至 15
1884—1885	44 至 48	14 至 17
1885—1886	46 至 50	13 至 16
1886—1887	47 至 51	14 至 17

资料来源：姚贤镐编：《中国近代对外贸易史资料(1840—1895)》第 2 册，第 1265 页。

关于 19 世纪中国人茶叶消费的准确数字，的确难以估计。但根据上面各种推测及相关材料，我认为 1934 年实业部中央农业实验所农业经济科做的调查比较可信，即 19 世纪中国茶叶人均年消费量为 1 市斤左右。因为该调查侧重于农村，是比较科学的做法。过高的估计，是缘自对城市市民茶叶消费的调查，因为中国农村人口占绝大多数，农村消费水平比城市要低得多，所以城市市民茶叶消费不能作为中国人茶叶消费量的依据。中国实际的情形是：农村茶叶消费比较低但也相对平稳，城市和边疆地区茶叶消费比较高但波动较大。而过低的估计，则是因为完全依据有统计数字的产销量，这当然可以作为消费量的一个基本依据，但是考虑到中国地域广大，市场网络发达，那些没有进入统计视野而实际进入市场的茶叶肯定也有非常可观的数量；产茶区消费量更高，这部分也更难以统计。另外，根据 1950 年代或 1970 年代所做的估计也不一定可靠，因为大家众所周知的原因，这个时期人们的消费水平不一定比一个世纪以前高。① 比如早在 18 世纪末马戛尔尼使团访华的时候，他们就注意到“茶叶是中国全国普遍饮料”，“在中国，茶叶的消费量是很大的，任何一个时候假使欧洲突然停止购买中国茶叶，它只能影响供应广州茶商的个别业主，并不会影响茶叶在中国市场上的价格”。② 这个判断是准确的。到了清朝中后期，尽管国家动荡不安，灾荒频仍，但中国人的茶叶消费总量大概不会受到太大的影响，何况由于这一时期茶叶种植面积扩大、运输成本降低、茶价下跌、出口下降等因素，也可能促进茶叶消费的平稳增长。

2. 与主要茶叶消费国的比较

鉴于中国茶叶的主要贸易对象是英国、美国和俄国，因此本书主要探讨这三个国家茶叶消费的情况。③ 在茶叶消费总量上，除中国以外，英国是世界上茶叶消费最高的国家。在 19 世纪，英国人茶叶消费量增长更是惊人。不过，英国人对茶叶的认识和接受有一个比较长的历史过程。

茶叶在 17 世纪初就传到欧洲，但在整个 17 世纪，除荷兰以外，欧洲其他国家的茶叶消费量都非常有限。英国获得茶叶的第一次记载是 1664 年，公司董事用 4 镑 5 先令购了 22 磅 12 盎司，这些茶叶大概是从荷兰或船员中购得的。直到 1669 年，英

① 笔者未见到 1949 年后专门有关中国人的茶叶消费调查或相关资料。但是，苏联的情况完全可以作为参考。1909—1913 年苏联每年平均消费茶叶为 15 769.1 万磅，人均消费 0.9 磅；但到了 1925—1929 年度，每年平均消费茶叶降到了 4 914.3 万磅，人均消费降到了 0.3 磅，此后的几十年几乎再未超过这个消费水平(参见[美] 威廉·乌克斯：《茶叶全书》下册，中国茶叶研究社译，上海：开明书店，1949 年，第 132 页)。当然，苏联与中国不同的地方是苏联茶叶进口量的突然减少，中国不存在这个问题。但相似的社会经济制度对茶叶消费造成了一定限制，这一点大概是无可置疑的。

② [英] 斯当东：《英使谒见乾隆纪事》，第 467—468 页。

③ 关于俄国 19 世纪的茶叶消费，笔者目前尚无充足和适当的材料，暂缺。

国东印度公司才第一次从爪哇万丹进口了143磅茶叶。次年，则只运进了79磅。[①] 1681年，英国东印度公司董事部从英国派出4艘船，往厦门从事来年的贸易，其中命令万丹回航投资其中一部分要“每年购买优质茶叶价值1 000元送回本国”[②]。1685年，公司的“中国商人号”回航投资清单如下：特优茶叶150担；樟脑300桶；生姜3 000磅；丝织品1 000匹。[③] 但茶叶在英国的销路似乎并不理想。1689年，当“公主号”返回伦敦时，董事部诉苦：“近来贸易不佳，一定要等些时候方能恢复畅旺。东京和中国的漆器积压很多。茶叶除上等品而用罐、桶或箱包装的外，也同样滞销……（英伦）的茶叶进口关税，每磅征课5先令以上，而低级茶叶每磅售价不超过2先令或2先令6便士。”[④]因为茶税过高，茶叶价格自然也高，而人们还未养成日日饮茶的习惯，所以茶叶消费非常有限。直到18世纪初期，这种状况都未改变。如1714年，由船长和船员带回英伦的茶叶达2万磅以上，公司董事部非常不满，因为“那时的市场，不能容纳比这个数字更多的茶叶，因而严重损害公司的茶叶生意”[⑤]。以上材料足以表明，在整个17世纪，包括18世纪初期，英国人的茶叶消费是非常有限的。

1720年代以后，茶叶这种来自东方的饮料便很快在英国以及欧洲国家普及。至18世纪中期，饮茶已经成为英国社会生活的一个重要组成部分。1744年，有人估计，英国一年要消费200

---

① ［美］马士：《东印度公司对华贸易编年史（1635—1834）》第1、2卷，第10页。
② 同上书，第48页。
③ 同上书，第62页。
④ 同上书，第64页。
⑤ 同上书，第70页。

万磅的茶叶。[①] 1784 年，英国首相庇特曾估计，英国大约有三分之二的人，每年消费 3 磅的茶叶。[②] 即使在最贫穷的人家也会发现，茶是不可缺少的饮料，而且不分早晚饮用，晚餐时尤其不可缺少，且饮用量非常大。[③]

19 世纪初期以前英国东印度公司运至英国的茶叶，大部分是在中国购买的最好的绿茶，所以英国人最早喜欢饮用中国的绿茶，但因绿茶价格之高为一般人所难以接受，数量又少，供给不足，容易变质，再加上税率高，于是混合茶应运而生，然而茶价依然较高。于是人们强烈呼吁政府采取自由竞争方法以压低茶价，废止英国东印度公司的专卖权，此后茶价果然逐渐降低。低廉的茶叶价格不仅大大刺激了英国普通人的茶叶消费，而且在军队和上层社会也更加风靡一时。1824 年，英国海军部下令将朗姆酒的配给额减少至原来的一半，仅有 1/4 品脱，而茶和可可的配给额则被提高到原来的两倍。[④] 1830 年代后，英国人每年的茶叶消费量增加 63%，1834 年英国全国消费量达到 5 300 万磅，到 1929 年更增加到 56 000 万磅，在不到 100 年的时间里总消费量增加 10 倍之多。[⑤] 在整个 19 世纪，英国独占全世界茶叶输出额的 50%。到 19 世纪末，英国人均茶叶年度消费 5—6 磅，至 1930 年代接近 10 磅。与其他同类消费品比较，10 倍于

① K. N. Chaudhuri, *The Trading World of Asia and the English East India Company*, Cambridge University Press, 1978, p. 385.

② 陈国栋：《1780—1800：中西贸易的关键年代》，张炎宪主编：《中国海洋发展史论文集》第 6 辑，第 254 页。

③ Jack C. Drummond, et al., *The Enghishmen's Food: A History of Five Centuries of English Diet*, London, 1937, p. 204.

④ ［美］查尔斯 · A · 科伦比：《朗姆酒的传奇之旅》，第 43 页。

⑤ ［美］威廉 · 乌克斯：《茶叶全书》下册，第 64 页。

咖啡，3倍于可可。[①] 此后，英国人的茶叶消费数量一直维持在人均年度9磅左右（见表5.4）。[②] 在所有的饮料中，茶叶真正成为“饮料之王”[③]。

表5.4　英国茶叶年均消费数量（1840—1933）

年　代	消费总量（千磅）	人均消费量（磅）
1840—1844	37 588	1.39
1845—1849	47 201	1.70
1850—1854	56 124	2.04
1855—1859	69 068	2.45
1860—1864	81 464	2.79
1865—1869	105 940	3.83
1870—1974	127 555	4.01
1875—1879	152 675	4.56
1880—1884	165 834	4.71
1885—1889	183 153	5.00
1890—1894	205 138	5.37
1895—1899	231 728	5.79
1900—1904	254 354	6.06
1905—1909	272 122	6.22
1910—1914	299 677	6.58
1915—1919	318 995	7.18
1920—1924	399 240	8.64
1925—1929	400 864	9.23
1930—1933	452 143	9.83

表注：1923年4月1日前的数字，包括不列颠群岛全部，以后则指大不列颠及北爱尔兰。

资料来源：[美] 威廉·乌克斯：《茶叶全书》下册，第133页。

① [美] 威廉·乌克斯：《茶叶全书》下册，第131页。

② Edward Bramah, *Tea and Coffee: A Modern view of Three Hundred Years of Tradition*, London: Hutchinson, 1972, p. 141.

③ Serena Hardy, *The Tea Book*, Weybridge, 1979, p. 9.

表 5.5　美国百年间茶叶输入及消费量(1830—1930)

(10 年或 5 年平均)

年份或时期	输入净量(千磅)	每人消费量(磅)
1830	6 873	0.54
1840	16 883	0.99
1850	28 200	1.21
1851—1860	21 028	0.76
1861—1870	32 394	0.91
1871—1880	59 536	1.32
1881—1890	76 534	1.34
1891—1895	89 675	1.34
1896—1900	86 217	1.17
1901—1905	95 814	1.18
1906—1910	93 595	1.05
1911—1915	95 199	0.99
1916—1920	106 998	1.03
1921—1925	92 202	0.83
1926—1930	88 655	0.74

资料来源：[美] 威廉·乌克斯：《茶叶全书》下册，第 135 页。

仅次于英国的茶叶输入国是美国。美国人的消费量大致如下：1830 年代，每人每年茶叶消费量为 0.54 磅；1840 年代，消费量增加到近 1 磅(0.99 磅)；1890 年代超过 1 磅；1897 年最高，达到 1.56 磅，随后下降。[①] (见表 5.5)最初美国人进口的多为质次价廉的武夷红茶，后改为质量较好的红茶小种。进入 20 世纪以后，美国人多进口高级绿茶，尤其是熙春茶越来越受到美国人的青睐，此类茶叶的价钱更高。

① [美] 威廉·乌克斯：《茶叶全书》下册，第 135 页。1897 年数字，参见梁碧莹：《龙与鹰：中美交往的历史考察》，广州：广东人民出版社，2004 年，第 61 页。

3. 茶叶消费水平同经济发展水平的关系

尽管我对中国人的茶叶消费做出了较高的估计，但横向比较，中国人的茶叶消费仍处于较低的消费水平。与同时期的英国相比，中国人的茶叶平均消费水平更低。这一点同19世纪中国人的整体生活水平以及社会整体发展水平密切相关。在18世纪，英国经济飞速发展，英国人的生活水平也大幅度提高，茶叶消费量的迅速增长就是一个突出的表现。英国人饮茶的历史很短，但英国茶叶文化的形成却很迅速。英国人为什么痴迷于这种来自东方的饮料？为什么在英国短时期内能形成一种茶叶文化？这些问题都值得研究。

二　中国人的鸦片消费及其特点

正如第三章所论，中国人尽管认识鸦片较早，但只是将鸦片作为药物服用或作为花卉欣赏，把鸦片作为毒品吸食是比较晚的事情。有人认为，鸦片与东方人有着特殊的关系，称“这种物资的性质，或它受到中国及东方民族居民中流行的特别嗜好，可以任何价钱都能获得相当数量的消费”①云云。把服食鸦片看作东方人的特殊嗜好，似乎并不妥，因为印度人食用鸦片的历史很长，也很普遍，但印度并没有因服食鸦片而造成严重的社会问题；近代早期的英国同样有很多人服食鸦片，也同样没有造成严重的社会问题。但是，在世界近代史上，当欧美国家轰轰烈烈进行工业革命，大踏步向近代社会迈进的时候，的确唯有中国因为

---

① ［美］马士：《东印度公司对华贸易编年史(1635—1834)》第3卷，第336页。

鸦片而形成了严重的社会危机。在19世纪的全球化过程中，中国始终处于边缘，成为向英、美等核心国家提供资源和机会的附属。

1. 消费人数估计

关于19世纪中国吸食鸦片人口的数字，有关材料记载各不相同。这大概有两个原因，一是不同时代的鸦片吸食人数有差异，二是统计方法有差异。因材料所限，也只能概略论之。

18世纪后期，鸦片吸食者主要分布在东南沿海一带，范围还比较有限，甚至到嘉庆初年即18世纪末期，尚“食者甚少”，但到19世纪初，“不二十年，蔓衍天下，自士大夫以至贩竖走卒，群而趋之，靡然而不返。所谓利一而害百者此也”①。“食者愈众，几遍天下”，“今日下兴贩者不知几何，开设烟馆者不知几何”，②“若海疆商贾码头，及通衢繁会之区，吸食者不可胜数，告发既多，地方有司，日不暇给”③。嘉庆初年，鸦片的销售和吸食遍布全国，边远地区如云南、贵州、四川、甘肃等吸食之风也已相当普遍。其中云南，“自各衙门官亲幕友、跟役、书差以及各城市文武监生、商贾军民人等，吸烟者十居五六。并有明目张胆开设烟馆、贩卖烟膏者，其价廉于他省。近复贩运出境，以图重利”④。此类描述相当多，到1830年代以后，上自皇亲国戚，下至黎民百姓乃至乞丐流浪汉，吸食鸦片者随处可见。据较保守的估计，1835年时，全中国的鸦片吸食者在200万人以上。⑤ 有些人的

---

① (清)梁廷枏撰，邵循正点校：《夷氛闻记》，北京：中华书局，1959年，第8页。

② 齐思和整理：《黄爵滋奏疏许乃济奏议合刊》，北京：中华书局，1959年，第70页。

③ 中国史学会主编：《鸦片战争》第2册，第136—137页。

④ 《清宣宗实录》卷316，道光十八年十一月壬寅。

⑤ 苏智良：《中国毒品史》，第92页。

估计数字较高，如1836年有外国人估计约有1 250万吸烟者。[①]这可能是没有区分吸食上瘾者和偶尔吸食者。鸦片战争后，因为清政府无力控制漫长的海岸线，走私进一步猖獗，吸食鸦片人数继续增加。有人根据进口和种植罂粟的数量以及鸦片吸食量，推算1855年中国的鸦片吸食人数在300万左右。[②]

上述对1850年代以前的估计，虽然较为保守，但比较可信。1850年代以后，尤其是在鸦片贸易合法化后，随着鸦片贸易数量的增加以及自种罂粟面积的扩大，鸦片吸食人数也是增加迅猛。

郑观应对鸦片危害有切身的感受，对鸦片吸食人口的数目非常震惊，他曾做过以下调查和推算：

> 吸食日众，贩运日多，遂为进口大宗之巨款（查洋烟先到香港，转达各口，岁计约大土五万箱，小土四万箱，其金花土及在新加坡等处华人所销者，不在数内），岁月十万箱以为常矣。每箱价约五百余两，除关税捐款外，洋商约得四百两左右，统计每岁出口银四千余万两。今直省相率仿种，甚如川、黔全境皆是，岁约十二万箱。箱重百二十斤，合计烟土约二千六百四十万斤，以每人岁食六斤计之（以土十灰六熬膏，土约五成，灰约七成，层层推算，实每人食四钱七分零），当得四千四百万人，而佣工小贩之依此为生者约十之一，其余自种自吸者，或相倍蓰。年年坐困于于此，犯法伤

---

① ［美］费正清编：《剑桥中国晚清史（1800—1911年）》上卷，中国社会科学院历史研究所编译室译，北京：中国社会科学出版社，1993年，第193页。

② B. P. P., *Papers Relating to the Opium Trade in China*, *1842—1856*, p. 53. 转引自姚贤镐编：《中国近代对外贸易史资料（1840—1895）》第2册，第861页。

生，废时失业者，不下千百万人。[1]

郑观应估计的鸦片吸食人数为 4 400 万。这个数字看起来较高，应该包括了三类鸦片吸食者，即偶然的吸食者，经常的吸食者（还没有上瘾），以及吸食成瘾者。但即便如此，这个估计数字可能还是偏高。相关材料也有类似的记载，如当时在中国的英国官员观察，"把三类吸食者都算在内……鸦片吸食者即占了全部成年人口的一半"[2]。"根据最可靠方面统计，有 45％的男子和 2％的妇女——在市镇有 70％的男子——吸食鸦片。"[3]显然，第一种说法可能有些夸张，因为如果按照成年人口的一半计算，当时的鸦片吸食者应该在 1 亿人以上。[4] 还有人估计，"中国北方各省每个家庭至少有一个成员吸鸦片，因此中国鸦片作物的任何歉收都会引起对麻洼鸦片的大量需求"[5]。如此看来，19 世纪后期中国的鸦片吸食人数肯定是一个非常庞大的数字，这一点是无可怀疑的。1881 年，赫德作过一次比较认真的核查，他认为吸烟者的人数约为 200 万，即占当时全国人

---

① （清）郑观应：《盛世危言》卷 4《禁烟上》。

② *Commercial Reports*，1878 年，烟台，p. 55。转引自姚贤镐编：《中国近代对外贸易史资料（1840—1895）》第 2 册，第 862 页。

③ *Commercial Reports*，1882 年，淡水，p. 257。转引自姚贤镐编：《中国近代对外贸易史资料（1840—1895）》第 2 册，第 862 页。

④ 按照中国古代规定的成丁年龄，15 岁以前为幼年（少年儿童），16 至 59 岁为成年，60 岁以上为老年，即成年应该包括成年和老年。根据有关统计，幼年人口占总人口的 38％左右，成年占总人口的 62％左右。18 世纪后期中国人口约为 4.6 亿。（参见姜涛：《人口与历史——中国传统人口结构研究》，北京：人民出版社，1998 年，第 84、251—254 页）按照上述比率，成年人口应该约为 2.85 亿，即使按照现在 18 岁以上为成年人标准，成年人口也在 2 亿以上。如果按照所引材料即 47％的成年人吸食鸦片的话，绝对人数也在 1 亿以上，显然估计过高。

⑤ 《领事马安关于 12 月 31 日为止的 1870 年度上海港贸易报告》，《上海近代贸易经济发展概况：1854—1898 年英国驻上海领事贸易报告汇编》，第 228 页。

口的0.65%。[①] 这个估计显然又过低。根据当时外国传教士和观察家的推算，1890年前后中国的鸦片吸食者占全部人口的10%左右，过量吸食或成瘾者占3%—5%，并由此推算出19世纪后期中国的鸦片吸食者为1 500万人。[②] 按当时总人口推算，这个数字尽管仍估计偏低，但大体是比较客观的。

综合各种材料来分析以及其他学者的估计，19世纪后期中国的鸦片吸食人数大约在2 000万左右，[③]即占总人口的约4%—5%，占成年人口的约7%—8%。这个数字基本包括了三类吸食者，第三类即吸食上瘾者估计有300—500万人。1898年英国驻华公使馆武官布朗上校曾在满洲进行过实地考察，他考察的结果是：

> 普通中国人如果被问到这个问题，会说有一半人抽鸦片；但是从我的经历来看，这种说法是极为夸张的。我曾在150家小旅馆住宿，应该说，每30—50位客人中，平均有两个人抽鸦片，也就是说，约有5%的人抽鸦片。[④]

我的估算与上校实际考察的结果基本一致。

2. 消费数量估计

关于19世纪的鸦片消费数量，精确的计算比较难。现根据有关资料，对19世纪的鸦片消费总量和人均消费量作一简单估算。

---

① ［美］费正清编：《剑桥中国晚清史(1800—1911年)》上卷，第193页。

② ［美］史景迁：《中国纵横：一个汉学家的学术探索之旅》，第289页。又见［美］费正清编：《剑桥中国晚清史(1800—1911年)》上卷，第193页。

③ 苏智良：《中国毒品史》，第172页。

④ 《英国驻华公使馆武官布朗上校有关满洲的笔记》，吴乃华摘译，国家清史编纂委员会编译组编译：《清史译丛》第5辑，北京：中国人民大学出版社，2006年，第191页。

总的来看，19世纪最初20年中国的鸦片消费量比较少，也比较平稳。大约从1820年代中期以后，鸦片消费总量开始迅速增加，1830年代以后增加更为迅猛（见表5.6）。

表5.6 中国消费鸦片量值的估计（1816—1837）

指数：1819—1820＝100

年度	数量		价值	
	箱	指数	元	指数
1816—1817	3 698	77.4	4 084 000	70.5
1817—1818	4 128	86.4	4 178 500	72.1
1818—1819	5 387	112.7	4 745 000	81.9
1819—1820	4 780	100.0	5 795 000	100.0
1820—1821	4 770	99.8	8 400 800	145.0
1821—1822	5 011	104.8	8 822 000	152.2
1822—1823	5 822	121.8	7 989 000	137.9
1823—1824	7 222	151.1	8 644 603	149.2
1824—1825	9 066	189.7	7 927 500	136.8
1825—1826	9 621	201.3	7 608 200	131.3
1826—1827	10 025	209.7	9 662 800	166.7
1827—1828	9 525	199.3	10 425 190	179.9
1828—1829	14 388	301.0	13 749 000	237.3
1829—1830	14 715	307.8	12 673 500	218.7
1830—1831	20 188	422.3	13 744 000	237.2
1831—1832	16 225	339.4	13 150 000	226.9
1832—1833	21 659	453.1	14 222 300	245.4
1833—1834	19 362	405.1	12 878 200	222.2
1837—1838	28 307	592.2	19 814 800	341.9
19年共计	213 899	—	188 514 393	—

表注：1834—1836年数字原缺。

资料来源：严中平等编：《中国近代经济史统计资料选辑》，第23页。

1840年代以后，因为口岸开放，走私猖獗，鸦片消费继续走高，增长幅度超过此前的30年（见表5.7）。

表 5.7　印度鸦片输出额及中国的估计消费额(1840—1860)

单位：箱

年份	印度的输出额	其他各地的估计消费额	中国的估计消费额
1840	20 619	5 000	15 619
1841	34 631	5 000	29 631
1842	33 508	5 000	28 508
1843	42 699	6 000	36 699
1844	28 667	5 000	23 667
1845	39 010	6 000	33 010
1846	34 072	6 000	28 072
1847	40 250	7 000	33 250
1848	46 000	8 000	38 000
1849	53 075	10 000	43 075
1850	52 925	10 000	42 925
1851	55 561	11 000	44 561
1852	59 600	11 000	48 600
1853	66 574	12 000	54 574
1854	74 523	13 000	61 523
1855	78 354	13 000	65 354
1856	70 606	12 000	58 606
1857	72 385	12 000	60 385
1858	74 966	13 000	61 966
1859	75 822	13 000	62 822
1860	58 681	11 000	47 681

资料来源：[美] 马士：《中华帝国对外关系史》第 1 卷《1834—1860 年冲突时期》，第 626 页。

1870—1880 年代，中国的鸦片进口达到了最高峰，“外国鸦片在中国的消费量每年平均约为 12 000 000 磅，中国国内每年大致还生产 5 000 000 磅”①。即使按每箱 120 斤计算，每年的鸦片进口也在 10 万箱以上。

① 姚贤镐编：《中国近代对外贸易史资料(1840—1895)》第 2 册，第 862 页。

人均鸦片消费数量统计较为困难。1855 年 10 月 22 日，麦都思在关于鸦片问题的报告中说，他“近日向上海的中国人调查了一下，一致的答覆都是，中等烟瘾的鸦片吸食者每天吸食 1 钱或 1 打兰；但补充说，只吸食这样数量的人为数不多；大多数的人是每日吸食 2 钱、3 钱或 5 钱，这样才能维持最初由于 1 钱而引起的烟瘾……商人和士大夫阶级更能买得多些，也确实吸食得多些，有人甚至要吸食 1 两才过瘾”[①]。1 打兰（dram）约合 3.887 克，按每个瘾君子每日吸食 4 打兰计算，约合 15 克左右。此与上引郑观应“每人日食四钱七分零”的估算大体接近。如果按照另一种估计，瘾君子每年要消费 7 磅鸦片，[②]则合 3175 克，每日 8.7 克左右。各种统计相差较大，但瘾君子日消费 10 克左右是可以肯定的。

关于鸦片的消费费用，包世臣以 19 世纪初期的苏州为例，估算了吸食鸦片的费用。他说：“即以苏州一城计之，吃鸦片者不下十数万人。鸦片之价，较银四倍牵算，每人每日至少需银一钱，则苏城每日即费银万两余，每岁即费银三四百万两。统各省名城大镇，每年所费不下万万。”[③]全国鸦片消费之数目，则更是惊人数字。

3. 消费特点

如果要为 19 世纪找一个关键词的话，“鸦片”肯定在候选之列。因为在 19 世纪的中国社会中，鸦片无处不在，它不仅影响了中国的历史进程，而且影响了中国人生活的方方面面。

19 世纪初，鸦片的危害主要限于东南沿海及南方各省。正如

---

① B. P. P., *Papers Relating to the Opium Trade in China, 1842-1856*, p. 53. 转引自姚贤镐编：《中国近代对外贸易史资料(1840—1895)》第 2 册，第 860 页。

② ［美］史景迁：《中国纵横：一个汉学家的学术探索之旅》，第 290 页。

③ （清）包世臣著，潘竟翰点校：《齐民四术》卷 2《农二・庚辰杂著二》，北京：中华书局，2001 年，第 58 页。

曾随英军来到中国的海军上尉奥特隆尼所说："中华帝国南部诸省的人民多半都是吸食鸦片成瘾的，那真是一大流毒，一大祸害。"[①] 19 世纪孟加拉等地鸦片产量大幅提高，直接导致了鸦片价格下降，从而极大刺激了中国人对鸦片的需求。[②] 五口通商之后，因为走私和国产鸦片增多，鸦片价格更加低廉，随处可以购得，人人皆有能力消费，故吸食鸦片现象非常普遍。概括说，吸食人数多，影响范围和地区广，消费量大，是 19 世纪中国鸦片消费的基本特点。

从地域上分析，在 19 世纪的中国没有吸食鸦片记载的地区很少。由沿海到内地，由北方到南方，由城市到乡村，由经济较发达地区到边远贫困地区，此类记载不胜枚举。有几个特点值得注意：

一是沿海城市比内地城市鸦片消费高，南方比北方消费高，此与经济发展和对外交流水平有直接关系。比如 1850 年代"中国每年鸦片消费量约为 5 万箱……其中以上海为中心的北方消费量占 2/5，以广州为主要市场的南方消费量占 3/5。在广州及华南，几乎无例外地都用白银来购买鸦片"；"在北方以鸦片交换中国土产的物物交换，目前并不稀罕。"[③]这段话既指出了 19 世纪中期鸦片消费的特点，又说明了经济发展水平对鸦片消费的影响。上海成为新的鸦片销售和消费中心后，对鸦片消费格局产生了很大影响，因为上海直接带动了长江流域乃至中国北方的鸦片消费和罂粟种植。1887 年，英国驻上海总领事说："吸鸦片烟的人

---

① 转引自［美］张馨保：《林钦差与鸦片战争》，第 36 页。

② Robert Blake, *Jardine Matheson: Traders of the Far East*, p. 42.

③ B. P. P., *Returns of the Trade of the Various Ports of China, for the Year 1849*, pp. 2-3. 转引自姚贤镐编：《中国近代对外贸易史资料（1840—1895）》第 1 册，第 420—421 页。

数似在不断增加。现在甚至妇女也有常去鸦片烟馆的习惯。”[①]不过，上海人对进口鸦片情有独钟，这使外国鸦片在上海比在其他地方更容易成交。

二是大城市和城镇比农村吸食人数多、比例高。以烟馆为例，至晚清，天津有170家，杭州超过1 000家，重庆有各类鸦片店铺1 230家，烟台有132家，温州有1 130家；苏州更是惊人，仅在1869年丁日昌倡导的反对鸦片的改革中，苏州就关闭了3 700家鸦片店铺和烟馆。[②] 从抽查的城市鸦片店铺数量来看，在19世纪时长江以北鸦片吸食者相对较少。中国农民普遍吸食鸦片，大约是始于1870年代国内罂粟种植和加工大幅度增长的时候，而且城市的示范效应也不容忽视。如在上海影响下，小小的松江府南汇县城每日所销烟土费用已倍于粮米，“其毒乃不可遏，通衢列肆，嗜者日众，城市而外，寖及乡镇，一日之费倍蓰粮米，往往因之败业”[③]。浙江黄岩县城吸食鸦片之风甚盛，因为吸食鸦片而导致“大家累世积储之业，化为乌有者不可胜数；而士风颓靡，细民实业多由于此”[④]。

三是19世纪后期北方和边远地区吸食鸦片人数增多。据英国驻华公使统计，光宣年间，四川的鸦片吸食者为315万人，其中有17%即54万人成瘾。[⑤] 甘肃、陕西、云南、贵州等边远地区的鸦片吸食人数都是非常惊人的。19世纪后期整个北方吸

---

① 《总领事许士1887年度上海贸易报告》，《上海近代贸易经济发展概况：1854—1898年英国驻上海领事贸易报告汇编》，第720页。

② ［美］史景迁：《中国纵横：一个汉学家的学术探索之旅》，夏俊霞等译，第303页。

③ （清）博润修、（清）姚光发等纂：《松江府续志》卷5《疆域志》，清光绪十年刻本。

④ （清）陈钟英：《黄岩县志》卷31《风俗》，清光绪三年刻本。

⑤ 《广益丛报》第17号《调查》，转引自苏智良：《中国毒品史》，第196页。

食鸦片的现象都比较普遍。如辽宁省，根据当时在华外国人的观察，“1867年底，本省（辽宁）吸食鸦片的人数，自牛庄开放对外国通商以来已增加了两倍”[①]。如山西省，张之洞认为该省城市中的吸食者比例高达80％，农村也达到了60％；曾国荃则认为北方农村的吸食者比例要高于城市；甘肃鸦片吸食者的比例高达80％。[②] 这种现象同罂粟种植面积的扩大有极大关系。

从吸食鸦片的阶层和构成来分析，从平民百姓到官僚贵戚，从男性到女性，甚至从成年人到少年儿童等，皆有大量的鸦片吸食者。以中国台湾为例，至19世纪后期，台湾总人口只有300左右[③]，但瘾君子却有50万人，每日耗银10万两，[④]“几乎所有台湾各阶层居民都吸食鸦片，尤其是中下阶层……一个人不论多么穷，似乎没有能摒弃这种嗜好的”[⑤]。官僚贵族乃至皇室成员，因为他们有雄厚的经济实力，因而一直是鸦片的主要消费群体。早在19世纪初，宫廷侍卫中就有人吸食鸦片，嘉庆皇帝一直怀疑太监中也有吸食者。嘉庆死后，他的怀疑得到证实。1831年12月，由内务府总管大臣为首，进行了一次大搜查，结果发现有一大批老太监吸食鸦片，有些人烟龄已有二三十年以

---

① *Trade Reports*，1871—1872年，牛庄，p. 20。转引自姚贤镐编：《中国近代对外贸易史资料（1840—1895）》第2册，第861页。

② ［美］史景迁：《中国纵横：一个汉学家的学术探索之旅》，第289页。

③ 据田珏主编《台湾史纲要》（福州：福建人民出版社，2000年，第81页），台湾汉族人口在1811年为190多万。据包恒新《台湾知识辞典》（福州：福建人民出版社，1987年，第2页），1811年台湾总人口为2003861人，1885年建省前后为320万人。

④ 鸦片战争后，徐宗干任台湾兵备道，谋禁鸦片。他在《防夷论》中说：“银何以日少？洋烟愈甚也。民何以日贫？吃烟愈多也。以每日每约计之，须银二钱，就台地富贵贫贱良莠男女略吃烟者不下数十万人，以五十万计之，每日耗银十万两矣。”可见此处所列数字为大概估计。参见连横：《台湾通史》，北京：商务印书馆，1983年，第359页。

⑤ 姚贤镐编：《中国近代对外贸易史资料（1840—1895）》第2册，第861页。

上，同这些老太监一起吸食鸦片的还有不少皇室宗亲。大学士兼刑部尚书卢荫溥等官员上奏称，收受贿赂的朝廷大员及商人是吸食鸦片的始作俑者，鸦片就是从这些人扩展到大户人家和城市富豪人家，然后又蔓延到普通百姓家。“现今直省地方，俱有食鸦片烟之人，而各衙门为尤甚，约计督抚以下，文武衙门上下人等，绝无吸食鸦片烟者，甚属寥寥。今直省严禁鸦片烟，而不先自衙门始，尤不先自大吏衙门始，是犹坐视同室之人，昼夜聚赌，曾不之问，而谆谆告诫众百姓曰：有造卖赌具者，重责不贷，庸有冀乎？”[①]连慈禧太后也染上了烟瘾，每夜必吸鸦片至三鼓，然后出而视朝，这样才精神充足，与廷臣论国是全无倦怠之意，直至黎明才回宫休息，竟十年如一日。[②] 上行下效，在很多普通家庭里，烟具是必备物品，比如在江苏金匮（今属江苏无锡），“自外夷通商，而阿芙蓉膏流毒殆遍中国，近更有加无已，几于家置一灯，至有妇女，亦嗜此者”[③]。甚至连乞丐也吸食鸦片。

更有甚者，清朝军队也遍染吸食鸦片的恶习。吉林将军祥康曾说，在沿海七省的官兵中，不抽鸦片烟者反倒例外。他们出征时常常身带两杆枪，作为武器的长枪经常生锈，而那杆烟枪却被用得油光发亮。[④] 有的部队因为吸食鸦片太严重而根本无法胜任战事。1832 年，李鸿宾镇压连州瑶族起事，战败而归，后来朝廷追究其失败原因有两条，一是不明敌情遭埋伏，二是与将士吸食鸦片有关，“该省调至军营战兵六千余名，不惯走山，沿海各营兵丁，多有吸食鸦片烟者……如果平素整顿操防，何至临阵恇

---

① 中国史学会主编：《鸦片战争》第 1 册，第 436 页。
② 苏智良：《中国毒品史》，第 196 页。
③ （清）邹弢：《三借庐笔谈》卷 2《嘲吸烟》。
④ 苏智良：《中国毒品史》，第 93 页。

怯?”[1]作为国家柱石的军队都无法避免鸦片的侵蚀，可见清朝社会被鸦片危害的程度之深了。

正常消费本来可以带动和刺激经济的发展，是社会进步不可缺少的基本要素，但中国的鸦片消费却是非正常的畸形消费，不仅无益于经济的发展，摧残了人的身体，而且还阻碍了经济的发展和社会的进步，败坏了社会风气。19世纪中国人同西方人截然不同的消费导向，是进行中西比较的一个非常重要的方面，由此可以探寻中国落后的深层原因。

三 茶叶、鸦片贸易在清代财政中的地位

1. 茶叶税收对清代国家财政的重要性

茶叶税收在清代财政中占有非常重要的地位，这可以从清代茶法的演变中看出来。清朝茶法大致经过了三个阶段，第一阶段行茶马法，从清初至雍正年间，这是延续了明朝茶法。第二阶段行茶引法，从雍正年间至咸丰年间，开始重视茶税的征收，起初税率较低，后来逐渐提高。第三阶段从咸丰初年开始征收厘金及茶税，茶叶税负加重。在第一阶段，茶叶主要是作为一种战备物品，后来茶税越来越重要，也越来越为政府所重视。

清代茶叶产量增加很快，对国家财政的贡献越来越大。到嘉庆年间(1796—1820)，全国共颁茶引40万道左右。其中浙江最多，共14万引；四川次之，13万余引；安徽再次之，8万余引(皆未

---

① 《清史列传》卷36《李鸿宾传》，北京：中华书局，1987年，第2862页。

计余引)。[①] 按每引配茶114斤计(每引100斤,每千斤准带附茶140斤,即每引准带附茶14斤,以充途中消耗),合4 560万斤。按每斤纳税1厘2毫5丝计,合57万两。[②] 咸丰年间,因为战乱而使国家本来就捉襟见肘的财政状况更是雪上加霜。征收茶厘对解决清政府的财政困难起了很大作用。

茶叶贸易繁荣对推动地方经济的发展和解决地方财政困难也起了重要作用。植茶业发展使地方茶叶贩运日益兴旺,地方政府税收随之增加。光绪十年(1885)前后,清政府在湖北崇阳、咸宁等县和蒲圻县的羊楼峒设立茶厘总局,每年收茶厘银达二十余万两。[③] 1864年,湖广总督官文认为,湖南与湖北两省将近70%的政府财政收入来源于商业税收。[④]

茶叶关税收入同样对清政府的财政有很大帮助。随着茶叶出口量激增,其关税收入对政府财政的贡献越来越大。根据英国东印度公司档案记载,1817—1833年广州口岸出口的茶叶占出口总货值的60%左右(见表5.8)。

表5.8　广州一口通商时期各主要出口商品的货值增长变化

单位：千元

	茶	丝	丝织品	土布	白铜	其他	共计
1817	10 707.0	635.4	984.0	1 048.9	907.5	1 283.6	15 566.4
1825	13 572.9	2 319.0	2 820.3	1 010.3	3.9	2 483.4	22 209.8
1830	10 551.4	1 693.3	2 226.8	617.6	19.2	2 494.1	17 602.4
1833	15 141.2	3 147.6	1 471.4	66.4	—	2 183.3	22 009.9

资料来源：上海社会科学院经济研究所、上海市国际贸易学会学术委员会编：《上海对外贸易(1840—1949)》上册,第11页。

① (清)托津等奉敕纂：《大清会典事例》卷192《杂赋·茶课》,沈云龙主编：《近代中国史料丛刊三编》第六十九辑,台北：文海出版社,1992年。
② 吴兆莘：《中国税制史》下册,上海：商务印书馆,1937年,第107页。
③ 参见米镇波：《清代中俄恰克图边境贸易》,第161页。
④ ［美］罗威廉：《汉口：一个中国城市的商业和社会(1796—1889)》,第224页。

至鸦片战争前，广州茶叶出口量平稳增长，年均达42.3万担，价值1692万元，约占当时广州出口总值的63%，这还不包括从陆路运往俄罗斯的茶叶。[①] 鸦片战争后，直至19世纪中后期，茶叶一直是中国占第一位的出口商品，其出口值在有些年份甚至占中国出口总值的80%以上。在各通商口岸，尤其"南方各省商务，茶为大宗，海上通商以后，每以华茶出口之多寡，定一年商务之盈亏"[②]。但由于其他产品（如丝和丝织品）出口量增加，后期则主要是由于印度和锡兰茶叶的竞争，中国茶叶出口值在全国总出口值中的比例逐渐降到40%—50%；到19世纪最后10年，已降至30%以下；至20世纪初，更降至10%以下（见表5.9）。

表5.9　中国的出口商品值和比例(1868—1913)

	1868年	1880年	1890年	1900年	1905年	1913年
总值1 000关两	61 826	77 884	87 144	158 997	227 888	403 306
%	100.0	100.0	100.0	100.0	100.0	100.0
茶叶%	53.8	45.9	30.6	16.0	11.2	8.4
丝、丝绸%	39.7	38.0	33.9	30.4	30.1	25.3
籽仁和油%	—	0.1	0.6	2.5	3.4	7.8
豆类%	1.0	0.2	0.4	1.9	3.0	5.8
生皮、熟皮、皮类%	—	0.5	1.4	4.3	6.6	6.0
棉花%	0.9	0.2	3.4	6.2	5.3	4.1
羊毛%	—	0.4	1.6	1.9	3.7	2.4

① ［美］马士：《中华帝国对外关系史》第1卷《1834—1860年冲突时期》，第191—192、233页。

② 章开沅等主编：《苏州商会档案丛编（1905年—1911年）》第1辑，武汉：华中师范大学出版社，1991年，第331页。

续表 5.9　中国的出口商品值和比例(1868—1913)

	1868年	1880年	1890年	1900年	1905年	1913年
煤%	—	—	—	—	—	1.6
蛋类%	—	—	—	—	0.9	1.4
其他%	4.6	14.7	28.1	36.8	35.8	37.2

资料来源：《中国海关贸易报告》，转引自郑友揆：《中国的对外贸易和工业发展(1840—1948)——史实的综合分析》，程麟荪译，蒋学模、汪熙校，上海：上海社会科学院出版社，1984年，第23页。

尽管中国茶叶在19世纪后期遭遇激烈竞争而引起出口值的下降，但总的来看，茶叶在19世纪中国进出口贸易中具有头等重要的地位是不容否认的：中国全部出口商品所换得的外汇有52.7%得自茶叶，中国全部进口商品所需要的外汇有51%是靠茶叶支付的。[①] 即使英国在对华大量输入鸦片后，中国茶叶出口的优势仍可以使中国对外贸易保持顺差，基本能弥补因鸦片进口而造成的大量白银外流。在1867—1894年，中国仅出口的茶叶价值即大致与进口的鸦片价值相当。1880—1891年，清政府茶叶关税收入总计5 338.9万两，年均449万两，相当于同期海关出口税收的55.4%左右。[②] 可见，清政府从茶叶贸易中得到了巨大收益。

2. 鸦片税收对清代国家财政的重要性

鸦片对中国经济危害巨大，鸦片贸易使中国大量财富流失，使本来就已普遍贫困的中国人变得更加贫困，严重影响中国的经济稳定和人民生计。可以这样说，英国人疯狂地向中国推销

① 严中平主编：《中国近代经济史(1840—1894)》下册，北京：人民出版社，2001年，第1178页。

② 参见周军、赵德馨：《长江流域的商业与金融》，武汉：湖北教育出版社，2004年，第250页。此处数据计算可能有误，应为年均444.9万两。

鸦片，而中国人痴迷于购买和食用鸦片，是 19 世纪中国危机的重要根源之一；而因鸦片所耗费的财富以及不断的巨额战争赔款，则是清政府财政近乎崩溃的最主要原因。由此不难理解，清朝的灭亡实乃势之所趋。

清政府在鸦片战争前实行严禁政策，但实际结果却是越禁越多，进入中国的鸦片数量成倍增长，1821—1827 年为年均 9 708 箱，1828—1835 年为年均 18 712 箱，1836—1839 年为年均 35 445 箱。[①] 1840—1858 年间，鸦片进口虽然并不合法，但《南京条约》中也没有规定鸦片为非法商品，清政府采取基本不干预的政策，结果导致鸦片走私更加猖獗，进口量比鸦片战争前大大增多，仅上海一口输入的鸦片量就已接近鸦片战争前全国鸦片进口的总量。以 1854—1855 年为例，上海进口货物总值为 1262 万两，其中鸦片货值 911 万两，竟然占到货物总值的 72%！[②] 也就是说，中国茶叶及丝绸等出口商品换得的外汇，一半以上被用来购买鸦片，中国的财富就这样流失了。

鸦片税收对清代国家财政的重要性，可以从这样几点来看。

第一，鸦片关税和厘金收入成为清政府财政收入中不可缺少的部分。

清朝在很大程度上是因为鸦片而亡，可晚清政府却又依赖于鸦片而苟延残喘，突出表现为鸦片税收在清政府财政中的地位越来越重要，在 19 世纪后半期成为海关税收中最主要的部分。这很有讽刺意味，却也恰恰体现了中国社会半殖民地化的特征。

---

① ［美］马士：《中华帝国对外关系史》第 1 卷《1834—1860 年冲突时期》，第 239 页附表。

② 黄苇：《上海开埠初期对外贸易研究》，第 88 页。

清政府鉴于无力阻止鸦片走私，而财政状况又入不敷出，在1858年不得不在中英《通商章程善后条约》中承认鸦片贸易的合法化，正式把鸦片作为商品征税，规定每百斤纳银30两，并美其名曰“洋药税”。很显然，清政府同意鸦片贸易合法化的目的就是为了增加税收。有学者指出，1842年以来的鸦片贸易部分在条约口岸合法进行，部分在条约口岸近海的鸦片趸收点非法进行，清楚地说明此间的鸦片贸易“是无案可稽的走私者-绅士的协议”，“在北京未能以武力遏制外国人和中国人手中的鸦片贸易之后，中国当局别无他途，容忍鸦片贸易，并且从中取得好处”。[①]

从实际情况看，鸦片作为19世纪占中国进口值第一位的商品，在贸易合法化前却在政府财政收入中付之阙如，对政府财政来说的确是巨大的损失。当然这并不意味着支持清政府征收鸦片税，只是说既然清政府无力制止鸦片贸易，则不如堂而皇之地征税。这是一个非常苦涩的结果，是没有办法的办法，可除此之外，清政府又能做什么呢？当然，鸦片贸易合法化的后果是导致鸦片无限制地大量输入，鸦片税从此成为清朝海关一项最重要的税收。据各海关历年统计，1862年以后鸦片关税税收一直维持在100万两以上，1874—1892年则维持在200万两以上，1888年最高达二百五十多万两（见图5.1）。

根据中英《通商章程善后条约》第5条，除在海关每百斤征收鸦片税30两外，华商运销内地时，须逢关纳税、遇卡抽厘。但英国人认为这样对鸦片的倾销非常不利，所以一直反对，尽管中

① ［美］凯瑟琳·F·布鲁纳、［美］费正清等编：《赫德日记—赫德与中国早期现代化》，陈绛译，北京：中国海关出版社，2005年，第8页。

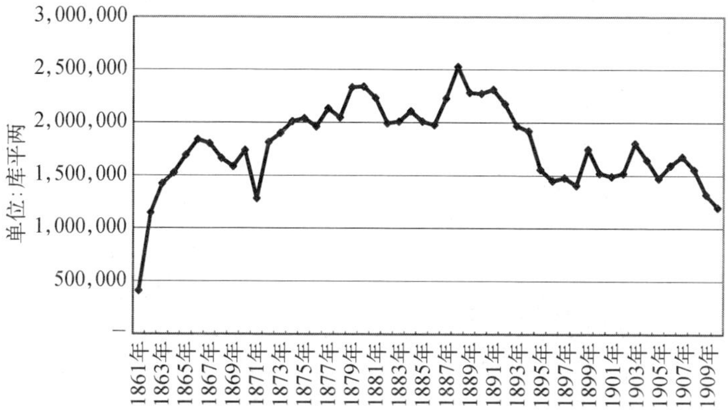

图 5.1　全国海关历年洋药税(1861—1910)

资料来源：汤象龙编著：《中国近代海关税收和分配统计(1861—1910)》，北京：中华书局，1992 年，第 113—116 页。

英双方早在 1876 年就订立了《烟台条约》，但英方为拖延时间，久久不予批准。最后双方妥协，于 1885 年签订了中英《烟台条约续增专条》，制订了新的征收鸦片税厘的办法：鸦片输入中国口岸时，由海关封存，在按照每百斤向海关交纳进口税 30 两，并纳厘金 80 两后，就可以运销全国，不需要再交纳其他税厘了。① 从 1887 年起，海关开始鸦片税厘并征，即每百斤共征收 110 两。原来厘金由地方征收，而今收归海关税务司，征收后的厘金归中央财政，这样便使清政府的财政收入大大增加。直至清朝灭亡

① 1858 年，中英《通商章程善后条约・海关税则》第五款规定：“洋药准其进口，议定每百斤纳税银三十两。”(清) 李圭《鸦片事略》卷下载：(1881 年)“嗣覆经总理衙门与威妥玛商办洋药厘并征，在香港设局，每百斤先收正税三十两，带征内地厘金八十两。”参见姚贤镐编：《中国近代对外贸易史资料(1840—1895)》第 2 册，第 843、845 页。关于征收鸦片厘金的问题，李鸿章在 1874 年《筹议海防折》(《李文忠公全集・奏稿》卷 24)中就已提出，1979 年他又建议进口鸦片每百斤抽正税 30 两，外加征 80 两，共计 110 两，入内地不再征税，并建议国产鸦片每百斤征 40 两。其建议为清政府采纳。

为止，鸦片厘金在清政府财政中占有十分重要的地位，每年都在300万两以上，1888年最高达656万多两（见图5.2）。

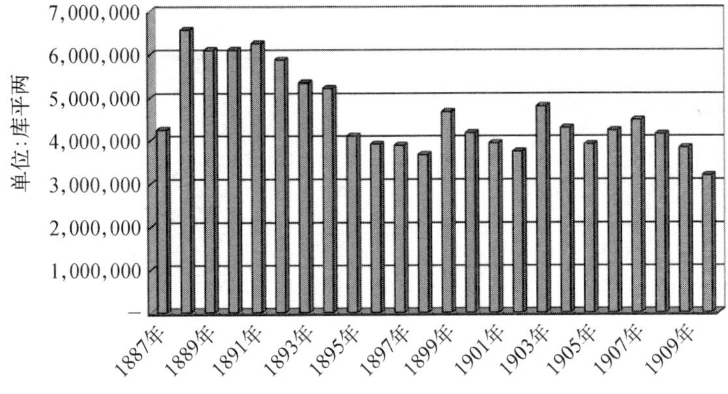

图5.2 全国海关历年洋药厘金统计（1887—1910）

资料来源：汤象龙编著：《中国近代海关税收和分配统计（1861—1910）》，第120页。

进口鸦片既然已在海关税务司交纳厘金，国产鸦片也仿照这一办法，自1887年起，各地鸦片在运经各通商口岸时也实行鸦片税厘并征。从此，鸦片生产大省如四川、云南等地的鸦片由各通商口岸运销全国，在重庆、宜昌、蒙自等内地主要海关，鸦片税厘成为其税收最主要的部分（见图5.3）。以至于当时重庆海关税务司好博逊感叹说，鸦片税收“足以使本省向来所收一切捐税黯然无色”[①]。

具有讽刺意味的是，晚清开展的许多自强项目或多或少与鸦片税厘有关，甚至就是靠鸦片税厘来建设的。如1877年两广总督报告说，广东机器局正在建造16艘炮舰，已花费的96 860

① ［英］好博逊：《重庆海关1891年调查报告》，李孝同译，转引自汤象龙编著：《中国近代海关税收和分配统计（1861—1910）》，第17页。

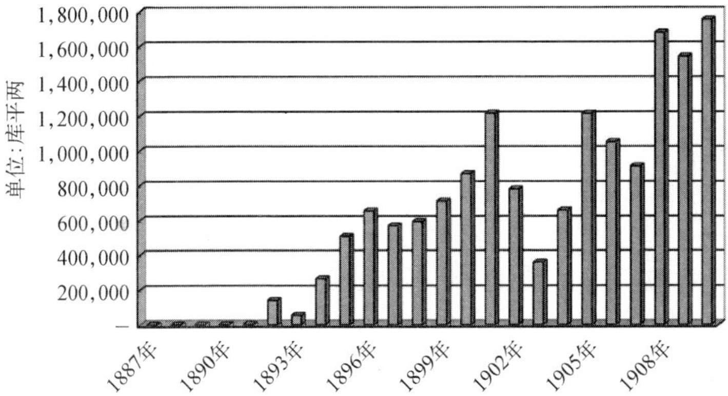

图 5.3 全国海关历年土药税统计(1887—1910)

资料来源:汤象龙编著:《中国近代海关税收和分配统计(1861—1910)》,第124页。

两白银费用,加上每月支付的薪饷以及各种杂费4 148两,全部取自所收缴的鸦片厘金。这项建造炮舰的计划到1880年时仍在继续,每年要从鸦片厘金中抽取11万两(广东当时鸦片厘金总收入为23万两,其中12万两作为“供奉”上缴朝廷)。1887年,台湾巡抚刘铭传得到批准,以高雄和淡水两处鸦片厘金收入支付其海军和其他军事开支。同年,四川机器局从鸦片厘金中抽取67 771两银用于制造机器、步枪、子弹等。[①] 可见,鸦片厘金收入已经成为清政府财政支柱。

正是因为鸦片对清政府财政重要性的突显,致使清政府禁烟困难,甚至实行明为禁止而暗中鼓励的政策,这是晚清鸦片流毒愈演愈烈的一个重要原因。

第二,鸦片在中国具有货币功能。

在1850年代后,鸦片在中国经济生活中还有其他一些神奇

① 参见[美]史景迁:《中国纵横:一个汉学家的学术探索之旅》,第308页。

的作用，最突出的一点是可以代替现钱在市场上自由流通，其信用甚至超过现钱而备受人们欢迎，尤其在内地和沿海收购丝茶方面，鸦片的作用是无可替代的。突出表现在太平天国运动期间，因为战乱而引起了上海财政危机，此时凡是能够成功打开中国茶叶市场的，都是那些囤积了大量鸦片的外国公司，如怡和洋行、颠地洋行、广隆洋行等，一些小的洋行则因为鸦片存货太少而不能及时订购到足够的茶叶。怡和洋行从 1855 年起，通过福州的代理人托马斯·拉肯和 V·W·菲希尔，用鸦片来支付购买茶叶的费用，经营状况基本平稳。次年夏天，拉肯获得各种工夫茶 612 箱，价格每箱从 9.2 两至 13.5 两不等，他说："我按每担价 520 元，用白皮土 6 箱抵付。"[①]此后怡和洋行通过这种手段，不断将贸易规模扩大。

鸦片不仅具有一般等价物的性质，而且也具有使用价值，从而在一般人民心目中，比币值不稳定的金属货币（铜钱）或者货币金属（白银）更为可靠。同时，因为鸦片重量轻，携带起来比较方便，因此不仅大宗交易中可以用鸦片代替现银，小零售商也喜欢用鸦片来代替现金支付，一般人旅行更喜欢随身携带鸦片，甚至进京赶考的士人也携带鸦片来支付路途上的开销。在晚清大量的凶杀案中，许多受害人之所以被杀，就是因为为其搬运行李的船夫或担夫，从行李的重量中猜出有银块，为谋其财而将其杀害。虽然同等重量的鸦片比白银要廉价一些，但它比同等价值的铜钱要轻很多。因此，老练的推销商人经常随身携带鸦片作为白银的替代品。还有人将鸦片作为一种临时投资以增加盈

① 托马斯·拉肯致约瑟夫·贾丁，1856 年 8 月 29 日，怡和档案。转引自［美］郝延平：《中国近代商业革命》，第 63 页。

利。如处于社会最底层的苦力，为了养家糊口而拉驳船逆长江而上，到达四川后即设法带上鸦片，徒步穿山越岭，将鸦片卖给湖北的鸦片贩子，而从中获利。一些上层人士也有类似做法，如四川一候补官员吴树衡被某大员要求将 3 万两银子送至湖北，吴先投资买了 168 担鸦片，计划到湖北后转手卖掉，从中牟利。但湖北的鸦片市场行情却不如他想象那么乐观，他仅卖出 37 担，最后不得不请求湖北巡抚帮助他将其余的鸦片运到汉口出售。[①]

因鸦片的货币功能而产生的“苏州制度”特别引人注目。所谓苏州制度，即买办从上海带鸦片而不是现款到苏州产丝区换取生丝。这个制度是由 1840 年代吴淞的鸦片贸易活动发展起来的，后因太平天国运动造成现款支付困难而使这一制度得到加强。例如，上海的中国鸦片经销商先将鸦片付给向怡和洋行出售生丝的当地丝商，然后收下怡和在吴淞交付的鸦片。用鸦片作为交换手段，有许多方便之处，比如无论是经营生丝还是经营鸦片的商人，他们都可以节省看银(钱币兑换)费用和其他杂费。到 1851 年，用鸦片作为交换生丝的手段，已经成为一个不可阻挡的趋势，怡和洋行和以经营大宗生丝著名的泰记的合作就是一个典型例子。本年 4—5 月间，怡和给泰记交付了 443 箱白皮土，共购得生丝 195 包。[②] 当时从事交易的决不只是怡和洋行和泰记，其他许多洋行和中国商人都利用了这一制度而取得利润。

由此看来，鸦片在 19 世纪的中国扮演了一个非常特殊的角

---

① 参见[美] 史景迁：《中国纵横：一个汉学家的学术探索之旅》，第 304—305 页。
② 参见[美] 郝延平：《中国近代商业革命》，第 66—71 页。

色：它既毒害中国人民的身体健康，危害国家利益，最后却又成为了清政府赖以生存的一种财富来源，可以说清政府深深地患上了鸦片依赖症。这是鸦片流毒在19世纪后期愈演愈烈的一个最重要的原因，清政府中的一些开明人士也曾力主禁烟，但是在这样的形势下，道义的声音是微不足道的。

3. 茶叶和鸦片对清代国家财政重要性的比较

茶叶和鸦片对于清政府的重要性，体现在税收的重要性方面。自古以来，中国历代政府财政支出多依赖于土地税，尤其是粮食税。在清代，虽然土地税平稳上升，但它在整个政府税收中所占的比例却一直在下降：乾隆时期，土地税占总税收的比例为73.5%，至清朝灭亡前夕，这个比例已经降到35.1%。清代增加了一些新税种，比如海关税和厘金，是土地税比例下降的主要原因。[①] 从收入与支出的比例来看，到了19世纪，清政府的税收并没有显著的上升，支出却大大增加了。这是因为，第一，中国屡遭列强侵略，被迫支付越来越多的战争赔款；第二，有识之士力主发展近代工业和军事工业，以图自强，这些都需要很大的资金投入。无奈之下，清政府必须设法开辟财源，只能一再加大对茶叶和鸦片海关税及厘金的征收，尤其是主要出口产品茶叶税厘的征收。

从保护民族产业的角度来说，政府应该征收较低的出口税，而征收较高的进口税，这是符合各国贸易惯例的。但在19世纪中国的进出口贸易中，实际情形恰恰相反：出口税一直比进口税高，有的年份（如1872、1885年）居然高出一倍以上，表现出鲜明的半殖民地特征（见表5.10）。

① ［美］史景迁：《中国纵横：一个汉学家的学术探索之旅》，第225页。

表 5.10　进出口平均税率的变动(1864—1894)

年份	进口(%)	出口(%)	年份	进口(%)	出口(%)
1864	5.22	9.24	1880	5.82	10.62
1865	6.70	8.68	1881	5.44	11.66
1866	4.86	9.18	1882	6.03	11.98
1867	5.06	9.35	1883	5.98	10.76
1868	5.20	8.63	1884	6.01	11.59
1869	5.17	9.10	1885	5.75	12.15
1870	5.60	9.33	1886	5.74	11.14
1871	5.49	9.55	1887	5.57	9.91
1872	5.46	9.22	1888	5.32	8.96
1873	5.71	8.84	1889	5.29	8.47
1874	5.93	10.02	1890	5.14	8.63
1875	5.76	10.06	1891	5.34	8.12
1876	5.78	8.65	1892	4.98	8.11
1877	5.70	10.15	1893	4.10	7.26
1878	5.92	10.58	1894	4.04	6.89
1879	5.89	10.22			

资料来源：姚贤镐编:《中国近代对外贸易史资料(1840—1895)》第 2 册,第 796—797 页。

在最主要的进出口商品鸦片和茶叶上,这一点表现得非常突出。如 1867 年,鸦片进口税为 6.76%,茶叶出口税则分别为红茶 11.40%、绿茶 8.6%、砖茶 7.35%;1885 年,鸦片进口税为 7.3%,茶叶出口税分别为红茶 9.9%、绿茶 11.55%、砖茶 12.45%,茶末出口税更高达 27.1%至 54.2%。[①] 从趋势上来看,税率都在提高,但茶叶出口税提高更多,而 19 世纪后期中国茶叶已经面临国际茶叶市场的激烈竞争,在这种情况下,中国茶叶在国际市场上的竞争力只能越来越弱,突出表现为茶叶出口

① 姚贤镐编:《中国近代对外贸易史资料(1840—1895)》第 2 册,第 798 页。

值占中国出口总值的比例越来越少：1867 年为 59.67%，1873 年为 50.68%，1883 年为 45.84%，1893 年为 26.2%。[①]

对于茶叶这个中国最有希望的产业之一，政府本应大力支持，这样也可以寄望其将来对国家有更多的贡献，但清政府却没有这样的意识；对于鸦片这个给中国带来无穷灾难的商品，政府不但应该征收高额税收，更应该下决心禁止，但清政府却将之视为财源，其税率一直比茶叶出口税低。这样一种短视行为，对国家造成了极大的和长远的危害。

即便如此，列强仍指责中国政府征税太高，要求降低商品进口税。如 1840 年，英国政府抱怨说："中国省际货物通过税的税率过份沉重，以致消费英国和其他国家进口货的，实际上就只限于沿海的人，而沿海人民却只是那个庞大帝国人口中的极小部分。"[②]巴麦尊在致全权代表懿律的训令中，指示要求中国取消这些税，至少应该降低。可见英国对中国内地广大市场的觊觎之心。清政府在列强的威逼利诱下，给予洋商诸多优惠，各种税率亦降至最低。内地厘卡亦是对洋商礼让三分，而对本国商人则百般刁难，即所谓"若运货入内地，华商反不如洋商之便宜；因内地厘卡不若洋关之公道，一切商务任从厘卡之横行"[③]。到 19 世纪后期，洋商在内地远比华商经营便利，其获利亦比华商高。薛福成对此深有感触，他说：

> 创办厘捐之初，洋商之货亦在各子口抽课，均无异辞。

---

① 姚贤镐编：《中国近代对外贸易史资料（1840—1895）》第 2 册，第 1060—1061 页"出口商品分类表"。原表将砖茶列入"工业产品类"，本书统计时加入。

② 同上书，第 810 页。

③ ［英］布里难：《中国商埠情形记》，（清）麦仲华编：《皇朝经世文新编》卷 10 下，上海：大同译书局，1898。

迨至咸丰八年十一年订立条约与各口通其章程，始议定洋货、土货倘愿一次纳税，免各子口征收纷烦，每百两征银二两五钱，给予半税单，为他子口毫不另征之据。其不领税单者，仍应逢关纳税，遇卡抽厘。斯乃格外通融之法，体恤洋商，已无微不至。彼洋商运洋货，以子口半税抵内地厘捐，其获利过于华商远矣。然而商人无厌之求，靡所底止。往岁滇案未结，英国威使复徇奸商之请，借端要挟，所欲甚奢，日久相持，始立《烟台条约》，定于租界不抽洋货厘金。又洋货运入内地，不分华商、洋商，均可请领半税单，是又格外通融之法，所以优待洋商，流通洋货，至矣尽矣，蔑以加矣。①

关系国计民生的进口商品如煤油、火柴等，实行较低的税率尚情有可原，但如鸦片之类的甚至会危害人们身体健康的奢侈消费品，仍然实行极低的税率，则实为祸国殃民之举。更为荒唐的是，中国进口的烟、酒等奢侈消费品，竟然完全免税！对此，郑观应非常感慨，他对中外税制做了比较，批评政府的这种做法不公平：

历考泰西各税额，大致以值百取二十，或取四十、六十为率，最多则有值百取百者。美国进口货税值四征三，商虽非之，然不能违抗。亦有不全征税者，盖于轻重之中各寓自便之计。如洋酒、烟卷等物，外洋征税极重，在国中列肆卖烟酒者，尚需纳规领牌。今中西和约，凡进口之吕宋烟、洋酒只充伙食，概不纳税。查中国通商章程第二段，凡有金银、外国等银钱、面、粟、米粉、砂谷、面饼、熟肉、熟菜、牛奶

① （清）薛福成：《筹洋刍议·利权二》，见《自强学斋治平十议》，清光绪二十三年文瑞楼石印本。

酥、牛油、蜜饯、外国衣服、金银首饰、搀银器、香水、碱、炭、柴薪、外国烛、烟丝、烟叶、酒、家用船用杂物、行李、纸张、笔、墨、毡毯、铁刀、外国自用药料、玻璃器皿，各物进口，皆准免税。查泰西俱无此例，尤属不公。[①]

清政府这种“抑内护外”的做法，从短期看影响了关税收入，从长远看则压制了国内相关产业的发展。

四 茶叶、鸦片贸易对19世纪中国经济的影响

茶叶贸易和鸦片贸易对19世纪的中国经济的确产生了巨大影响。有学者认为，茶叶贸易与鸦片贸易的扩展不仅打破了中国贸易的平衡，而且打破了中国经济的平衡，并进而打破了中国社会和政治的平衡。[②] 此话可能只说对了一半，即鸦片贸易的确打破了中国经济、社会和政治的平衡；而茶叶贸易尽管量值很高，但对中国社会经济的影响比较有限。茶叶和鸦片的共同作用是促进了19世纪中国商品经济的发展，不过在影响社会经济的整体发展方面，茶叶贸易是促进作用，鸦片贸易则是促退作用；两相比较，鸦片的促退作用大于茶叶的促进作用。

1. 茶叶贸易对中国经济发展的促进作用

19世纪中国茶叶贸易获得大发展有多种直接的原因，一是欧美茶叶市场需求激增，在中国购买量巨大，中外茶叶商人展开

---

① ［清］郑观应：《盛世危言·税则》，第544—545页。
② ［美］费正清编：《剑桥中国晚清史(1800—1911)年》上卷，第21页。

竞争，促进了茶叶市场发展。二是打破了延续多年的广州制度后，通商口岸增多，中外贸易额增加很快，尤其是1860年《北京条约》签订以后，西方列强对中国采取所谓“合作”的外交政策，这带来了中西商业关系几十年的稳定。另外，太平天国运动被平定后，国内形势比较稳定，产茶区重新迎来中外茶商，为国内茶叶贸易的繁荣提供了条件。19世纪中叶以后，大批中国茶商和西方茶商代理人从条约口岸到内地直接向农民和生产者收购茶叶，并形成内地收购制度。有学者对这一时期中国的商业化水平评价很高，称“农产品的商品化，是商业资本主义的一个主要特征，内地丝茶收购是它再好不过的证明”①。

茶叶贸易对经济发展的积极影响是较为显著的，突出表现在茶叶种植面积增加和茶叶从业人口数量众多等方面。茶叶出口贸易增长导致旧茶区扩大种植面积，新茶区不断被开辟出来，有的地方甚至拔除别的经济作物，改种茶叶。如福建武夷山在1850年代后茶树种植面积迅速扩大，“在玉山及河口镇一带，即是在武夷山的北面，栽种着大量茶树并制造着大量茶叶，以供外销。上万英亩的土地都种着茶树，而且大部分的土地显然是最近几年内开垦和栽种起来的”②。在江西，“茶叶昔无近有，皎源西山最盛”③。安徽的茶叶种植面积增加更是显著，比如在九江周围，“本埠周围产茶地区的发展是很有趣味的。距本埠87哩的建德县(Kien-te，即今安徽秋浦县)，是1861年才开始种茶的，今年提供的茶大大增加了，有些卖价极高”；“五个新产区的

① ［美］郝延平：《中国近代商业革命》，第154—155页。

② Robert Fortune, *Travels in the Tea Country*, p. 263. 转引自姚贤镐编：《中国近代对外贸易史资料(1840—1895)》第3册，第1473页。

③ (清) 杜林修，(清) 彭斗山等纂：《安义县志》卷1，清同治十年刻本，转引自姚贤镐编：《中国近代对外贸易史资料(1840—1895)》第3册，第1474页。

茶已经进入了市场，此即距本埠 280 哩的吉安，距本埠 287 哩的建昌（Kien-Chong，即永修），距本埠 35 哩的瑞昌（Soey Chong），和九江附近包括庐山山脉的一些地方。福州附近的潭尾街地区（Too Moo Kwan）今年也出产了小种茶（Sou Chong），供本市销售。”[①]享有盛名的安徽祁门红茶也是肇兴于咸丰年间，为具有传奇色彩的胡元龙所创：

> 安徽改制红茶，权舆于祁建，而祁建有红茶，实肇始于胡元龙。胡元龙为祁门南乡之贵溪人，于前清咸丰年间，即在贵溪开辟荒山五千余亩，兴植茶树。光绪元二年间，因绿茶销场不旺，特考察制造红茶之法，首先筹集资本六万元，建设日顺茶厂，改制红茶，亲往各乡教导园户，至今四十余年，孜孜不倦。[②]

湖北产茶区以羊楼峒最为知名，咸丰年间，“晋皖茶商，往湘经商，该地为必经之路。茶商见该地适于种茶，始指导土人，教以栽培及制造红茶之方法”。这里不仅大规模种茶，而且茶叶市场兴隆，茶厂林立，光绪初年“红茶贸易极盛，经营茶庄者，年有七八十家，砖茶制造，亦于此时开始”[③]。

茶叶生产、贸易和茶叶制造业带动了地区经济发展，扩大了就业。比如在羊楼峒，“该地数千农民及其家族从事制造砖茶”[④]；在福建北岭古田罗源等处，年产茶 3 万多担，“恃此营生

① *Commercial Reports*，1875 年，九江，p. 60。转引自姚贤镐编：《中国近代对外贸易史资料（1840—1895）》第 3 册，第 1474—1475 页。

② 《农商公报》第 20 期“政事”，转引自彭泽益编：《中国近代手工业史资料（1840—1949）》第 2 卷，第 104 页。

③ 戴啸洲：《湖北羊楼峒之茶业》，《国际贸易导报》第 5 卷第 5 期，第 185 页，转引自彭泽益编：《中国近代手工业史资料（1840—1949）》第 2 卷，第 101 页。

④ ［美］威廉·乌克斯：《茶叶全书》上册，第 165 页。

者约有一万户之多"[①]；在台湾，同治年间，乌龙茶销路日广，"茶业大兴，岁可值银二百数十万圆。厦、汕商人之来者，设茶行二三十家。茶工亦多安溪人，春至冬返。贫家妇女拣茶为生，日得二三百钱。台北市况为之一振"[②]。据估计，鸦片战争前，中国植茶农户共有 130.25 万户，按每户平均 5 人计，茶农约 350 万人左右；到 1894 年，植茶农户增加到 234.09 万户，茶农 650 万人左右，半个世纪增加了近一倍。[③] 如果再加上采茶季节工、制茶临时工、茶贩、茶号、茶栈职工等，数量应该更多。有学者估计，晚清时期直接投入茶出口产业的人力至少在 1 359 万以上，这还不包括材料生产、水运、金融等其他辅助部门的从业人员。[④]

以台湾为例，1860—1895 年间，台湾的茶叶出口据全岛第一，茶叶从业人口达 30 万人，是糖从业者的一倍，这还不包括无法统计的熏制茶叶所用花的种植者，以及将茶叶由产地运至港口的挑夫、船夫或牛车夫及造船的人等，对缓解台湾日益加重的人口压力和就业压力，起到了积极作用。[⑤]

太平天国战乱期间，江南及两湖的社会经济遭到极大破坏。

---

① 《闽海关税务司汉南申呈总税务司·附呈录查访种茶各节问答》，光绪十三年十月二十九日，载海关总税务司署：《访茶叶情形文件》，第 88 页。

② 连横：《台湾通史》卷 27《农业志》，第 350 页。

③ 有学者根据茶农户数，推算出茶农总人数分别为鸦片战争前 651.25 万人，1894 年 1170.45 万人。此种算法有误，因为一般家庭为 5 口之家，但劳动力一般只有 2—3 人。参见上海社会科学院经济研究所、上海市国际贸易学会学术委员会编著：《上海对外贸易（1840—1949）》上册，第 56 页；许涤新、吴承明主编：《中国资本主义发展史》第 1 卷《中国资本主义的萌芽》，第 319 页。本书取其户数，修正其茶农人数。

④ 王良行：《清末对外贸易的关联效果（1860—1911）》，张炎宪主编：《中国海洋发展史论文集》第 6 辑，第 292 页。

⑤ 林满红：《茶、糖、樟脑业与台湾之社会经济变迁（1860—1895）》，第 148—152 页。

中俄恰克图陆路茶叶贸易的繁荣，对江南和两湖农业生产的恢复和种茶业的发展起到了重要作用，农业出现了商业化和市场化的倾向。尤其是汉口开辟为商埠后，湖南各地茶叶就可以由水路经洞庭湖入长江，然后会集在汉口。在“红茶利兴”和便利交通的刺激下，平江县以前种植红薯的山谷间闲地，全部改为种茶；浏阳以前种麻的地方，也改为种茶。其他地方竞相效仿。这样，两湖地区茶叶种植面积迅速扩大。到 1871 年，两湖地区茶叶种植面积比 10 年前增加了 50％。[①] 因为种茶有利可图，地方官也大力支持农民种茶，如湖北襄阳知县宗景藩编写了《种茶说十条》，广为散发，积极劝导农民种植茶树。种茶面积扩大，茶叶产量提高，茶庄林立，又带动了就业和制茶业的发展。如平江，拣茶者就有几万人；鄂南的崇阳、咸宁、羊楼峒一带也是著名茶区，这里的茶叶一部分由晋商收购并就地设厂加工。俄商则在汉口开办了几家大公司，专门制造砖茶和焙制上等茶，公司经常雇佣当地农民数百乃至上千人。这是中国近代社会中农业借助于商业金融获得发展的实例，是国外茶叶市场开辟带动了地方农业、手工业和商业的发展。从理论上说，这种茶叶贸易的繁荣会使国内投资流向发生改变，落后的农业经济可以借此得到改造，并促使茶区土地所有权与使用权的分离，从而引起劳动雇佣关系的变化。[②] 但因为中国特殊的国情，这种市场推动农业发展的成效却并不显著。

19 世纪茶叶贸易的繁荣推动了商品经济的发展，改善了国

---

① 参见陈钧：《十九世纪沙俄对两湖茶叶的掠夺》，《江汉论坛》1981 年第 3 期。

② 参见米镇波：《清代中俄恰克图边境贸易》，第 161 页；庄国土：《鸦片战争前福建外销茶叶生产和营销及对当地社会经济的影响》，《中国史研究》1999 年第 3 期。

内经济结构。由于茶叶出口量增长迅速，市场需求增加，从而刺激了国内茶叶种植业的发展，茶叶种植面积扩大，产量增加，品种增多。清初全国茶叶产量为235万担，光绪年间增至450万担，其中至少三分之一用于出口。随着茶叶商品生产规模的扩大，农村中从事经济作物生产的劳动力比例有所提高，从而改善了生产部门中劳动力的分配，促进了农业生产和市场繁荣。[①]

在促进茶商向近代转化方面，茶叶贸易的繁荣也起了很大作用，这就是经营茶叶出口贸易茶商的兴起。鸦片战争前，从事茶叶贸易的基本上是从事国内贸易的旧式商人。除在恰克图与俄国直接做生意的晋商外，其他经营出口茶叶的商人只是将茶叶卖给广州十三行，并不与外商打交道。鸦片战争后，对外贸易中心转移到上海，一些"多领洋人本钱"的新兴茶商，携重金来到产茶区，代外国洋行购买茶叶。[②] 继之有人开设专门与外商做交易的茶栈，以及加工精致茶的茶厂、茶号。至1870年代，上海已有茶栈几十家。在福州，经营出口业务的茶庄基本取代了原来的"西客"。汉口的情形与福州相似，原来经营输俄茶的"西客"均告衰落，取而代之的是新式茶商。九江、武宁、祁门等地也是如此。[③] 在新的形势下，这些茶商学会了新的经营方式，取代了传统商人，对中国经济的发展是有利的。

汉口在1860年代成为一个主要的中英贸易口岸。之所以如此，完全是因为汉口在茶叶贸易中的重要地位，正如罗威廉引用西方观察家们的话所说的："如果不是茶叶贸易，实际上没有

---

① 参见周军、赵德馨：《长江流域的商业与金融》，第247页。

② （清）胡林翼：《胡文忠公遗集》卷83《复李香雪都传》，《续修四库全书》本。

③ 许涤新、吴承明主编：《中国资本主义发展史》第2卷《旧民主主义革命时期的中国资本主义》，第227—229页。

一个西方人会涉足这个城市。在西方人眼里，茶叶是汉口存在的惟一理由。"这种说法虽然有点绝对，但可见茶叶贸易对于汉口的重要性，所以罗威廉又说："正是由于茶叶贸易的巨大份额，才使得当地茶叶市场成为西方影响这座城市的主要渠道。因此，茶叶改变了汉口与其区域腹地之间关系的性质，并改变了汉口社会精英的结构。"[①]上述分析是符合历史实际的，茶叶的确全面拉动了汉口的经济增长。有学者从以下4个方面论述了茶叶贸易对于汉口经济地位确立的重要性：茶叶贸易催生了汉口的砖茶工业，使汉口成为中国近代砖茶工业的滥觞地；茶叶贸易是导致汉口近代海关制度产生的直接原因；茶叶贸易使汉口金融业发生了质的变化，直接促成了近代银行系统的产生；茶叶贸易在使汉口成为国内乃至国际著名商埠方面发挥了举足轻重的作用。[②] 因此，可以说茶叶贸易对汉口经济发展的作用最为明显。

福州的兴起具有传奇性，而且与茶叶贸易密不可分。在《南京条约》规定的5个通商口岸中，福州发展最晚。福州的真正发展开始于1850年代，即太平天国运动期间，因为上海被小刀会占领，于是茶叶贸易中心迅速转移到福州。可以这样说，福州自从有了繁荣的茶叶贸易后才得到了真正的发展。"由于湖南省及中国其他各地的骚乱，茶叶运往广州和上海的内地运输常有中断，福州遂成为收购茶叶的主要商港之一。"福州"作为一个对外贸易地点，正在迅速地日臻重要"[③]。当然，从贸易额上来说，

① ［美］罗威廉：《汉口：一个中国城市的商业和社会》，第152—153页。

② 鲁西奇：《清代汉口茶叶市场研究》，陈锋主编：《明清以来长江流域社会发展史论》，第328页。

③ J. Scarth, *Twelve Years in China*, pp. 37 - 38. 转引自姚贤镐编：《中国近代对外贸易史资料(1840—1895)》第1册，第612页。

有时鸦片要超过茶叶，但显然茶叶贸易对福州更为重要。红茶是福州最为重要的出口货物，1856年福州辟为茶叶外运的正规口岸，茶叶贸易发展更快，“此事为茶叶贸易开辟了一个新纪元”[①]。1856—1860年，福州的茶叶出口量一般都占到了全国的40%以上；1859年超过上海出口量的8%，达到46万磅。[②] 福州的茶叶出口对福建、江西、湖南等地的茶叶产业及商品经济的发展起到了促进作用。

由于茶叶这种商品的特性，茶叶贸易繁荣对经济的发展是有利的。但由于中国特殊的历史条件，茶叶贸易对中国经济发展的促进作用又是非常有限的。在整个19世纪，中国茶叶出口量一直是上升的，但出口值却并未随出口量的上升而增长（见图5.4）。

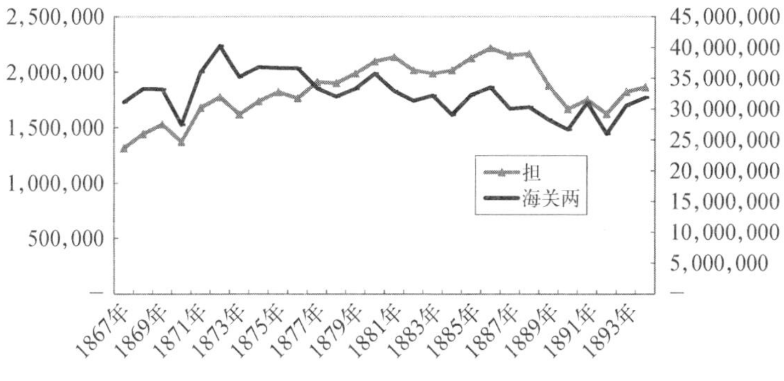

图5.4　茶叶出口量值(1867—1894)

资料来源：姚贤镐编：《中国近代对外贸易史资料(1840—1895)》第3册，第1606页。

茶叶出口价格在1860年代达到高峰，此后基本呈下滑趋势（见图5.5）。

---

① A. Michie, *The Englishman in China*, Vol. 1, pp. 240 - 241. 转引自姚贤镐编：《中国近代对外贸易史资料(1840—1895)》第1册，第611—612页。

② ［美］郝延平：《中国近代商业革命》，第321页。详细论述参见本书第二章第三节。

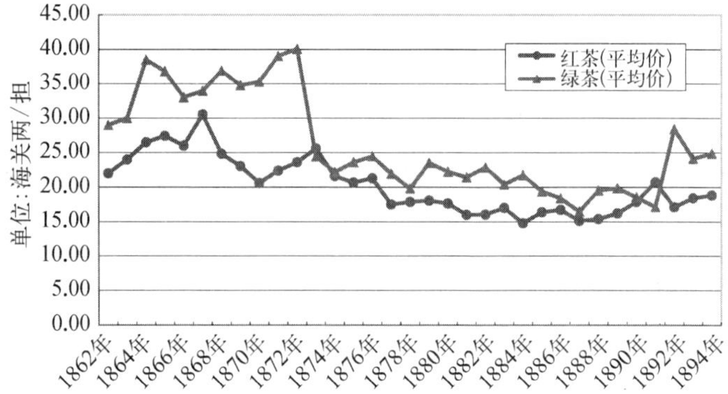

图 5.5　茶叶出口价格(1862—1894)

资料来源：姚贤镐编：《中国近代对外贸易史资料(1840—1895)》第 3 册，第 1654 页。

由图 5.5 不难看出，中国茶叶贸易的危机不是从 1886 年以后才发生的，至迟在 1870 年代中期危机就已凸显，只是茶叶出口量仍呈增长态势，把矛盾暂时掩盖了而已。茶叶价格下降最直接的受害者就是茶农，产量提高，收益却减少；其次是茶商，尤其是小茶商。以汉口为例，1880 年代茶叶价格持续下跌使茶农苦不堪言：

> 连岁茶价，往昔售叁拾余两至肆拾两壹担者，今只售拾陆两、拾柒两至拾捌两，其粗货竟有售至肆两、伍两壹担。在贩运商人，血本全糜，多难再举；间有余力者亦思改图别贸。惟山户小民，终岁栽植辛勤，不获一饭之饱。①

价格跌至原来的一半，“利益微，业茶者亦衰耗矣”②。导致价格下跌的原因很多，其中一个主要原因是盲目生产，产量过

① 《江汉关税务司裴式楷申呈汉口茶业公所呈报茶叶情形节略》，光绪十三年十一月二十三日，载海关总税务司署：《访察茶叶情形文件》，第 24 页。

② (清) 姚诗德、(清) 郑桂星修，(清) 杜贵墀等：《巴陵县志》卷 7“物产”，清光绪十七年刻本。

剩，库存太多，加上外商欺诈，茶农不得不压价出售。比如砖茶是专门为俄国市场生产的，在 19 世纪七八十年代，砖茶的单位销售价格由每担 11.11 海关两降至 8.27 海关两，下降了 25.6%，这也极大刺激了俄国的砖茶消费量迅速增长。[①] 到 1887 年，茶叶贸易的大规模亏损首次成为困扰中国茶商的问题，中国茶商普遍存在一种绝望的情绪，血本无归的小商人甚至选择自杀。汉口海关官员在年度报告中称："人们常说中国茶叶危机即将来临，现在终于来了。今年就很像危机，茶叶卖不出去了。虽然茶叶很快地涌进来，但却卖不动。"[②]中国茶叶贸易走向危机有各种各样的原因，内部有经营方面的问题，外部则因为有强有力的竞争者，危机出现是必然的，只是时间早晚而已。

茶叶贸易在 19 世纪中国经济中已经扮演了重要角色，因此茶业对其他行业的影响亦不可忽视。比如元丰玖是一家非常著名的中国票号，"因遭受湖南一家大茶行倒闭不能还款的损失而宣告清理了，据说还有几家小钱庄也歇业了"[③]。一家茶行竟能牵连到几家票号相继倒闭，可见茶业所具有的深远影响。

在 19 世纪末中国茶业的严重危机面前，清政府不但没有重视，反而仍视茶叶生产和贸易为"末业"。如有人说，茶叶"饥不可食，寒不可衣，末业所存，易荒本务"[④]。外国旅行者在未来中国之前，以为中国到处都是茶园，最好的土地上一定长满茶树，但到中国后"看到的一个最惊人的事实是：分配给种茶的都是

---

① 严中平主编：《中国近代经济史(1840—1894)》下册，第 1179—1780 页。

② 海关总税务司：《中国通商口岸对外贸易报告》，1887 年，转引自[美] 罗威廉：《汉口一个中国城市的商业和社会(1796—1889)》，第 189 页。

③ *Trade Reports*, 1890, p. 88. 转引自姚贤镐编：《中国近代对外贸易史资料(1840—1895)》第 3 册，第 1576 页。

④ [清] 卞宝第：《卞制军奏议》卷 4《札福建藩司延建邵道》，转引自姚贤镐编：《中国近代对外贸易史资料(1840—1895)》第 3 册，第 1464—1465 页。

些次要的地区。当他初次来到产茶区时，没有看到他所预期的大种植园而却看到了这一小块那一小块孤立的种茶地，致使他想象自己还站在茶区的边缘”[①]。由此可见，尽管茶叶在对外贸易中已经占据绝对重要的地位，但政府“本末”的传统观念并没有改变。当然，也有开明人士如张之洞就茶叶的种植、加工、贸易等方面提出过非常具体的意见，并在自己辖区内进行了某些变革。[②] 但是，个人的力量毕竟杯水车薪，本来可能会在中国近代化过程中发挥重要作用的茶业并没有起到其应有的作用。

总之，茶叶生产的扩大在改善国内生产结构、促进市场发展等方面的确起到了很大作用，但是这种扩大基本上可以说是规模的扩大，生产技术和加工技术并没有得到相应的提高。因此总体上看，中国茶叶生产不仅没有带动相关产业的发展，而且在19世纪后期国际茶叶市场激烈的竞争中遭到惨败。另外，从先发工业化国家的经验来看，对外贸易是资本原始积累的最主要方式，它应为资本主义大工业的发展提供雄厚的货币资本，并因此扩大海外市场。但因为内外因素的制约，中国的茶叶出口并未起到这样的作用。

2. 鸦片贸易和生产对中国经济发展的负面影响

因为种植罂粟比种植一般粮食作物的利润高3—5倍，市场又有极大需求，因此吸引了很多农民种植罂粟。对于穷苦农民来说，这没有什么可指责的。客观情况也是，农民通过种植罂粟

① 《领事文极司脱关于1867年度上海贸易的商务意见摘要》，《上海近代贸易经济发展概况：1854—1898年英国驻上海领事贸易报告汇编》，第156页。

② 关于此点，详尽的论述参见陶德臣：《张之洞对近代中国茶业的贡献》，丁日初编：《近代中国》第11辑，上海：上海社会科学院出版社，第125—142页。

提高了家庭收入。尤其在穷山僻壤和交通不便利的地区，种植罂粟的经济价值尤其明显。而鸦片贸易和流通，在某种程度上又活跃了市场和城乡经济交流。但是，相对于鸦片的危害来说，这点所谓积极作用是微不足道的。

第一，鸦片贸易合法化前，鸦片进口逐年增加，不但侵犯中国主权，而且使清政府损失大量税收；鸦片贸易合法化后，则导致鸦片进口和消费量激增，更导致了国内大规模种植罂粟和加工鸦片，致使全国鸦片泛滥成灾。

英国人发动鸦片战争的目的是要强迫中国政府承认鸦片贸易合法化，《南京条约》虽然并未提及鸦片贸易合法化问题，但是事实上英国人争取到了这种权利。英国商人在武力保护下进行的或明或暗的鸦片走私，不仅逃脱了海关关税，而且贸易数量比战前增加很多。以1855—1859年为例，几年间走私进入中国的鸦片每年达61 827箱，[①]以每箱售价500元计，价值达3091.35万元，即使按照5%的低关税，关税收入亦达154.6万元，可见中国海关税收损失之大。

由于太平天国运动遭受的巨大破坏以及历次列强入侵强加给中国的巨额战争赔款、严重的自然灾害等原因，清政府面临极度的财政危机；另外，清政府对英国鸦片贩子的走私活动既无力进行阻止，也不敢正面向英国提出外交交涉。在这种情况下，清政府无奈地承认了鸦片贸易合法化。鸦片贸易的合法化，导致鸦片进口数量的急剧增加。1870年代，鸦片进口量几乎每年都在6万担以上，1879年达83 051担。[②] 直至1890年代，鸦片进

---

① [美]马士：《中华帝国对外关系史》第1卷《1834—1860年冲突时期》，第626页。

② 姚贤镐编：《中国近代对外贸易史资料(1840—1895)》第2册，第859页。

口值始终占进口货值的第一位，某些年份甚至占将近进口总货值的一半（见表 5.11）。

表 5.11　鸦片、棉织品、棉纱三项进口货值在中国进口货总值中所占比重(1867—1894)

年　份	鸦　片	棉织品	棉　纱	三项共计%
1867	46.15	18.75	2.33	67.23
1868	36.74	28.95	2.50	68.19
1869	36.80	31.29	2.36	70.45
1870	37.86	28.29	3.13	69.28
1871	37.42	35.44	2.67	75.53
1872	36.96	31.91	2.04	70.91
1873	39.23	24.39	4.71	68.33
1874	44.38	25.33	3.06	72.77
1875	37.40	25.54	4.05	66.99
1876	39.87	24.73	4.04	68.64
1877	41.32	21.79	3.88	66.99
1878	45.57	19.08	3.56	68.21
1879	44.43	23.60	3.88	71.91
1880	40.79	24.89	4.60	70.28
1881	40.90	23.74	4.60	69.24
1882	34.42	23.42	5.80	63.64
1883	34.45	22.84	7.13	64.42
1884	35.94	22.76	7.67	66.37
1885	28.84	26.78	8.92	64.54
1886	28.57	24.29	8.99	61.85
1887	27.31	23.92	12.31	63.54
1888	25.91	24.80	10.82	61.53
1889	27.46	20.85	11.74	60.05
1890	22.78	20.17	15.26	58.21
1891	21.14	24.11	15.66	60.91
1892	20.29	22.62	16.40	59.31
1893	20.94	18.02	11.80	50.76
1894	20.56	18.94	13.20	52.70

资料来源：姚贤镐编：《中国近代对外贸易史资料(1840—1895)》第 3 册，第 1608 页。

鸦片进口导致的另一个更为恶劣的后果是国内罂粟种植面积的扩大，并继而导致鸦片消费人群的增加。这一点我在第三章已有详细论述。

第二，白银和黄金外流，搅乱了中国经济秩序，阻碍了中国社会经济的正常发展。

直至19世纪初，中国都是一个大量吸收白银的国家。据学者研究，从16世纪中期到17世纪中期，全世界共生产了38 000吨白银（其中美洲生产30 000吨，日本生产8 000吨），即使按照最低的估计，减去留在美洲以及在转运过程中流失的部分，最终流入中国的白银至少有7 000—10 000吨，即占到了世界总产量的1/4到1/3。这是一个很可观的数量，高于欧洲、西亚、南亚和东南亚分别占有的份额。① 造成贵金属单向流动的根本原因，是因为在19世纪以前300年的中西贸易史上，西方急切地需求中国的商品，而中国却不需要西方的商品，西方商人只能用硬通货（主要是白银）来购买中国的瓷器、丝绸、茶叶等贵重商品。因此，“早期中西方的贸易史，主要是一种单向贸易史”②。据统计，在18世纪最初60年里，英国输入中国的物品中只有10％是货物，其余都是金银货币，在1721—1740年间，输入中国的金银比例更高达94.9％，③货物的比例几乎可以忽略不计。等到英国人在介入鸦片贸易以后，这种状况才发生了根本的改变。

中国由白银净进口国变为净出口国的时间在1820年代，众所周知的原因是鸦片走私输入的不断扩大，中国从长期的贸易

---

① ［德］贡德·弗兰克：《白银资本：重视经济全球化中的东方》，第210页。
② 郭卫东：《转折——以早期中英关系和〈南京条约〉为考察中心》，第88页。
③ ［美］张馨保：《林钦差与鸦片战争》，第43页。

出超变为入超，白银的流向也由长期流入变为流出。1820年代应该是一个标志性的时间，预示着中国社会经济的总危机即将到来。

中国白银大量出口开始于19世纪初，1818年出口达6 088 679元(约合四百三十八余万两)，[①]进口7 369 000元(约合五百三十余万两)。此后几年出口有所减少，但自1825年起，白银出口剧增，而进口减少。1826年具有特殊的意义，因为本年白银进口骤减至1 841 169元，而出口却增加至4 019 000元，此后逐年攀升，1833年达6 731 615(约合485万两)元。[②] 至鸦片战争前夕，随着中国进口鸦片的增长，白银出口也随之上升，这引起了许多官员的警觉，于是有了许乃济著名的《鸦片例禁愈严流弊愈大亟请变通办理折》，称“岁耗银总在一千万两以上”[③]；1838年，黄爵滋的奏折更加令人心惊胆战：“自道光三年至十一年，岁漏银一千七八百万两。自十一年至十四年，岁漏银二千余万两。十四年至今，渐漏至三千万两之多。”[④]上述两折常为人引用，但据学者考证，所言白银外流数字不可信，高得离谱了。在1830年代，中国因支付贸易逆差(主要为购买鸦片)所流出的白银，平均每年在七八百万，合银五六百万两。[⑤] 这个数

① 此处元一般指西班牙银元。银元与银两的换算方式为：1银元＝0.72两。参见[美]马士：《东印度公司对华贸易编年史(1635—1834)》第1、2卷，第777页。

② 姚贤镐编：《中国近代对外贸易史资料(1840—1895)》第1册，第254—257页。

③ (清)许乃济：《许太常奏议》，中国史学会主编：《鸦片战争》第1册，第471页。

④ (清)黄爵滋：《黄少司寇奏疏》卷5《请严塞漏卮以培国本折》，中国史学会主编：《鸦片战争》第1册，第485页。

⑤ 李伯祥、蔡永贵、鲍正廷：《关于十九世纪三十年代鸦片进口和白银外流的数量》，《历史研究》1980年第5期，第87页。1840年的《英国议会文件》也支持这一观点，该文件说：1829—1840年间，中国只进口了白银733万余元，进口的银元、纹银和黄金则高达5 600万元，年均400多万元，比上述估计稍低，参见[英]格林堡：《鸦片战争前中英通商史》，第128—129页。

字和吴承明得出的数字大体一致，他认为中国在 1830—1834 年间共流出白银 2 383.6 万两，19 世纪前期（1833 年前）共流出 2 941.6 万两。[①] 但即使这样的数量，对中国经济的负面影响也已经显现出来。

因支付鸦片款而造成的白银外流，使中国境内流通手段缺乏，银价上涨，“以前收支平衡的局面已经完全倒过来了”[②]。银钱比价失调严重搅乱了国内经济秩序（见图 5.6）：

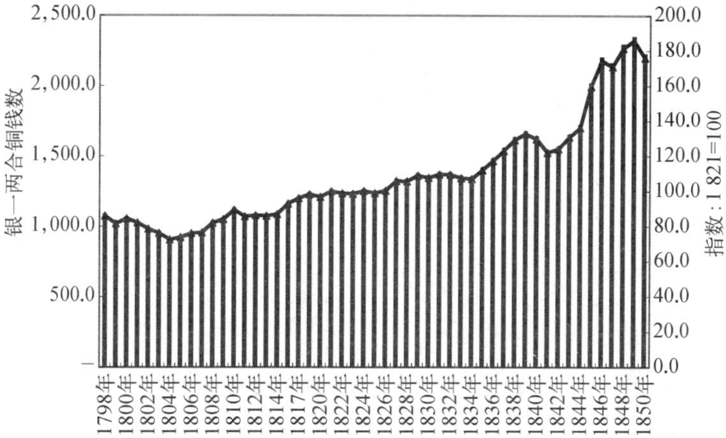

图 5.6　白银外流下的中国银钱比价（1798—1850）

资料来源：严中平等编：《中国近代经济史统计资料选辑》，第 37 页。

> 向来纹银每两易制钱千文上下，比岁每两易制钱至千三四百文，银价有增无减，非银有偷漏而何？鹾务易盐以钱，而交课以银，盐商赔累甚重，遂致各省鹾务俱形疲敝。州县征收钱粮，其赔累亦复相同。以中原易尽之藏，填海外

① 吴承明：《18 与 19 世纪上叶的中国市场》，载氏著：《中国的现代化：市场与社会》，第 286 页。

② ［英］格林堡：《鸦片战争前中英通商史》，第 129 页。

无穷之壑，日增月益，贻害将不忍言。[①]

鸦片战争后，白银外流日益增多。其原因是，国内鸦片需求量增多，而鸦片交易不是一种合法交易，一般需要立即付清现款，白银是一种最为便利的交易方式，其次才是用茶和丝来交易。“鸦片主要是用现银即纹银支付的，但据报告，现银差不多全部流出了这个国家。”[②]从国外输入的白银越来越少，从中国输出的越来越多，输出的白银差不多全部用于购买鸦片。更为糟糕的情况是，向英国输入的茶叶无法增加很多，从而加剧了贸易逆差的扩大。在华经商的外国人担心：“中国人对于这种金银的不断外流，究竟能支持多久，是无法确定的。”[③]银荒也引起国内许多有识之士的担忧，“银之漏卮，耗于鸦片……今日银荒，恐数十百年后，百货俱荒，悉入外洋垄断之薮，盖利之所在，不夺不餍”[④]。

在19世纪，不仅中国的白银大量外流，黄金也是大量流出，而此点一般并不为学者关注。这是因为在19世纪欧洲许多国家相继建立了金本位制，对黄金的需求大大增加。欧洲对黄金需求量的增加，导致黄金价格上涨，波及中国市场，诱使许多中国人以黄金作为支付手段或将黄金卖出，当然其中很大一部分仍是为了购买鸦片。一般情况是，全国各地的黄金集中到上海，

---

① 姚贤镐编：《中国近代对外贸易史资料(1840—1895)》第1册，第346页。

② B. P. P., *Report of the Select Committee of the Commons on Commercial Relations with China*, 1847, p. 4. 转引自姚贤镐编：《中国近代对外贸易史资料(1840—1895)》第1册，第519页。

③ B. P. P., *Returns of the Trade of the Various Ports of China, for the Year 1846*, p. 37. 转引自姚贤镐编：《中国近代对外贸易史资料(1840—1895)》第1册，第521页。

④ (清)夏燮著，高鸿志点校：《中西纪事》卷3《互市档案》，第40页。

然后“再转运到欧洲。这些地方输送全部所能得到的黄金，并且尽可能快地输送”①。

到 19 世纪末，欧洲金本位制的建立导致黄金价格上涨，从而使中国黄金流出持续增长；中国则因为银价上涨，而反过来吸引世界各地的白银重新流回中国。这真是一个非常奇异的现象！1890—1894 年这 5 年间，中国白银净输入 3 415.9 万海关两，约为 4 000 万盎司，而黄金净输出 3 280.9 万海关两，以汇率结算平均每年达 132.3 万镑（见表 5.12）。

表 5.12　上海同外国间各年金银流动统计

单位：海关两

年份	输入		输出	
	黄金	白银	黄金	白银
1890	——	7 866 000	1 788 000	8 975 000
1891	32 000	4 481 000	3 655 000	5 462 000
1892	345 000	6 585 000	7 632 000	8 432 000
1893	461 000	15 602 000	7 874 000	4 130 000
1894	40 000	30 852 000	12 748 000	4 228 000
合计	888 000	65 386 000	33 697 000	31 227 000

资料来源：姚贤镐编：《中国近代对外贸易史资料（1840—1895）》第 2 册，第 1070 页。

总的来说，黄金是年复一年地持续流出。

由白银和黄金的流动变化，可以完全看出在 19 世纪的全球化和近代化过程中，中国始终是处于从属地位的，是一个被动的角色。在 19 世纪后期，白银之所以能输往东方“并不是由于东方国家开扩了新的流通途径，而是由于其他国家的白银途径已

① N. C. H.，1889 年 10 月 11 日，pp. 437 - 438。转引自姚贤镐编：《中国近代对外贸易史资料（1840—1895）》第 2 册，第 1066 页。

为黄金所阻塞，以致白银泛滥，倾注于白银还可以自由流通之处，从而使这些地方的白银流通量大大超出平日”[①]。白银回流固然缓解了银荒，但其价值已经大打折扣，并造成了今后持久的金荒。当时已经有人看到这种不正常的金银流向对中国所造成的巨大危害：

> 自通商以来，彼专以金镑炫我，出其余货，易我黄金，致中国黄金贵至三倍，而金荒矣。以银易钱，展转贩鬻，制钱日少，钱价日贵，而钱荒矣。金荒之弊国受之，钱荒之弊民受之。惟纹银较前稍多，然不铸银钱，行使不便，价值高下，成色参差，民受其愚，国承其弊，所最便者，蠹吏奸胥之侵渔盘剥耳。[②]

由输出白银到输出黄金，在这个转换过程中，中国的财富被无情地掠夺了，中国的位置越来越边缘化了。

第三，影响其他贸易的正常开展，并使经济状况恶化。

在对外贸易方面，鸦片排挤了其他商品，成为进口商品中最主要的部分。1833 年，广州一口共进口商品 2 849.44 万元的商品，其中鸦片为 1 374.89 万元，占 48%。[③] 19 世纪六七十年代，鸦片进口量值一般都在 40%以上。[④] 仅从进口商品量值看，清政府通过征收鸦片税厘而使财政收入表面上增加了，但客观上经济状况却大为恶化了，突出表现为随着鸦片进口量的增加，外

---

① N. C. H. 1889 年 10 月 11 日，pp. 437 - 438。转引自姚贤镐编：《中国近代对外贸易史资料(1840—1895)》第 1 册，第 531—532 页。

② (清) 陈炽：《续富国策》卷 2《开矿禁铜说》，清光绪二十一年刻本。

③ 上海社会科学院经济研究所、上海市国际贸易学会学术委员会编著：《上海对外贸易(1840—1949)》上册，第 11 页。

④ 姚贤镐编：《中国近代对外贸易史资料(1840—1895)》第 2 册，第 1058—1059 页。

贸赤字数额也逐年大幅增加。表5.13所显示的进出口趋势，即贸易逆差与鸦片税厘征收数量成正比，这并非一种巧合。也就是说，清政府鸦片税厘的增加不但没有改善清朝的经济形势，反而使之更加恶化。

表5.13　进出口贸易净值(1871—1903)

单位：百万元　　　　指数：1871—1873＝100

年　份	出口	指数	进口	指数	出超(＋)或入超(－)
1871—1873	110	100.0	106	100.0	＋4
1881—1883	108	98.2	126	118.9	－18
1891—1893	167	151.8	219	206.6	－52
1901—1903	311	282.7	473	446.2	－162

资料来源：严中平等编：《中国近代经济史统计资料选辑》，第64页。

鸦片商品量大幅增长同样极大地影响了国内贸易。在许多地方，尤其在通商口岸城市，由于走私鸦片对于现银的长期吸收，这些城市与内地的贸易额显著下降。1894年国产鸦片共值8 450万关两，进口鸦片共值3 429万关两，两项合计11 879万关两，竟等于茶叶、蚕茧和棉花三项商品值之和，成为粮食之外在国内市场上流通价值最大的“农产品”。[①] 罂粟种植是一种破坏性的生产，鸦片贸易是一种破坏性的贸易。鸦片商品量的迅速增长，并不能说明中国商品经济的发展，从长远来看，这种增长反而是一种极大的破坏。

19世纪后期，随着鸦片产量逐年提高，各地方征收的鸦片税厘也越来越多，这使地方官员受到鼓舞并鼓励农民种植罂粟。

① 许涤新、吴承明：《中国资本主义发展史》第2卷《旧民主主义革命时期的中国资本主义》，第302、307页。

鸦片税收的确暂时在很大程度上解决了清政府面临的经济困境，但其危害却是深远的。鸦片进口税提高，迫使鸦片贩子增加进口量，以维持其足够的利润；内地海关税收的提高，则实际是变相鼓励地方政府扩大罂粟种植面积。因此，在鸦片贸易合法化及实行鸦片税厘并征后，鸦片进口的比重虽然逐步下降，如1867年鸦片占全国进口总量的46.1%，1877年占41.3%，1887年占27.3%，1894年占20.6%，[①]但国产鸦片产量迅速提高，中国国内市场上的鸦片销量不降反长，吸食人群越来越广，危害也越来越严重。

鸦片泛滥还造成了国内生产力和劳动生产率的下降，并直接导致了人们购买能力的下降。这一时期中国人口也呈下降趋势，这其中有战乱和灾荒的因素，但鸦片危害不能不说是一个重要原因。总之，鸦片泛滥使中国国力衰退，人民精神萎靡，经济严重滞后，国际地位更无从谈起。

---

① 上海社会科学院经济研究所、上海市国际贸易学会学术委员会编著：《上海对外贸易(1840—1949)》上册，第35页。

第六章
茶叶和鸦片在早期经济全球化中的作用

18—19 世纪经济全球化突出表现为市场的全球化，先发国家力图将全世界纳入一个市场体系。在本时期中国被卷入全球化的过程中，茶叶贸易和鸦片贸易起到了非常关键的作用。因为在这一时期英国是世界霸主，而英国统治和压榨东方的方式与这两种商品密切相关。英国人正是非常巧妙地控制了这两种商品的销售和生产，才从东方获取了巨额利润，并成功地成为东方霸主。中国在这次经济全球化过程中主要通过茶叶和鸦片等商品同世界发生关联，但最终成为列强的牺牲品，并导致中国 19 世纪的全面危机。

一　经济全球化与特殊商品

如同其他成瘾性消费品一样，茶叶、鸦片国际贸易既是早期经济全球化的产物，也是早期经济全球化的推动因素，其所导致的结果也是早期经济全球化的必然结果。19 世纪的中国与这两种特殊商品密切有关，这两种商品贸易的兴衰不仅对中国的历史发展产生了重大影响，也对世界历史产生了重大影响。

1. 经济全球化与特殊商品

从植物的传播史看，一般植物的传播都是偶然因素造成的，如美洲植物玉米、马铃薯、花生等即是在新大陆发现后传播到世界各地的，其所导致的结果是补充了人们食物的不足，解决了很多地区的粮食饥荒问题，欧洲和亚洲的人口迅速增加与此有直接关系。然而，与一般植物传播史不同，含有精神刺激成分的植物及其加工技术的传播，却较少出于偶然。“例如酒类、烟草、含咖啡因植物，以及鸦片、古柯叶等瘾品的全球性流通，都是蓄意促成，也是以营利为出发点。这不仅改变了数十亿人口的日常生活，也连带影响了环境。”[①]包括茶叶、鸦片等在内的特殊商品对环境的影响不在本书讨论范围之内，但这些特殊商品对人们日常生活的影响却是本书所要关注的。因为本书已在前面有关章节中作过阐发，这里不再赘述。

中英两国相隔万里，但在19世纪的百年间，两国的关系却是异常密切，其联系的契机主要就是因为茶叶和鸦片这两种特殊商品。从18世纪末开始，英国就采取各种手段试图建立同中国商业往来的通畅渠道，因为茶叶在英国已经成为人民的日常生活必需品，如果茶叶供应不能保证，则可能影响社会安定和国家的财政收入，而中国是当时世界上唯一的茶叶供应国，因此英国对中国的依赖是非常大的。此时的英国日渐强盛，是全球化进程的引导和推进者。中国在19世纪被卷入全球化大潮之中，背后的主要推动者就是英国，除了要打开中国市场之外，其另外的主要意图就是为了购买中国的茶叶。我们可以设想，如果没

---

① ［美］戴维·考特莱特：《上瘾五百年：瘾品与现代世界的形成》，第3页。

有中国的茶叶，如果英国人民没有养成饮茶的习惯，那么英国对中国可能就没有如此大的兴趣；我们还可以大胆设想，如果不是因为英国为得到中国的茶叶而想方设法敲开中国大门的话，中国社会还可能会继续在原来的轨道上行进，至于能行进多远，我们就不得而知了。在这里，历史的偶然性又得到了充分的显示。

鸦片流毒在中国的蔓延同样在很大程度上也是因为历史的偶然性。如果英国有足够的商品卖到中国用以支付茶叶货款，如果英国的棉纺织品在中国市场没有碰壁，那么英国有可能就不会在印度大量生产鸦片，也就不会有如此大量的鸦片走私到中国，因此中国人民也就不会受到那么大的侵害。因为鸦片的历史几乎同人类的文明史一样长，但其产生巨大危害却是在19世纪，且发生在过去对鸦片比较陌生的中国。

偶然性往往在历史发生重大转折的时候发挥重要作用。但从历史长河看，所有的偶然性又最终汇合为必然性。仍以鸦片为例，英国人自发现向中国兜售鸦片既能解决从中国购买茶叶的问题，又能向印度倾销商品并从印度得到原料的秘诀后，他们就对这项贸易青睐有加并倾全力促之了。进一步说，英国在19世纪通过印度对中国的鸦片贸易，是在维护其在整个东方的利益的基础。对英国人来说，鸦片贸易是一个魔方，只要他们能自如地转动这个魔方，他们就能控制整个东方贸易，并进而控制东方。

除茶叶和鸦片外，另一种特殊商品也对19世纪的中国特别重要，这就是白银。在中国，白银兼具商品和货币两种功能，当然其货币功能更为重要。19世纪上半叶中国大量的白银外流，曾使很多人忧心忡忡。有学者认为，由于19世纪上半叶的世界经济萧条，刺激鸦片商人在其他获利机会减少的情况下更加铤而走险，把更多的鸦片走私到中国。世界经济萧条也使中国丝、茶出口较不活络，以致无法平衡鸦片进口所支出的白银而造成白银外流。因此，在一般所熟知的鸦片进口之外，世界经济萧条实为19世纪上半叶中国白银外流更深一层的原因。[①] 到19世纪后期，世界白银市场对中国的影响加剧，因为许多国家已改用金本位制，而中国仍然实行银本位制度。世界银价在1870年代经历了大幅度波动，反映在对外贸易上则升降不定，中国商业对于白银价格波动的承受力非常脆弱。"国外的因素一般对于中国经济，尤其对于沿海商业有很大的影响。直到20世纪初年，世界银价波动操纵着中国的经济。"[②]世界银价波动对中国的影响同样是中国被卷入全球化的典型特征，也表明在19世纪全球性因素对中国社会经济影响的权重加大。至19世纪末，中国因为吸引了过多的白银而导致银价下跌，同时因为欧洲对黄金的偏爱而导致中国的黄金大量流往欧洲。19世纪中国的银本位制度对20世纪也产生了深远影响。

茶叶与英国，鸦片与中国——两种嗜好品与两个国家的命运如此密切地结合在一起，看似偶然，其实必然。两种嗜好品在两个国家的不同命运，正好见证了两个国家不同的发展历程。由于中国与英国在19世纪因为这两种商品而发生了特殊的关系，因此进行茶叶与鸦片之间的比较、中国和英国之间的比较，就显得非常有意义。

2. 茶叶与欧洲的"勤勉革命"

成瘾性消费品在全球范围内的迅速传播，是19世纪的一个

---

① 参见林满红：《中国的白银外流与世界金银减产（1814—1850年）》，吴剑雄主编：《中国海洋发展史论文集》第4辑，台北："中央研究院"中山人文社会科学研究所，1991年。

② ［美］郝延平：《中国近代商业革命》，第329页。

突出特点。我们可以注意到这样一个特点：除鸦片以外，其他成瘾性消费品的流行几乎全在当时经济发展最快的地区，尤其是欧美地区。

西敏司是较早对成瘾性消费品进行专题研究的学者。他的研究集中于对近代早期以来西方糖消费的变化及其在西方社会经济变化中的作用，重点放在曾经是奢侈品的东西向中产阶级及至由穷人消费的日用品的转化方面。他指出，糖、可可、烟草、咖啡和茶等成瘾性消费品在16世纪欧洲任何地方都是舶来的奢侈品，但到19世纪后期在西欧的许多地方则已成为平平常常的商品。这类食品非生存所必需，具有温和的成瘾性，它们也能够以比较小的单位获得，并通常迅速被消费。它们都有刺激性，极适于纪律日益严格的枯燥乏味的日常工作。成瘾性消费品消费的增加，势必促使人们工作得更多、更紧张，并更多为市场工作，而不是当人们有了足以满足基本生存所需的东西时就宁愿停止赚钱工作。因为这个道理，它们对近代欧洲的“勤勉革命”起了重要作用。此外，欧洲自己不出产这些成瘾性消费品，因此它们通常由奴隶或其他形式的不自由劳动者在欧洲以外生产，从而一方面促进了欧洲资本主义的海外扩张和殖民地掠夺，另一方面也加强了经济的全球化。[1] 西敏司尽管没有对茶叶这种成瘾性消费品进行专门研究，但在西欧，糖消费数量的激增与茶叶消费的普及有极大关系，因此他的相关研究成果富有启发意义。

茶叶对欧洲的巨大作用在英国体现得最为充分，因为正是

---

① Sidney W. Mintz, *Sweetness and Power : the Place of Sugar in Modern History*, New York: Penguin, 1985.

中国的茶叶极大地影响和改变了英国人的生活习惯。从 18 世纪开始，饮茶已经成为英国人的民族习俗，英国人的日常生活从此离不开茶。相关研究表明，茶叶在促进英国的“勤勉革命”方面起到了至关重要的作用，对英国社会经济的发展居功至伟，突出表现为改善了英国人的膳食结构。到 18 世纪后期，茶叶已经成为英国工人阶级新的饮食习惯中的主要食品之一；到 19 世纪后期，英国劳动者阶层一般要花费其食物总开支的 10%在茶叶和糖的消费方面，相比之下，肉的支出为 12%，啤酒的支出仅为 2.5%，茶叶以及面包和奶酪构成日常饮食的核心部分。[①] 对收入非常有限的劳动阶层来说，“面包＋茶叶”就成为他们非常理想的食谱。如果没有更便宜而且能够提供足够热量的日常消费品，在肉和啤酒价格飞涨的时代，很难预测能发生什么。18 世纪的一位牧师写道：“感谢上帝赐我茶叶，若无茶叶，世界不知将若何！余生逢此有茶叶时代，深以为荣也。”[②]当时英国产生了很多歌颂茶叶的作品，歌颂茶叶的巨大作用。

其实，如果单是饮用茶叶，那么人体所增加的能量是有限的；人们在饮茶时加入糖，才使人体的能量倍增。正是饮茶的普及，带动了糖的进口，英国成为世界上进口糖最多的国家。糖摄入量的增加，使千百万穷苦人在从事沉重且单调乏味的工作中能保持较为充沛的精力。麦克法兰指出，茶和糖的美妙结合发挥了重要作用，“一杯甘甜温热的茶可以让人心情舒畅，重新恢复精力。在以人力为中心的工业化时代，一杯美好的茶已经成为人们工作的重要推动力，它的重要性犹如非人力机械时代的

① Alan Macfarlane and Iris Macfarlane, *Green Gold: The Empire of Tea*, p. 179.

② ［美］威廉·乌克斯：《茶叶全书》上册，第 27 页。

蒸汽机”。他甚至认为，“如果没有茶叶，大英帝国和英国工业化就不会出现。如果没有茶叶常规供应，英国企业将会倒闭”。① 此话可能不是夸张。饮茶不仅使英国成为世界茶叶贸易中心，茶叶的贩运还推动了英国造船业的发展，喝茶时加糖则又带动了殖民地制糖业的发展。② 因此，我们说英国的扩张与茶叶贸易有极大关系，在某种程度上可以说，茶叶贸易促进了英帝国的扩张。

茶叶除了改善饮食结构和给人增加能量以外，还能使人的身体更加健康。在 18 和 19 世纪，英国人的健康状况有了很大改善，这其中的重要原因就是饮茶。③ 热茶加糖不仅比杜松子酒和啤酒有更高的营养，而且能预防很多疾病，比如淋巴腺炎鼠疫、斑疹伤寒、坏疽性咽炎以及很多肠道疾病的减少，与饮茶这种新的健康生活习惯的养成有关。

就业与生存压力，单调乏味的工作，繁重的体力劳动，都需要劳动者有充沛的体力。茶叶适逢其时，因为它不仅完全可以代替酒类，而且比酒类便宜，有益于健康，也适应劳动者的消费水平，因此茶叶消费量迅速增长。经济发展带动消费，消费又促进经济发展。这一点在英国的茶叶贸易和茶叶消费上表现得最为充分。总之，尽管随着时尚的流转，茶叶消费有高有低，但“茶叶不仅无害，有利于健康，而且便宜实惠”④的特点，使之成为英

① Alan Macfarlane and Iris Macfarlane, *Green Gold: The Empire of Tea*, pp. 179 - 189.

② Tan Chung, *China and the Brave New World: A Study of the Origins of the Opium War 1840 - 42*, p. 79. 转引自龚缨晏：《鸦片的传播与对华鸦片贸易》，第 153 页。

③ Alan Macfarlane and Iris Macfarlane, *Green Gold: The Empire of Tea*, pp. 174 - 176.

④ Edward Bramah, *Tea and Coffee: A Modern view of Three Hundred Years of Tradition*, London: Hutchinson, 1972, p. 141.

国人家庭中不可缺少的日常消费品。

二　茶叶与鸦片：三角贸易的关键商品

英国—印度—中国之间的三角贸易在近代国际贸易史上占有突出的地位。在这个三角贸易中，英国居于主导地位，因为三角贸易的形成完全是英国人操纵的结果，是为了自己的经济利益；中国的作用不可替代，因为其中的两个关键商品茶叶和鸦片皆与中国有关；在这个复杂的交易网中，英国是最大的得益者，中国是最大的牺牲品，印度则只不过是英国人手中利用的工具而已。

1. 茶叶对英国经济的重要性

茶叶贸易对于英国的重要性体现在两个方面，一是茶叶已经成为英国民众日常生活中的必需品，二是茶叶税收是英国财政收入的重要组成部分。

正如前文所述，早在 18 世纪初，茶叶已经成为英国人生活中必不可少的日常生活消费品。与此同时，"茶叶已经开始代替丝成为贸易中的主要货品"[①]。保证国内茶叶供应是英国政府同中国贸易的首要目的，因为如果没有足够的茶叶供应，就会引起茶叶价格上涨，茶叶走私难以控制，甚至引起社会恐慌。其实，早在 1787 年，英国政府给第一次派往中国的使臣卡恩卡特中校的训令中就说："最近政府从其它欧洲各国手中夺回茶叶贸

---

① ［美］马士：《东印度公司对华贸易编年史(1635—1834)》第 1、2 卷，第 156 页。

易的措施，已经收到预期的良好效果，这种商品合法输入大不列颠的增加额，虽然没有三倍，最低限度有两倍；其次要注意到我们在印度领地的繁荣，要改进该地的产品和制品在中华帝国的销路，同时，要使出售这种产品的贷款足以供应现在每年达 1 300 000 镑以上的欧洲回程投资所需。”①可见保证茶叶供应是英国维护东方贸易的根本考虑。

在 18 世纪，英国制造品在中国打不开市场；相比之下，英国制造品在印度的市场则比在中国大 20 倍。18 世纪末，英国对中国的贸易额激增，到 19 世纪初，中国作为英国的销售市场已经同印度差不多。英国东印度公司将工业制成品如毛织品等运往东方，但奇怪的是，公司不仅未从出口中获利，反而经常无利可图甚至亏本，公司真正的利润几乎全是从垄断进口贸易中得来的。从中国进口茶叶是公司获利的法宝，甚至是公司维持东方贸易的基础。到后来，东印度公司越来越把交易限制在茶叶这一能够获得最大利润的商品上，“简而言之，这就是一个世纪以来在东印度公司的垄断之下和中国通商的记录”。正是在东印度公司的垄断贸易之下，英国才能从与中国的贸易中获取利润，这也是东印度公司得以存在的理由。“1793 年到 1834 年的整个时期中的出口贸易，根据董事们的说法是赔了很多钱……如果不是从中国的物产中取得利润，那么对中国的贸易就不能继续下去，而且东印度公司的整个情况也会受到严重的损害，即

---

① ［美］马士：《东印度公司对华贸易编年史（1635—1834）》第 1、2 卷，第 478 页。“这种商品合法输入大不列颠的增加额，虽然没有三倍，最低限度有两倍”几句话，与下述姚贤镐编《中国近代对外贸易史资料（1840—1895）》第 1 册第 148 页中的翻译有差异：“……并且使英国正当的茶叶进口比过去增加了一倍，即使还不到两倍的话。”

使它幸免了那些拥护垄断权的人所预言的那种崩溃的话。”[①]东印度公司从进口中国的茶叶中获得利润之高，使得那些坚决主张自由贸易、反对东印度公司垄断东方贸易的人也哑口无言。在英国东印度公司持有特许状的最后几年，公司只从中国购买茶叶，对其他商品不屑一顾，把其他商品全部让给私商去经营。其获利方式是低价从中国购买茶叶，高价在国内出售或转口，贸易数额不断增长。从18世纪后期到垄断贸易结束，东印度公司在茶叶贸易中可获30%以上的纯利润，公司90%以上的利润来自茶叶贸易，有的年份甚至是100%。[②]

茶叶贸易不仅关乎英国东印度公司的生存，而且还为英国政府提供了大量的税收，是英国相当一个时期中财政收入不可缺少的一部分。早在18世纪，“英国人渐渐离不开温和刺激的饮品，与此同时，英国经济也开始依赖茶叶，因为财政部门对茶叶征收的税率高达100%”[③]。这是指1784年“抵代税条例”之前。即使在税率降低之后，因为进口量巨大，茶税仍是英国政府的重要财政支柱。实际上，此后英国为了进行与拿破仑的战争，茶税征收额依然居高不下，有时仍高达100%。英国政府从茶叶进口税中得到的利益比中国从茶叶出口中得到的利润高得多。[④] 在英国东印度公司垄断的最后几年，茶叶带给英国国库的平均税收为每年330万镑，相当于英国国库总收入的1/10和

---

① A. J. Sargent, *Anglo-Chinese Commerce and Diplomacy*, pp. 49 - 57. 转引自姚贤镐编：《中国近代对外贸易史资料(1840—1895)》第1册，第267—269页。

② E. H. Pritchard, *The Crucial Years of Early Anglo-Chinese Relations*, pp. 163 - 166.

③ [美] 特拉维斯·黑尼斯三世、[美] 弗兰克·萨奈罗：《鸦片战争：一个帝国的沉迷和另一个帝国的坠落》，第21页。

④ J. Y. Wong, *Deadly Dreams: Opium and the Arrow War (1856 - 1860) in China*, Cambridge University Press, p. 343.

几乎东印度公司的全部利润；[①]在英国东印度公司贸易独占权结束后的多年，英国政府每年从国内茶叶消费中获得的税收仍然是一个非常可观的数字(见表6.1)。

表6.1　茶税占英国总收入的百分比

年份	总收入	关税	消费税	印花税	土地税及不动产税	动产和收入税	邮政税	茶税
1842	100	45.02	28.35	13.98	9.00	—	2.68	7.84
1843	100	44.23	26.61	14.09	8.81	1.15	3.13	8.63
1844	100	39.86	24.69	12.52	7.76	10.40	2.82	7.98
1845	100	41.41	24.74	12.54	7.56	9.35	2.92	8.31
1846	100	37.91	25.39	13.74	7.65	8.93	3.30	8.88
1847	100	38.14	25.77	13.23	7.73	9.57	3.44	8.71
1848	100	38.68	24.78	13.73	8.20	9.62	3.74	9.50
1849	100	39.10	26.36	11.76	7.79	9.80	3.81	9.47
1850	100	39.05	26.27	12.26	7.88	9.69	3.85	9.80
1851	100	38 053	26.80	11.73	8.06	9.63	4.03	10.34
1852	100	39.43	27.35	11.55	6.75	9.46	4.26	9.06
1853	100	38.57	27.40	12.04	6.28	10.10	4.19	9.92
1854	100	38.46	27.86	12.14	5.64	9.95	4.27	8.77
1855	100	34.62	27.08	11.38	5.13	17.00	3.85	9.30
1856	100	33.29	25.11	10.19	4.45	24.20	4.02	6.89
1857	100	32.55	25.35	10.05	4.29	23.10	4.02	7.57
1858	100	34.53	26.61	11.06	4.78	16.10	4.33	7.88
1859	100	37.48	27.84	12.44	4.98	10.00	4.98	8.41
1860	100	34.95	29.10	11.41	4.56	14.90	4.71	7.74
平均								8.68

* 表注：土地税包括对地产和地产之上保有物所征之税，与对职位和年金所征之税。不动产税包括对居住之房屋、侍从、马车、供骑乘之马匹、其他的马匹、骡子、狗、看马人、洗发粉、纹章佩带和娱乐所征之税。

资料来源：J. Y. Wong, *Deadly Dreams: Opium and the Arrow War (1856–1860) in China*, p. 349.

① ［英］格林堡：《鸦片战争前中英通商史》，第3页。

2. 鸦片是英国东亚贸易的关键商品

英国输华的主要商品值多年来增长不快，有时还呈倒退趋势，而英国从中国进口的茶叶总值却在飞速增长。原因主要在于，一是中国人民生活水平很低，根本没有消费英国工业品的能力，英国生产的美观、昂贵但并不耐用的工业品，主要包括毛绒织品、羽毛、呢绒、印染棉布、白布、棉纱等，在中国没有销路，就是很好的证明；二是英国商人不了解中国人的生活习惯。当时很多英国商人的狂热和盲目使之遭受重大损失，比如：

> 贸易最活跃的年份实际就是大灾难的年头，在1843、1844和1845年，北方各口开放通商不久，英国国内的人们兴奋若狂。谢菲尔德(sheffield)一家著名洋行运来大批刀叉并且声言将以刀叉供应所有中国人。然而中国人向不用刀叉，而是用筷子的，对这种东西当然连看也不要看。结果这批刀叉的售价还抵不上运费，而香港店铺里面许多年后还陈设着这些刀叉，排成像武器库里的刀枪剑戟一样。有一家伦敦著名的商行运来一大批钢琴。大概这笔投机买卖一定是根据中国有二亿妇女，而“现在中国开放通商了”，至少二百个妇女中一定有一个是愿意学钢琴的这一推论而决定的。中国人始终不忘情于他们的铜锣和喇叭，对于这种方形、直立而横陈的不速之客，概予拒绝。这情况造成了很大的困难。香港容不下这许多钢琴。最后，这些受托人，因为都是有很大社会势力的人，便用一种可怕的专横办法把他们自己摆脱出来。他们坚持要每一个欧洲侨民购买两架钢琴。至于价格，我们可以推想，还不算太高，但是这种销售是出于私人的义务，而不是出于公平的交易。制造商方面这种疯狂

行为使得出自名手的钢琴充斥于香港及四个口岸。因这些地区天气潮湿，钢琴都变了音，发出最“悦耳”的喧闹。①

英国在东方两个最大的贸易伙伴是印度和中国，相比之下，输印商品总值增长较快，输华商品总值则长期处于停滞状态，图6.1就是一个很好的说明。

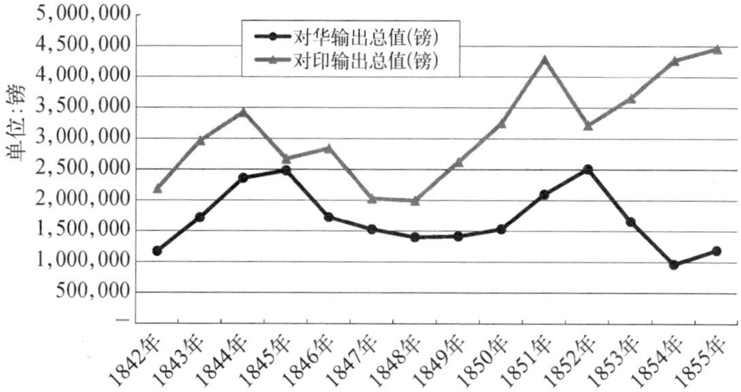

图6.1　英国对华输出及对印输出的总值(1842—1855)

资料来源：姚贤镐编：《中国近代对外贸易史资料(1840—1895)》第1册，第633页。

从英国东印度公司垄断对华贸易一直到第二次鸦片战争结束后，英国工业品始终在中国找不到销路，难怪英国那么顽固地坚持对华鸦片贸易，因为只有用鸦片才能解决英国对华贸易逆差的问题。“在中国鸦片的销售，仍是特选委员会主要赖以获取他们回程茶叶投资的资金供应。”②这是1820年代英国东印度公司垄断时期的情形。直到1854—1858年间，英国对华贸易逆

① G. W. Cooks, China, *Being "the times" Special Correspondence from China, In the Years 1857-58*, pp. 166-170. 转引自姚贤镐编：《中国近代对外贸易史资料(1840—1895)》第1册，第632—633页。

② ［美］马士：《东印度公司对华贸易编年史(1635—1834)》第4、5卷，第98页。

差每年仍高达 7 192 759 镑，而印度输华鸦片贸易每年为 6 365 319 镑，仅鸦片一项就可弥补逆差总额的 89%。正如方行先生指出："鸦片之作为西方国家平衡中国贸易的手段，既适用于鸦片战争以前的 30 年代，也完全适用于鸦片战争以后的十年。"[①]另外，鸦片贸易投资少、利润高，英国政府和商人双双获利，也鼓励了鸦片贸易的进一步扩大。如 1850 年代，政府花在每箱鸦片上的费用为 250 卢比，而在加尔各答市场的拍卖价是每箱 1 210—1 600 卢比，高出其成本的 4.8—6.4 倍。在西印度和中印度地区，英印政府征收通行税更是没有成本的纯收益，而且输出越多，收益越高。鸦片商人也从对华鸦片贸易中获得暴利，一般来说，鸦片在中国的销售价格相当于在印度离岸价格的 5 倍左右，扣除成本，仍是非常可观的数字。[②]

鸦片贸易对英国人来说还有更深刻的意义，决不仅仅在于解决了英国对华贸易逆差和回程茶叶所需资金的问题。对此，格林堡有精彩的论述，他说，鸦片的"全部经济意义不能用它所带给对华贸易商的利润来衡量，而是在于它同东印度公司在印度和在中国的事务上的——领土上的和商业上的——关系"；"鸦片贸易作为一种散商贸易，是有更深一层的意义的。它是外国商人团体在中国兴起的经济基础。"[③]的确如此，19 世纪在华经营的大公司几乎无一不同鸦片贸易有关，或以经营鸦片贸易为主，如怡和洋行、宝顺洋行等。何伟亚认为："鸦片不仅在中国

① 汪敬虞：《关于鸦片战争后十年银贵钱贱影响下中国对外贸易问题的商榷》，见方行主编：《中国社会经济史论丛——吴承明教授九十华诞纪念文集》，北京：中国社会科学出版社，2006 年，第 503 页。

② 林承节：《关于英印对华鸦片贸易的若干问题》，《北大史学》第 5 辑，第 74—75 页。

③ [英] 格林堡：《鸦片战争前中英通商史》，第 96—97 页。

找到了现成的市场，而且还被证明是一个去疆界化的特殊机制，彻底重整了中国与欧洲的商业关系”；鸦片贸易“破坏着旧的商业模式，制造出新的模式”。① 还有学者指出，如果没有鸦片贸易，很可能就没有英帝国。② 此言稍嫌夸张，但并非没有道理。

鸦片收入还是英印政府财政收入的重要组成部分，对巩固英国在印度的统治必不可少（见表 6.2）。以孟加拉管区为例，1792 年鸦片专卖收入占全管区岁入的 5.2%，1812 年为 7%，1822 年为 10%，1842 年增加至 20%。就整个英属印度来说，鸦片收入占总岁入的比例如下：1800 年为 3%，1826—1827 年为 5%，1850 年为 12%，1856—1857 年为 15.8%，1880 年代初更达到 17%，成了仅次于土地税的第二大税收来源。1870 年鸦片总收入为 673.3 万镑，1880 年代初达到 900 万镑。③ 可见，鸦片收入对于英印政府来说决不是可有可无的。

表 6.2　英印政府的鸦片收入（1773—1839 年每年平均数）

指数：1815—1819 年平均=100

年　度	卢　比	折合银两	指　数
1773—1774	270 465	77 894	3.3
1775—1779	414 822	119 469	5.1
1780—1784	505 010	145 443	6.2
1785—1789	1 504 025	433 159	18.4
1790—1794	1 988 156	572 589	24.4
1795—1799	2 261 660	651 358	27.7
1800—1804	4 313 382	1 242 254	52.8
1805—1809	6 000 748	1 728 215	73.5

① ［美］何伟亚：《英国的课业：19 世纪中国的帝国主义教程》，第 54 页。
② Carl. A. Trocki, *Opium, Empire and the Global Political Economy*, p. viii.
③ 林承节：《关于英印对华鸦片贸易的若干问题》，《北大史学》第 5 辑，第 76 页。

续表 6.2 英印政府的鸦片收入(1773—1839 年每年平均数)

年度	卢比	折合银两	指数
1810—1814	8 029 534	2 312 506	98.4
1815—1819	8 163 204	2 351 003	100.0
1820—1824	15 680 081	4 545 863	192.1
1825—1829	19 945 436	5 744 286	244.3
1830—1834	14 462 756	4 165 274	177.2
1835—1839	18 044 062	5 196 690	221.0

资料来源：严中平等编：《中国近代经济史统计资料选辑》，第 24 页。

3. 白银：19 世纪国际商品贸易的中介

除了茶叶和鸦片之外，白银是 16 世纪以来全球化过程的一个极好的见证物。虽然清政府采取保守的对外贸易政策，但清帝国却实实在在受到了全球化的影响，白银持续不断地流入中国就是一个明显的例证。

由于明代实行白银货币化政策以及中国出口货物(先是瓷器和丝绸，继而是茶叶)的增长，而中国作为一个传统的农业国，很少需要外来商品，因此中国就成为世界白银的“终极秘窖”。即在明清较长一个历史时期，白银都是单向从海外流入中国。“世界白银流向中国，以平衡中国几乎永远保持着的出口顺差。”[①]据学者研究，在 1800 年以前的两个半世纪里，日本和美洲生产的白银可能有一半或至少三分之一流入中国，总数达 6 万吨。[②]

在 19 世纪，白银的流通有两个重大变化。其一，由于要支付外国鸦片的价款，中国的白银不断外流，从而耗尽了国家的财

① [德] 贡德·弗兰克：《白银资本：重视经济全球化中的东方》，第 182 页。
② 同上书，第 208 页。

富。其二,进口银元(洋钱)在内地流通越来越多,且有货币化趋向。自明代以来,中国内地皆流通纹银,这是称量单位的货币。大概在19世纪初,进口的银元开始广为流通,且有取代纹银的趋势,这引起了很多人的担忧。如嘉庆十二年(1807)两广总督吴熊光等上奏,请求禁止洋钱流通:

> 盖缘省会及佛山镇五方杂处,贸易皆以洋钱,遂流行通省……甚至民间行使,必须先将纹银兑换洋钱,再将洋钱兑换制钱使用。是国宝流通,转使外夷潜操交易之柄!……因思行使洋钱,北方甚少,惟江苏、浙江、福建较多,江西、广西亦有使用之处。粤东近地,猝行查办,其势既不能断绝,似不如先在远方禁其流通。可否仰恳皇上饬行江、浙各督抚,凡有洋钱俱令倾镕银锭,始准行使。先由江苏、浙江,次及江西、广西,又次及闽省,逐渐饬禁,俾洋钱难以行远,再于广东亦饬镕化使用,则西洋人不能暗操利柄,庶可不禁自绝。

然而,吴熊光的上奏并未得到批准,嘉庆上谕称:"江、浙、闽、广等省行使洋钱,相沿已久,民间称便,若遽纷纷饬禁,概令倾镕,无论势有难行,且恐滋扰累,激生事端。所奏不可行。"① 可见,至19世纪初期,洋钱已经在许多地区流通,因为人们感到比使用银锭便利,所以事实上已经无法禁止。但到嘉庆十九年(1814),嘉庆皇帝在进口洋钱不断增多的压力下,曾发出谕旨:禁止洋钱运入,同时禁止纹银运出。②

① 以上引文均见《清代外交史料》(嘉庆朝二)。转引自姚贤镐编:《中国近代对外贸易史资料(1840—1895)》第2册,第1084—1085页。

② [美]马士:《东印度公司对华贸易编年史(1635—1834)》第3卷,第335页。

我们观察进口银元流通的省区，如广东、广西、福建、江西、浙江、江苏、安徽、湖南等，便不难发现，凡是与茶叶贸易有关的地区，都有大量的银元流通。银元大量进入产茶区的结果，引起银元对纹银和铜钱比价的上升。林则徐在鸦片战争前（道光十六年十一月，1836）已经注意到此点："近日苏、松一带，洋钱每圆概换至漕纹八钱一二分以上，较比三四年前每圆价值实已抬高一钱，即兑换制钱，亦比纹银多至一百文以外。查苏州工商辐辏，洋钱行使最多，每圆加价一钱，十圆即加一两，以一百万圆而计，即已潜耗纹银十万两。平民一切用度，即明为照旧者，暗中皆已加增。"[①]银元与银两的比价升高，导致银两比银元便宜，"这就是说，银元能交换到高于其实际价值的银两。过去三年间（1847 年以前三年）银元的升水波动于 10％到 4.5％之间"[②]。这实际上是对中国无情的掠夺。

弗兰克特别强调中国在 16—18 世纪吸收了大量白银，从而认为中国是一个很强的经济体，甚至认为中国才是贸易强国。但他忽略了以下几个事实，第一，如上所述，在 19 世纪尤其至 19 世纪后期有更多的银元输入中国，银元对纹银的比价上升更刺激了这种增长。第二，在这个时期，世界上的金银比价差距拉大，世界各地普遍金价上涨，银价下跌，而中国却是银价持续上涨，这极大地吸引了世界各地白银汇聚中国。第三，在 19 世纪，世界各主要经济体纷纷向金本位制发展，唯独中国坚持银本位制，这使很多国家纷纷抛售白银，购进黄金，中国在 19 世纪极其

① （清）林则徐：《漕费禁给洋钱以速漕务而平市价折》，《林则徐集·奏稿七》，北京：中华书局，1965 年，第 385 页。

② B. P. P., *Returns of Trade of the Various Ports of China, for the Years 1847、1848*, p. 13. 转引自姚贤镐：《中国近代对外贸易史资料（1840—1895）》第 2 册，第 1088 页。

恶劣的外贸形势下仍能大量进口白银，这就是其中的奥秘所在（见表 6.3）。但此时白银价格已经持续走低，黄金价格则持续走高，黄金越来越受到各国的重视。因此，如果说在 16—18 世纪中国尚可算做世界强国的话，到 19 世纪是真正的衰落了。因为作为财富象征的黄金大量流出，白银虽然有所增长，但其价值已经大大下降。这一变化同样可以印证中国 19 世纪的危机。

表 6.3　上海与外国之间金银流动统计表(1890—1896)

单位：两

年份	进口		出口	
	黄金	白银	黄金	白银
1890	——	7 860 000	1 788 000	8 975 000
1891	32 000	4 481 000	3 665 000	5 462 000
1892	345 000	6 585 000	7 632 000	8 432 000
1893	461 000	15 602 000	7 874 000	4 130 000
1894	40 000	30 852 000	12 748 000	4 228 000
1895	216 000	40 550 000	7 066 000	3 947 000
1896	654 000	12 225 000	8 853 000	5 595 000

资料来源：《总领事韩能 1896 年度上海贸易报告》，《上海近代贸易经济发展概况：1854—1898 年英国驻上海领事贸易报告汇编》，第 920 页。

4. 三角贸易

如上文所指出，在英国—印度—中国之间的三角贸易中，英国居于主导地位，三角贸易之所以存在，完全是英国人操纵的结果；中国的作用非常重要，因为如果没有中国提供茶叶和接受鸦片，三角贸易就没有任何价值；印度作为英国的殖民地，完全是为英国利益服务的，在三角贸易中起到了桥梁的作用，是英国人从中国取得茶叶的必经环节。三角贸易充分体现了世界经济发展的关联性。

在英国—印度—中国三角贸易的形成过程中，港脚贸易的作用不容忽视，正是港脚贸易以及中印之间的贸易逆差，才使中英贸易成为可能。对此，格林堡有比较精到的论述：

> 中国取自印度的大量商品是价值相当高的棉花、鸦片等等，而反过来中国输往印度的，除了生丝之外，却都是价值较低的货物，诸如糖和白铜以及总价值不大的小量的各种“工艺品”。据密尔本（Milburn）计算，在十九世纪初期，印度对广州的出口货超过来自中国的进口货每年在一百万镑左右。使港脚贸易成为公司贸易的辅助的，正是这笔差额；而对华贸易的这两个组成部分的这种互相辅助的性质，也就使得大规模的汇划办法在广州有了可能，凭着这个办法，印度的资源才得被用作英国采购中国茶叶的财源。①

港脚商人在中国销售了鸦片以后，将在广州的公司代理所付的白银存于广州，换得信用证，公司用这笔白银购买茶叶、瓷器及其他中国商品，销往英国。这样发展出英国到印度、印度到中国、中国再到英国的三角贸易，每一个环节都能创造出高额的利润。②

众所周知的事实是，从 1820 年代开始，在印度输往中国的货物中，棉花退居次要位置，鸦片越来越重要甚至成为唯一重要的商品。如果没有鸦片，其他输华商品又不能增加的话，那么从中国运往印度的白银将大大减少，以 1818 年为例，则“将会从 6 000 000 元减为 1 000 000 元”③。英国人庆幸的是，鸦片量值

---

① ［英］格林堡：《鸦片战争前中英通商史》，第 10 页。

② ［美］史景迁：《追寻现代中国：1600—1912 年的中国历史》，黄纯艳译，上海：上海远东出版社，2005 年，第 148 页。

③ ［美］马士：《东印度公司对华贸易编年史（1635—1834）》第 3 卷，第 335 页。

每年都有很大的涨幅，而且在中国有很好的销路，这保证了英国有足够的白银购买中国茶叶，而中国由茶叶所得的外汇又全部流进了印度以购买鸦片。另外，原来英国通过向中国输入大量印度棉花来弥补购买中国茶叶资金的不足，鸦片产量提高后则不需要了，正好这一时期英国棉纺织业的发展需要大量进口棉花，印度棉花于是大量运至英国。很显然，无论从哪个方面来衡量，在三角贸易中最终的受益者都是英国。只是到 19 世纪后期，因为中国鸦片产量提高，才严重影响了印度鸦片向中国的出口，并进而影响了外汇价格，这种情况也“充分地说明了全世界贸易的相互依赖性，以及中国与印度之间的鸦片贸易在调节汇价的突然波动上所产生的重要作用”①。当然，主角和配角仍是区分鲜明的。

为了使英国—印度—中国之间的贸易能够顺利进行，英国东印度公司创设了一整套资金汇划方式，如汇票、运费豁免、钱财过户、预付款、收据等，“通过这样一些复杂的资金汇划方式，个人贸易与港脚贸易在广州的出超余额变成了东印度公司用来购买中国商品的资本，东印度公司用这些资本购得茶叶后运回英国卖出，再支付各种汇票。对于港脚商人而言，他们则通过这种汇划方式实现了将自己在亚洲的财产安全顺利地转运回本国的目的。个人贸易、港脚贸易以及东印度公司的贸易就这样被有机地联系在一起，纳入了英国—中国—印度三角贸易的体系中”②。总之，三角贸易最根本的一点是，无论买或卖，基本都要求在伦敦结账，无论是公司还是个人，所有的财富都必须在伦敦

① 《领事达文波 1876 年度上海贸易报告》，《上海近代贸易经济发展概况：1854—1898 年英国驻上海领事贸易报告汇编》，第 407 页。

② 龚缨晏：《鸦片的传播与对华鸦片贸易》，第 176 页。

才能兑现。

英国—印度—中国三角贸易最清晰简洁的路线图是：英国将印度的鸦片出口到中国，英国从中国进口茶叶到本国，英国棉纺织品出口到印度。这个路线图的要点是，每个环节都由英国人控制，财富自然也都流往英国。

除了英国—印度—中国之间的三角贸易以外，滨下武志提出还存在另一个三角贸易，这就是美国—中国—英国之间的三角贸易。从18世纪末到19世纪初，因为英国由棉纺织业带动的产业革命的顺利进行，美国作为英国重要的原棉供应国，与英国的经济关系日益紧密。与此同时，伦敦金融市场在1820年代也初步完成了向国际金融市场的转变，因此能够对世界贸易提供更多的资金和信用，从而促进国际贸易的进一步扩大，并把中国茶叶对美国的出口也纳入其体系之中。在中国的美国商社因为对英国出口棉花而具有债权为基础，确立了发行汇往伦敦的汇票而进行亚洲贸易结算的方法。① 在1831—1840年间，美国进口中国茶叶增多，但从美国输入到中国的金银却比10年前减少了80%，“到广州来的美国人渐渐都不携带现金银，而携带伦敦汇票来换取外运货载。换句话说，他们以运出中国产品而在伦敦结账的办法，来帮助中国人调节贸易平衡”②。美国人来华置货不带现金银是真，但说帮助中国人调节贸易平衡，则是有点离谱了。另外，如果说美国—中国—英国之间的三角贸易观点能够勉强成立的话，其作用显然不能与英国—印度—中国之间的三角贸易相提并论，仅仅是补充而已。

① [日]滨下武志：《近代中国的国际契机：朝贡贸易体系与近代亚洲经济圈》，第158页。
② [美]泰勒·丹涅特：《美国人在东亚》，第63页。

英国—印度—中国三角贸易中最核心的商品既不是白银，也不是茶叶和棉织品，而是鸦片，只有鸦片才是“造成19世纪中国与西方‘世界贸易’全局变动”[①]的商品，印度鸦片比中国的茶叶、美国的原棉和英国的棉纺织品具有更大的战略重要性。这其中的主角是英国人，英国通过三角贸易统治印度，控制中国，从中既得到了财富，又得到了茶叶，还得到了本国棉纺织业发展最需要的原棉。有学者总结道，英国—中国—印度三角贸易的基本特征是：“印度鸦片输给中国，中国茶叶输给英国，英国统治印度！”只有这样，才是“这个三角贸易的平衡状态”[②]。当然，所有这一切都必须经过中国才能实现。

英国—印度—中国之间的三角贸易一直维持到19世纪后期。有学者认为，至1850年代这个三角贸易结构就开始动摇，[③]这个观点是值得商榷的。因为三角贸易中的主要商品鸦片和茶叶始终在19世纪唱主角，后来则有英国棉纺织品的加入，仍由英国人主宰，最大的受益者也是英国，印度和中国只是被英国利用的工具而已，这一点在19世纪的大部分时间里没有改变，因此三角贸易的性质也就没有改变。只是到了1870年代后，三角贸易的结构才开始发生动摇，其终止的时间是在1880年代。[④] 此后，英国主要从印度进口茶叶，中国自产鸦片则占据国内主要市场。

---

① 郭卫东：《转折：以早期中英关系和〈南京条约〉为考察中心》，第120—121页。

② 谭中：《英国—中国—印度三角贸易》，中外关系史学会编：《中外关系史译丛》第2辑，第206页。

③ ［日］滨下武志：《近代中国的国际契机：朝贡贸易体系与近代亚洲经济圈》，第173—182页。

④ 陈慈玉：《以中印英三角贸易为基轴探讨十九世纪中国的对外贸易》，中国海洋发展史论文集编辑委员会主编：《中国海洋发展史论文集》第1辑，台北：“中央研究院”三民主义研究所，1984年，第172—173页。

三　经济全球化与中国

1. 经济全球化与世界市场

经济全球化是19世纪全球化的一个主要内容。在对工业革命的研究中，学者普遍对工业技术的各项重大突破比较重视，而对市场尤其是世界市场的重要性认识不足。就工业革命的策源地英国而言，对外贸易，或者说前景无限广阔的海外市场，是英国国内工业发展的最大动力。正如论者所言，“建立世界市场是十九世纪英国工业发展的一个主要部分。在用机器生产的大规模工业的发展中，出口商人和制造业者是同样重要的角色，但工业革命的历史家却专心研究工艺技术和组织的内部变革，有把这一事实弄得隐而不彰的趋势”①。格林堡对某些历史学家的批评并不过分，因为多数历史学家习惯只将技术突破和新能源的发现利用看作工业革命的动力。而实际上，市场的扩张对于工业革命的作用丝毫不亚于技术的突破和新能源的发现，因为如果没有市场尤其是海外市场对工业品的吸收，新的机器就无法继续运转。在近代社会发展进程中，世界贸易对经济的贡献率越来越大，愈到后来，先发工业化国家对海外贸易的依赖性就愈强（见图6.2）。

在印度和中国被纳入早期全球化的过程中，除了列强的武力征服外，商业无疑起到了非常重要的作用，作为早期全球化主要角色的英国之所以将触角伸至东方，主要目的就是寻求市场。

① ［英］格林堡：《鸦片战争前中英通商史》，“作者序言”，第6页。

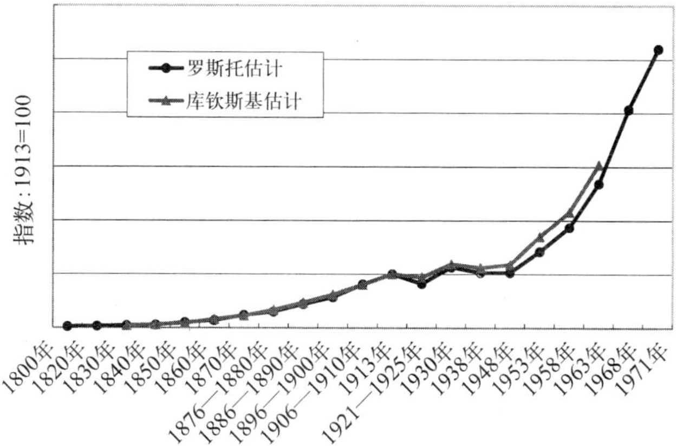

图 6.2　世界贸易数量指数(1800—1971)

资料来源：[日] 宫崎犀一等编：《近代国际经济要览(16 世纪以来)》，陈小洪等译，北京：中国财政经济出版社，1989 年，第 20 页。

英国既是工业革命的始作俑者，也是经济全球化的始作俑者。早在 19 世纪前半期，英国就率先放弃了传统的经济政策，转而奉行没有任何限制的自由贸易政策，这一划时代的转变当然是以其强劲的经济增长实力为基础的，在那个时代英国不存在竞争对手，这种强势一直持续到 20 世纪上半叶。而且，“在 19 世纪的英国政坛上，大部分政治家都认为贸易是国家的命脉，自由贸易对英国商人和消费者都有好处”，因此“工业发展一直没有成为英国最受宠的事业”。[①] 这里说明两个问题，第一，当时的许多有识之士已经认识到贸易和市场是国家的命脉，其重要性超过生产和新机器的发明；第二，英国奉行的自由贸易政策是其称霸全球的基本手段之一，也是造成早期经济全球化的重要原因。以英国东印度公司为例，1833 年前，东印度公司独占东方贸易，包括对中国

① [美] 托马斯 · K · 麦克劳：《现代资本主义——三次工业革命中的成功者》，赵文书、肖锁章译，南京：江苏人民出版社，第 71 页。

的茶叶贸易和鸦片贸易；对华贸易独占权取消之后，英国对中国的茶叶贸易和鸦片贸易量不仅没有减少，反而大大增加，尤其是同中国的鸦片贸易量更是增加迅猛。这向英国人显示了自由贸易的正当性、必要性和重要性，使英国人坚定不移地认为拓展海外市场是制胜法宝，更为英国人向拒绝自由贸易的国家宣战提供了理由。

客观来说，自 19 世纪起市场才成为配置资源的占支配地位的制度。这一制度是资本主义生产关系形成的最关键因素之一。从近代历史发展进程看，市场配置资源的能力在英国得到了很好的体现，如矿产资源与毛纺织业的关系。然而，随着工业革命的迅速发展，国内市场已经显得太狭小，远远不能适应商品增长的需要，开辟海外市场势在必行。在东方，先是印度，后是中国，成为英国最主要的市场扩张对象。

2. 中国在 19 世纪经济全球化中的角色

16 世纪以后中西贸易开始逐渐增多。但众所周知的是，因为明清两朝尤其是清朝实行保守的对外贸易政策，因此除部分沿海地区外，广大的内陆地区鲜受影响。在中国人看来，与葡萄牙人、荷兰人、英国人做生意，只不过是传统的华夏与夷狄交易的继续，只不过是多了几个“红毛夷”而已。事实上，中国人直到鸦片战争前夕，还分不清荷兰与英国、西班牙与葡萄牙。其实不仅中国，整个亚洲都是如此，正如论者所言，“亚洲受到的影响最小，因为它在军事、政治和经济上已强大到足以避免直接或间接的征服。亚洲大部分地区完全没注意到正出现在沿海地区的、固执的、令人讨厌的欧洲商人”[①]。说亚洲受到影响最晚是实，

① [美] 斯塔夫里阿诺斯：《全球通史：1500 年以后的世界》，吴象婴、梁赤民译，上海：上海社会科学院出社，1999 年，第 224 页。

但说影响最小却不实，比如英国对印度的殖民占领，以及英国对中国的鸦片倾销和战争，就几乎改变了亚洲的历史。

经济全球化对中国的影响开始于 18 世纪，但真正对中国经济和社会产生重大影响是从 19 世纪开始的。中国社会的根本性变革亦开始于 19 世纪。沃勒斯坦所说“现代世界体系”与本书中所谓“全球化”有密切联系，他的理论阐述以及对中国的看法，对我们有启发意义。他说：“现代世界体系是一历史体系，发端于欧洲的部分地区，后来扩展到把世界其他一些地带也纳入其中，直至覆盖了全球。我认为，直到 19 世纪中国才被纳入了这一世界体系。”[①]将“现代世界体系”看作是一个“历史体系”，充分显示了沃勒斯坦独特和敏锐的眼光。因为无论是“现代世界体系”还是“全球化”，都是在历史中形成的，又极大影响了历史的发展。他指出中国至 19 世纪才被纳入全球体系，更是非常准确的看法。

那么，中国在近代全球化过程中充当了什么角色呢？第一个角色是试图阻止西方势力向中国内地的渗透，以捍卫中华文化传统。对西方人到东方探险以及来华寻求贸易，中国政府一直在努力拒斥，尤其是不赞成西方商人和中国商人的直接交易。十三行作为清朝官方制定的对外贸易机构，目的是把洋人限制在广州一隅，避免洋人对内地产生影响，同时也是为了限制中国商人为趋利而过多同外国商人接触。清朝当政者逐渐意识到他们遇到的新对手已经同原来的“蛮夷”大不相同了，可他们并没有想出新的对策。第二个角色是被逼充当配角。文化优越感和

---

① ［美］伊曼纽尔·沃勒斯坦：《现代世界体系》，尤来寅等译，北京：高等教育出版社，1998 年，“中文版序言”，第 1 页。

大国心态，使中西交流之初的中国人不可能有平等外交的心理和思想准备。可双方较量的实际结果却是，中国不仅在武力对抗中不堪一击，在商战中也是一败涂地，最后不得不一次又一次签订屈辱性条约。从原来历史的主角变为任人宰割的配角——中国人在 19 世纪完全没有做好应战的准备。

中国 19 世纪危机源自世界历史的巨大变动，而中国人对如此巨大的变动几乎毫无所知。大约从 15 世纪末 16 世纪初开始，以西欧为中心的欧洲经济体产生了，这个经济体与历史上的帝国迥异，它不是一个政治实体，而是一个经济实体。其“范围（很难说是边界）囊括了帝国、城邦和正在出现的‘民族国家’。它是一个‘世界’体系，并非由于它囊括了整个世界，而是由于它大于任何从法律上定义的政治单位”；而相比之下，“帝国却是一个政治单位”。[①] 在这里，沃勒斯坦将新兴的欧洲资本主义体系称之为“世界经济体”，强调其相互间的经济联系；而将传统的有影响的大国称为“帝国”，强调其政治上的重要性，这是极有说服力的。[②] 这个理论可以充分帮助我们理解 19 世纪中国与西方冲突的本质，亦即中国不仅仅是同某个西方国家或某几个西方国家的冲突，而是一个传统帝国同一个新兴的世界共同体的冲突；更可以帮助我们理解，正是因为他们之间的经济利益相关，才使他们在对付中国的时候步调一致，经常两国或多国联合对中国宣战或向中国政府施加压力。19 世纪的中国仍如一头大

① ［美］伊曼纽尔·沃勒斯坦：《现代世界体系》第 1 卷，第 12 页。

② 艾森斯塔特对“帝国”做过以下定义：“‘帝国’一词通常用来指明一种政治体系，它包含广阔而又相对高度集中的领土。在这个体系中，以帝王个人和中央政治机构为体现的中心形成一个自治实体。此外，尽管帝国一般建立在传统的合法性上，它还常常包含某些更广泛、更普遍的政治文化方向，这是它的任何组成部分所不具有的。”转引自［美］伊曼纽尔·沃勒斯坦：《现代世界体系》第 1 卷，第 12 页。

象，不过这头大象已经年老体衰，徒有表面上的威严和强大，实际上已毫无抵御和进攻能力；诸列强则如一群体魄强健的虎狼，个头不大，但凶猛异常，随时可以发起进攻。

从中西文化交流史上看，18 世纪中期以前，西方受中国影响较大，在历史、艺术、哲学和政治等领域，西方曾对中国“完全入迷”；而反过来，“除诸如天文学之类的某些专门的知识领域外，欧洲人对中国文明的影响是微不足道的”[①]。从 18 世纪后期开始，欧洲人对中国的敬佩感开始消失，对中国的兴趣也从文化上转移到资源和市场之上。在 19 世纪，西方国家以其强大的武力和贸易体系在政治、经济、文化等方面开始影响乃至统治全球。正是在这个世纪，中国彻底变为被别人影响的角色；到 19 世纪中后期，更成为西方列强任意宰割的对象。弗兰克曾说，在 18 世纪中期以前，西方只不过是在“亚洲经济列车上买了一个三等厢座位，然后包租了整整一个车厢，只是在 19 世纪才设法取代了亚洲在火车头的位置”[②]。弗兰克的话只说对了一半，这个比喻也不一定恰当。因为在 18 世纪以前，亚洲只是孤立的发展，其对西方的影响非常有限，而且都是间接的影响，东西方并没有在一趟列车上行进，而是在各自的列车上行进。到 18 世纪后期，尤其到 19 世纪，西方的发展却影响了全球，以英国为火车头的资本主义世界经济体将全球纳入自己的势力范围，或为之提供原料，或为之提供市场，或为之提供劳动力。西方的列车在高速前进，东方却并未搭上车，只是为之提供燃料和服务而已。

关于 19 世纪西方对中国的影响，学术界多注意于政治、主

① ［美］斯塔夫里阿诺斯：《全球通史：1500 年以后的世界》，第 233 页。
② ［德］贡德·弗兰克：《白银资本：重视经济全球化中的东方》，第 69 页。

权、赔款等方面，于经济方面注意较少。其实，西方经济的变动对中国经济的影响甚巨，只是因为中国经济体过于庞大，以及中国对西方的企图存有戒心，因此西方对中国的影响和渗透有一个过程。比如，英国的银行业对中国产生影响的时间就比较晚。英国的海外银行业早在1830年代就为伦敦提供了一个很好的国际银行联系网，可是有很长一段时间无法渗入中国。这种状况在此后20年都完全没有改变。然而，自从产业革命以来，欧洲经济的变革和巨大的市场推动力不断敲打着自给自足的中国紧闭着的大门，对于西方的影响中国不可能长期加以抵拒。而这种影响一旦产生，全球性关联就势在必然。1853年后，多家大银行在中国设立分行。当然，在中国从事汇兑业务的大多是英印银行，因为中国和印度间的贸易额巨大，这使银行无法弥补印度对伦敦直接开出的汇票。因此其具体做法便是："其在中国的分支机构将对英国本行开发的汇票售卖给中国的鸦片进口商，用这笔收入购买英镑汇票，然后将汇票寄往伦敦，用以弥补印度本行的英镑提款。"①银行作为现代市场经济的中枢，对于中国传统市场和商业的影响将是根本性的，愈到后来这种影响就愈深刻。

在19世纪中期后，随着经济全球化速度的加快，世界经济发展对中国的影响程度日渐加深，诸如苏伊士运河通航、中西海底电缆接通等，皆引起全球经济变动，中国自然也不例外：

> 盖自该运河通航后，从前驶华之各国帆船，即在淘汰之列，而旅华洋商，势难再用从容不迫之方法处理业务。至中

① A. S. F. Baster, "Origins of British Exchange Banks in China", *Economic History*, 1934年1月号, pp. 140－145。转引自姚贤镐编：《中国近代对外贸易史资料(1840—1895)》第1册，第407页。

> 西之直接通电，益使商人治事有因时制宜之必要。总之，中国自《天津条约》订立后，渐与全球之经济组织发生连带关系，故南北美之争，伦敦金融之恐慌，及普法之战，虽其产生之地域均离华甚遥，然中国之对外贸易，则已受影响，是则中国已不克遗世独立闭关自守，而与世界各国发生国际贸易之关系，本期已肇其端倪矣。[①]

以茶叶为例，自1863年起，美国内战而导致中国出口美国茶叶锐减，此对中国绿茶生产造成较大影响，因为中国所产绿茶的近三分之二出口美国（红茶出口英国，砖茶出口俄国），并占到全国出口茶叶的近六分之一。不过，因为本时期欧洲进口中国茶叶数量增长，因此对中国整个茶业并未形成重大威胁。但是，这个时期的许多重要技术突破对世界贸易格局都产生了重大影响，长时间占中国第一位出口商品的茶叶当然首当其冲。此前，世界茶叶价格向以中国为风向标，基本决定于上海、福州、汉口等埠茶叶的供求状况，外商一半要通过茶栈以及中国商人才能了解到详细情况；加之路途遥远，运输没有保障，因此伦敦须经常有大量的存货。新的通讯技术产生后，伦敦可以随时了解中国的茶叶行情，并派人直接来华采办；运河通航后，路程大大缩短，伦敦没有必要再大量囤积茶叶，完全可以根据国内需求数量来决定存货多少。总之，“从前产销双方，远隔重洋，不通声气，全赖一般侨商，居间贩卖，彼等操奇计赢，往往数年之间，立成巨富，荣膺大王之号，至是营业方法，已由间接变为直接，谓之茶叶革命，亦无不可也”。[②] 确切地说，应当称为茶叶贸易的革命。

---

① ［英］班思德编：《最近百年中国对外贸易史》，第81—84页。

② 同上书，第118—125页。

再以中国市场上的棉布为例，美国内战曾在一段时间内形成棉荒，因此出口至中国的棉布减少，引起中国棉布价格飞涨；美国内战停止后，棉花产量迅速提高，出口至中国的棉布也增多，加上其成本比中国土布低很多，洋标布宽度几为土布的一倍，又有贪利的中国商人极力推销，因此洋布销量大增(见表 6.4)。

表 6.4　同治六年至十年历年全国进口棉布匹数表

华　历	西　历	本色市布匹数	标布匹数	各种棉布总数
同治六年	1867 年	2 398 140	730 604	4 617 800
同治七年	1868 年	4 768 151	2 049 521	9 048 780
同治八年	1869 年	4 999 416	3 016 561	10 526 816
同治九年	1870 年	4 465 937	3 035 881	10 089 814
同治十年	1871 年	7 824 885	4 167 103	14 439 151

资料来源：姚贤镐编：《中国近代对外贸易史资料(1840—1895)》第 2 册，第 1036 页。

在全球性的经济关联中，中国对世界上正在发生的变化反应迟缓，因此也就谈不上什么有效应对。国内庞大的市场和丰富的物产基本满足了生存需求，中国人也没有感到有向外国学习的需要。当时在华外国人就感叹："我们想代替马来人或印度人的各种家庭手工业是完全可能的，并且我们实际上已经几乎做到了，但是要想代替中国人坚定的家庭劳动则没有任何成功的希望。"他们对中国的传统经济制度既惊叹又反对，"中国南部省份的产品和北部省份的产品互相契合——各省的劳动互相依存，使得外国人和他的新奇产品无法进入。这是一个无法侵入的优美的经济制度，其他国家是无法企及的"①。更有学者认

① B. P. P., *Correspondence Rrelative to the Earl of Elgins Special Missions to China and Japan*, *1857 - 59*, pp. 246 - 247. 转引自姚贤镐编：《中国近代对外贸易史资料(1840—1895)》第 3 册，第 1336 页。

为，中国在传统农业知识和实践方面已经很先进，中国不但有了西方的大部分农作物，而且谷物在生产上超过了西方，早在18世纪，中国“已很难取收西方的技术了”①。这里提出了一个很重要的问题，即在有着几千年延续文明的国度里，接受新事物是需要有一个过程的。

事实上，随着西方国家对中国社会经济影响的日益深入，中国的角色也在发生变化，西方的物质文化也逐渐影响和改变中国人的生活习惯。1889年，杜・博斯在致《字林西报》的编辑函中说，欧洲货物对中国的输入，“与十五年前相比较，已可有把握地断定，现在销售额恐已增加了几倍——或许五倍——之多”②。外国商品日益为中国人所习惯接受，诸如玻璃代替贝壳，煤油取代菜油照明等。也就是说，到19世纪末，中国社会已经从深层开始发生变化了。

① ［美］尤金・N・安德森：《中国食物》，第91页。
② 姚贤镐编：《中国近代对外贸易史资料（1840—1895）》第3册，第1325页。

第七章
重新评价19世纪全球化中的中国

将19世纪的茶叶贸易和鸦片贸易纳入全球化的视野进行考察，便不难发现，在经济全球化过程中，中国的处境非常艰难。且不论国内动乱、列强入侵以及由此而引致的政局动荡，单从茶叶贸易和鸦片贸易的实际情形即可充分反映19世纪的中国的确面临深刻的危机。造成19世纪中国危机的原因非常复杂，需要我们持“了解之同情”的态度去研究和认识。

一 从茶叶贸易和鸦片贸易看19世纪中国的危机

1. 中国19世纪危机

近代西方列强的海外殖民活动，其主要目的，是为了开拓殖民地、寻找财富和通商。18世纪英国屡次来华进行外交交涉，主要意图是为了打开中国这个广大市场，并保证买到只有从中国才能得到的茶叶、丝绸、瓷器等商品。在18世纪和19世纪初，一直比较封闭的清政府也只有在同西方有限的商业活动中，才逐渐了解西方，了解世界。但是，直到19世纪，大多数中国人既不知道外交的重要性，也不知道通商的重要性，更有很多人把与外国通商看成是有害国体民生的行为，对其深恶痛绝，甚至将其看成近代中国遭遇乱祸的根源。如 1867 年曾国藩就指斥外国人说："其来中国也，广设埠头，贩运百货，亦欲逞彼朘削之诡谋，隘我商民之生计。军兴以来，中国之民久已痛深水火，加以三口五口通商，长江通商，生计日蹙，小民困苦无告，迫于倒悬。"①直到 19 世纪末，人们对通商的重要性仍是存有偏见，如陈炽就说："古之财利，或上聚于国，屯膏者也；或下散于民，藏富者也；或中饱于官吏，剥民蠹国者也。今也不然，不在上，不在下，不在中，而流溢于外。故古人理财之法，不足以尽时势之变迁，外强中干，已成痼疾，则商务之不振为之也。"②在这段话中，陈炽的思想相当矛盾：自古以来，财富要么藏于民，要么藏于国或官，而未认识到财富还可藏于商；可他同时又说"古人理财之法，不足以尽时势之变迁"，则隐约认识到近代中国之所以屡受外侮，根本原因是"商务之不振"。很显然，形成这种自相矛盾看法的根源仍是未能摆脱传统"本末"思想的影响。其基本一致的观点是中国因开埠通商而导致危机和骚乱，导致国困和民穷。这个观点尽管片面，但说出了一个道理，即在外来势力的强势逼迫下，传统中国面临重重危机。

茶叶和鸦片两种消费品在西方和东方各自引起的消费狂潮，完全是近代通商所导致的结果。茶叶这种原来只有以中国为中心的亚洲所特有的饮品，后来在英国如此流行，应当说是有一定偶然性的，是英国商人在无数次海外冒险过程中的一个副

① （清）曾国藩：《预筹修约事宜疏》，（清）求自强斋主人辑：《皇朝经济文编》卷71，上海：慎记书店，1901 年。

② （清）陈炽：《庸书外篇》卷上《商务》，清光绪二十三年石刻本。

产品。这种起初在英国屡被指责为可能对身体有害的饮品，却在很短时间内成为最受欢迎的全民性日常消费品，甚至对英国的历史都产生了重大影响，在世界历史上都是一个奇迹。茶叶是中英交涉的桥梁，茶叶在英国需求越旺盛，英国就越需要同中国的通商，因为中国是唯一能够提供这种特殊饮品的国家；而后来随着英国殖民地大茶园的兴起，英国对中国茶叶的依赖大大降低，于是英国同中国的通商欲望也越来越淡漠，直至后来由美国、日本等国取而代之成为与中国最重要的贸易对象国。

同样是通商，可因为目的不同，更因为英国在中英贸易中始终占据主动地位，因此结局也完全不同。这就是：中国不仅没有因为繁荣的茶叶贸易而富强，反而成为鸦片的最大受害国。在与东方的贸易中，英国人巧妙地利用了印度这张牌：将印度生产的鸦片卖给中国人，同时用印度的茶叶打败中国的茶叶，直到后来鸦片贸易遭到全世界的谴责，且茶叶已经完全不依赖中国的时候，英国与中国通商的兴趣也就越来越淡了。在中英商战中，中国只在鸦片的竞争中取得“胜利”，即中国的国产鸦片战胜了印度的进口鸦片。早在1881年英国人就注意到了这一现象。“令人感兴趣的是，一方面在茶叶的生产上，印度正在成为中国的一个可怕的竞争对手，有人预言欧洲总有一天会由印度供应它所需要的大部分的茶叶；另一方面在鸦片的生产上，中国正在同印度进行一场更为成功的竞争；因而常能听到关于印度鸦片在不远的将来就会被赶出中国市场的预言。”[①]可这样的胜利不仅一点也不值得中国人骄傲，反而是中国人的耻辱！

---

① 《领事许士1881年度上海贸易报告》，《上海近代贸易经济发展概况：1854—1898年英国驻上海领事贸易报告汇编》，第605页。

2. 茶叶外销衰落：19世纪中国危机的表征之一

茶叶不仅给英国带来了巨额财富，还促进了欧洲的“勤勉革命”，对英国的工业化功莫大焉。按照常理，作为英国茶叶唯一或主要供应国的中国，也应该在此次全球化大潮中受益，借助茶叶强劲的出口势头促成经济增长和繁荣，甚至促进近代化进程。但事实却恰恰相反，中国不仅未在这次全球化大潮中抓住机会，反而成为列强的牺牲。茶叶贸易由盛转衰，从一个侧面反映了19世纪中国社会危机的现实。

在对外贸易开放后的许多年中，中国对外国出口的商品几乎只有丝茶两种，在很多年份其他商品微不足道，到了19世纪后期这种状况都没有发生根本改变。比如在1870年，茶叶和蚕丝这两种商品的出口值占出口总值的88%，其中茶叶49%，蚕丝39%；在1875年，这两种商品的比例曾高达89%，其中茶叶53%，蚕丝36%；1890年，这两种商品的比例下降为65.2%，茶叶出口数量尽管没有下降，但价格下降，出口值下降到30.3%，蚕丝维持在34.9%；1892年茶叶又下降到25%，蚕丝上升到37.5%。[①] 到20世纪初期，茶叶更是降到了出口总值的10%。在19世纪的最后20年，中国茶叶贸易的衰退不仅仅是相对于其他商品而言，更重要的是其绝对值也开始大大减少，这表明其在出口贸易中的地位已经大大降低。但同时期全世界对茶叶的需求则是大量增加，这又表明中国在世界茶叶市场上的竞争力在衰退。茶叶作为19世纪中国最有竞争力的商品，最后却节节败退，充分显示出国家竞争力的衰退。

---

① 《领事哲美森1892年度上海领事管区的贸易和商业》，《上海近代贸易经济发展概况：1854—1898年英国驻上海领事贸易报告汇编》，第783—785页。

1870年代英国驻上海领事麦华陀就曾对中国茶叶的未来表示过担忧，他认为中国完全有可能独占世界茶叶市场，因为中国长期以来是世界茶叶的唯一供应来源（其实这个时期已经开始发生变化），而英国的需求量又呈稳定上升的趋势；不过，这个时期中国出口到英国的茶叶虽然数量不断增加，但质量却越来越差，因此实际出口值增长不大。[①] 茶叶出口的强劲势头未能带动中国经济的发展，甚至未能带动中国茶业的发展，这种状况的形成，尽管有外力压迫、外商欺诈的因素，但主要还是中国内部的因素造成的。[②] 比如中国官员的腐败就令人触目惊心，各级官员随意征税，税率之高非常惊人，仅地方税和转口税，有的地方就达到茶叶原始成本的50%，可是清朝的国库并未收到这些茶叶税款。国内茶叶贸易还存在许多违背经济规律的现象，其原因就是各地官员对经过他们所辖地区的茶叶强征任意的和税目不定的税款，使茶叶成本提高，市场混乱。太平天国运动被平定后，人们曾期望古老的杭州城将会逐渐恢复其过去徽州茶运往上海途中的转运口岸的重要地位，而以前这种转运行业曾给附近的人们带来很多就业机会。如果茶叶经过杭州运输，则可以不再换船或在没有困难的情况下直接取道大运河运达上海。但是，这样做却不符合位居杭州的浙江巡抚的私人利益。如果他准许茶叶按其自然路线运往上海，那么他本人得到的仅仅是一小笔过境税，而由茶叶出口税所能得到的大笔收入就要留给上海的官员了。因此他对经过杭州转运的茶叶加征一笔寓禁税，从而使全部茶叶至少转运三次才能到宁波，并在外国轮船

① 《领事麦华陀1872年度上海港贸易报告》，《上海近代贸易经济发展概况：1854—1898年英国驻上海领事贸易报告汇编》，第268页。

② 参见本书第二章第4节。

运去上海前，在浙江巡抚管辖下的宁波缴纳全部出口税款。“中国的官员们在他们的政府制度处于衰败时期只关心从其本人的职位谋取利益。”[①]这个判断一点没错。不仅如此，地方官员还大肆收受贿赂，“在外国人购茶款额的总数中，估计有22%或约全数的四分之一是向中国官员们缴纳的税款”[②]。外商为了少交税或避免遭受欺诈，宁愿向地方官员行贿。地方官员的腐败行为给中国茶叶出口贸易造成了灾难，也迫使英国人加紧开辟新的茶叶供应基地。

政府无能和官员腐败给中国茶农带来了灾难，导致产茶区经济萧条。湖南安化是著名产茶区，在茶叶外销的旺盛年代，这里曾是一派繁荣景象，但在地方官员的压迫和奸商的欺诈下，这里茶农生计艰难：

> 安化后乡一带，出产以茶为大宗……至咸丰五年，五口通商，始行创办红茶。其买卖规则，每百斤不论有无灰末，扣茶四斤，作为抛灰搀末，计净九十六斤。经茶工焙筛车拣，只能成米茶七十六斤，即以九十六斤作为八折扣算，得七六八，又只以七六扣算。红茶正秤将八尾抹去，作为样茶，其八尾合正秤十二两八钱。至今买茶，犹另取样，或三、四、五斤不等。甚或高悬短喊，任意进退，漫无规则。茶价内，商人应给行用钱，照例三十文；今于产户茶价内每串扣钱五十文，以给行户。行户又瞒商人，于茶价内每串多取背手钱五十文，共一百零七文，只得九七钱八百九十三文。又

① 《领事文极司脱1867年度上海贸易的商务意见摘要》，《上海近代贸易经济发展概况：1854—1898年英国驻上海领事贸易报告汇编》，第156—157页。

② 《领事麦华陀1868年度上海港贸易报告》，《上海近代贸易经济发展概况：1854—1898年英国驻上海领事贸易报告汇编》，第173页。

> 以地方向用九七制钱，再以九七折算，止得足钱八六六兑账。最后事机败露，此五十文之背手钱，商人不准行户收取，亦不归于产户，转归商人照常收去，仍作八六六兑十足钱。奸商恶行，变易成规，侵渔乡民，深堪痛恨。
>
> 产茶之家，半属穷民，每岁锄茶树需工，踹茶需工，拣茶需工，黑茶尤需柴炭烘焙，每每入不敷出。小民之生计有限，层层剥削，其何以堪！①

安化是全国产茶区的一个缩影，也是全国农村的一个缩影。

3. 鸦片贸易繁荣：19世纪中国危机的表征之二

19世纪英国对中国的鸦片输出，以1860年代为界可以分为两大阶段。1860年代以前鸦片贸易量增长迅猛，与英国茶叶进口的增长速度是同步的；1870年代以后鸦片进口速度趋缓，有的年份还呈下降趋势，与英国在印度、锡兰开辟大茶园，对中国茶叶的依赖逐步减少有关系，更与国产鸦片产量的迅速提高有直接关系。无论是鸦片进口量增加，还是鸦片进口量减少，都是19世纪中国危机的突出表征。

英国人对中国的鸦片输出，从某种程度上说是在同中国商战不利的情况下做出的选择。首先，英国商品在中国基本没有销路，运至中国的货物要么滞销，要么减价出售，只有一种商品例外，即鸦片；其次，19世纪中后期中国人的极度贫困状况使英国对原来寄予厚望的中国市场变得失望。“各种不祥的预兆却都表明，（中国）目前的消费如果尚未完全达到最高水平，也已接近最高水平”；而连续多年的战乱，以及南方的洪灾和北方的旱

① 湖南调查局：《湖南商事习惯报告书》附录1《安化黑茶条规》，宣统三年，第4页。转引自姚贤镐编：《中国近代对外贸易史资料（1840—1895）》第3册，第1578—1579页。

灾，不仅阻碍了当时的交通运输，而且使这些地区的人民生活水平普遍下降，使更多的人陷于贫困，这自然也就“丧失了购买洋货的能力”[①]。无论在南方还是在北方，唯一的畅销进口商品就是鸦片。英国人向中国输入鸦片的确暂时给英国带来了直接的经济利益，但从长远看，这决不是一个高明的策略，因为英国通过走私和销售对中国人民身体健康有害的商品而取走中国有限的财富后，却失去了这个无限广阔的工业品市场，更失去了中国人民的好感和信任。另外，中国换取外汇的出口商品过分依赖茶叶，但中国的关税制度又限制了茶叶出口的增长速度。“不难预见，如果中国输出品在英国市场上找不到更大的新销路，我们（英国）的对华输出品，在数量和价格方面，必将逐渐降低，直至降至一个适当的水平为止。”[②]这个预见非常正确，在中国茶叶输英减少的同时，英国输华商品也呈下降趋势（包括鸦片），英国从中国最重要的贸易对象国变为次要的贸易对象国。

从 1860 年代末起，国产鸦片首先在云贵川等地形成了对进口鸦片的竞争优势，至 1870 年代发展为全国性种植，1880 年代全面压倒进口鸦片，国产鸦片在激烈的鸦片市场竞争中取得全面胜利。这可能是中国在 19 世纪的无数次商战中，唯一一次取得胜利的商战。可是这样的胜利是一个悲剧，带着太多的苦涩和无奈。因为市场越大，对中国人民带来的苦难就越多，中国的危机就越深重。当然，如果不谈鸦片的社会危害，单就把鸦片作为一种纯粹的商品来分析，国产鸦片在与进口鸦片的竞争中采

① 《领事麦华陀 1868 年度上海港贸易报告》，《上海近代贸易经济发展概况：1854—1898 年英国驻上海领事贸易报告汇编》，第 210—211 页。

② B. P. P., *Returns of the Trade of the Various Ports of China*, *for the Year 1846*, p. 37. 转引自姚贤镐编：《中国近代对外贸易史资料(1840—1895)》第 1 册，第 521 页。

取简单的低价战略，应该说是一种正当的竞争手段，由此而导致鸦片市场迅速扩大。而印度鸦片因为生产成本和运输成本过高，一旦失去市场独占地位，竞争力便迅速下降。正如当时英国人自己所说的："除非此间印度鸦片的价格会降低到能与中国鸦片进行竞争的水平，它的进口贸易将逐渐趋于消失。"[①]国产鸦片能够在竞争中取胜，还有一个很重要的因素就是后来清政府实际支持鸦片的生产，因为鸦片能给地方政府带来更多的税收，同时对进口鸦片征收高额税收。

1895年，印度鸦片的进口量比上年减少了4 000箱，下降了约11%。英国驻上海领事哲美森对中国鸦片市场进行了仔细观察，他说：

> 好几年来已变得明显的是，热烈争论中的鸦片问题即将自行解决，因而那么多人所希望看到的以暴力手段使之结束的鸦片贸易，很可能通过某种无痛的消灭方式而告消失。它的进口量每年都在减少，因而如同中国的茶叶贸易一样，很快就会成为一种往事了。但是在这块土地上，吸鸦片烟者是不见得会减少的。从中国西部输入的中国鸦片已超过了10 000担，而且奇妙的是，其增加数几乎就是印度鸦片的减少数。更加值得注意的是，上海已将上述中国鸦片中的一部分向国外出口，可能是香港或新加坡。出口量不大，然而它多少是一笔出口，而且很可能是一种新发展的开端。[②]

① 《领事麦华陀1875年度上海贸易报告》，《上海近代贸易经济发展概况：1854—1898年英国驻上海领事贸易报告汇编》，第366页。

② 《领事哲美森1895年度上海贸易和商业报告》，《上海近代贸易经济发展概况：1854—1898年英国驻上海领事贸易报告汇编》，第887—888页。

这段话有几个地方值得注意：第一，引发中西冲突的鸦片贸易以一种独特的方式结束，这种方式是中国人自己种植、自己加工、自己销售、自己吸食，最后再争取卖到国外；第二，原来曾经是中国出口支柱的茶叶在激烈的市场竞争中节节败退（当然主要就英美市场而言）；第三，两种商品进出口贸易的消长，暗示着中国国力的衰退，以及中国在早期全球化过程中处于越来越边缘的地位。

二　外来因素与茶叶、鸦片贸易的消长

茶叶和鸦片这两种商品在19世纪的中国都有惊人的增长，究其原因，既有国内社会和经济发展影响的因素，也有外部原因推动的因素。但两相比较，我认为外部原因推动的因素更为重要。

1. 19世纪中国的经济结构未能适应新的变化

关于18世纪中国的研究，学术界争议很大，有学者认为中国在18世纪非常繁荣，其发展水平甚至超出同时代的西欧。如麦迪逊就认为，从17世纪末到19世纪初这段时间，清朝的社会经济发展极其出色，突出表现为人口增加，是同时期日本人口增长的8倍，欧洲的2倍，而且人口增长并未引起人民生活水平的下降；另外，中国GDP增长也超过欧洲，尽管在18世纪欧洲的人均收入增长率达到25%。① 但有学者认为，18世纪中国已经

① Angus Maddison: *Chinese Economic Performance in the Long Run 960－2030AD*, p. 39.

比西方落后了。如黄宗智就认为，明清时期（当然包括18世纪）中国农业经济的发展表现为“过密化”（或译为“内卷化”）的增长方式，即总产出在以单位工作日边际报酬递减为代价的条件下扩展，他进一步解释道：“社会意义上的过密型是指这种增长并未形成新的社会生产组织，而仅是既有生产组织的延伸。经济意义上的过密型是因为它通常不带来单位工作日收入的增加。”[①]他认为明清时期的中国是过密型增长的典型。

关于19世纪的中国，学术界并没有太大的分歧，大家公认中国在19世纪经历了太多的劫难，生产水平落后，人民生活水平下降。许多学者也能接受19世纪（主要是鸦片战争以后）中国是半殖民地社会的观点。[②] 但研究过程中先入之见多，定性研究多，而定量研究少，且长期受意识形态影响较大，这多少遮蔽了我们对19世纪中国历史实际的认识。另外，长期以来把1840年这样一个极精确的时间作为中国古代和近代的分界点也干扰了我们对19世纪中国历史的整体把握，使具有内在发展联系的历史被硬生生地切断了。从19世纪茶叶贸易和鸦片贸易这个独特的角度，可以使我们深化对19世纪的认识。首先，通过对茶叶和鸦片这两种对19世纪的中国和世界都发生了重大影响的主要商品的定量和比较研究，能够正确认识中国的社会经济状况；二是研究茶叶贸易和鸦片贸易完全可以不局限于1840年的分期，打通19世纪，从而对19世纪的中国有一个连

① ［美］黄宗智：《长江三角洲小农家庭与乡村发展》，北京：中华书局，2000年，第88页。

② 我在这里之所以没有用“半封建半殖民地”这一沿用多年的说法，主要是因为“封建”一词存在很多歧义。用“封建社会”来概括1840年以前的历史更有很多不切合中国历史实际之处，用“半殖民地”来概括1840年以后的历史也不见得十分贴切，但相对于前者，后者稍具有说服力。我将专文探讨这个问题。

续和整体的把握。

19 世纪的中国与世界发生了广泛的关联，中国已经无法维持原来基本自给自足的生产和生活方式了，至于在经济方面中国与世界发生关联的具体方式以及这种方式所产生的深远影响则较少为人注意。18 世纪以前，中国与世界发生关联的方式，主要是中国的丝绸和瓷器等物品通过商人转卖到西方，而西方并没有相应的物品广为中国人接受，也就是说这种交流基本是单向的，不是双向的，明清时期中国所需要的奢侈品主要来自南洋等地。18 世纪之后，西方虽然照旧需要中国的丝绸和瓷器，但其重要性已大不如以前，而是让位于茶叶了，而且这种需求是突然性的，呈爆炸性增长的态势，这与西方工业化速度的加快有极大关系。但是，此时中国的经济结构一如既往，并未受到西方明显的冲击，面对国际市场的突然变化，中国没有主动适应变化的愿望和要求。

中国自古以农立国，所谓“农”，一指农民占绝对大多数，二指粮食占绝对重要的地位。这里我想着重说明的是第二点。粮食的绝对重要性体现在两个方面，首先，粮食关系国计民生，民以食为本，历朝统治者都不敢忽视；其次，粮食在传统市场中占有绝对重要的地位，其商品值超过所有其他商品的总和。1840 年前，全国国内商品总值为 19 243.81 万两，其中粮食商品值为 15 533.3 万两，粮食商品值占商品总值的 80%；1894 年，全国商品总值为 55 984.06 万两，其中粮食商品值为 37 250 万两，粮食商品值占商品总值的 66.5%。[①] 这个数字反映了两个问题，第

① 参见许涤新、吴承明主编：《中国资本主义发展史》第 2 卷《旧民主主义革命时期的中国资本主义》，第 308 页“五种农产品商品值估计”表。

一，鸦片战争后的半个多世纪，我国农产品商品化的过程是很慢的，年增长率不足1.3%；第二，农产品商品化的格局没有大的变化，粮食在社会商品总值中仍占绝对重要的地位。这就是说，直至19世纪末，中国农产品的商品化率还是很低的，中国经济发展基本没有市场需求的推动，或者说市场推动的力量是非常有限的。商品化水平低，说明社会分工水平低，而社会分工又反映了生产力发展水平的高低。由此不难判断，19世纪中国农业生产力处于一个比较低的水平。事实的确如此，比如19世纪后期江南稻谷产量甚至比乾嘉时代有所下降。农产品商品化速度缓慢的增长主要来自茶叶和棉花，但这两种商品内销增长有限，主要依靠外销的增长；后期鸦片商品量的增长尤其迅速，这显然是由于替代进口鸦片而造成的。

在19世纪，中国的人地矛盾相当突出。人们必须首先在解决吃饭问题的前提下，才能考虑发展经济作物。而同时期生产力水平又没有明显的进步，因此商品经济的发展自然受到限制。19世纪中国茶叶的出口量虽然不断增长，但也只是一个简单的量的增长，不仅没有带动国内经济的发展，甚至没有带动茶园种植业生产方式的改进，其原因是非常复杂的。其一，19世纪中国内忧外患，社会动荡加剧，国内经常发生饥荒，虽然本时期茶叶需求增加，但粮食需求压力更大，政府不可能鼓励开辟更多的茶园取代粮食生产；其二，鸦片贸易合法化后，国内罂粟种植面积迅速增加，与茶园不同的是，种植罂粟侵占的多是粮田，从而极大地影响了粮食生产，并挤压了其他经济作物的种植空间。由此我们不难理解，为什么在印度、锡兰两大茶叶竞争对手出现后，中国的茶叶出口节节败退。从主观上说，我们没有应战的意识，根本没有主动想办法去战胜对手；从客观上说，19世纪的中国面临着内忧外患的艰难处境和巨大的生存压力，也没有能力去应对不断出现的强硬的竞争对手。况且中国国内茶叶市场历来很大，向俄国的茶叶出口亦呈上升态势，茶叶市场并没有感到很大的危机。

综合各种因素分析，尽管19世纪后期中国茶叶对外贸易面临“狼来了”的严峻形势，但还不至于威胁到生存的地步，其产量和出口量仍能维持一定的水平。鸦片市场则因为供需两旺，且有政府或明或暗的鼓励，因此市场供应量（主要是国产鸦片）增长更加迅速。但从中国进出口总的情况看（见下表），19世纪后期中国的贸易状况趋于恶化，赤字逐年增大。此与中国所处国际形势及国内经济状况的恶化直接相关。

表7.1　1871—1903年进出口贸易净值

单位：百万元　　　　指数：1871—1873＝100

年　份	出口	指数	进口	指数	出超（＋）或入超（－）
1871—1873	110	100.0	106	100.0	＋4
1881—1883	108	98.2	126	118.9	－18
1891—1893	167	151.8	219	206.6	－52
1901—1903	311	282.7	473	446.2	－162

资料来源：严中平等编：《中国近代经济史统计资料选辑》，第64页。

2. 国际社会对成瘾性消费品的需求以及对中国的影响

自18世纪以来，全球范围内对成瘾性消费品的需求都呈增长趋势。至19世纪，以咖啡、可可、茶叶和鸦片为代表的成瘾性消费品，已经成为许多国家和地区不可缺少的日常生活用品。

成瘾性消费品的蔓延几乎与近代化同步，而这又与自十五十六世纪以来奢侈品消费时尚的兴起密切相关。之所以称奢侈品消费为时尚，是因为奢侈消费品的种类是不断变化的；而消费品种类的经常变化，则是源于人类奢侈本性的变动不居。对此，布罗代尔作过精彩的论述，他说："奢侈的本性就是变动，它难以捉摸，种类繁多，自相矛盾，不可能一经认定就永远不变。"他还强调："奢侈的表现因时代、国家或文明而异。反之，几乎不变的是既无开场也无结局的社会喜剧，而奢侈是这部喜剧的关键和主题，它为社会学家、精神分析学家、经济学家和历史学家提供了出色的场面。"[①]最近几百年奢侈品种类的变迁，证明了上述结论。除了酒以外，其他的成瘾性消费品也可能出现较早，但一般仅限于某些地区或国家流行，如茶叶在中国以及东亚地区，咖啡在阿拉伯地区，可可在美洲地区等。从十五十六世纪开始，某些成瘾性消费品传播速度加快，传播区域广泛。有一点特别值得注意，如可可、咖啡、茶叶和鸦片这些主要的成瘾性消费品是随着西方世界的对外扩张而逐渐成为消费时尚的，而西方世界的对外扩张又是与近代社会的形成密切相关的。由此给我们的启示是，近代化不仅仅是生产力进步的结果，它还与人们日常生活的变化密切相关。

在经济史研究领域，过去学者关于工业革命和近代化的讨论，注重生产较多，注重消费较少。近年来这种情况有所改变，有学者研究发现，在近代化过程中消费的作用绝对不能忽视。比如英国史家 Neil Mckendrick，John Brewer 和 J. H. Plumb 在 *The Birth of a Consumer Society: The Commercialization of Eighteenth-Century England*（*1982*）一书中，从家庭收入与

① ［法］布罗代尔：《15至18世纪的物质文明、经济和资本主义》第1卷《日常生活的结构：可能和不可能》，第211—212页。

需求、市场的扩大、城市人口的增长、奢侈品的普及、流行时尚的大众化、社会效仿的作用、奢侈观念的变迁等方面，对18世纪英国中产阶级的消费文化进行了深入研究，并提出了“消费革命”的理论。他们还得出了下述结论：在18世纪，第一个消费社会在英国诞生，而需求将带动大量生产，这也为工业革命的到来铺好了道路。[①] 把消费作为原因而不是结果来重新审视近代化的过程，使我们对消费的作用有了新的理解。

成瘾性消费品的研究领域，近年来较为引人瞩目。因为人们不难发现，像糖、可可、烟草、咖啡、茶等温和的成瘾性消费品，同西欧近代化的启动以及殖民扩张、地理大发现等，几乎是如影相随甚至是完全一致的。近代世界经济的成长促进了成瘾性消费品的传播和消费数量的增长，主要的成瘾性消费品先在近代化发生较早的国家流行，然后影响到其他国家；反过来，这些成瘾性消费品促进了近代经济的成长，是近代经济成长不可缺少的推动因素。最能说明以上观点的例子，是英国茶叶需求的迅速增长与经济发展的腾飞惊人的一致。我们尽管不可能完全量化茶叶对英国经济发展做出的贡献，但我们可以肯定茶叶的作用肯定是相当大的，而且是不可或缺的。

很显然，中国近代茶叶产量的增长几乎完全是外力推动的结果，确切地说主要是英国消费需求增长的结果，只是到了19世纪后期，俄国的作用才逐渐重要。在印度、锡兰大批出口茶叶之前，中国是英国唯一的茶叶供应国，面对英国茶叶需求急速增长的大好形势，中国茶叶产量和出口量随之逐年大幅度增长。

---

① 参见巫仁恕：《品味奢华：晚明的消费社会与士大夫》，北京：中华书局，2008年，导论。

据英国人记载,1835年中国茶叶的输出量约为26万担,1871年增加为175万担,1880年达200万担以上,“欧洲茶叶消费惊人的增长,其速度超过茶叶生产的发展”,这促使中国茶叶种植业和出口业同样也有“惊人的增长”。[①] 因此,中国近代茶叶产量增长完全是由国际因素推动的,同国内经济发展几乎完全无关,其衰落原因亦同。

3. 中国的悖论:同近代经济成长背道而驰

明清以来,中国经济仍旧沿着传统的路径发展。至19世纪,中国经济总量仍在增加,但生产力和劳动生产率水平并没有相应的提高。与此不相一致的是,同时期中国人消费倾向的变化较快,同本时期经济发展水平不相一致。

既有的研究表明,欧洲近代经济的起飞开始于十五十六世纪,表现为商业繁荣、市场扩大、生产力水平提高、人口增长较快等方面;大约在同一时期,中国社会也在发生变化,突出表现为奢侈消费风气的形成,在饮食、服饰等方面逐渐形成追求奢华的风气。社会财富的增长积累不能满足全社会的奢侈风气之所需,于是社会财富只能更集中于少数人手中,一些较大城市和江南一带成为奢侈风气的典范。然而,中国的实际经济增长并不能支持奢侈风气的需求,此为悖论一。

最晚从18世纪开始,经济全球化趋势已经非常明朗,表现为科技进步使欧美生产力水平大大提高,各国之间通讯和交通更加便捷,封闭的市场被打破;而此时的中国政府却越来越倾向于封闭,对外界发生的巨大变化所知甚少,不但自己不愿意走出去,而且也不希望别人干扰自己的生活。全球化与闭关锁国不

① 姚贤镐编:《中国近代对外贸易史资料(1840—1895)》第3册,第1462、1474页。

能相容，此为悖论二。

在成瘾性消费品方面，欧美选择的是带有积极作用的种类，最典型的就是茶叶、咖啡等消费品在欧美国家的流行；中国选用的则是消极的种类，即鸦片。更令人匪夷所思的是，有那么多的中国人沉迷于鸦片，以致鸦片消费量超出了中国经济发展和中国人基本生活需求所能承受的范围，不仅使中国人民的健康受到严重损害，而且极大地阻碍了中国经济的正常发展。此为悖论三。

三　以“了解之同情”的态度理解 19 世纪的中国

19 世纪离我们不算太远，但我们对 19 世纪的认识却远远没有深入，甚至有很大的偏差。造成这种结果的原因很复杂，其中缺乏“了解之同情”的态度来理解 19 世纪是一个非常重要的原因。至 19 世纪，中国人在对外界不了解的情况下被拖入世界经济体系之中，被迫开始所谓的全球化，也被迫进行一些变革。我们此前往往简单地以闭关锁国、目光短浅等来批评 19 世纪的人们，这是非常不公平的。如果我们以“了解之同情”的态度来评价 19 世纪，就会发现在当时特殊的历史条件下，前人们已经做了极大的努力。[1]我这里所说的“了解之同情”，是一种历史主义的态度，是科学地对待历史的态度。对历史过多地苛责，只能

---

① 如任命外国人为重要部门官员，李泰国、赫德被任命为海关总税务司即是很好的例子。虽然有学者对此提出严厉批评，但设身处地考虑，此不失为明智之举，他们对中国近代化的影响不可低估。

说明我们无知，更说明我们无情。

1. 中国人对当时世界了解的局限

“天朝物产丰盈，无所不有，原不借外夷货物以通有无。特因天朝所产茶叶、瓷器、丝斤为西洋各国及尔国必需之物，是以加恩体恤。”①这是1793年马戛尔尼使华时乾隆皇帝致英王文书中所说的一段著名的话，引用者常常以此批评当时中国政府的狂傲和对世界的无知。进入19世纪后，尽管中西交往已逐渐频繁，但中国对西方的了解仍然少得可怜，甚至有很多荒唐可笑的地方。如1809年百龄上奏称：“茶叶、大黄二种，尤为该国（指英国——引者）日用所必需，非此则必生病，一经断绝，不但该国每年缺少余息，日渐穷乏，并可制其死命。”②这种认识比乾隆时代反而退步了。1814年，嘉庆皇帝仍然在上谕中重复并坚申乾隆皇帝曾经说过的话：“该夷船所贩货物，全借内地销售，如呢羽、钟表等物，中华尽可不需，而茶叶、土丝，在彼国断不可少，倘一经停止贸易，则其生计立穷。书云：不宝远物，则远人格。”③

清朝官方对西方所知甚少，更遑论普通百姓了。1830年代，一位在中国旅行的法国人曾试探中国人对欧洲的了解程度，随行的一位叫“沃”的中国船长自我感觉良好，自认为对世界了解很多，于是很得意地根据他自己所知道的地理知识画了一张世界地图，这张地图描绘的是：“‘清国’，泱泱大国，理所当然占

① （清）梁廷枏：《粤海关志》卷23《贡舶三》。

② 《清代外交史料》（嘉庆朝三），转引自姚贤镐编：《中国近代对外贸易史资料（1840—1895）》第1册，第175页。

③ 《清代外交史料》（嘉庆朝四），转引自姚贤镐编：《中国近代对外贸易史资料（1840—1895）》第1册，第175页。此类记载很多，如成书于1865年的夏燮《中西纪事》卷3《互市档案》仍称：“中国无所资于外洋，而外洋实有资于中国，茶、黄之属是也，以其为祛瘴不可少之物，故中国以此全其民命，即以此制其死生。”

据庞大面积。余下的世界则是一些散落四海的岛屿。”[①]这位船长虽然描绘出了英国、法国的大体地理位置，其错误亦令法国人吃惊，比如在这位船长的地图中，非洲紧邻西伯利亚，高丽对岸是一个不知名的国家。即便如此，这位船长的世界知识大概也已经达到了当时中国人的最高水平。关于各国具体的情况，中国人知道的就更少了：

> 当地人对世界的了解依然不多。他们将所有外国人混为一谈，看成同一个民族："红毛"。他们憎恨"红毛"，言辞轻蔑。这是政府有意怂恿，每年颁发禁令，严禁与"从未领会天朝礼仪温厚裨益、西洋教化的不可就（救）药、反常邪恶之人"有任何贸易或往来。但也必须承认，当地人对欧洲人的鄙视并非毫无理由。除了偶有例外，当地人所见的都是我们的商人，贪婪好财，无视家庭的安逸、对祖先的崇拜、对故土的眷念，抛弃所有高尚情感和真心性情。他们视之为卑贱之民，无比蔑视其吝啬贪财，难道没有道理吗？[②]

再如梁廷枏成书于1846年的《兰伦偶说》主要介绍英国的情况，取材于当时人翻译的有限的西人著作。尽管书中介绍了大量鲜为人知的英国的历史和现状，但其中谬误和似是而非之处颇多，比如谓英国"凡官武多而文少"，"国多娼妓，虽奸生子，必育之"，等等。[③]

当时的中国人不仅对距离遥远的英法等国缺乏了解，即使

---

① ［法］老尼克：《开放的中华：一个番鬼在大清国》，［法］奥古斯特·波尔杰插画，钱林森、蔡宏宁译，济南：山东画报出版社，2004年，第88页。
② 同上书，第89页。
③ （清）梁廷枏：《海国四说》，北京：中华书局，1993年，第135、159页。

对北方最大的邻居俄国的了解也非常有限。

中国人对世界的了解甚少是实，但这个时期来华的外国人多有贪利之徒，给中国人留下极其恶劣的影响，也从客观上妨碍了中国人对世界的正确认识。最典型的就是英国鸦片贩子的行径。可是中国人对英国为何向中国销售鸦片并不了解，仍单纯从商人牟利的角度去谴责他们，“其鸦片售之中国者，常十之七八，是英夷之剥我元气而富强其国者，专在是矣。犬羊之族不知信义，惟利是图，处心积虑于百余年之前”①。指斥其唯利是图没错，但站在民族优越论立场上，仍然用几千年来中国人对待四夷的态度来对待新出现的“夷狄”，未免太过无知。直到鸦片战争爆发前夕，包括道光皇帝和林则徐在内的很多人仍对英国的意图不了解。道光帝根本不知英国人的虚实，甚至不相信英国人会诉诸武力，他给林则徐、邓廷桢的指示是“先威后德”，使英国人畏威乞恩，“体察情形，相机筹办，务使奸夷闻风慑服，亦不至骤开边衅，方为妥善”②。后来清军一败涂地，战败后又仓皇失措，与对对方的不了解有直接关系。

19世纪的中国人对正在加速变化的世界太隔膜了，“既未注意由于利用蒸汽，在交通工具方面之重大发明所引起之变化，亦未注意具有毁灭性之新式武器之发明，而认为可仍如既往，继续不与他国人交往”③。在这个世纪，中国尽管已经落在西方后面，但是“没有任何迹象表明它意识到这点或准备好尝试新路子。中国对现已处于有优势的欧洲技术不感兴趣，尤其不愿意

---

① （清）徐继畬：《松龛先生文集》卷1，转引自姚贤镐编：《中国近代对外贸易史资料（1840—1895）》第1册，第314页。

② （清）文庆等纂：《筹办夷务始末》（道光朝）卷7，道光十九年五月壬戌。

③ 《俄使普提亚廷致清政府理藩院函》，咸丰七年五月二十六日。转引自米镇波：《清代中俄恰克图边境贸易》，第31页。

看到因推广新技术必然伴随而来的一时混乱……清朝已经老朽、顽固因而害怕变革”[①]。表面看来清朝昧于世界发展大势，骨子里的确是害怕由新事物而引起统治的危机。

19世纪清政府对商业认识的偏见也是根深蒂固，传统的“本末”观念并未因东南沿海贸易增多而发生转变。经过两次鸦片战争后，中国人的排外意识逐渐增强，更加憤恨洋货对中国传统社会的冲击，包括较早睁眼看世界的一批知识分子。如郑观应将洋布、洋糖、洋针、洋牙刷、电气灯以及自来水、照相玻璃、日规、寒暑表等皆指为“玩好奇淫之具”，“为害我者也”。[②] 到19世纪后期，中国人仍对西方世界所知有限。陈炽就称“通商一事，其蠹中国最深”[③]。这并不是简单地否定商业贸易的作用，而是中国知识分子在突然面对强权的时候，本能地又从传统思想资源中寻找到了反击的武器。另外，在19世纪中国不但面临前所未有的外患，而且更需面对异常惨烈的内忧，尤其是太平天国运动几乎使清朝统治垮台。当国内动乱平息后，清政府最迫切的任务是恢复旧有的秩序，主政者采取的是传统的办法，如削减皇室开支、兴修水利设施、扩大耕地面积、减轻农民负担，等等。被后人津津乐道的“同治中兴”，其实只是部分恢复了动乱前的旧秩序，经济上的成就比较有限。“中兴政府对经济发展不感兴趣，是因为经济发展在它所追求的道德、社会和政治秩序的中兴中没有地位。”[④]尽管这一时期中国因多处口岸开放而增加

① [美] 罗兹·墨菲：《亚洲史》，黄磷译，海口：海南出版社、三环出版社，2004年，第367—368页。

② （清）郑观应：《盛世危言》卷3《商战》。

③ （清）陈炽：《庸书外篇》卷上《利源》。

④ [美] 芮玛丽：《同治中兴：中国保守主义的最后抵抗》，房德邻等译，刘北成校，北京：中国社会科学出版社，2002年，第238页。

了对外交往的机会，中西贸易尤其是茶叶贸易增长迅速，但当时有影响的一些重要人物很少同意外国人的看法，不认为扩大中西贸易将给中国提供繁荣发达的极好前景。他们对经济增长这一概念始终无法理解。另外，当时没有人对向商业课以重税提出异议，更极少有人赞成兴修铁路和建立电报系统，因此，“这也证明中兴的思想是向后看的，复旧的”[①]。中兴时期只有两个部门部分根据西方模式进行了改革：一是对军队进行改组，学习西方军事技术，建立兵工厂；二是成立外交机构，即总理各国事务衙门。这两个领域尽管都取得了一些成果，但因为在其他重要领域没有相应的改革和进步，因此不足以改变清代中国积贫积弱的局面。有学者甚至认为，此后的中国“不是更强盛而是更衰弱了”[②]。

从历史上看，中国至少在明代中期之前对外来的制度、宗教、技术以及物质文化等，一直是持开放的态度，既吸收别人合理的东西，同时又向外传播自己的文化，从未完全封闭过。比如对佛教的包容、向天主教徒学习数学、引进美洲粮食新品种等，都表明了中国文化的开放性。濮德培就认为，“在中国传统中，恐洋症和排外心理只是特定条件下的产物，并不是自古就有的”；滨下武志指出，在“平等主权国家”时代，“中国并不盲目因循那些外交关系的刻板教条，相反它很有创见性地调整了其传统的等级秩序以应对另一个等级体系的挑战”。[③] 说恐洋症和排外心理并不是自古就有的，我很赞同，但说成功应对挑战却比较勉强，因为中国在受到西方强权威胁之前，并没有真正的外交对手，根本不存在什

① ［美］柯文：《在中国发现历史：中国中心观在美国的兴起》，第14—15页。
② ［美］芮玛丽：《同治中兴：中国保守主义的最后抵抗》，第375页。
③ ［美］乔万尼·阿里吉、［日］滨下武志等主编：《东亚的复兴：以500年、150年和50年为视角》，第69页。

么挑战。在那个时候，中国是政治、经济和文化的领导者，所以心态能够开放。到19世纪，情况已经发生了彻底的改变，中国遇到了真正的挑战，于是便不能游刃有余地应对了。

清代的统治者趋于保守，其对外部世界的无知甚于前朝。至19世纪全球已经逐渐联为一体的时候，清代统治者却更加封闭了，他们固执地认为，避免同外界接触，少受外界干扰，是维持现政权稳定的最好办法。远道而来的英军携带着中国人从未见识过的坚船利炮，使中国人的自尊心大受挫折，在屡战屡败之后，恐惧心理愈甚。尽管此时中国人依然在表面上对“夷人”大为不屑，但内心深处却认为这些“夷人”是“借贸易为由，实为侵略做准备，总有一天会来夺取皇位”[①]。这种认识妨碍了中国人同这些新“夷狄”的正常外交接触，从而隔阂越来越大。正如陈国栋所说：

> 由于清廷基本上以自给自足式的经济为满足，因此虽然官员们也了解到广州贸易对人民生计与国家财政都有相当的贡献，但是由于他们习惯于作单方面的考虑，从不做知彼的工作（其实知己的工作也做得不太好），因此动不动就想诉之于封舱的办法来强迫外国船只接受中国官员的处理方案。清朝的做法造成了外国商人与中国政府之间，长期缺乏谅解的状态。嘉庆初年以后，中英之间更是冲突时起，终于在鸦片走私问题的处理上达到悲剧的高潮。[②]

因此，从历史的角度来分析，中英之间的冲突并最终导致鸦片战争，是中国人对外界长期隔膜所导致的必然结果。

从另一个方面来说，19世纪初期英国对中国同样缺乏了

① ［法］老尼克：《开放的中华：一个番鬼在大清国》，2004年，第88页。
② 陈国栋：《东亚海域一千年：历史上的海洋中国与对外贸易》，第219—220页。

解，正如马士所说："这时的英伦对于中国事物普遍无知，不仅在未受教育者中如此，即使在学者中也一样。"①他们只是意识到中国市场将来可能对于英国的重要性，尤其在英国国内市场不振的情况下，"吸收那些为保持英国新机器运转所必需的剩余产品。所以英国的制造业者也就不顾那种使近代某些作者感到困惑的所谓中国市场较小的奇论，为了打开中国的大门而不断加施压力了"②。英国人看重的是中国潜在的广大市场，以及中国的茶叶，他们在武力的协助下，根本不顾及中国的传统和理念，强行打开了中国的大门和市场。

2. 19世纪国际贸易的变化对中国的影响

在19世纪中国同世界经济发生关联的最主要的物品是茶叶、丝绸和鸦片等，就本书的主要论题茶叶和鸦片而言，鸦片当然是危害中国人民的毒品，任何参与生产、制造和销售的人都应受到谴责。但茶叶却不同，借助于19世纪茶叶的强劲需求，如果中国能够乘机改良品种、改进加工技术、适应国际贸易规则，并从各方面向西方学习，那么中国似乎可能有机会搭上第一次全球化这趟列车的，至少在某些行业有超前发展的可能。从学理上分析，茶叶生产、加工、出口与经济发展应该有一种"关联效果"③，即应该是一种"联动性"性的行业，与棉纺织业应有相通

① ［美］马士：《东印度公司对华贸易编年史(1635—1834)》第1、2卷，第704页。

② ［英］格林堡：《鸦片战争前中英通商史》"作者序言"，第6页。

③ 在"贸易与发展论证"中，"关联效果"(Linkage Effects)是一个重要命题。持正面看法的学者认为，国际贸易——不论初级产品或工业制品、进口或出口——所带来的直接及间接利益会透过各种关联效果，由贸易部门影响到其他部门，从而促进一国整体的经济发展；持负面看法的学者强调，贸易产生的关联效果在后进国家弊多于利，往往打击本土的手工业，反而造成后进国家的"非工业化"。参见王良行：《清末对外贸易的关联效果(1860—1911)》，张炎宪主编：《中国海洋发展史论文集》第6辑，第281页。

之处，因为其生产可以带动农业的发展，其加工则可以带动机器工业的发展（茶叶需要深加工），其运输和销售又可形成完整的市场链。在英国正是棉纺织业的联动作用促进了工业化的发展，功不可没；中国的茶叶生产则没有起到这种联动作用。当然，棉纺织业和茶业的生产和市场结构不完全相同，其作用不完全一样，这也是事实。在这里，只是一种假设和良好的愿望而已。

19 世纪的中国虽然经常被批评为保守、僵化和落后，但在实际社会经济生活中已经逐渐发生一些变化。从长远来看，正是这些细微的变化导致中国在 20 世纪初发生天翻地覆的变革。洋货逐渐向中国内地的渗透，便可以充分说明这个问题。

鸦片战争前，有关洋货在中国四处碰壁、毫无销路的记载很多；但五口通商后这种情况逐渐发生了改变，至 19 世纪后期，洋货在中国的市场越来越大，并普遍受到欢迎。如当时在华外国人就感叹："中国人虽然保守，却也不知不觉地使用起外国货。现在不仅在口岸市镇和沿海地带到处可以看到钟、表、火柴、洋灯、红毡，就是在遥远的内地，也都可以看到这些东西。"①"只要我们在一个中国城市的街道走走，就可看见普通的中国人近来如何习惯于外国的奢侈品了。洋货店的数目正在一年年地增加，海关统计中，外国进口货物的数字，也随同着增加。几乎没有一个中国人的家庭不用一些进口洋货，——假若不是棉织品，至少要用煤油作室内照明之用，或者在欧洲制造的、迎合中国人嗜好的不胜枚举的某些小东西。"②

---

① A. R. Colquhoun, *The Opening of China*, London, 1884, p. 39. 转引自姚贤镐编：《中国近代对外贸易史资料（1840—1895）》第 2 册，第 1093 页。

② *Decennial Reports*, 1882—1891 年，镇江，pp. 302－303。转引自姚贤镐编：《中国近代对外贸易史资料（1840—1895）》第 2 册，第 1093—1094 页。

相关的中国史料记载也很多，进口洋货大有排挤本国土货之势：

近来民间日用，无一不用洋货。只就极贱极繁者言之，洋火柴、缝衣针、洋皂、洋烛、洋线等，几几无人不用。一人所用虽微，而合总数亦颇可观。洋火柴、洋烛，现在沪上亦有制造，然销路未畅，外洋之货，仍源源而来，可见本国之货，只居十之二三。①

煤油、肥皂、面粉、玻璃、钟表等进口商品在全国各地受到欢迎，甚至连洋酒、奶制品等在沿海城市都有一定销路。当时很多人对此表示担忧，认为这些洋货"皆畅行各口，销入内地，人置家备，弃旧翻新，耗我资财"②。欧洲货和美国货因其质量较高，在中国最受欢迎；日本货最初不如西洋，但因其价格便宜，所以也开始受中国人追捧。后来更因"日本之学西洋人，愈学愈精，愈推愈广"③，因而日货在中国所占份额日益加大。根据历年海关报告，日本棉布、棉纱、火柴等在中国非常畅销，增长数额惊人。比如日本棉布在19世纪末就抢占了相当大的中国市场，英国棉布进口"极疲滞，销路毫无起色"，而"日本棉布很像土布，因为比较便宜而同样耐久，故比曼彻斯特的布匹更受欢迎"。④

洋货为何能占领中国市场？当时的中国人尚不能理解生产和技术进步的重要作用，只是简单地归结为"洋人心计甚工，除洋

---

① 《论振兴工艺须择民间繁用之物本轻价贱者先行制造》，《皇朝经济文编》卷92，转引自姚贤镐编：《中国近代对外贸易史资料(1840—1895)》第2册，第1094页。

② (清)郑观应：《盛世危言》卷3《商战》。

③ 《利国宜广置造论》，(清)何良栋辑：《皇朝经世文四编》卷42《工政·制造》，《近代中国史料丛刊》第77辑，台北：文海出版社，1966年。

④ *Trade Report*，1889年，淡水，pp. 307-308。转引自姚贤镐编：《中国近代对外贸易史资料(1840—1895)》第2册，第1177页。

布大宗之外，一切日用，皆能体华人之心，仿华人之制”[①]。很显然，人们当时认为洋货充斥中国市场，是洋人投中国人之所好，并未意识到这是工业化所产生的必然结果，是中国逐渐被边缘化的一种表现。人们在主观上可能抵制这些东西，因为凡是带“洋”字的外来商品，多少都会让自尊的中国人感到耻辱和自卑，可是这些东西的确是先进的，客观上又不得不接受。实际情况也正是，中国人越来越容易接受这些外来的新奇事物了。正如19世纪末在华外国人所说：“中国人固然无疑是保守的，但是当他们一旦相信为了他们的利益必须把老的习惯和旧的偏见遗弃的时候，他们是很容易作到的。”[②]中国人竞相购买日本货就是最好的证明。

在19世纪，国际因素尤其是国际贸易对中国社会经济的影响到底有多大？学者有不同意见。有学者认为，上述的例子只是表面现象，其对中国传统社会经济制度的影响是表层的。“即使中国的全部对外贸易突然在1877年停止，这对于中国经济生活的影响也一定很小。”[③]国际贸易对广阔的内地和广大的农民来说的确暂时没有什么直接的影响，受影响较大的只是限于东南地区以及沿海和城市，但我们不能忽视其渐进的影响，而且各地区的情况亦不尽相同。早在1730年代，福建的茶农和南京地区的桑蚕户及其他们的中间人，即已依赖对外贸易而生存了。在华南地区，很多农民都受到国际经济因素的影响，在19世纪末20世纪初，“华南无疑存在着消费经济：广东、福建的农户的1/4用品是买来的。乡村自给自足经济的衰落，与商业性农作物的发展在时间上是一致的。由此产生了单一耕作的经济，这

① （清）柯来泰：《救商十议》。

② *Commercial Reports*，上海，1891年，pp. 9－10。转引自姚贤镐编：《中国近代对外贸易史资料（1840—1895）》第2册，第1164页。

③ ［英］格林堡：《鸦片战争前中英通商史》，第40页。

使得农民为国内甚至国际的市场价格波动所左右”[①]。至19世纪末，受国际经济因素影响的地区越来越多。从国际收支的角度分析，资金不足是中国近代生产企业发展的“瓶颈”，甲午战争后这一点更加突出。此与长期以来中国国际收支严重失调密切相关，而中国国际收支严重失调的重要原因，除列强公开掠夺（如战争赔款）外，鸦片贸易也有很重要的影响。据统计，1843—1894年列强向中国贩运鸦片累计18.11亿关两，年均约3 700万关两；1895—1930年报关进口鸦片7.751 7亿关两，加上走私鸦片、吗啡等毒品约为2.15亿关两，合计约10亿关两，年均2 857万关两。[②] 单独一项毒品贸易，就造成中国大量资金流往海外，从而使中国的国际收支和早期现代化受到严重影响。

在许多地区，国际经济因素直接的影响可能比较有限，但其潜在影响——对传统的观念和思维方式以及对传统的生产与生活方式的冲击——是无法估量的。中国在19世纪后期的一些主要变化几乎全是外力影响的结果，政治与军事的影响是显性的，经济的影响是隐性的，后者的影响更加持久而深远。

但也有不少学者否认国际经济因素对中国经济产生了重大影响，如墨菲认为，不管中国农业恶化到什么程度，外国的影响只是一个非常次要的因素，通商口岸的影响也是非常小的；就中国的对外贸易而言，不论按人口平均计算，还是按绝对值计算，

---

① ［美］魏斐德：《大门口的陌生人：1839—1861年间华南的社会动乱》，王小荷译，北京：中国社会科学出版社，1988年，第217页。

② 陈争平：《1895—1936年中国国际收支研究》，第146—159页。

都是微不足道的。[①] 香农·布朗也得出结论说，不论西方在19世纪产生的思想、心理和政治冲击究竟如何，它在经济上的冲击在1860年代肯定是非常之小的，而且可能至少到1895年前都是如此。[②] 上述学者对国际经济因素对于中国社会经济的影响都估计过低，甚至进而否定西方对中国的影响，这是不妥当的。

3. 19世纪中国危机是历史发展和外来因素共同影响的结果

19世纪的中国内忧外患，已经落后于西方近代化国家，这一点学术界没有什么争议。但中国落后是19世纪突然的结果，还是一个过程的继续，学术界则有不同意见。麦迪逊、弗兰克、彭慕兰等认为，直到18世纪甚至到19世纪初期，中国在许多指标上都是领先的，只是到1820年代后，中国才逐渐落后；黄宗智、伊懋可等人则认为，中国早在几个世纪前就开始落后了，黄宗智提出“过密化”理论，伊懋可则提出了“高水平平衡陷阱”理论。因为存在上述看法的差异，所以对19世纪中国为何落后的解释就产生了重大分歧。本书倾向于从长时段来解释中国落后的原因，而不仅仅局限于19世纪，或归结为偶然性的因素。从市场，包括从国内市场和国际市场的长时段变化来观察中国近几个世纪的发展，或许更能解释中国走向近代化迟缓的原因。

从国内市场来看，17、18世纪相当于清朝前中期，其间有所谓的“康乾盛世”。与中国历史上的其他王朝相比较，因其国土广

---

① Rhoads Murphey, *The Outsiders: The Western Experience in India and China*, Ann Arbor: University of Michigan Press, 1977. 转引自[美]柯文：《在中国发现历史：中国中心观在美国的兴起》，第140页。

② Brown, *The Partially Opened Door: Limitations on Economic Change in China in the 1860s*, Modern Asian Studies, 12(2), Apr. 1978, pp.177–192. 转引自[美]柯文：《在中国发现历史：中国中心观在美国的兴起》，第146页。

阔，人口增加，市场规模扩大，的确可以称为盛世。不过，这个时期社会经济繁荣的程度并没有超过明朝中后期。其间还经历了17世纪下半叶的市场衰退，表现为市场萧条，商业凋敝，物价下跌，人民生活水平下降，吴承明先生称之为“17世纪市场危机”[①]，岸本美绪称之为“康熙萧条”[②]。进入18世纪，市场发展，物价趋于平稳，商业繁荣，长途贩运有了较大发展，至世纪末臻于极盛。有学者认为，中国落后于西方国家是19世纪以后的事情，其根据乃在于此。19世纪初，又发生了清代历史上的第二次市场衰退，或称“道光萧条”。与17世纪的那次市场衰退相比，这次萧条是在“清国势已衰、农业生产不景气、财政拮据的情况下发生的”，突出表现为“银贵钱贱，物价下跌，交易停滞，商民皆困。银价由每两合钱1 000文增至2 200文，江南米价跌落约25%，并因市场远较康熙为大，影响面广”。[③] 这次危机显示了清朝统治的颓势，故其影响远较17世纪的深远。

表面上看，这两次危机是中国历史发展的周期性现象，诱发因素亦大体相似。如龚自珍就认为道光时期的市场萧条是奢靡风气所致，他批评当时的社会风气说：“人心惯于泰侈，风俗习于游荡，京师其尤甚者。自京师始，概乎四方，大抵富户变贫户，贫户变饿者，四民之首，奔走下贱，各省大局，岌岌乎皆不可以支月日，奚暇问年岁！”[④]但仔细分析，19世纪上半期的市场萧条明显地增加了外来因素的影响，人们最直观的感受就是银贵钱贱，而

① 吴承明：《16与17世纪的中国市场》，《吴承明集》，第140—176页。
② Kishimoto Mio（岸本美绪），*The Kangxi Depression and Early Local Markets*, Modern China, 10：2, 1984, p. 178.
③ 吴承明：《18世纪与19世纪上叶的中国市场》，《吴承明集》，第180页。
④ （清）龚自珍：《定庵文集》卷中《西域置行省议》，《万有文库》，北京：商务印书馆，1935年。

银贵钱贱的原因是鸦片进口增长迅速，同时西方国家工业品也慢慢进入中国市场，造成白银外流逐年增多。只是相关国际因素对中国经济的影响缓慢而不易为人觉察而已。但从历史发展看，外来因素的影响是深远的。19世纪后期，由于西方各国纷纷采用金本位制，导致西方银价下跌，加之茶丝出口数量大增，于是又形成白银内流，同时清政府还大发银票、宝钞，铸铁钱和大钱，结果造成通货膨胀，再次陷入经济危机。总之，19世纪中国危机已经不再是中国历代王朝危机的简单循环，而是有了新的内涵，即外来因素在其中起了很大作用。而此前我们的研究多注意外来因素在政治和军事方面的影响，比如以1840年作为中国古代和近代的分界线就是典型，这种历史分期方法忽视了经济因素的长期作用，不利于我们加深对历史的理解。还有学者认为，19世纪西方对中国的影响是有限和微小的，因为中国农民占人口的大多数，而"西方人的活动高度集中在几个沿海和沿长江的口岸或首都北京"，"对于西方人的存在，大多数中国人哪怕知道，也仅仅是模糊听说而已"。[①] 这种看法其实是比较片面的。

罗伯特·吉尔平在《世界政治：政治与变革》一书中认为，前近代和现代国际关系的显著区别在很大程度上取决于社会结构特征的重大差异，"可以将帝国和帝国控制的经济被民族国家作为政治、经济结构的主要形态的世界市场取代一事理解为仅仅是一种与从农业结构向工业结构演变联系在一起的发展"。此话听起来颇令人费解，其实是说前近代的主要政治结构形式是帝国，国际关系史主要是依次相继的强大帝国史，而现代的主

① ［美］罗兹·墨菲：《亚洲史》，第467页。

要政治结构形式是民族国家。① 尽管在帝国时期经济剩余的产生主要依赖于农业，但经济剩余的分配往往受商业和国际贸易的影响，因而对贸易通道的控制是一个国家的目标。强大的帝国往往兴起于贸易活动中心，而对控制主要贸易通道的斗争则始终是国际冲突的根源。吉尔平的下面一段话值得特别注意：

> 近现代世界中三大相互关联的发展变化打破了帝国周期。这三大发展变化是：民族国家胜利地成了国际关系中的主角，出现了以现代科学技术为基础的经济持续增长，兴起了世界市场经济。这些变化相辅相成，相互促进，从而导致欧洲均势体系起而取代了帝国周期，而后则出现了19、20世纪里一连串的霸权。②

这主要针对欧洲国家而言。但就国际贸易和经济剩余对国家的重要性来说，东西方却是同理。吉尔平强调贸易通道对帝国的重要性，其实越到后来，控制材料原产地和商品市场就越重要，贸易通道只是必不可少的一个环节而已。英国对印度的控制就是典型。

无论是前近代国家还是现代国家，参与世界贸易大大增加了获取商业利润和剩余价值的机会，比单纯依靠自身经济的国家能攫取更多的剩余价值。这是“一定之规”，“过去和现在并无

---

① 沃勒斯坦分别称之为“世界性帝国”和“世界经济体”（或称“资本主义世界经济体”），前者如罗马帝国、中华帝国等，其特点是有一个单一的政治中心，但没有与之相应的“世界性经济”；后者随着资本主义生产方式的发展而发展，开始以西北欧为中心，逐步向外扩展，形成世界性经济体系。参见［美］伊曼纽尔·沃勒斯坦：《现代世界体系》第1卷，第460—473页。

② 以上所引罗伯特·吉尔平的观点，均见［英］巴里·K·吉尔斯：《世界体系中之霸权转移》，［德］安得烈·冈德·弗兰克、［英］巴里·K·吉尔斯主编：《世界体系：500年还是5000年？》，郝名玮译，北京：社会科学文献出版社，2004年，第144—145页。

二致”。还有比获取商业利润和剩余价值更重要的，就是“参与世界贸易是获取技术和生产技能的一种途径，而闭关自守、自食其力的经济体制是得不到这些技术和生产技能的”[①]。历史上的强国除重视生产外，贸易确实是一个重要的方面。以中国为例，唐宋明时期的外贸就非常重要；但到了清代，贸易的重要性显著下降，国际贸易尤其如此。而此时世界范围内的贸易已经成为聚集财富的一个最重要的手段，西方国家鼓励商人追逐利润，中国则仍对商人严加限制。中国政府尤其不鼓励国际贸易，因此更谈不上通过国际贸易学习别人的技术和生产技能。甚至有材料证明，19 世纪中国的生产技术水平尤其是农业生产技术水平还有下降的趋势。[②] 因为人口激增，人均资源减少，收入微薄，人们终年艰辛劳作亦难维持温饱，因此在这个时期中国不仅很少有新技术发明，甚至还放弃了已有的技术。这里用伊懋可的“高水平平衡陷阱”理论解释较为合理。在 19 世纪，不仅仅是技术，“贸易、哲学、科学和创造发明统统都放慢了步调。宋初和明初的那种生气勃勃、奋发图强、变动不居的社会正让位于死水一潭的官僚化社会，这是 19 世纪的来访者再熟悉不过的世界”；不仅如此，其实中国早在“18 世纪已很难吸取西方的技术了”。[③]

综上，19 世纪中国危机是内外交互作用的结果。自 18 世纪末以来，中国传统经济呈滞长态势，技术进步停滞，对外贸易限制越来越多，日益陷入传统王朝循环的低谷之中；与此形成鲜明对比的是，西方国家尤其是现代化先发国家经济增长迅猛，传

---

① ［英］巴里·K·吉尔斯：《世界体系中之霸权转移》，［德］安得烈·冈德·弗兰克、［英］巴里·K·吉尔斯主编：《世界体系：500 年还是 5000 年?》，第 148 页。

② 参见许涤新、吴承明主编：《中国资本主义发展史》第 2 卷《旧民主主义革命时期的中国资本主义》，第 310 页。

③ ［美］尤金·N·安德烈：《中国食物》，第 84、91 页。

统技术被突破，对外贸易被当做国策。如果没有外来因素的影响，19世纪的中国很可能重新回到改朝换代的混乱之中，此后再出现一个新的王朝；但19世纪世界的格局发生了变化，新增加的外部因素的影响使得局势进一步复杂化了。这些都是在进一步的研究中需要恰当估计的。

第八章
余论：19 世纪研究的再检讨

18 世纪耶稣会士笔下的中国繁荣昌盛，他们普遍认为中国是世界上物产最丰富、疆域最广袤、风景最美丽的国度之一。但到 19 世纪，欧洲人对中国的看法发生了根本性的变化，中国被描述为“停滞取代了繁盛；经济急剧衰退，缺乏进步，生活艰难”[①]。从中国历史发展的实际看，尽管可能其中有夸张的成分，但基本是符合历史事实的。关于 19 世纪的中国，我们在很多地方还没有认识得很清楚。

一　由茶叶和鸦片透视 19 世纪中国的实际处境

1. 全球化浪潮使中国失去了独自发展的机会

沃勒斯坦的世界体系理论有助于我们理解 19 世纪中国的实际处境。他认为，在资本主义世界经济体形成以后，全球劳动分工体系便自然完成，这种分工不仅是经济上的，还是地理上

① [英]约·罗伯茨编著：《十九世纪西方人眼中的中国》，第 81 页。

的，依实力强弱，依次分为中心区、半边缘区和边缘区。“在世界经济体中占据优势的地区，即我们称之为中心区的国家……在这类国家中，一个强有力的国家机器的创立，总是伴随着一种民族文化”；边缘区国家乃是因为“本土国家很虚弱”，甚至包括“从根本不存在的国家（指处于殖民地状态）到自立程度很低的国家（即指处于新殖民地状态）”；在中心和边缘之间还存在半边缘地区，“这些区域中有些在某个世界经济体曾属于早期类型的中心区域”，“半边缘地区是一个世界经济体不可缺少的结构性要素”。① 根据这个理论和划分方法，中国应该属于半边缘区，是中心区和边缘区的过渡带。中国在英国-中国-印度三角贸易中所处的地位，可以充分说明中国的半边缘区特征。当然，任何理论解释都是有限度的，世界体系理论可以部分解释19世纪中国所处的尴尬地位，但不可完全套用。因为中国历史和中国国情的特殊性以及西欧距离中国遥远等原因，中心区国家对中国的影响仍是比较有限的，其对中国传统与心理的影响远远大于对社会经济的实际影响，但决不能忽视这种影响。我这里所要强调的是，要充分理解19世纪的中国，必须要有世界眼光；研究19世纪的中国经济同样如此，即必须从世界历史发展的视野来观察清代经济的发展。无论外来因素影响大小，在研究中都应该特别予以重视，因为19世纪以后中国的任何变化都与外来因素有了或多或少的联系。

自18世纪工业革命发生以后，世界经济尤其是世界市场就有了全球性的关联，中心区强行将边缘区和半边缘区拖入全球化的浪潮之中，后者完全是被动的。一些边缘区国家可能完全

① ［美］伊曼纽尔·沃勒斯坦：《现代世界体系》第1卷，第463页。

成为中心区国家的附庸，几乎丧失了独自发展的机会；而一些半边缘区国家则可能继续在原来的路上走下去，只是在外来因素的影响下会发生某些改变。中国大概属于后者。如果没有外来因素的干扰，中国也会继续向前发展，但其发展的方向绝不会是欧美式的现代化道路，而应该是一种惯性的历史发展，即古老农业文明的进一步延伸。我们的古老文明已经延续了几千年，再继续向下延伸应该是顺理成章的事情。然而，始于18世纪的全球化浪潮，其根本的特点是强权主导一切，围绕着中心区开始的全球化运动，使中国不可能有独自发展的机会了。正如何兆武先生所说："一部人类文明史之由传统社会步入近代化是不是一种必然，这一点或许难于肯定答复。但只要有了某一个文化由传统步入了近代化，则其他的文化迟早也都要步上近代化的进程；——这一点却应该是了无疑义的。"[①]日本学者杉原薰通过对东亚历史的分析研究认为，"实际上有两条经济发展道路：一条是起源于西欧的工业革命的道路，另一条是东亚所开创的勤劳革命的道路"。又说："存在两条全球工业化道路：一条是以美国为代表的资本和资源密集型技术发展之路，另一种是以东亚为代表的劳动密集和资源节约型技术发展之路。"[②]前后两句的含义应该是一致的，这是从东西方现实的结果回溯历史而得到的结论。乍看起来，两条道路说似乎有一定道理，但作者在论证过程中实际掉入了自己设计的陷阱：作者先是强调全球发展和全球化，认为1500年以后就进入了全球化发展阶段，却又认

① 何兆武：《序—传统与近代化》，载张国刚：《从中西初识到礼仪之争》，第3页。
② ［日］杉原薰：《东亚经济发展之路——一个长期视角》，［美］乔万尼·阿里吉、［日］滨下武志等主编：《东亚的复兴——以500年、150年和50年为视角》，第141—142页。

为在第一阶段即 1500—1820 年间，东西方两条道路各自发展，互不影响，此为第一个矛盾；作者既认为从 19 世纪上半叶开始，工业化主要在欧洲和欧洲新移民区开始，由英国开其端，至美国达到一个新的发展高度，即主要肯定了大西洋地区经济发展的成就，却又说这个时期存在“以东亚为代表的劳动密集和资源节约型技术发展之路”，但事实上这个时期并不存在什么东方式道路。退一步说，即使我们承认日本取得的经济成就，那也主要是学习西方的结果，很难称之为与西方并行的第二条道路。在工业文明的强势影响下，其他道路很难有独立存在和发展的空间。简而言之，工业化源于西欧，后来逐步推向了整个世界，就经济发展而言，虽然各自国情有所不同，但为实现所谓的现代化，则必须走西方的工业化道路，各个国家的工业化都只是西方技术传播链条上的一个部分。此为 19 世纪以来全球化发展的要义所在。

2. 茶叶贸易与鸦片贸易折射了 19 世纪中国发展的实际处境

关于中英《南京条约》，有人这样评论：中国人是“在安危之间而不是在是非之间选择了一条道路”[①]。此话可谓一言中的。中英两国因鸦片问题而开战，但最后在条约中却对鸦片问题“视而不见”，表面上看非常奇特，其实是心照不宣，各怀鬼胎。清政府之所以长时间对鸦片持不禁不弛的态度，是因为希望英国不要再动用武力，以避免危及自己的统治；英国政府之所以在鸦片战争后长时间不急于强迫清政府接受鸦片鸦片贸易合法化的要求，是因为清政府的赔偿已经实际承认禁烟销烟是错误的，而且

① ［英］格林堡：《鸦片战争前中英通商史》，第 195 页。

基本默认了鸦片贸易的合法化，没有必要再写进具体条文。邪恶战胜正义，强权侮辱真理，在鸦片战争中表现得淋漓尽致。然而，在利润和所谓自由贸易高于一切的市场规则中，尤其在 19 世纪先发近代化国家急于开拓国际市场的大背景下，这一切又是那么得自然而然。因为在那个时代，旧的道德理念正在被突破和抛弃，新的理念（其实，即使当代国际关系新理念，也是以实力作为后盾的）正在形成过程之中，因此只有强权者有话语权，谁有实力谁制定规则。19 世纪的全球化是在少数国家强权主导下的全球化，其采用的手段是，能靠廉价商品取胜的地方就利用通商贸易占领别人的市场，不能用市场法则取胜的地方就用枪炮去直接占领。

基于这样的历史背景，我们就不难理解 19 世纪的中国人为什么既未在鸦片贸易问题上躲过灾难，又未在茶叶贸易问题上抓住机会，看似偶然，其实必然。

关于鸦片，中国人最初曾基于道德层面的考虑，天真地力劝英国人不要从事此类危及中国人健康的肮脏生意，根本没有意识到鸦片贸易对英国的重要性，不知道鸦片贸易是英国维持汇兑顺差的重要手段，而只有靠着这种顺差，英国人“才能得到从中国输往西方市场数量不断增加的茶和丝的支付手段”①。恐怕很久以后中国人才理解了这一点。尽管英国国内自始至终不乏谴责鸦片贸易的正义声音，比如鸦片战争刚开始时，一些正直善良的英国人士便纷纷向下院递交情愿书，抗议向中国倾销鸦片。仅在 1840 年 2 月至 8 月短短半年时间里，递至下院的请愿书就有一百五十多份，要求在印度禁止种植罂粟和制造鸦片，禁

① ［美］马士：《中华帝国对外关系史》第 1 卷《1834—1860 年冲突时期》，第 608 页。

止英印商人走私鸦片，停止对中国的战争等。[①] 但这种正义的声音在当时并未压倒鸦片贩子的叫嚣，更未改变英国的国策。只是到了20世纪初期，鸦片对英国已经不再具有重要战略意义的时候，这正义的声音才真正发挥作用并付诸实施，可是至此，鸦片已经毒害中国人一个多世纪了。中国人常说知己知彼，才能百战不殆。在鸦片问题上，中国人正是因为“不知彼”才处处被动挨打，及至泛滥不可收拾。

关于茶叶，中国人仅凭直觉知道英国人的生活中已经离不开茶叶，但不知为何突然有如此大的需求。有的中国人甚至荒唐地认为，英国人因为吃的都是肉和奶制品，不喝茶就无法生存。在这里，表面上看是中国人对英国的生活习俗不了解，而实质上与昧于鸦片对英国的重要性一样，反映了中国人对周围世界的无知，尤其是对西方近代化过程并由此而引起的消费变化的无知。实际上，此时的英国（包括此前的荷兰等国）因为生产方式的转变以及同东方贸易的大发展而引发了消费需求的变化，有人称之为“消费革命”，一个突出表现是茶叶代替酒类并成为人们最为欢迎的饮料。根据常理，这应该是中国产业发展的绝好机会，可惜当时中国人的想法非常简单而朴素，认为反正茶叶只有中国才有，无论价格多高，质量多差，英国都必须购买，因而很少注意改进技术和提高质量。这导致中国茶叶在国际市场上的竞争力越来越差，后来终于被印度茶叶超过，失去了茶叶霸主地位，这种结果影响至今。

19世纪的鸦片贸易史也是中国人的苦难史。从严禁到弛禁，再到自种自食，是一个逐渐丧失主权、丧失利益，也丧失自

① 严中平主编：《中国近代经济史（1840—1894）》上册，第99—100页。

尊、丧失自信的过程。但从市场经济的角度看，鸦片市场却是中国人在 19 世纪激烈的市场竞争中“硕果”仅存的一个领域，因为鸦片从完全进口到自给自足，乃至后来能够大量出口，仅仅经过了几十年的时间，几乎就把外国鸦片挤出了中国市场。这至少说明两点，其一，中国人在近代市场竞争中不是不能取胜的；其二，在鸦片市场竞争中取胜的根本原因是依靠了国内消费市场，中国的国内市场实在是太庞大了，以至于任何中国产品如果忽视国内市场，几乎不可能有成功的希望。当然，这个市场非常特殊，它实际上是以自己的邪恶来战胜别人的邪恶，或者说是在用慢性自杀的方式来取得这场商战的胜利，带有强烈的悲剧色彩。

茶叶市场则迥然不同，在这个本来应该取胜的市场，我们却被别人打得落花流水。原因也非常简单，一方面，印度、锡兰茶叶的种植和加工完全是近代化生产经营方式，生产技术和管理方式先进，是适应市场经济的需要而产生的；另一方面，中国茶叶生产和加工完全是前近代的传统经营模式，根本没有近代市场的概念，生产方式落后，更谈不上什么管理。这一点同在战场上拿长矛大刀与人家的军舰大炮相拼，几乎是完全一样的情形。

与生丝相比，中国茶业现代化的步伐要迟缓沉重得多。但从历史上看，中国茶业的现代化并非没有机会。在中国首先使用机器加工茶叶的，是俄国商人在汉口设立的砖茶工厂，其目的是为了摆脱山西商人的牵掣，以控制中国茶叶向俄罗斯的出口。1860 年代后，俄商在鄂南茶区开办了顺丰（1863 年）、新泰（1866 年）、阜昌（1874 年）等 8 个砖茶厂，开始时用手工方式压制砖茶。1874 年后，俄商开始将顺丰、新泰、阜昌三个砖茶厂相继搬迁至汉口，在滨江外国租界一带建造起高大厂房，改用机器生产。1890年代中期，俄商在汉口的砖茶厂共拥有砖茶压机15架，茶饼压机7架。[①] 此间，英美商人也在各地设立茶厂，俄商还在九江、福州等地设立砖茶厂。外国茶叶加工技术的引进以及中国茶叶在国际市场上的败退，曾引起张之洞、刘坤一等一些开明人士的注意，他们也呼吁引进外国制茶机器进行新法生产，以与印度、锡兰茶叶竞争。如湖广总督张之洞在湖北"集款八万金，置机制茶已肇端倪"，厂址即选定在茶乡羊楼峒；两江总督刘坤一"曾饬皖南茶局向公信洋行购置四具(碾压机器)，每架九百金"。然而这些"均系一隅试办，无裨大局"，[②]要么试而未办，要么纸上谈兵。也有民间人士开始探寻用现代手段加工茶叶，但难度更大。总的来说，以机器进行茶叶加工，在近代中国民族企业中是十分少见的，而且鲜有成功者。[③] 直至19世纪末20世纪初，中国的茶叶加工业仍基本维持原来的传统，没有发生根本性的变化，甚至在某些已经采用了机器加工的地方，竟然也相继放弃新技术和新机器，再次恢复到原来的传统手工操作方式上去。

中国茶业近代化的艰难可以见证中国走向近代化的痛苦历程。传统的小农经济固然是19世纪后期中国茶业落后的基本原因，但清政府的不作为甚至反作为也有极大关系。如果说清政府在鸦片战争中惨败是昧于世界大势尚可谅解的话，那么半个世纪以后又惨败于东瀛小国日本则是绝对不可以原谅了，因

---

① 汪敬虞：《中国近代茶叶的对外贸易和制茶业中资本主义企业的产生》，《近代史研究》1987年第6期。又见《汪敬虞集》，北京：中国社会科学出版社，2001年，第321—322页。

② 肖文昭：《茶丝条陈》，1898年，第5页，见中国社会科学院经济研究所藏：《农事私诉及其他三种》。

③ 参见周军、赵德馨：《长江流域的商业与金融》，武汉：湖北教育出版社，2004年，第245—246页。

为这次惨败使中国人仅有的一点自信心都荡然无存了。当时英国驻上海领事哲美森评论说：

> 在中国的编年史上，1895 年必定是难忘的一年，因为一场战争是在这一年结束的，而这场战争暴露了现有政府体制绝对的无能和不称职，它如果不是向中国本身，却已向全世界证实了，如果中国要想取得一点进步就非得进行彻底的改革不可。

正如评论中所说的，将清政府称为一个无能和不称职的政府是再恰当不过的。哲美森还批评说，"北京政府或省政府从来没有试图编制过象预算之类的东西"；又说："中国是一个拥有巨大的潜在财富但已实现的财富却甚少的国家。"[①]驻上海总领事韩能也批评说："除了中国之外，任何国家都不会布满这样的乌云。中国政府竟然对国内制造品课征一种比与之开展竞争的进口制成品的关税还要高的货物税，这似乎是难以置信的事。"比如茶叶，1880 年代中期以后，中国的茶叶贸易一直在衰落，"那些最熟悉茶叶贸易的人们认为茶叶所缴纳的出口税和厘金税之重，如果不是最重要的原因，也是最重要原因之一"。[②] 他还预言，除非中国政府采取某种行动纠正现行过重税收，中国对欧美的茶叶出口贸易不久就会完全终止。此预言不幸而被言中。当然，减轻税收不一定就能挽救中国茶业，但至少可以减缓中国茶业的颓势。

政府和官员作为与不作为是大不一样的，此可以鸦片禁

① 《领事哲美森 1895 年度上海贸易和商业报告》，《上海近代贸易经济发展概况：1854—1898 年英国驻上海领事贸易报告汇编》，第 898、901、903 页。

② 《总领事韩能 1896 年度上海贸易报告》，《上海近代贸易经济发展概况：1854—1898 年英国驻上海领事贸易报告汇编》，第 921、919 页。

令为例。19世纪后期，清政府曾经有过多次禁烟行动，但成效甚微，唯独山西地方禁烟曾有起色，这是因为山西地方官员认真负责，执法严厉。光绪四年(1878)，值山西大旱，百姓生计艰难，山西巡抚曾国荃认为这是禁烟的良机，因而下令严禁种植罂粟，违者土地全部充公，地方官执行不严者予以惩处，执行得力者给予奖励。光绪九年(1883)张之洞继任山西巡抚后，继续执行严禁政策，并将执法环节作为重点，“查晋省罂粟之所以不能禁者，一由于上官之禁弛不一，朝令夕更；一由于官吏之视为利源，图收亩税。祛此二弊，必有成效可观”①。次年，张之洞奏稿中称“通省多少牵算，已禁除十分之八”②，情况基本属实。如果能推而广之，各地都能认真执行禁烟法令，中央政府也能给予大力支持的话，19世纪的鸦片毒害或许不至于如此泛滥。但清政府对世界发展大势的无知以及绝大部分官员的不作为，终未能制止鸦片泛滥，更未能阻止19世纪中国的危机局面。

二　中国是19世纪商战和全球化的失败者

在近代早期，甚至直到19世纪，商业在中外关系中的作用超过任何一个其他生产部门。郝延平认为，关于19世纪中国的经济史研究，学术界致力于工业企业特别是轮船、矿山、棉纺织

① 于恩德编著：《中国禁烟法令变迁史》，第95—96页。
② (清)张之洞：《禁种莺粟片》，《张文襄公全集》卷4《奏议四》。

制造业、铁路和军事工业的研究较多，“商业部分基本上被忽视了”[1]。这个说法尽管有些绝对，但指出在 19 世纪经济史研究中，学者对 19 世纪的商业尤其对 19 世纪的中西贸易比较忽视还是正确的。他认为学术界忽视 19 世纪中国商业研究，部分答案可在认识中国同西方关系的方式中找到。因为许多人都认为，中西贸易曾是 19 世纪中国“开放”的一个重要组成部分，因而一旦中国实际上被“开放”，其历史意义便消失了。而且更重要的是，人们普遍主张经济发展的关键是工业而不是商业。但实际情况是：

> 中西贸易在鸦片战争后中国同西方的关系方面继续发挥积极的作用，而且这一贸易无论是为了它自身的理由，还是作为工业化的一个跳板，都显著地增进了中国的经济发展。
>
> ……在 19 世纪中国，具有头等重要意义的是商业，而不是工业。在商业阶段，商业企业更是主要的，从投资的份额、雇佣的人数、价值的增加以及收入的分配来看，商业活动支配着工业企业，这是显而易见的。近代经济部门中，最大份额的利润不是来自制造业，而是来自贸易和金融业。在贸易中，最大部分的货物不是从工业获得，而是从传统部门（农业和手工业）中获得。[2]

这个结论是符合中国历史实际的。中国近代工业从 19 世

① 郝延平认为，“有关中国近代史的资料，工业、农业和手工业都已有多卷本的汇编，而商业方面几付阙如”。见氏著：《中国近代商业革命》，第 3—4 页。此言不确。关于商业方面最重要的资料是姚贤镐编的《中国近代对外贸易史资料（1840—1895）》第 3 册，但不知为何郝先生只字未提及这部重要的资料汇编。

② ［美］郝延平：《中国近代商业革命》，第 4 页。

纪六七十年代洋务运动才开始，且成效甚微。

关于鸦片战争的性质，学术界大体有文化战争论、通商战争论和鸦片战争论三种意见。[①] 实际上这三种意见并不存在对错的问题，各自都有理由自圆其说，只是观察问题的角度不同而已。我认为，研究鸦片战争的性质必须从当时的历史实际出发，关注鸦片战争爆发的背景，不能将战争性质无限延伸和扩展。比较而言，通商战争论更有说服力，因为19世纪初中西交往的内容主要限于商业贸易，矛盾亦由此而引起。鸦片战争论其实可归入通商战争论，而文化战争论显然是进一步的延伸。

从18世纪开始，西方国家在远东地区的扩张主要表现为贸易扩张。先是西班牙、葡萄牙和荷兰，继而是英国。西方国家在向中国进行贸易渗透时，遭到了清政府的有力抵制，清政府采取传统的贸易管理体制即广州制度来应对西方国家在中国的商业扩张。在一个较长时间内，西方国家对此几乎无可奈何，因为他们在武力上不足以使中国屈服，他们的商品在中国市场上也毫无竞争力。但是这种传统贸易管理体制在限制西方商人向中国内地渗透的同时，更限制了中国商人的活动，一方面它使行商服从于官府，成为官府的奴仆，另一方面使中国私商没有正常渠道从事对外贸易，助长了走私贩私：

> 清朝的这一制度成功地防止欧洲人渗入中国内地，将普通的中国私商排除在对外贸易之外，表面上也保持了中华帝国“尊严”，通过关税和对行商的勒索，掠夺了对外贸易的大部份利润，从而使中国商人阶层不能因对外贸易的发

① 参见谭中：《西方学者对鸦片战争性质的争论》，萧致治、何仲译，《国外中国近代史研究》第9辑，北京：中国社会科学出版社，1987年，第308—322页。

> 展而成长。而以英国东印度公司为首的西方商人在广州制度下则能以合理的价格得到中国商品，满足西方市场日益增长的对中国商品的需求，并毫无风险地获得巨大利润，尽管他们对广州制度仍有诸多抱怨。只有中国商人是广州制度的唯一牺牲品。普通的中国私商被排除在对外贸易之外，绝大部分参与对外贸易的行商也因官府的压榨和欧人的剥削而破产。①

这个论述非常客观，是关于广州制度最为精当的评价。而此前相关的研究多强调广州制度对外商的限制，而忽视其对中国商人的限制。"在英国人眼中，'公行'制度是一种榨取制度。行商榨取了对外贸易中的全部利益，又向中国的官吏贿以重金，以取得这一特权。"②实际情况并非完全如此，不然我们就无法理解，为什么自广州制度形成以来先后存在的 34 家行商，到 1840 年只剩下了潘、伍两家！广州制度不仅使传统官商难以生存，而且阻碍了私人海外贸易的发展，使中国在对外关系方面更加闭塞。然而，政治的强制力毕竟是有限度的，经济的力量最终会突破这个限制。广州制度表面上至鸦片战争时才告解体，但实际上此前它的作用已经非常有限。尤其在英国东印度公司垄断贸易结束后，随着港脚贸易的发展，广州制度已经名存实亡。与此同时，更多的中国私商参与到中外贸易中来，而且其作用越来越明显。因此，无论从内部还是从外部来分析，广州制度都不适应经济发展的需要了。这其中最大的推动因素就是商业，尤

① 庄国土：《广州制度与行商》，中国中外关系史学会编：《中外关系史论丛》第 5 辑，北京：书目文献出版社，1996 年，第 82—83 页。

② 郑友揆：《中国的对外贸易和工业发展（1840—1948）——史实的综合分析》，第 6 页。

其是海外贸易的扩展，导致中国传统社会结构和制度发生根本改变。广州制度的废除是中国传统外交和外贸方式改变的第一步。在这一历史的巨变之中，鸦片当然起了非常重要的作用，而且是直接的作用，但我们更应该看到其背后的推动力量——贸易。“在中国人看来，仗是为了鸦片问题而打的；但是对于英国商人来说，问题不这样简单。照孖地臣看来，‘这次战争的基本问题’是‘在中国进行对外贸易的未来方式’。”①这一推动力量贯穿19世纪，既让中国人吃够了苦头，又使中国人逐渐认识了以前所知甚少的外部世界。正是在同外国的贸易中，中国人逐步认识到了差距，并使社会发生了些许进步。以茶叶出口为例，在19世纪后期印度、锡兰茶叶出口额超过中国后，许多中国人开始思考中国茶业落后的原因，并试图找出解决的办法：

> 过去的茶季中发生了一件有趣的小事，即有一架滚轧机在温州进行了试用，它毫无疑问地表明，如果使用新式方法来加工的话，最普通的中国茶叶也是能够取得惊人改进的……看来中国政府终于认识到中国的茶叶贸易正在迅速丢失的事实，因而已有迹象表明它将会作出一些让步，以鼓励采取改进茶叶生产的措施。②

毫无疑问，这是中国人从商业贸易中学习并总结出经验教训和付诸实践的有限实例之一。只可惜中国政府仅仅“有迹象”而已，绝大多数时候并不付诸实践，更没有将其纳为一种国策。

有学者对19世纪中国商业的发展变化评价相当高，认为其

① [英]格林堡：《鸦片战争前中英通商史》，第193页。
② 《代理总领事满思礼1897年度上海贸易报告》，《上海近代贸易经济发展概况：1854—1898年英国驻上海领事贸易报告汇编》，第933—934页。

可与唐宋“商业革命”相媲美，不仅步伐更快，而且导致了许多方面都与传统中国相当不同的经济状况。具体表现为，形成了以中西贸易为基础的混合体制；沿海的中国商人比前几个世纪受到的政府控制要少得多；中西商业资本主义范围大，步伐快；近代中国沿海商人将他们的大部分财富投资于工商企业，而不是像他们的前辈那样大肆挥霍。① 19世纪的中外贸易扩展，影响加深，对社会的推动作用也非常大，但是否能称之为“商业革命”，则有待商榷。因为19世纪中国的商业贸易并没有最终导致中国社会的根本性变革，它触动了旧的秩序，却没有引致新的秩序，更没有使中国摆脱危机。

三　对传统研究结论的检讨

清史研究中争论的问题很多，有些问题至今仍似是而非，值得重新探讨。有些结论不仅带有很大的偏见，而且严重影响了人们对历史的正确认识，也影响了研究的正常进行，有些可能根本就是虚假的问题。

1. 以1840年作为中国古代和近代分界的问题

把1840年作为中国古代和近代的分界线，在中国家喻户晓，因为这种时代的划分方法写进教科书已经教育了几代人，几乎已成为人们基本历史常识的一部分。近年来虽然也有学者对此提出批评，建议打破这种并非纯学术意义的分界，但效果并不明显，影响也不大，普通大众及多数学者仍对此传统分界深信不疑。通过

① ［美］郝延平：《中国近代商业革命》，第379—380页。

具体的材料、真实的历史事实来打破这种非学术因素对学术研究的影响，使人们突破貌似合理却不一定正确的观念，显得尤为必要。

无论从国际关系视角，还是从中国历史发展的脉络，尤其从中国经济发展的脉络来看，1840 年或者说鸦片战争都不具有标志性的意义。对此，滨下武志有精彩论述：

> 特别是对于中国来说，把清朝统治下发生的地方事件——1839 年至 1842 年的焚烧鸦片事件（以后此事件被称为鸦片战争，但当时清朝并未把它看作战争）作为近代史的当然起点和历史分期标志的时候，窃以为，如把经济关系的国际化作为近代标志的话，那么中国的近代，则应追溯到 19 世纪初。如着眼于中国国内旧制度的解体和新制度的萌生，那么中国的近代，开端于 19 世纪后半期似乎更为妥当。①

这个分析是非常恰当的。按照把中国纳入国际关系的视野来分析，将中国近代史的起点定为 19 世纪初比鸦片战争合理；但从中国历史发展尤其是从中国社会经济发展变化的角度来分析，则将中国近代史的起点定在 19 世纪后期的确更为合理。后者更加符合中国历史发展的实际，因为尽管 1840 年中国的大门被打开，但中国传统的社会经济结构并未立即发生根本性的变化，外国商品也并未真正能够打开中国市场。严格说来，中国近代经济的真正起步是从 19 世纪七八十年代才开始的，以 1840 年作为中国近代经济史的起点没有根据，此间中国近代工业的生产能力非常有限，再加上太平天国运动造成的重大损失，直至 1880 年代经济才基本恢复，在这一时期，“我国的国民生产不会有所增长，很

① ［日］滨下武志：《近代中国的国际契机：朝贡贸易体系与近代亚洲经济圈》“前言”，第 9 页。

可能是呈一种下降的趋势”[①]。尽管我不主张经济决定一切，但在考虑中国近代史起点的时候，经济的因素却不能不考虑。

从世界经济发展大势来看，英国的工业革命始于18世纪晚期，其经济起飞在19世纪初，随后其他欧美国家也加入了经济迅速增长的阶段，这个阶段一直持续到20世纪；而此时的中国经济却陷于停滞，甚至出现了严重危机，危机一直持续到20世纪。如果非要认定东西方有所谓“分叉”的话，也就在于此。

麦迪逊认为，中国在13—18世纪人口增长迅速，人均收入增长也相对比较稳定，其中18世纪的广泛性发展（extensive growth）引人瞩目。他估计，在1820年至1952年间，世界经济发展取得了巨大进步：世界总产值增加了8倍，世界人均收入增长了2.6倍，其中美国增长了8倍，欧洲增长了4倍，日本增长了3倍。但在亚洲，除了日本以外，其他国家经济增长不明显，中国的人均产值还下降了。中国占全世界GDP的份额，从1/3降至1/20，人均收入降至世界平均水平的1/4。[②] 麦迪逊所说的中国18世纪的广泛性发展语焉不详，总的来看对18世纪评价过高，但其以1820年为分界线的观点大体合理，并获得了很多学者支持。如杉原薰就认为，东亚在1500—1820年间持续实现了GDP增长，在1820—1945年间出现了衰退。[③] 最值得注意的是，18世纪以前尽管东方发展稍稍优于西方，但差距并未拉得很大；19世纪后东西方发展差距则迅速扩大，西方快速

① 刘佛丁、王玉茹、于建玮：《近代中国的经济发展》，第72—73页。

② Angus Maddison, *Chinese Economic Performance in the Long Run 960 - 2030AD*, pp. 14 - 15.

③ ［日］杉原薰：《东亚经济发展之路——一个长期视角》，［美］乔万尼·阿里吉、［日］滨下武志等主编：《东亚的复兴——以500年、150年和50年为视角》，第96页。

领跑，这是源于经济增长方式发生了根本的改变。

再从中国与世界关联的角度看，尤其是从中国经济与世界经济关联的角度分析，将19世纪初定为中国近代史的开端更是不二选择。滨下武志说："中国近代经济史的开始期，是从19世纪初中国被卷入英美间的棉贸易关系开始，到30年代后期，中国经济社会成为世界经济循环结构中的一环，即形成英国-印度-中国间的三角贸易结构，以及由此开始的白银从中国外流，并以此为基础形成的、外国企图通过1839—1841年的第一次鸦片战争开拓中国市场的努力在内的时期。"[①]他强调近代金融特别重要，认为只有通过国际国内的金融关系，进而阐明亚洲"近代"的历史内容及其性质，才可能在亚洲近代经济史研究中形成自己固有的领域。滨下武志正确指出了中国在经济上，主要在外贸和金融领域，最先被融入了全球化。

柯文曾对以1840年为中国古代(传统)和近代界限的观点提出严厉批评，认为这是被"冲击—回应"理论影响的结果，是笨拙愚蠢的两分法。他主张以中国为中心，"在中国发现历史"，要从中国历史本身的发展中去寻求"剧情主线"(story line)，这条主线不仅确实存在，"而且在1800或1840年，这条主线完全没有中断，也没有被西方所抢占或代替，它仍然是贯穿19乃至20世纪的一条最重要的中心线索"。他还指出：

> 放弃把1840年作为总的分期标界(美国史家除最老式的和最激进的以外，都已经这样做)，其所具有的象征含义远远超过鸦片战争本身……美国史家可能认为自己日益抛

① [日]滨下武志：《近代中国的国际契机：朝贡贸易体系与近代亚洲经济圈》，第168－169页。

弃1840年，随而更多地从内部考察中国近世史是成熟的标志，是美国史学进入成年期的标志，说明我们终于超越了旧模式的“思想上的帝国主义”，并以中国自身为基地从中国的情况出发来对待中国历史。[①]

我始终对柯文提出的“以中国为中心”的观点持怀疑态度，但其努力的方向是令人敬佩的，其对1840年作为划分古代和近代界标观点的批评无疑也是值得认真思考的。

2. “闭关自守”问题

清政府在鸦片战争前是不是实行“闭关自守”的政策，是学界争论了几十年的一个老话题。尽管也有学者认为清朝并未实行“闭关自守”政策，[②]但主流意见认为清朝的确实行了“闭关自守”政策，阻碍了中国社会经济的发展。以“闭关自守”来概括清政府的对外政策，是一种极为简单化的看法，是对经典著作关于中国论述的简单解读，[③]也是今天改革开放环境下人们对过去

① [美]柯文：《在中国发现历史：中国中心观在美国的兴起》，第171、209页。

② 如郭蕴静在《试论清代并非闭关锁国》一文中就认为：“清朝统治者并没有推行闭关锁国的政策。清政府所采取的一口通商及几次颁布的限制条文，虽然也反映出清廷的保守与无知，但从宏观上讲，其宗旨是试图遏制西方列强对中国的贪婪和野心。从微观分析，是试图限制一些外国商人和护船兵弁在中国土地上的横行不法和蓄意制造事端，因此，是自卫性的，不应斥之为闭关锁国。”又说：“说清政府没有闭关锁国，也并非认为它推行了‘开放’政策。”参见中外关系史学会编：《中外关系史论丛》第3辑“中国历史上的开放与闭关政策专辑”，北京：世界知识出版社，1991年，第193—194页。

③ 马克思在《中国革命和欧洲革命》一文中关于清代中国的论述，成为中国学术界的一种基调，几十年来尽管学术界有了很多研究进展，但是这种看法根深蒂固，难以改变。马克思是这样说的：“满族王朝的声威一遇到英国的枪炮就扫地以尽，天朝帝国万世长存的迷信破了产，野蛮的、闭关自守的、与文明世界隔绝的状态被打破，开始同外界发生联系……”马克思还将清朝实行闭关政策归结为政治上的原因：“当西方列强用英法美等国的军舰把‘秩序’送到上海、南京和运河口的时候，中国却把动乱送往西方。这些贩卖‘秩序’，企图扶持摇摇欲坠的满族王朝的列强恐怕是忘记了：仇视外国人，把他们排除在帝国之外，这在过去仅仅是出于中国地理上、人种上的原因，只是在满族鞑靼人征服了全国以后才形成一种政治原则。”参见《马克思恩格斯选集》第1卷，第691、695—696页。

的一种关照，未必符合历史事实，也不是历史主义的态度。如果我们设身处地抱着“同情之理解”的态度来思考这个问题，结论可能会大不一样。

首先，就历史事实而言，中国历代政府很少执行过绝对的“闭关自守”政策。清朝真正完全实行海禁的时间只有40年（1644—1684），其他时间并未封关禁海，更未断绝海上贸易。王尔敏批评说：“世人有诅咒论断，谓明清‘闭关自守’，或清代‘闭关自守’，皆不忠于事实。唯此一以偏盖全之说，深入人心，形成外人或学者批评中国深闭固拒的口头禅。如其不合史实，即是虚妄厚诬。”[①]有学者认为清前期只有朝贡贸易而没有国际贸易，陈国栋不同意此看法，也不同意清朝实行闭关政策的观点，他认为这是将清朝的对外关系与清朝对“世界秩序”的看法混为一谈了，他强调清前期对外贸易形态有三种类型：“(1) 在向皇帝呈进贡物之后进行首都（北京）或边界的朝贡贸易；(2) 在首都进行贸易，但不必进贡；(3) 在边界贸易，亦不必进贡。换句话说，清代前期的中外贸易，并不以朝贡贸易为必要条件，因此也不能笼统地称之为‘朝贡贸易’。”[②]即朝贡贸易之外还存在非朝贡贸易，只是不行朝贡而来华贸易的这些国家，也必须遵守朝贡的礼节，没有现代意义上国家之间平等的外交观念。延续了几千年“普天之下莫非王土”的观念，不可能在短时间内改变。在鸦片战争前，除了琉球国以外，清政府没有派使节团到过其他国家；在总理衙门设立前，中国没有类似今天处理国际关系的外交部之类的机构，“对外关系就是朝贡关系”，“中国的对外关系只是边疆

① 王尔敏：《五口通商变局》，南宁：广西师范大学出版社，2006年，第169页。
② 陈国栋：《东亚海域一千年：历史上的海洋中国与对外贸易》，第206页。

关系，而非国与国的关系”，[①]相应的办事机构是理藩院。

尽管清政府执行保守的对外政策，尤其在对外贸易方面“可以说是走向消极退化的方向”，但清代民间海外贸易却是异常得活跃，规模非常大，“表现出积极进步的发展趋势”，“民间贸易才是明清中国海外贸易的主要内容”。[②] 因此，称清前期的对外贸易政策为“闭关自守”是不尽符合历史事实的。

其次，“闭关自守”不可简单地归纳为“保守”，更不应被斥为“反动”。实际上，在前近代阶段，世界各国都是程度不同地实行“闭关自守”和垄断政策，不同于现代市场经济和对外开放的观念。正如有学者指出：“直到大约17世纪，经济发展的停滞不前似乎是自然而然的，社会各阶层的人们对此都习以为常，并根据这种情况安排各自的生活。他们并不考虑后人所说的‘经济和社会的变化’，‘工业革命’或‘消费经济’的概念对他们来说是不可理解的。”[③]可见，即使存在所谓的“闭关自守”政策，也是当时世界各国普遍的情形。欧洲与中国历史发展的不同在于，在中世纪后期和近代早期，欧洲因为小国林立，中央控制力减弱，因而给商业发展以及国家间的贸易留下了空间。中国则一直是中央集权国家，一方面，“中央集权体制拒绝技术进步，这对长期维持其政权有重大意义”；另一方面，帝国天生对自由贸易体制有排斥作用，“一个帝国没有一个企业家或一个世界经济体中的国

① ［美］凯瑟琳·F·布鲁纳、［美］费正清等编：《赫德日记——赫德与中国早期现代化》，陈绛译，北京：中国海关出版社，2005年，第125页。

② 张彬村：《明清两朝的对外贸易政策：闭关自守？》，吴剑雄主编：《中国海洋发展史论文集》第4辑，台北：“中央研究院”中山人文科学研究所，1991年，第57—59页。

③ ［美］托马斯·K·麦克劳：《现代资本主义——三次工业革命中的成功者》，第1页。

家所具有的眼光。因为帝国自命是整个的世界。它不能靠吸尽其他经济来充实自己的经济，因为它是唯一的经济（这肯定是中国人的思想，也可能是他们的信仰）”。[①] 中国即世界，世界即中国，所谓“天朝抚有四海”云云，这是乾隆在给英国国王的国书中所说的话。国书中还称：“天朝自有天朝礼法，与尔国不相同尔……尔国自有风俗制度，亦断不能效法中国，即学会亦属无用。”[②]“以夏变夷”而不是“以夷变夏”，这是中国人几千年延续的观念，与所谓的“闭关自守”无关。清初实行严厉的海禁政策，主要目的并不是为了限制对外贸易，而是为了防止郑成功反清复明的活动，严格说来这是中国内政，更谈不上什么“闭关自守”。

3. 资本主义萌芽问题[③]

研究 19 世纪，本来不应牵涉资本主义萌芽问题，但因为我一直关注这个问题，通过研究 19 世纪的茶叶贸易和鸦片贸易，对这一问题又有了一点新的认识，因此提出来供大家讨论。

“资本主义”是个非常复杂而且容易使人混淆的概念，很多学者主张不用或慎用这个词。历史学家赫伯特·希顿批评说：“在所有以主义结尾的词中，资本主义一词最容易招惹是非。它的含义和定义是如此混杂，因而一切懂得自尊的学者应该把它同帝国主义一起从词汇中摈弃。”[④]可在中国，“资本主义”一词

---

① ［美］伊曼纽尔·沃勒斯坦：《现代世界体系》第 1 卷，第 47 页。

② （清）梁廷枏：《粤海关志》卷 23《贡舶三》。

③ 关于资本主义萌芽，笔者已有专文论述，请参见仲伟民：《资本主义萌芽问题研究的学术史回顾与反思》，《学术界》2003 年第 4 期。这里不再重复，只作必要补充。相关的重要论文，参见李伯重：《“资本主义萌芽”情结》，《读书》1996 年第 8 期；李伯重：《资本主义萌芽研究与现代中国史学》，《历史研究》2000 年第 2 期；王学典：《“五朵金花”：意识形态语境中的学术论战》，《文史知识》2002 年第 1 期；科大卫：《中国的资本主义萌芽》，《中国经济史研究》2002 年第 1 期；等等。

④ 参见［法］布罗代尔：《15 至 18 世纪的物质文明、经济和资本主义》第 2 卷，第 243 页。

家喻户晓，学者运用自如，因为它俨然已经成为“封建主义”的继承者，是一个不证自明的概念。在此基础上，中国人创造了“资本主义萌芽”这个新概念。而为了证明这个新概念，为了证明中国在“封建主义”的旧土壤中长出了“资本主义萌芽”，耗费了无数学者的无穷精力。

关于“资本主义”的定义问题引起各国学者关注，并取得了重要研究成果。这个问题不仅与“资本主义萌芽”直接相关，而且关系到中国近代化问题的研究，在此作一简单探讨是必要的。布罗代尔认为，“资本主义”一词是作为社会主义的对立面在政治斗争中冒出来的，人们是那么习惯和喜欢使用这个概念，以致于我们根本找不到别的词来代替它，“不论这些争执有无道理，我们确实不能躲开了事，不能置之不理，或只当它们不存在”[①]。黄仁宇赞同布罗代尔的意见，并认为资本主义体制是早就产生了的，可“资本主义”一词却是后来发明的，尤其是随着社会主义国家的建立，这个词愈发被强化了。[②] 上述研究启发我们，关于“资本主义”问题的研究，从一开始就具有意识形态和阶级斗争理论色彩，而不是一个纯粹的学术概念。只是到后来，这个词使用的频率实在太高，已经被人们广泛接受，于是人们就驾轻就熟地用这个歧义颇多的词来概括封建主义之后的这段历史。

马克思也曾使用“资本主义”一词，但不是经常使用，更未将资本主义社会定义为人类历史必经的一个发展阶段。马克思在使用“资本主义”一词的时候，其含义是非常严格的，即指西欧16 世纪以来所发展的一套经营和生产方式，这一套经济系统不

① ［法］布罗代尔：《资本主义论丛》，北京：中央编译出版社，1997 年，第 85 页。

② 黄仁宇：《资本主义与二十一世纪》，北京：生活·读书·新知三联书店，1997 年，第 429 页。

是普遍的，而是西欧所特有的。如果我们想要证实中国也有“资本主义萌芽”产生，“关键便在于整套系统的出现是否在中国史上已有显著的迹象，而不在其中个别部分是否发生了这样或那样的变化”①。西欧特有的这套系统，是建立在市场经济基础之上的，“强调私有制、创业机会、技术革新、契约的神圣不可侵犯、以货币形式支付劳动报酬以及信贷”②。只有欧洲才有符合资本主义产生的土壤，因此“创建资本主义世界经济体的舞台是在欧洲而不在其他地方”③。在中国学术界关于“资本主义萌芽”的研究中，学者们恰恰分别从个别因子如资本积累、手工业、市场，甚至从雇佣劳动、商业竞争中苦苦寻找，忽视了总体上的研究和对比。“局部放大，整体忽视”的研究方法，导致研究结论的偏差越来越大。在这里，许多学者掉进了“单元-直线进化”史观的陷阱，“按照这种史观，世界各民族都必须遵循一条共同的道路。资本主义是这条道路上不可逾越的一个阶段”④。根据这种僵化的一元论的进化史观，中国产生资本主义是必然的，中国经历过资本主义社会也是必然的，从而否认中国历史发展道路的特殊性。正如有学者所说：“明代后期中国并没有产生资本主义，这并不是说中国在产生资本主义上‘失败’了；而是说，它创造了其他别的东西：一个广泛的市场经济。”⑤如果硬要把中国

---

① 余英时：《中国近世宗教伦理与商人精神》，合肥：安徽教育出版社，2001 年，第 59—60 页。

② ［美］托马斯·K·麦克劳：《现代资本主义——三次工业革命中的成功者》，第 4 页。

③ ［美］伊曼纽尔·沃勒斯坦：《现代世界体系》第 1 卷，第 50 页。

④ 李伯重：《理论、方法、发展趋势：中国经济史研究新探》，北京：清华大学出版社，2002 年，第 13 页。

⑤ ［加］卜正民：《纵乐的困惑：明代的商业与文化》，方骏、王秀丽、罗天佑译，方骏校，北京：生活·读书·新知三联书店，2004 年，第 228 页。

明代以后的历史说成是“资本主义萌芽”的历史，那真是中了“西方中心论”的圈套了。

新时期以来，中国史学界对包括“资本主义萌芽”在内的很多理论问题进行了反思，取得了一些重要成果。有学者认为，所谓“资本主义萌芽”问题其实是一个“假问题”，包括“资本主义萌芽”问题在内的“五朵金花”，都是“产生于浓厚的意识形态话语背景下……随着话语系统的根本转换、语境的巨大变迁，我们看到，这些命题本身能否成立早已成为问题”[①]；“资本主义萌芽”是中国人久久不能排解的一种“情结”，是“一种特定时期中国人民的民族心态的表现”，即“别人有，我们也有的‘争气’心态”。[②]总而言之，“资本主义萌芽”是在特殊历史时期产生的问题，有着特殊的时代背景和时代要求，既然那个时代已经过去，那么这个问题也就应该自行消解了。当然，我们并不否认通过这个问题（尽管是个“假问题”）的探讨而引致的学术意义，比如当前中国经济史研究的繁盛局面就与这个问题的研究相关，或者说就是直接由“资本主义萌芽”问题的研究而推动的。

本书通过对19世纪茶叶贸易与鸦片贸易的研究，同样不难得出中国并不存在“资本主义萌芽”的结论。在这个时期，即使发现有所谓的“资本主义萌芽”，也是西方影响和移植的结果。

四　简要总结

19世纪是全世界发生重大变化的一个世纪，以英国为首的

① 王学典：《20世纪中国史学评论》，济南：山东人民出版社，2002年，第168页。
② 李伯重：《理论、方法、发展趋势：中国经济史研究新探》，第11页。

先发工业化国家迅速崛起，他们依靠武力胁迫和市场竞争两种策略，将其他经济落后的国家强行纳入他们的势力范围之内。隐藏在西方武力扩张背后的，就是经济全球化的推动。换言之，19 世纪是经济全球化的一个重要阶段，这个阶段的重要内容就是把前近代世界上最大的经济体中国纳入其中。中国是一个传统的农业国，历来奉行重本抑末的经济政策和唯我独尊的外交政策，面对西方的挑战和挑衅，19 世纪的中国无论在主观上还是在客观上都没有做好充分的准备。结果在战场上溃不成军，在商战中节节败退，加之官员腐败，政府效率低下，内乱不已，导致中国在 19 世纪陷入全面危机。

中国人因为对外部世界的无知，对从未遇见过的海上强敌的恐惧，以及难以遽改的旧观念，诸种因素使中国人在 19 世纪的全球化趋势面前无所适从，无奈之下只好采取保守和抵拒的策略。但是，在坚船利炮和工业化生产方式面前，这种抵拒显得是如此无力。最后，中国当然是被这前所未有的全球化大潮无情地卷了进来，并在其中充当了一个悲惨的角色。19 世纪的茶叶贸易和鸦片贸易就见证了这一点。

通过茶叶贸易促进中国的经济增长并融入全球化，应该说是近代中国的一个机遇。直到 19 世纪以前，中国都是世界上头号茶叶生产国和出口大国，恰恰在 19 世纪全球茶叶消费迅猛增长，对中国的依赖度加大。然而，随着茶叶出口的迅速增长，中国并未主动加快融入全球化的步伐。清政府看重的仅仅是茶叶生产和贸易带来的税收，不仅没有具体措施激励茶叶生产和贸易，还设置种种关卡限制中国茶商的茶叶贸易。这直接导致茶叶生产和加工水平低，成本高，茶叶质量下降，促使英国在印度和锡兰等地开辟新茶园。到 19 世纪后期，国外大茶园迅速崛起，中国茶叶的国际市场遂逐步萎缩，中国茶叶贸易由盛转衰，随之而来的是贸易赤字增加，经济形势恶化，危机加剧。

鸦片见证了 19 世纪中国经历的苦难。作为毒品的鸦片，纯粹是一种舶来品，是英国人为了解决中英之间巨额贸易赤字而采取的策略。鸦片在 19 世纪初期成为港脚贸易的首位商品，也正是在这个时期中国白银大量外流。三角贸易是英国获得中国茶叶以及控制东方贸易的最主要手段。鸦片战争因鸦片问题而爆发，战争结局不仅没能阻止鸦片走私，反而使走私进一步扩大，并最终迫使中国承认鸦片贸易为合法。至 19 世纪后期，中国的鸦片流毒更加不可遏制，突出表现为吸食鸦片人数增多，罂粟种植遍布全国，与此同时，鸦片税收竟然成为清政府最主要的收入来源之一。鸦片在中国传播的历史，是中国人遭受苦难和屈辱的历史。

在 18 和 19 世纪，成瘾性消费品在全球流行和蔓延，极大影响了历史的进程和人们的日常生活。其中与中国有关的两种成瘾性消费品就是茶叶和鸦片，这两种商品使中国卷入了全球化大潮之中。然而，茶叶在西方的命运与鸦片在中国的命运截然不同。英国人不仅通过茶叶贸易获得了巨额利润，而且将其作为控制东方贸易的主要手段之一；英国人饮茶风气的养成，不仅促进了英国的"勤勉革命"，而且使英国人形成了良好的生活习惯。英国工业革命与饮茶盛行的时间几乎重叠，并非偶然现象。与此形成鲜明对比的是，这个时期的中国人沉迷于鸦片而不能自拔，不仅耗费了大量财富，而且严重损害了身体健康，成为真正的"东亚病夫"，这是中国 19 世纪危机的一个重要表征。

本书从茶叶贸易和鸦片贸易入手，主要目的是持"了解之同情"的态度探讨中国在 19 世纪全球化中的处境，并进而探讨东西方发展道路的不同。关于中国近代发展道路，学术界争论很多，但如果从具体的问题和史实出发，而不是从理论到理论、从逻辑到逻辑，或许我们将会发现此前的很多结论都需要重新思考和讨论。

参考文献

一、史料类文献

1. 原始文献

（宋）方勺撰，许沛藻、杨立扬点校：《泊宅编》，《历代史料笔记丛刊》，北京：中华书局，1983 年

（宋）洪迈撰、何卓点校：《夷坚志》，北京：中华书局，1981 年

（宋）苏辙著，陈宏天、高秀芳点校：《苏辙集》，北京：中华书局，1990 年

（宋）苏轼著，王云五主编：《苏东坡集》，《万有文库》，北京：商务印书馆，1930 年

（宋）唐慎微：《证类本草》，《文渊阁四库全书》本

（明）李时珍：《本草纲目》，北京：中国书店，1988 年影印本

（明）彭泽修、汪舜民纂：《徽州府志》；明弘治十五年刻本

（明）徐伯龄：《蟫精隽》，《文渊阁四库全书》本

（明）杨恩纂修，（清）纪元续纂修：《巩昌府志》，康熙二十七年刻本

（明）张瀚撰，盛冬铃点校：《松窗梦语》，《元明史料笔记丛刊》，北京：中华书局，1985 年

（清）包家吉：《滇游日记》，云南人民出版社，1985 年

（清）包世臣著，潘竟翰点校：《齐民四术》，北京：中华书局，

2001 年
(清) 宝鋆等修：《筹办夷务始末》(同治朝)，沈云龙主编：《中国近代史料丛刊》第 62 辑，台北：文海出版社，1966 年
(清) 毕振姬：《西北之文》，民国二十年山右丛书初编本
(清) 博润修，(清) 姚光发等纂：《松江府续志》，清光绪十年刻本
(清) 常明、杨芳灿等纂修：《四川通志》(嘉庆)，成都：巴蜀书社，1984 年
(清) 陈炽：《续富国策》，清光绪二十一年刻本
(清) 陈炽：《庸书外篇》，清光绪二十三年石印本
(清) 陈其元：《庸闲斋笔记》，《历代史料笔记丛刊·清代史料笔记》，北京：中华书局，1989 年
(清) 陈钟英等修：《黄岩县志》，光绪三年刻本
(清) 杜林修：《安义县志》，清同治十年刻本
(清) 龚自珍：《定庵文集》，《万有文库》本，北京：商务印书馆，1935 年。
(清) 胡林翼：《胡文忠公遗集》，《续修四库全书》本
(清) 黄式度、王庭桢主修，王柏心纂：《续辑汉阳县志》，清同治七年刻本
(清) 黄叔璥：《台海使槎录》，沈云龙主编：《近代中国史料丛刊续编》第 51 辑，台北：文海出版社，1978 年
(清) 黄遵宪著，吴振清、徐勇、王家祥点校整理：《日本国志》，天津：天津人民出版社，2005 年
(清) 贾桢等编：《筹办夷务始末》(咸丰朝)，北京：中华书局，1979 年
(清) 蓝鼎元：《鹿洲初集》，《文渊阁四库全书》本

（清）雷瑨：《榕城闲话》，上海扫叶山房1917年印本
（清）李圭：《鸦片事略》，清光绪二十一年刻本
（清）李鸿章：《李文忠公全集》，清光绪三十一年刻本
（清）梁廷枏等纂：《粤海关志》，沈云龙主编：《近代中国史料丛刊续编》第19辑，台北：文海出版社，1975年
（清）梁廷枏撰，邵循正点校：《夷氛闻记》，中华书局，1959年
（清）梁廷枏著，骆驿、刘骁校点：《海国四说》，中华书局，1993年
（清）刘蓟植纂修：《安吉州志》（乾隆），北京：中国书店，1992年影印本
（清）刘锦藻撰：《清朝续文献通考》，杭州：浙江古籍出版社，1988年影印本
（清）刘于义修，（清）沈青崖纂：《陕西通志》，《文渊阁四库全书》本
（清）马建忠著，张岂之、刘厚祜校点：《适可斋记言》，北京：中华书局，1960年
（清）托津奉敕纂：《钦定大清会典事例》（嘉庆朝），沈云龙主编：《近代中国史料丛刊三编》第69辑，台北：文海出版社，1992年
（清）锡良：《锡良遗稿·奏稿》，中国科学院历史研究所第三所主编：《中国近代史资料丛书》，北京：中华书局，1959年
（清）夏燮著，高鸿志点校：《中西纪事》，长沙：岳麓书社，1988年
（清）徐继畬：《松龛先生文集》，沈云龙主编：《近代中国史料丛刊续编》第42辑，台北：文海出版社，1977年
（清）徐珂编撰：《清稗类钞》，北京：中华书局，1984年

（清）许承尧：《歙事闲谭》，《安徽古籍丛书萃编》，合肥：黄山书社，2001 年
（清）许容修，（清）李迪纂：《甘肃通志》，《文渊阁四库全书》本
（清）薛福成：《自强学斋治平十议》，清光绪二十三年文瑞楼石印本
（清）王鳞飞、（清）张秉坤修，（清）冯世瀛、（清）冉崇文纂：《酉阳直隶州总志》（同治），巴蜀书社，1992 年影印本
（清）王先谦纂：《东华续录》，清光绪二十四年文澜书局石印本
（清）王彦威纂辑，（清）王亮编，王敬立校：《清季外交史料》，北京：书目文献出版社，1987 年
（清）文庆等纂：《筹办夷务始末》（道光朝），沈云龙主编：《近代中国史料丛刊》第 56 辑，台北：文海出版社，1973 年
（清）姚诗德、（清）郑桂星修，（清）杜贵墀：《巴陵县志》，清光绪十七年刻本
（清）于万川修：《镇海县志》，清光绪五年刻本
（清）张龙甲修，（清）吕调阳纂：《彭县志》，清光绪四年刻本
（清）张之洞：《张之洞全集》，石家庄：河北人民出版社，1998 年点校本
（清）张之洞：《张文襄公全集》，《海王村古籍丛刊》，北京：中国书店，1990 年
（清）赵尔巽等撰：《清史稿》，北京：中华书局，1977 年
（清）曾国藩：《曾国藩全集》，长沙：岳麓书社，1987—1994 年
（清）曾国荃：《曾忠襄公奏议》，清光绪二十九年刊本
（清）郑观应著，夏东元编：《郑观应集》，上海：上海人民出版社，1982 年
（清）朱寿朋编，张静庐等点校：《光绪朝东华录》，北京：中华书

局,1958 年
(清) 邹弢:《三借庐笔谈》,清代笔记丛刊本
(清) 左宗棠:《左文襄公全集》,清光绪十六年刻本
林则徐全集编辑委员会编:《林则徐全集》,福州:海峡文艺出版社,2002 年
齐思和整理:《黄爵滋奏疏许乃济奏议合刊》,中国科学院历史研究所第三所主编:《中国近代史资料丛书》,北京:中华书局,1959 年
《清朝通志》,杭州:浙江古籍出版社,1988 年影印本
《清朝文献通考》,杭州:浙江古籍出版社,1988 年影印本
《清会典事例》,北京:中华书局,1991 年影印本
《清实录》,北京:中华书局,1986 年影印本
厦门市地方志编纂委员会办公室整理:《厦门志》(清·道光十九年镌),《福建省地方志丛刊》,鹭江出版社,1996 年重印本
歙县地方志编纂委员会编纂:《歙县志》,《安徽省地方志丛书》,北京:中华书局,1995 年
王钟翰点校:《清史列传》,北京:中华书局,1987 年
佚名:《名花谱》,《四库全书存目丛书》,济南:齐鲁书社,1996 年
《益闻录》,上海:土山湾印书馆,1879 年创刊
中山大学历史系中国近现代史教研组、研究室编:《林则徐集·奏稿》,《中国近代人物文集丛书》,北京:中华书局,1965 年
2. 史料汇编
陈祖槼、朱自振:《中国茶叶历史资料选辑》,北京:农业出版社,1981 年
褚德新、梁德主编:《中外约章汇要(1689—1949)》,哈尔滨:黑

龙江人民出版社，1991 年
宫崎犀一等编：《近代国际经济要览（16 世纪以来）》，陈小洪等译，北京：中国财政经济出版社，1990 年
广州史志丛书：《近代广州口岸经济社会概况——粤海关报告汇集》，《广州史志丛书》，广州：暨南大学出版社，1995 年
李文治：《中国近代农业史资料（1840—1911）》第 1 辑，中国科学院经济研究所：《中国近代经济史参考资料丛刊》第三种，北京：生活·读书·新知三联书店，1957 年
[美] 马士：《东印度公司对华贸易编年史》，区宗华译，广州：中山大学出版社，1991 年
孟宪章主编：《中苏贸易史资料》，北京：中国对外经济贸易出版社，1991 年
彭泽益编：《中国近代手工业史资料（1840—1949）》，北京：中华书局，1962 年
（清）陈忠倚辑：《皇朝经世文三编》，沈云龙主编：《近代中国史料丛刊》第 76 辑，台北：文海出版社，1966 年
（清）何良栋辑：《皇朝经世文四编》，沈云龙主编：《近代中国史料丛刊》第 77 辑，台北：文海出版社，1966 年
（清）贺长龄辑：《皇朝经世文编》，沈云龙主编：《近代中国史料丛刊》第 74 辑，台北：文海出版社，1966 年
（清）求自强斋主人辑：《皇朝经济文编》，上海：慎记书庄，1901 年
《上海近代贸易经济发展概况：1854—1898 年英国驻上海领事贸易报告汇编》，李必樟编译，张仲礼校订，上海：上海社会科学院出版社
孙学雷、刘家平主编：《国家图书馆藏清代孤本外交档案》，北

京：全国图书馆文献微缩复制中心，2003年
孙毓棠：《中国近代工业史资料（1840—1895年）》第一辑，中国科学院经济研究所：《中国近代经济史参考资料丛刊》第二种，北京：中华书局，1962年
汤象龙编著：《中国近代海关税收和分配统计（1861—1910）》，北京：中华书局，1992年
王铁崖编：《中外旧约章汇编》，北京：生活·读书·新知三联书店，1957年
严中平等编：《中国近代经济史统计资料选辑（1840—1895）》，中国科学院经济研究所：《中国近代经济史参考资料丛刊》，北京：科学出版社，1955年
姚贤镐编：《中国近代对外贸易史资料（1840—1895）》，中国科学院经济研究所：《中国近代经济史参考资料丛刊》，北京：中华书局，1962年
张正明、薛慧林编：《明清晋商资料选编》，太原：山西人民出版社，1989年
章开沅、刘望龄、叶万忠主编：《苏州商会档案丛编（1905年—1911年）》第一辑，《中国近代经济史资料丛刊》，武汉：华中师范大学出版社，1991年
中国第一历史档案馆编：《鸦片战争档案史料》第1册，上海：上海人民出版社，1992年
中国史学会主编：《鸦片战争》，上海：神州光国社，1954年

二、研究类文献

1. 中文论著

包恒新：《台湾知识辞典》，福州：福建人民出版社，1987年
曹炳章：《鸦片瘾戒除法》，上海：上海中医书局，1930年

陈慈玉：《以中印英三角贸易为基轴探讨十九世纪中国的对外贸易》，中国海洋发展史论文集编辑委员会主编：《中国海洋发展史论文集》第1辑，台北："中央研究院"三民主义研究所，1984年；《近代中国茶叶的发展与世界市场》，台北："中央研究院"经济研究所，1982年

陈椽：《茶叶通史》，北京：农业出版社，1984年

陈锋主编：《明清以来长江流域社会发展史论》，武汉：武汉大学出版社，2006年

陈国栋：《东亚海域一千年：历史上的海洋中国与对外贸易》，济南：山东画报出版社，2006年，

陈国栋：《1780—1800：中西贸易的关键年代》，张炎宪主编：《中国海洋发展史论文集》第6辑，"中央研究院"中山人文社会科学研究所，1997年

陈钧：《十九世纪沙俄对两湖茶叶的掠夺》，《江汉论坛》1981年第3期

陈争平：《1895—1936年中国国际收支研究》，北京：中国社会科学出版社，1996年

陈祖椝、朱自振：《茶史初探》，北京：中国农业出版社，1996年；

程念祺：《国家力量与中国经济的历史历史变迁》，北京：新星出版社，2006年

范金民：《明清江南商业的发展》，南京：南京大学出版社，1998年

樊树志：《江南市镇：传统的变革》，上海：复旦大学出版社，2005年

方行主编：《中国社会经济史论丛——吴承明教授九十华诞纪念文集》，北京：中国社会科学出版社，2006年

方行、经君健、魏金玉主编:《中国经济通史》(清代经济卷),北京:经济日报出版社,2000年
冯天瑜:《"封建"考论》,武汉:武汉大学出版社,2006年
耿彦波主编:《榆次车辋常氏家族》,太原:书海出版社,2002年
龚缨晏:《鸦片的传播与对华鸦片贸易》,北京:东方出版社,1999年
郭德焱:《清代广州的巴斯商人》,北京:中华书局,2005年
郭卫东:《转折——以早期中英关系和〈南京条约〉为考察中心》,石家庄:河北人民出版社,2003年
郭蕴静:《清代商业史》,沈阳:辽宁人民出版社,1994年;《试论清代并非闭关锁国》,中外关系史学会编:《中外关系史论丛》第3辑"中国历史上的开放与闭关政策专辑",北京:世界知识出版社,1991年
国家清史编纂委员会编译组:《清史译丛》第5辑,北京:中国人民大学出版社,2006年
黄纯艳:《宋代茶法研究》,昆明:云南大学出版社,2002年
黄仁宇:《资本主义与二十一世纪》,北京:生活·读书·新知三联书店,1997年
黄苇:《上海开埠初期对外贸易研究》,上海:上海人民出版社,1979年
姜涛:《人口与历史——中国传统人口结构研究》,北京:人民出版社,1998年
科大卫:《中国的资本主义萌芽》,陈春声译,《中国经济史研究》2002年第1期
李伯重:《江南的早期工业化(1550—1850)》,北京:社会科学文献出版社,2000年;《理论、方法、发展趋势:中国经济史

研究新探》，北京：清华大学出版社，2002年；《多视角看江南经济史（1250—1850）》，北京：生活·读书·新知三联书店，2003年
李伯祥、蔡永贵、鲍正廷：《关于十九世纪三十年代鸦片进口和白银外流的数量》，《历史研究》1980年第5期
李刚：《陕西商帮史》，西安：西北大学出版社，1997年
李绍强、徐建青：《中国手工业经济通史》（明清卷），福州：福建人民出版社，2004年
李一文：《近代中美贸易关系的经济分析》，天津：天津人民出版社，2001年
连横：《台湾通史》，北京：商务印书馆，1983年
梁碧莹：《龙与鹰：中美交往的历史考察》，广州：广东人民出版社，2004年
梁嘉彬：《广东十三行考》，广州：广东人民出版社，1999年
林承节：《关于英印对华鸦片贸易的若干问题》，《北大史学》第5辑，北京：北京大学出版社，1998年
林满红：《清末本国鸦片之替代进口鸦片（1858—1906）——近代中国"进口替代"个案研究之一》，《"中央研究院"近代史研究所集刊》第9期；《中国的白银外流与世界金银减产（1814—1850年）》，吴剑雄主编：《中国海洋发展史论文集》第4辑，台北："中央研究院"中山人文社会科学研究所，1991年；《银与鸦片的流通及银贵钱贱现象的区域分布（1808—1854）——世界经济对近代中国空间方面之一影响》，《"中央研究院"近代史研究所集刊》第22期；《茶、糖、樟脑业与台湾之社会经济变迁》，台北：联经出版事业公司，1998年

林齐模:《近代中国茶叶国际贸易的衰减——以对英国出口为中心》,《历史研究》2003 年第 6 期

林永匡:《清代的茶马贸易》,载中国社会科学院历史研究所编《清史论丛》第 3 集,北京:中华书局,1982 年

刘佛丁、王玉茹、于建玮:《近代中国的经济发展》,济南:山东人民出版社,1997 年

刘健生、刘鹏生:《晋商研究》,太原:山西人民出版社,2005 年

刘选民:《中俄早期贸易考》,《燕京学报》第 25 期,1939 年

刘增合:《鸦片税收与清末新政》,北京:生活·读书·新知三联书店,2005 年

米镇波:《清代中俄恰克图边境贸易》,天津:南开大学出版社,2003 年;《清代西北边境地区中俄贸易:从道光朝到宣统朝》,天津:天津社会科学院出版社,2005 年

彭泽益:《清代前期手工业的发展》,《中国史研究》1981 年第 1 期

秦和平:《云南鸦片问题与禁烟运动(1840—1940)》,成都:四川民族出版社,1998 年;《四川鸦片问题与禁烟运动》,成都:四川民族出版社,2001 年

全汉昇:《中国经济史论丛》,香港:香港中文大学新亚研究所出版社,1972 年

任放:《明清长江中游市镇经济研究》,武汉:武汉大学出版社,2003 年

人禾编译:《鸦片生产与 19 世纪印中英三角贸易》,《世界史研究动态》1982 年第 3 期

上海社会科学院经济研究所、上海市国际贸易学会学术委员会编著:《上海对外贸易(1840—1949)》,上海:上海社会科

学院出版社，1989 年
绍溪：《十九世纪美国对华鸦片侵略》，北京：生活·读书·新知三联书店，1952 年
苏智良：《中国毒品史》，上海：上海人民出版社，1997 年
孙洪升：《唐宋茶业经济》，北京：社会科学文献出版社，2001 年
谭中：《西方学者对鸦片战争性质的争论》，《国外中国近代史研究》第 9 辑，北京：中国社会科学出版社，1987 年；《英国—中国—印度三角贸易》，中外关系史学会编：《中外关系史译丛》第 2 辑，上海：上海译文出版社，1985 年
唐力行：《明清以来徽州区域社会经济史研究》，合肥：安徽大学出版社，1999 年
陶德臣：《近代中国外销茶流通环节考察》，《中国经济史研究》1995 年第 1 期；《近代中国茶叶对外贸易的发展阶段与特点》，《中国农史》1996 年第 2 期《晋商与西北茶叶贸易》，《安徽史学》1997 年第 3 期；《伪劣茶与近代中国茶业的历史命运》，《中国农史》1997 年第 3 期；《中国茶叶商品经济研究》，北京：军事谊文出版社，1999 年；《论清代茶叶贸易的社会影响》，《史学月刊》2002 年第 5 期；《近代中国茶商的经营状况》，《近代中国》2000 年；等。
田珏主编：《台湾史纲要》，福州：福建人民出版社，2000 年
汪敬虞：《十九世纪西方资本主义对中国的经济侵略》，北京：人民出版社，1983 年；《赫德与近代中西关系》，北京：人民出版社，1987 年；《中国资本主义的发展与不发展》，中国财经出版社，2002 年；《汪敬虞集》，北京：中国社会科学出版社，2001 年；《近代中外关系史论集》北京：方志出版社，2006 年

汪熙、邹明德:《鸦片战争前的中美贸易》,汪熙主编,《中美关系史论丛》,上海:复旦大学出版社,1985 年
王尔敏:《五口通商变局》,南宁:广西师范大学出版社,2006 年
王家范:《中国历史通论》,上海:华东师范大学出版社,2000 年
王金香:《中国禁毒史》,上海:上海人民出版社,2005 年
王良行:《清末对外贸易的关联效果(1860—1911)》,张炎宪主编:《中国海洋发展史论文集》第 6 辑,台北:"中央研究院"中山人文社会科学研究所,1997 年
王树五、宋恩常编:《布朗族社会历史调查》第 2 辑,昆明:云南人民出版社,1982 年
王晓燕:《官营茶马贸易研究》,北京:民族出版社,2004 年
王学典:《二十世纪中国史学评论》,济南:山东人民出版社,2002 年;王学典:《"五朵金花":意识形态语境中的学术论战》,《文史知识》2002 年第 1 期
王振忠:《明清徽商与淮扬社会变迁》,北京:生活·读书·新知三联书店,1996 年;《徽州社会文化史探微——新发现的16—20 世纪民间档案文书研究》,上海:上海社会科学院出版社,2002 年
王世华:《富甲一方的徽商》,杭州:浙江人民出版社,1997 年
王廷元、王世华:《徽商》,合肥:安徽人民出版社,2005 年
巫仁恕:《品味奢华:晚明的消费社会与士大夫》,北京:中华书局,2008 年。
吴承明:《18 与 19 世纪上叶的中国市场》《近代中国国内商品量的估计》,皆收入氏著:《中国的现代化:市场与社会》,北京:中国社会科学出版社,2001 年;《吴承明集》,北京:中国社会科学出版社,2002 年;《市场·近代化·经济史论》,

昆明：云南大学出版社，1996年
吴觉农、范和钧：《中国茶业问题》，上海：商务印书馆，1937年
吴觉农、胡浩川：《中国茶业复兴计划》，上海：商务印书馆，1935年
吴兆莘：《中国税制史》，上海：商务印书馆，1937年
萧国亮：《中国社会经济史研究——独特的“食货”之路》，北京：北京大学出版社，2005年
许涤新、吴承明主编：《中国资本主义发展史》第1卷《中国资本主义的萌芽》，北京：人民出版社，1985年；第2卷《旧民主主义革命时期的中国资本主义》，北京：人民出版社，2003年
许檀：《明清时期山东商品经济的发展》，北京：中国社会科学出版社，1998年
严中平主编：《中国近代经济史(1840—1894)》(上下册)，北京：人民出版社，2001年
杨国桢：《林则徐传》(增订本)，北京：人民出版社，1995年
姚薇元：《鸦片战争史实考——魏源〈道光洋艘征抚记〉考订》，北京：人民出版社，1984年
《彝族简史》编写组：《彝族简史》，昆明：云南人民出版社，1987年
于恩德：《中国禁烟法令变迁史》，上海：中华书局，1934年
余绳武、刘存宽主编：《十九世纪的香港》，北京：中华书局，1994年
余英时：《中国近世宗教伦理与商人精神》，合肥：安徽教育出版社，2001年
张彬村：《明清两朝的对外贸易政策：闭关自守?》，吴剑雄主

编：《中国海洋发展史论文集》第4辑，台北："中央研究院"中山人文社会科学研究所，1991年

张国刚、吴莉苇：《启蒙时代欧洲的中国观：一个历史的巡礼与反思》，上海：上海古籍出版社，2006年

张海英：《明清江南商品流通与市场体系》，上海：华东师范大学出版社，2002年

张应龙：《鸦片战争前中荷茶叶贸易初探》，《暨南学报》1998年第3期

张正明：《晋商兴衰史》，太原：山西古籍出版社，1995年；《明清晋商及民风》，北京：人民出版社，2003年

赵李桥茶厂、华中师范学院历史系厂史编写组：《洞茶今昔》，武汉：湖北人民出版社，1980年

赵烈编著：《中国茶业问题》，上海：大东书局，1931年

郑友揆：《中国的对外贸易和工业发展(1840—1948)——史实的综合分析》，程麟荪译，蒋学桢、汪熙校，上海：上海社会科学院出版社，1984年

仲伟民：《资本主义萌芽问题研究的学术史回顾与反思》，《学术界》2003年第4期；《鸦片：从天使到魔鬼》，《历史学家茶座》2005年第2辑；《中国近代茶叶国际贸易由盛转衰解疑》，《学术月刊》2007年第4期

周军、赵德馨：《长江流域的商业与金融》，武汉：湖北教育出版社，2004年

朱庆葆、蒋秋明、张士杰：《鸦片与近代中国》，南京：江苏教育出版社，1995年

朱自振：《茶史初探》，北京：中国农业出版社，1996年

庄国土：《广州制度与行商》，中国中外关系史学会编：《中外关

系史论丛》第5辑，北京：书目文献出版社，1996年；《广州制度与行商》，中国中外关系史学会编：《中外关系史论丛》第5辑，北京：书目文献出版社，1996年；《鸦片战争前中荷茶叶贸易初探》，《暨南学报》1998年第3期；《十八世纪中荷海上茶叶贸易》，《海交史研究》1992年第1期；《茶叶、白银和鸦片：1750—1840年中西贸易结构》，《中国经济史研究》1995年第3期；《鸦片战争前福建外销茶叶生产和经营及对当地社会经济的影响》，《中国史研究》1999年第3期

2. 中文译著

[德] 安得烈·冈德·弗兰克、[英] 巴里·K·吉尔斯主编：《世界体系：500年还是5000年？》，郝名玮译，北京：社会科学文献出版社，2004年

[德] 贡德·弗兰克：《白银资本：重视经济全球化中的东方》，刘北成译，北京：中央编译出版社，2001年

[法] 布罗代尔：《15至18世纪的物质文明、经济和资本主义》，顾良、施康强译，北京：生活·读书·新知三联书店，1992年；《资本主义论丛》，北京：中央编译出版社，1997年

[法] 老尼克：《开放的中华：一个番鬼在大清国》，[法] 奥古斯特·波尔杰插画，钱林森、蔡宏宁译，济南：山东画报出版社，2004年

[法] 雅克·阿达：《经济全球化》，何竟、周晓幸译，北京：中央编译出版社，2000年

[加] 卜正民：《纵乐的困惑：明代的商业与文化》，方骏、王秀丽、罗天佑译，方骏校，北京：生活·读书·新知三联书店，2004年

[美] 查尔斯·A·科伦比：《朗姆酒的传奇之旅》，余小倩等译，

北京：新星出版社，2006年
［美］戴维·考特莱特：《上瘾五百年：瘾品与现代世界的形成》，薛绚译，上海：世纪出版集团、上海人民出版社，2005年
［美］德怀特·希尔德·珀金斯：《中国农业的发展（1368—1968年）》，宋海文等译，伍丹戈校，上海：上海译文出版社，1984年
［美］菲利普·费尔南德斯·阿莫斯图：《食物的历史》，何舒平译，北京：中信出版社，2005年
［美］费维恺：《中国的早期工业化：盛宣怀（1844—1916）和官督商办企业》，虞和平译，吴乾总校，北京：中国社会科学出版社，1990年
［美］费正清编：《剑桥中国晚清史》，中国社会科学院历史研究所编译室译，北京：中国社会科学出版社，1993年
［美］郝延平：《中国近代商业革命》，陈潮、陈任译，陈绛校，上海：上海人民出版社，1991年
［美］何伟亚：《英国的课业：19世纪中国的帝国主义教程》，刘天路、邓纪风译，刘海岩审校，北京：社会科学文献出版社，2007年
［美］黄宗智：《长江三角洲小农家庭与乡村发展》，北京：中华书局，2000年
［美］凯瑟琳·F·布鲁纳、［美］费正清等编：《赫德日记——赫德与中国早期现代化》，陈绛译，北京：中国海关出版社，2005年
［美］凯瑟琳·F·布鲁纳、［美］费正清等编：《步入中国清廷仕途——赫德日记（1854—1863），傅曾仁等译，傅曾仁校，戴

一峰复校，北京：中国海关出版社，2003 年
[美] 柯文：《在中国发现历史：中国中心观在美国的兴起》，林同奇译，北京：中华书局，2002 年
[美] 罗威廉：《汉口：一个中国城市的商业和社会（1796—1889）》，江溶、鲁西奇译，北京：中国人民大学出版社，2005 年
[美] 罗兹·墨菲：《亚洲史》，黄磷译，海口：海南出版社、三环出版社，2005 年
[美] 马丁·布思：《鸦片史》，任华梨译，海口：海南出版社，1999 年
[美] 马士：《中华帝国对外关系史》第 1 卷《1834—1860 年冲突时期》，张汇文等译，北京：生活·读书·新知三联书店，1957 年
[美] 彭慕兰：《大分流：欧洲、中国及现代世界经济的发展》，史建云译，南京：江苏人民出版社，2003 年
[美] 乔万尼·阿里吉等主编：《东亚的复兴：以 500 年、150 年和 50 年为视角》，马援译，北京：社会科学文献出版社，2006 年
[美] 芮玛丽：《同治中兴：中国保守主义的最后抵抗》，房德邻等译，北京：中国社会科学出版社，2002 年
[美] 史景迁：《中国纵横：一个汉学家的学术探索之旅》，夏俊霞等译，上海：上海远东出版社，2005 年；《追寻现代中国：1600—1912 年的中国历史》，黄纯艳译，上海：上海远东出版社，2005 年
[美] 斯塔夫里阿诺斯：《全球通史：1500 年以后的世界》，吴象婴、梁赤民译，上海：上海社会科学院出版社，1999 年

［美］泰勒·丹涅特：《美国人在东亚——十九世纪美国对中国、日本和朝鲜政策的批判的研究》，姚曾廙译，北京：商务印书馆，1959 年

［美］特拉维斯·黑尼斯三世、［美］弗兰克·萨奈罗：《鸦片战争：一个帝国的沉迷和另一个帝国的坠落》，周辉荣译，杨立新校，北京：生活·读书·新知三联书店，2005 年

［美］托马斯·K·麦克劳：《现代资本主义——三次工业革命中的成功者》，赵文书、肖锁章译，南京：江苏人民出版社，1991 年

［美］王国斌：《转变的中国——历史变迁与欧洲经验的局限》，李伯重、连玲玲译，南京：江苏人民出版社，1998 年

［美］威廉·乌克斯：《茶叶全书》，中国茶叶研究社社员集体翻译，上海：中国茶叶研究社，1949 年

［美］魏斐德：《大门口的陌生人：1839—1861 年间华南的社会动乱》，王小荷译，北京：中国社会科学出版社，1988 年

［美］伊恩·盖特莱：《尼古丁女郎：烟草的文化史》，上海：上海人民出版社，2004 年

［美］伊曼纽尔·沃勒斯坦：《现代世界体系》，尤来寅等译，北京：高等教育出版社，1998 年，

［美］尤金·N·安德森：《中国食物》，马孆、刘东译，南京：江苏人民出版社，2003 年

［美］张馨保：《林钦差与鸦片战争》，徐梅芬等译，福州：福建人民出版社，1989 年

［日］滨下武志：《近代中国的国际契机：朝贡贸易体系与近代亚洲经济圈》，朱荫贵、欧阳菲译，虞和平校，北京：中国社会科学出版社，1999 年；《中国近代经济史研究：清末海关

财政与通商口岸市场圈》，高淑娟、孙彬译，南京：凤凰出版传媒集团、江苏人民出版社，2006年

［日］宫崎犀一等编：《近代国际经济要览（16世纪以来）》，陈小洪等译，北京：中国财政经济出版社，1989年

［日］吉田金一：《关于俄清贸易》，《东洋学报》第45卷第4号

［日］松浦章：《清代海外贸易史研究》，李小林译，《国家清史编纂委员会·编译丛书》，天津人民出版社，2016年

［苏］卡巴诺夫：《黑龙江问题》，姜延祚译，哈尔滨：黑龙江人民出版社，1983年

［英］班思德编：《最近百年中国对外贸易史》，上海：海关总税务司统计科，1931年

［英］德·昆西：《瘾君子自白》，刘重德译，长沙：湖南人民出版社

［英］多米尼克·斯特里特费尔德：《可卡因传奇》，余静译，北京：中信出版社，2005年

［英］格林堡：《鸦片战争前中英通商史》，康成译，北京：商务印书馆，1961年

［英］赫德：《这些从秦国来——中国问题论集》，叶凤美译，天津：天津古籍出版社，2005年

［英］玛丽亚·露西娅·帕拉雷丝-伯克编：《新史学：自白与对话》，彭刚译，北京：北京大学出版社，2006年

［英］斯当东：《英使谒见乾隆纪事》，叶笃义译，上海：上海书店出版社，1997年

［英］约·罗伯茨编著：《十九世纪西方人眼中的中国》，蒋重跃、刘林海译，北京：中华书局，2006年

3. 英文文献

A. J. Sargent, *Anglo-Chinese Commerce and Diplomacy*, Oxford, 1907.

Alan Macfarlane and Iris Macfarlane., *Green Gold: The Empire of Tea*, London: Ebury Press, 2003.

America's China Trade in Historical Perspective: The Chinese and American Performance, edited by Ernest R. May and John K. Fairbank, Harvard University Press, 1966.

Angus Maddison, *Chinese Economic Performance in the Long Run 960－2030AD*, Paris: OECD Development Centre, 1998.

C. R. Harler, *The Culture and Marketing of Tea*, Oxford University Press, 1964.

Carl. A. Trocki, *Opium, Empire and the Global Political Economy*, London and New York: Routledge, 1999.

Charles R. Carroll, *Drugs in Modern Society*, Wm. C. Brown, Dubuque, 1989.

Dwight H. Perkins, *Agricultural Development in China 1368－1968*, Chicago: Aldine Publishing Company, 1969.

E. H. Pritchard, *Anglo-Chinese Relations During the Seventeeth and Eighteeth Centuries*, New York: Octagon Books, 1970.

Earl H. Pritchard, *The Crucial Years of Early Anglo-Chinese Relations: 1750－1800*, Washington, 1936.

Edward Bramah, *Tea and Coffee: A Modern view of Three Hundred Years of Tradition*, London: Hutchinson, 1972.

Hisn-bao. Chang, *Commissioner Lin and the Opium War*, New York: The Norton Library, 1970.

Israel Epstein, *From Opium War to Liberation*, Joint Publishing Co. Hongkong, 1980.

J. Y. Wong, *Deadly Dreams: Opium and the Arrow War (1856 - 1860) in China*, Cambridge University Press, 1998.

John King Fairbank, *Trade and Diplomacy on the China Coast: the Opening of the Treaty Ports 1842 - 1854*, Harvard University Press, 1964.

K. N. Chaudhuri, *The Trading World of Asia and the English East India Company 1660 - 1760*, Cambridge, 1978.

Kishimoto Mio, *The Kangxi Depression and Early Local Markets*, Modern China, 10: 2, 1984.

Lawrence Stone, *The Past and the Present Revisited*, Boston: Routledge and Kegan Paul, 1981.

Man-houng Lin, *China Upside Down: Currency, Society, and Ideolo*gies: *1808 - 1856*, Harvard University Press, 2006.

Peter Ward Fay, *The Opium War: 1840 - 1842*, The University of North Carolina Press, Chapel Hill, 1975.

Rhoads Murphey, *The Outsiders: The Western Experience in India and China*, Ann Arbor: University of Michigan Press, 1977.

Robert Blake, *Jardine Matheson: Traders of the Far East*. London: Hutchinson, 1999.

Serena Hardy, *The Tea Book*, Weybridge, 1979.

Sidney W. Mintz, *Sweetness and Power : the Place of Sugar in Modern History*, New York: Penguin, 1985.

Tan Chung, *China and the Brave New World: A Study of the Origins of the Opium War 1840 – 42*, Allied Publishers Private Limited, 1978.

Tan Chung, "The Britain-China-India Trade Triangle", *Indian Economic and Social History Review*, Vol. 11, No. 4, Dec. 1974.

后　记

就我个人比较浅薄的学术积累和学识来说，选择这样一个题目的确有很大难度，超出了我的个人能力，好在相关领域的研究成果已经比较多，可以供我学习和借鉴。因此，我要首先感谢在茶叶贸易和鸦片贸易研究领域做出贡献的学者，他们的研究为我提供了坚实的基础，我在本书中借鉴了他们的研究成果。没有他们的研究成就，这本小书是无法完成的。

感谢李伯重教授，他从选题、框架、材料、理论与方法，到具体的写作，都给我精心指导。他是一位享誉国际学术界的著名学者，在中国经济史研究领域成就卓著，能够跟随他学习并聆听他的教诲，我深感幸运，他的言传身教使我终生受益。

谢维和教授对我非常照顾和关心，帮我解决后顾之忧。正是因为他的支持和鼓励，使我有勇气克服工作、研究以及生活中的各种困难。

萧国亮、蔡乐苏、刘兰兮、葛兆光、刘北成、张国刚、赵世瑜、潘振平、陈争平、高淑娟、龙登高、罗钢、刘石诸位教授，都对本书提出了有益的意见和建议。尤为荣幸的是，中国社会科学院经济研究所吴承明教授，以及美国密执安大学李中清（James Lee）教授，也在本书写作中给我很多指教。

友人 Jeffrey Lau 设法从世界各地帮我购买外文参考书，这些参考书的获得，对本书写作至为重要。陈锋、张海英、韩晓燕、朱月白、任放、钞晓鸿、李晓、张小也、黄觉、阎书钦、梁晨、仲亚东、张天虹等学者在资料和观点方面给我提供了帮助。洪颖帮我通读全文并核查索引，纠正了书中可能出现的一些错误。张素容、陈晓曦等帮我核查了部分英文史料。

我还要感谢张耀铭、王学典、姚申、朱剑、魏明孔、田卫平、徐秀丽、王和、徐思彦、宋超、马忠文、路育松等同道给我的鼓励和支持。

感谢我的妻子崔英，她在繁忙的工作之余，替我分担家务，并帮我核实材料、制作图表。还要感谢我的女儿仲夏，在她最需要我关心的时候，我却没有腾出足够的时间陪伴她。没有家人的理解和支持，本书很难顺利完成。

本书写作得到“清华大学亚洲研究中心 2009 年度一般项目资助”，谨致谢忱！

仲伟民

2009 年 11 月 12 日

再版后记

此书初版于2010年，不久书店告罄，朋友经常询问何时重印或再版。版权年限过后，几家出版社都有意再版，但我都没有同意。因为此书写作比较仓促，而近年出版的相关著述及材料使人应接不暇，加之全球史研究成为一种热潮，需要反思的问题很多，因此我很想做比较大的修改补充后再版。然而，日常繁忙的教学科研及编辑工作，使我分身乏术，很难抽出较为完整的时间修订此书。

两年前，贾雪飞女士诚恳表示中华书局愿意再版此书。我再次表示歉意，说实在没有时间修订。贾女士非常宽容，她说可以先直接再版，以后再修订，并安排青年编辑董洪波与我联系。为节省我的时间，洪波仔仔细细阅读了书稿，提出了很多具体细致的修改意见，并一一标注清楚，我则按图索骥，根据他的提示做了补充和修改。因此，这个版本只是在字句上做了一些微调，结构和章节没有改动，基本维持了原版的内容。感谢二位的支持和帮助，如果没有他们的坚持和努力，再版是很难完成的。

还要特别感谢我的博士研究生李俊杰，他帮我核实并订正了引文中的一些错误。

仲伟民

2021年8月5日